Johann Georg Batton

Historische Beschreibung aller Straßen, Gassen, öffentlichen Plätze,

Brunnen und Häuser...

Johann Georg Batton

Historische Beschreibung aller Straßen, Gassen, öffentlichen Plätze, Brunnen und Häuser...

ISBN/EAN: 9783743491359

Hergestellt in Europa, USA, Kanada, Australien, Japan

Cover: Foto ©ninafisch / pixelio.de

Manufactured and distributed by brebook publishing software (www.brebook.com)

Johann Georg Batton

Historische Beschreibung aller Straßen, Gassen, öffentlichen Plätze,

Brunnen und Häuser...

OERTLICHE BESCHREIBUNG DER STADT FRANKFURT AM MAIN: ¬DIE...

Johann Georg Batton, Ludwig Heinrich Euler

Inhalts-Verzeichniss.

	Seite
Vorbemerkung. (Quellen. Abkürzungen)	3
Allgemeine Bemerkungen v. Fichard's	5
Fahrgasse	7

A. Häuser auf der Morgenseite:
    I. Zwischen der ehem. Bornheimerpforte und dem Setzengässchen (A. 1—3) 12
    II. Zwischen dem Setzengässchen und dem Plätzchen bei der Rothen Badstube (A. 7—11) 14
    III. Zwischen dem Rothen Badstubenplätzchen und d. Nonnengasse (A. 102—108) 17
    IV. Zwischen d. Nonnengasse u. d. Löwenplätzchen (A. 118—134) 23
    V. Zwischen dem Löwenplätzchen und der Hachenbergergasse (A. 147.) 37
    VI. Zwischen der Hachenbergergasse und der Arnspurgergasse (A. 148—165) 39
    VII. Zwischen d. Arnspurgergasse u. d. Brückhofe (A. 166—170) 49
    VIII. Zwischen d. Brückhofe u. d. Schützengässchen (A. 176—181) 54

B. Häuser auf der Abendseite:
    I. Zwischen der Brücke u. der kleinen Fischergasse (M. 1—7) 59
    II. Zwischen der kleinen Fischergasse und dem Garküchenplatze (M. 8—9) 63
    III. Bei dem Garküchenplatz (L. 10) 68
    IV. Zwischen dem Garküchenplatz und der Kannengiessergasse (L. 9—11) 69
    V. Zwischen der Kannengiessergasse und dem Grabbornplätzchen (L. 12—22) 72
    VI. Zwischen dem Grabbornplätzchen und der Schnurgasse (L 24—34) 77

VII. Zwischen der Schnurgasse und dem Engelthalergässchen
(H. 48—30) 8
VIII. Zwischen dem Engelthalergässchen und der Töngesgasse
(H. 29. 28) 9
IX. Zwischen der Töngesgasse und dem Windfanggässchen
(H. 27. 26) 9
X. Zwischen dem Windfanggässchen und der ehem. Bornh.
Pforte (H. 25) . . . . 1(
C. Brunnen, Plätze und Gässchen (L. 23. A. 182. 171—175) . . 1(
Arnspurgerhof (A. 44—54) . . . . 1]
Predigergasse.
A. Häuser auf der Morgenseite (A. 15—18, 28—40) . . . . . . 1!
B. Häuser auf der Abendseite (A. 59—61, 76—101) . . . . . . 1·
Fronhofgasse (A. 40—43) . . . . 1!
Am Judenbrückchen (A. 19—27) . . . . 1·
Ellenbogengässchen (A. 67—69) . . . . 1·
Arnspurgergasse (A. 55—58) . . . . 1·
Schildergasse . . . . 1·
Gerstengässchen 1
Hachenbergergasse (A. 62—66, 70, 71) 1
Löwenplätzchen (A. 135—146) 1
Auf dem Stege 1
Nonnengasse (A. 109—111, 116, 117) 1
Weisses Sterngässchen (A. 112—115) 1
Rothe Badstuben-Plätzchen (A. 12—14) 1
Fetzengässchen (A. 4—6) 1
Töngesgasse 1
A. Häuser auf der Nordseite:
I. Zwischen der Fahrgasse und der Hasengasse (H. 162—172) 1
II. Zwischen der Hasengasse u. dem Vincenzplätzchen (G. 33) 2
III. Zwischen dem Vincenzplätzchen und dem Scharfengässchen
(G. 30—22) 2
B. Häuser auf der Mittagseite:
I. Zwischen der Fahrgasse u. d. Lindheimergasse (H.161—158) 2
II. Zwischen der Lindheimer- u. Gelnhäusergasse (H. 157—154) 2
III. Zwischen der Gelnhäuser- und Steingasse (H. 153—151) . 2
IV. Zwischen der Steingasse und dem Trier'schen Plätzchen
(H. 150—148) 2
V. Zwischen dem Trier'schen Plätzchen und der Graupengasse
(G. 34—42) 2
VI. Zwischen der Graupengasse und dem Liebfrauberg
(G. 43—53) 2

	Seite
C. Brunnen und Gässchen	245
Hasengasse (H. 173—178)	251
Vincenzplätzchen (G. 32—31)	255
Aschaffenburgergässchen und *Kothengasse*	259
Scharfengässchen (G. 19. 20. 21)	260
Lindheimergasse (H. 127—144)	265
Gelnhäusergasse (H. 100—107, 115—126)	271
Gelnhäuserplätzchen (H. 108 - 110)	278
Steingasse (H. 80 99)	281
Trier'sches Plätzchen (H. 146. 147. G. 88 - 91)	288
Aennchengasse (H. 145. G. 87)	292
Graupengasse (G. 102 - 114, 116—137)	293
Andreasgässchen (G. 115)	301
Ziegelgasse (G. 56—59. 154 157. 163 179)	302

[Battonn hat in seiner Handschrift der Häuserbeschreibung keine Abschnitte gemacht. Bei dem jetzigen Abdrucke müssen solche wegen der Ausdehnung des Werks an geeigneter Stelle stattfinden. Das gegenwärtige Heft umfasst den **östlichen** und **nördlichen** Theil der s. g. **Oberstadt**, mit welchem Namen der gegen Morgen gelegene Theil der Altstadt bezeichnet wurde. Vgl. Heft I. S. 131].

Historische Beschreibung

aller

Strassen, Gassen, öffentlichen Plätze,

Brunnen und Häuser

der

ALTEN UND NEUEN STADT FRANKFURT

und

SACHSENHAUSEN,

wie solche vor der neuen Anlage bis zum Jahr 1790 beschaffen gewesen; vorzüglich aus den hiesigen Zeitbüchern, Gült-, Kauf- und Insatz-Briefen und andern Handschriften des Alterthums gesammelt, mit einigen hie und da eingestreuten Bemerkungen über die durch die neue Anlage erfolgten Veränderungen.

Vorbemerkung
über die benutzten Quellen mit Erklärung der abgekürzten Worte.

A. P. — Antiquum Protocollum sancti Bartholomaei.
L. C. — Liber Censuum.
L. J. c. — liber jurium Canonicorum, autore J. Latomus Decano.
L. r. B. — Liber redituum Baldemari Canonici 1350 scriptum.
L. r. S. S. M. et G. — Liber redituum S. S. Mariae et Georgii nunc S. Leonhardi de 1412.
L. r. s. — Liber rubrus Siliginum.
L. V. — Liber Vicariarum.
L. V. B. — Liber Vicariarum Baldemari sub medium Saeculi XIV. scriptum.
R. C. — Registrum Censuum.
Reg. Cens. Fabrica. — R. C. ad fabricam et lampades pertinentium, nec non ad candelas, aus dem Stadt-Archive von mehreren Händen, die älteste aus den 1320ger Jahren auf Papier. War zur Notiz der Fabrikmeister S. B., die für Bau und Beleuchtung zu sorgen hatten, im Stadt-Archive befindlich, da die Fabrikmeisterstellen aus Mitgliedern des Senats und den Stiftsherren gemeinschaftlich besetzt wurden.
S. P. oder S. g. P. — Schöffen-Gerichtsprotocoll.
NB. Die aus demselben angeführten Stellen sind alle aus den Originalien von mir ausgezogen worden. F.
G. Br. — Gültbriefe und andere Privaturkunden, Loosbücher (Erbtheilungsrecesse), Zinsregister, Erbleihbriefe, Eheberedungen aus verschiedenen öffentlichen und Privat-Archiven.

Die betreffenden Stellen sind alle von mir aus den Original-Urkunden selbst extrahirt. Da wo dies aus Copialbüchern geschehen, ist das Zeichen ex cop. beigefügt.

Letztere Privaturkunden sind auch mit O. U. bezeichnet. Was von diesen mit der Jahrzahl 1322—26 bemerkt ist, sind Auszüge aus dem

Vorbemerkung.

Gültbuche der Frau Hedwig von Glauburg (deren Mann Johann v. G † zwischen 1310 und 1313). Dies Gültbuch hat kein Datum der Ausfer tigung; dass es aber zwischen 1322 und 26 abgefasst worden, erweis sich, weil Frau Katrine von Wanebach und Gisela, deren Tochter, al Zahlerinnen einer Gülte an obige Frau Hedwig vorkommen. Beide erste waren also damals Wittwen. Katrinens Gemahl, Wigel von Wanebach † 1322. Wigel Frosch, Giselens Mann, starb 1324. Gisela selbst wa bereits 1326 todt, da Katrine, die Gründerin des ULfrauenstiftes, dagege erst 1336 starb.

Die angeführten Namen von hiesigen Geschlechterfamilien beziehe sich mit Beifügung der Bogen- und Seitenzahl auf meine Geschlechter Geschichte in Mpt., wo an der angeführten Stelle nähere Nachricht übe den betreffenden Gegenstand zu finden ist. F.

Mpt. XVII. Sec. — Ein Verzeichniss hiesiger Häuser nach Namen un Lage aus dem XVII. Sec. in dem v. Glauburg-Archiv. Ist nac dem Jahr 1658 geschrieben, S. p. 281 und hier und d unrichtig. F.

Wfrkl. Zb. — Zinsbuch des Weissfrauenklosters von Johann Fischer, Ca plan des Klosters, im Jahr 1480 geschrieben. F.

Bed. R. — Bedrolle, Verzeichniss der bedpflichtigen Bürger nach ihre Wohnungen und den Strassen der Stadt von 1509. NB. Is unvollständig, die Oberstadt fehlt. Bei dieser Bedrolle is zu bemerken:

a) dass mehrere wüste Flecken und Hofstätten angegeben werden,

b) dass bei vielen Häusern, besonders in Nebengassen, bemerkt wird dass sie leer stehen.

Beedbücher — aus hiesigem Stadt-Archive hier mitgetheilt, mi 1320 beginnend, von welchem Alter aber nur die Oberstadt vorhande ist (in welchen die Beedpflichtigen nach der Reihe der Häuser vorkom men). Die von mir ausgezogenen Beedbücher sind: de 1320 21 und 2 1354. 1355. 1359. 1361. 62. 63. 65. 67. 1372. 75. 76. 78 1380. 82. 85. 139(94. 1400. 14. 63. 1499. F.

Bürgerbücher — Verzeichniss derer, die hier das Bürgerrech erlangt haben. Aus hiesigem Stadt-Archive. Da diese bei dem Antritt eine bestimmte Summe (Inferendum) erlegen, oder dafür eine Gülte an weisen mussten, so dient letztero zu topographischen Nachrichten Dies Bürgerbücher fangen an mit dem Jahr 1312 und sind von mir bis z Ende des 15. Seculi durchgesehen worden. Sie sind bis auf unsere Tag fortgesetzt. F.

B. Z. B. — Brückenzinsbuch in Folio auf Pergament. Aus dem Stadt-Archive Es beginnt folgendermassen:

„Nota diese hernochgeschrieben Zinse geboren zu der Brücke über Meyn zu Frankenfurd als diese Betzeichnunge genomme

Vorbemerkung.

ist uss faste alten andern Zynssbüchern eyns teils Vnd auch eins teyls uss den Brieffen uber die Zinse besagende Vndt ist diese Bezeichnunge vnd Erneuerunge gescheen, als man schrieb vnd tzalte nach Christi Geburte dusent Jare vierhundert Jare und Neun jare des Dynstages nach vnsers Herrn Lichnams Dage." F.

Allgemeine Bemerkungen von Fichard's.

In Wetzlar finden sich Hausnamen bereits in der zweiten Hälfte des 13 Seculi, siehe z. B. *Gud.* Cod. Dipl. II. 248 et anteced.

Anno 1326 wurde in Aschaffenburg ein Stiftshaus der Hof *zum Schelm* genannt, weil derselbe dem dasigen Stifts-Scholaster Gerlach Schelm gehort hatte. vid. *Gud.* C. D. II. 414.

Das Haus *zum Greifenstein* in Aschaffenburg ward als Stiftshaus bis auf den heutigen Tag also benannt, weil dessen Besitzer 1386, Johannes de Seyn alias dictus de Greiffenstein, domicellus Capituli ibid. gewesen, von welcher Zeit an dieses Haus ein Stiftshaus blieb. vid. *Gud.* C. D. II 351 et IV 60.

Aehnliche Hausnamen in benachbarten Städten finden sich, z. B. curia *zum Wurzgarten.* 134? vid. *Gud.* C. D. II.. 380.

De cognominibus domorum, Strauss etc., siehe *Lersner* Chron. II, I. 820.

Dass in Mainz die Geschlechter mit Auslassung des Geschlechtsnamens sich im 13. und 14. Seculo nach den Namen ihrer Häuser schrieben, welches zu vielen Verwirrungen Anlass giebt, die nur das Siegel derselben entscheiden kann, siehe *Gud.* C. D. II. 500 z. Baumgarten in Nota.

Besonders ist hier zu vergleichen in Betreff der gleichnamigen Häuser in Mainz und Frankfurt Syllabus veterum moguntiae curiarum in des *Gud.* C. D. II. 506—562.

Ort für *Eck* als Benennung findet sich in einer Mainzer Urkunde de 1339 vid. *Gud.* C. D. IV. 1147.

In Basel waren Hausnamen im 14. Seculo durchaus gewöhnlich. vid. *Ochs* Geschichte von Basel II. 429.

1247 hatten die Lohgerber, Schuster und Leinweber einen Hof in Mainz zum Verkauf darin vom Churfürsten in Erbleih erhalten, wo sie die Waaren ausschliesslich, aber gemeinschaftlich vornahmen, wo also einzig der Verkauf dieser Waaren geschehen musste. *Gud.* C. D. I. 598.

In Basel hatten im Mittelalter die meisten Handwerker ihre eigne Strasse, wo sie wohnten und ihr Gewerb trieben. vid. *Ochs* Geschichte von Basel I. 244.

Allgemeine Bemerkungen.

In dem Stadtfrieden von 1318 werden als die nächsten Umgebungen oder Vorstädte von Frankfurt angegeben: *Sachsenhausen*, *Hohenrode* und *zu den Gärten* (also die nachmalige Neustadt). *Lersner* Chron. II. 303. Dass in Strassburg im 13. Seculo die Kaufleute in einer Strasse beisammen wohnten, beweist der daher entnommene Namen eines Strassburger Rathsherrn de 1246. Siehe *Königshofen* Strassburger Chronik, Vorrede § X. ed. Strassburg 1698.

———

Auf dem Vorplatze der Stiftskirche zu Wetzlar dem Eingange des Chores gegenüber steht eine alte steinerne Capelle, welche die *Michels-Capelle* hiess. Siehe *Ulmenstein* Geschichte von Wetzlar III. 36. Auch in Wetzlar finden sich gleichlautende Hausnamen mit den hiesigen Häusern. ibidem l. c. III. 365 u. and. m.

———

Von den früher zerstörten Höfen um Frankfurt herum vid. *Senckenberg* Corp. Jur. Germ. II. Abthlg. pag. 30.

———

In Regensburg wohnte im Mittelalter jedes Handwerk in einer eigenen Strasse, wo es sein Gewerb trieb. Confer. Gemeiner Regensb. Chron. 1. 350 in Nota.

———

[Ueber die Hausnamen in Erfurt vgl. jetzt „die Häuser-Chronik der Stadt Erfurt", herausg. von *B. Hartung*. Erf. 1861.]

———

Fahrgasse.

Die ersten Bewohner Frankfurts suchten sich ihren Lebensunterhalt von den häufig über den Main hin und her wandernden Fremden zu verschaffen [1]) und sie konnten für ihre häuslichen Niederlassungen keinen vortheilhaftern Platz wählen, als den vor der Furt, wo alles, Menschen und Viehe, bei ihren Wohnungen vorüber gehen musste. Auf solche Weise entstund durch sie die Fahrgasse, gewiss die älteste unter ihren Schwestern, und endlich die Hauptstrasse der alten Stadt. Um den Ursprung ihres Namens zu erforschen, ist die Bemerkung nöthig, dass das Wort Far oder Faer, welches die Alten mit Furt ausdrückten, einen dreifachen Sinn hatte. Zuerst zeigte es den Uebergang oder die Ueberfahrt über einen Fluss an. *Wachter* hat daher in seinem Glossarium der deutschen Sprache das Wort Faer mit Transitus und Trajectus, und Faren mit Flumen trajicere übersetzt. Von Faer werden auch die Schiffleute, welche zum Ueberfahren besonders bestimmt sind, die Faercher genannt. Zum andern verstund man unter diesem Worte ein Regal oder Vorrecht der Könige und Kaiser, auf den Flüssen Brücken zu erbauen, oder Schiffe zur Ueberfahrt anzuordnen, welches Recht sie nachmals durch Belehnungen, Verpfändungen oder sonst den Reichsständen und andern Personen überliessen. Das ältere Verhältniss der Niedbrücken, und wie solche an die hiesige Stadt gekommen sind, lässt sich hieraus leicht erklären. Endlich wurden auch die Gegenden der Flüsse, denen ein solches Recht anklebte, das Far genannt. Wir können dieses schon aus dem

---

[1]) Vgl. gesch. Einleitung §. V.

einzigen Umstande bemerken, dass sie zur Zeit, wo die Flüss
mit Eisdecken belegt sind, und folglich keine Ueberfahrt statt
haben kann, immer noch ihre Benennungen beibehalten. Nu
hatte Frankfurt ein doppeltes Far; das obere, wo sich scho
in den Carolingischen Zeiten eine steinerne Brücke befand[2]
und das untere beim Fahrthore, welches wahrscheinlich ers
durch den Brückenbau veranlasst wurde, und in einer Urkund
Kaiser Wenzel's von 1398 vom nahen Palatium (dem Saalhofe
die Pfalzfurt genannt wird; Pfalz aber hiess eben so viel a
Palatium (s. Wachter l. c.). In gedachter Urkunde wurde der
hiesigen Weissfrauen-Kloster erlaubt, ein neues Fischfach i
dem Main „uff dem Saltzfurt" zwischen der Stadt und de
guten Leuten anzurichten. (*Senckenberg* Sel. jur. et hist. T. IV
p. 645). Die Pfalzfurt begriff demnach die ganze Gegend an
dem Main vom Fahrthor bis zum Gutenleuthofe; weil ma
durch dieses Thor geraden Wegs zu dem Orte der eigentliche
Ueberfahrt gelangte, so gab dieser auch die Gelegenheit z
seiner Benennung. Eine Wahrheit, die ein in der Alterthum
kunde Eingeweihter nicht leicht bezweifeln wird. Gleichwie nu
das Fahrthor seinen Namen von dem unteren Fahr erhielt, s
erhielt auch die Fahrgasse den ihrigen von dem oberen Fah
mit dem sie jederzeit genau, wie eine Gasse mit der ander
verbunden war. So lange sich Frankfurt noch in seinen erste
Mauern eingeschlossen sah, reichte die Fahrgasse nicht weite
als von der Brücke bis in die Gegend des Hauses zum Lin
wurm Lit. A. No. 150, wo sich die erste Stadtpforte befand.
Bei der zwischen den Jahren 838 und 87 vorgenommenen E
weiterung der Stadt bildete sich zwischen dem Graben oder de
nachmaligen grossen Andaue beim goldenen Löwen und der i
Jahre 1765 abgebrochenen Bornheimer Pforte eine neue Strass
der man den Namen der Hufschmiedgasse beilegte, weil vo
muthlich das erste der neuen Gebäude eine Schmiede war. Ma
trifft diese Gattung Handwerksleute gemeiniglich in den Tho
strassen an, weil diese wegen der stärkeren Durchzüge vo

---

[2]) Vgl. ebenda S. 205.
[3]) Vgl. ebenda S. 65.

Fahrgasse. 9

Pferden und Fuhrwesen mehr als alle anderen zu ihrer Handthierung geeigenschaftet sind. Die ältesten Grundzinsbücher gedenken auch einer Schmiede, die sich in der Gegend des Hauses Amalung (des goldenen Löwen) und folglich ganz nahe bei der alten Stadtpforte befand. Der deutsche Name Hufschmiedgasse wird in den alten Grundzinsbüchern nicht gefunden, weil sie immer den lateinischen vicus fabrorum dafür setzten; aber in einem Notariats-Instrument von 1371 in libro Testament. f. 184 kömmt ein „Wentzil Becker vnder den hubenSmyden" als Zeuge vor. Es ist kein Zweifel, dass er ein Anwohner der Hufschmiedgasse war, indem die Zinsbücher häufige Beispiele liefern, dass Häuser oder ihre Bewohner anstatt in vico fabrorum, piscatorum, doliatorum etc., kürzer inter fabros, inter piscatores, inter doliatores oder unter den Bendern u. s. w. beschrieben werden.*)

In jenen Zeiten, wo man den langen Namen sehr feind wurde, und sie auf alle mögliche Art abzukürzen suchte, traf auch die Hufschmiedgasse die Reihe, dass sie in die Schmiedgasse abgekürzt wurde, oder dass man, anstatt unter Hufschmieden, lieber unter den Schmieden schrieb. Daher ist auch in einem Zinsbuche der hiesigen Peterskirche von 1476 in Lat. R. No. 27 zu lesen: „Item iij ℔ de domo vnder den Smidten — gegen Sant Johanse ubir"; dergleichen Namens-Abkürzungen werden in der Folge noch viele wahrzunehmen sein. Durch

---

*) S. G. P. 1339. Die Fargassen.
— 1368. Wencil untern Hubensmeden.
— 1463. H. unter den Smydden gen S. Johann über 1482.
— 1465. H unter den Smydden 1426. 36
— 1467. H. in der Fargassen unter den Smyden.
G. Br. 1521 H. unter den Schmiden.
O. U. 1435 2 Huser hinden und forn — gelegen unter den Smyden in der Fargasse, genannt *Hattenberg*.
— 1438. H. unter den Schmieden neben dem Haus zum Boxhorn
— 1493. Husung — unter den Smyden gelegen; genannt *zur alten Stede-Smyden* neben Neu No. 73.
S. P. 1401. H. unter den Smyden by dem Graburn Stossit hinden an S. Johann-Herrn Hof. F.

die alte Stadtpforte und den Graben war die Fahrgasse anfä:
lich von der Hufschmiedgasse getrennt; nachdem man a
beide abgeschafft und Häuser an ihrer Stelle erbaut hatte, wa:
beide Gassen so eng mit einander verbunden, dass sie nur e
auszumachen schienen. Dieses hatte endlich die Folge, d
man der Hufschmiedgasse auch den Namen der Fahrgasse l
legte, und von der Zeit an pflegten die Grundzinsbücher unse
Kirche die Häuser der Hufschmiedgasse „in vico fabrorum
Fargazze" zu beschreiben. Ja, da man in späteren Zeiten
alten Gränzen, oder den Ort ihrer Verbindung nicht mehr ge:
zu bestimmen wusste, wurden auch die Häuser der eigentlic
Fahrgasse, anfänglich nur bis zur Arnspurgergasse, und spä
hin auch noch weiter, auf eine ähnliche Art beschrieben. N
langem auch in der Volkssprache angedauertem Wechsel
Namen entzog sich endlich die Schmiedgasse dem Gedächtn
der Nachwelt. In der Chronik II tom. p. 686 wird ihrer b
Jahre 1493 noch gedacht.

Es war ehehin nichts Ungewöhnliches, die Namen lar
Strassen mit Zusätzen zu begleiten, um dadurch nur einz
Theile derselben anzuzeigen. Liest man demnach *in der F*
gasse unter den Juden, so muss blos der Theil von der Brt
bis zum Lumpenbrunnen bei der Kannengiessergasse verstan
werden, weil ehemals die Juden ausser ihrer Gasse b
Pfarrkirchhofe auch noch die meisten Häuser dieser Geg
bewohnten. [5]

---

[5] S. G. P. 1353. H. in der vahrgaszen gelegin bie den Juden.
— 1402. H. unter den Juden zu F. gelegen
— 1417. H. unter den Juden da Hans Gutgemach inne w
— — Gotfried in der Judengasse.
— 1430. H. in der Judengasse.
— 1484. 5 H. unter den Juden (wovon 2) gen dem Bi
  hoff über, und (die 3 übrigen) hinden an den
  den vorhergehenden Häusern, in den Gossechi
  man geet in die Fischergassen etc.
Ueber die Wohnungen der Juden an der Brücke und die je
Judengasse siehe *Orth's* Anmerkung zur Reformation. Contin. I. 174

Latomus schrieb daher von den Juden: occuparunt etiam ab utroque latere plateam praedictam (die Fahrgasse) à ponte ferme usque zum Lumpenbrunn, atque ad Templum S. Bartholomaei (s. *Schudt's* jüdische Merkwürdigkeiten in II. Th. p. 46). Heisst es in der Fahrgasse unter den Schmieden, so ist in früheren Zeiten einzig auf den Theil von der Bornheimerpforte bis zur grossen Andaue und in späteren auch noch bis zur Kannengiessergasse Rücksicht zu nehmen. Ein ähnliches Verhältniss hat es mit den Zusätzen unter den Kistnern und unter den Hüdemachern. Unter jenem verstand man die Gegend gegen dem Goldenen Löwen über. Das Gerichts-Protocoll von 1395 gedenkt eines Hauses „unter den Kistenern in der fargasze" und in einer Handschrift des 15. Jahrhunderts lautet die Beschreibung eines Hauses: „in der fargasze unter den Kistnern gein dem graborn ubir". Man sehe auch beim Hause Kelsterbach auf dem Löwenplätzchen. Durch diesen wollte man den Theil zwischen der Schnurgasse und der Töngesgasse anzeigen, dessen östliche Seite ein vorzüglicher Aufenthaltsort der Hutmacher war, wie aus verschiedenen Zinsbüchern abzunehmen ist, wo unter den Zinspflichtigen öfters die pileatores vorkommen. Ich war bisher bemüht, Nachrichten aus den finstern Zeiten des Alterthums mitzutheilen; nun aber sollen auch noch einige Veränderungen bemerkt werden, welche sich in unsern Tagen mit dieser Gasse zugetragen haben. Bis zum J. 1765 war die alte Stadt noch von der neuen durch die Bornheimerpforte getrennt; durch die Abschaffung der Pforte aber hörte die sichtbare Trennung der beiden Städte auf, und die Fahrgasse vereinigte sich mit einem Theile der neuen Stadt bis zur Zeil und Allerheiligengasse. Obschon man den letzteren gemeiniglich noch unter der Bornheimerpforte nennen hört, so ist doch wohl vorauszusehen, dass derselbe mit der Zeit das nämliche Schicksal wie die Schmiedgasse erfahren werde. Sonst hatte die Fahrgasse nur ein einziges Floss in ihrer Mitte, und der allzustarke Abhang des Pflasters gegen dasselbe verursachte dem Fuhrwesen mancherlei Ungemächlichkeiten. Auch befand sich nächst bei der grossen Andaue eine merkliche Vertiefung, welche noch von der Zuschleifung des ersten Stadtgrabens herrührte, und in der sich im Winter zuweilen so vieles Eis und Wasser sammelte, dass nur mit vieler Mühe durchzukommen war. Um diesen Uebeln abzuhelfen, wurde eine Abänderung des Pflasters beschlossen. Diese kam auch im J. 1775 zu Stande, wo man das alte Pflaster aufhob, die Gasse durchaus gleich ausfüllte und ein höheres in der Mitte abgerundetes Pflaster mit Nebenflössern anlegte. Diese Veränderung verschaffte der Fahrgasse unter andern noch den besonderen Vortheil, dass sie von der Zeit an sich weit trockener und reinlicher befand, als sie es vorher je sein konnte.

Häuser auf der Morgenseite.

I.

Zwischen der ehemaligen Bornheimerpforte und dem Setzengässchen.

Lit. A. No. 1. *Bornheimerpforte.* Das vorstehende Eck, an dessen Stelle sich die alte Stadtpforte, oder vielmehr die Thurmstiege und die Richterswohnung befanden. Der Platz wurde 1767 an den Meistbietenden verkauft, und das darauf erbaute Haus sollte durch seinen Namen das Gedächtniss der alten Stadtpforte erhalten.

Lit. A. No. 2. *Gross-Laubach.*

Lit. A. No. 3. *(Rebstockhof.)* Das Haus über den Bogen des Setzengässchens, welches aus dem Rebstockhofe entstanden ist und vermuthlich nun *Klein-Laubach* heisst.

„iiij sol. den. de curia dicta der Rebestogkinhof sita in vico fargazze latere orientali jnfra vicum ultimum transitus vicorum predicatorum et fargazze, et portam antiquam Burnheimer dor, ex opposito quasi vici Sancti Anthonii, plus ad Septentrionem." L. r. B. de 1350. fol. 7. — „ccj marcam den. de curia dicta der Rebestogkin hof, sita in antiquo opido frank. Superiore parte vico fabrorum seu fargazze dicto, latere orientali, infra vicum dictum Bodingazze et portam dictam Burnheimer dor antiquam ex opposito quasi vico Sancti Anthonii." ibid. f. 56.

Dieser Zins wurde von Johann von Wetzflar und Ryln zum Hohenhaus zu den Kerzen für die Schulkinder in der

Pfarre legirt. Auch Petrissa, die Gemahlin Conrad's Gude, eines Ritters von Sachsenhausen, vermachte der Vikarie des h. Johann des Täufers von dem nämlichen Hofe j sol. den. auf Martini fällig. L. V. Sec. XIV. f. 13.

Fichard fügt hier Folgendes bei:

Der Herr Verfasser fängt ganz richtig mit der Ostseite der Fahrgasse hier an, denn die Beschreibung der Stadt richtet sich am natürlichsten nach dem Laufe des Mains. Sie muss also nach diesem abwärts und nicht aufwärts beschrieben werden, daher die obere Altstadt und Neustadt der niedern Altstadt und Neustadt mit Recht vorgesetzt ist. Bei einem topographischen Werke ist es indessen, um Unordnung zu vermeiden, durchaus nothwendig, die einmal angenommene Folge durchgreifend zu erhalten. Dies hat jedoch der Herr Verfasser bei Beschreibung der Strassen und Plätze sehr oft vergessen und ordnungswidrig die Westseite der Ostseite vorgesetzt. Auch glaube ich, dass in dieser Beschreibung die Südseite als die dem Fluss näher gelegene stets der Nordseite vorzusetzen sei.

Reg. Cens. fabr. lt. x Solid. hall. — de domo Heintzelonis Kesselers. sita in vico fargassen, opposita deme Hubinsmyde.

St R. de 1357. It. das Heymelichkeid by Burnheimer Porto vm Bord, Holtz, Neyle vnd Arbeidens luden vnd zu vegene. IX ß VI β iiij Hllr.

St. R. de 1357. It. Heintz Schuchwirten vnd syme Gesellin vff Burnheimer Porten. xxiiij β.

St. R. de 1447. It. v. β hat geben Anshelms Contze vff der Stadt Backhuss *vor* Bornheimer Porthen (d. h. innerhalb derselben).

St. R. de 1471. It. xji β hat geben Heintze stange vss dem Krame der Brotwagen vor Bornheimer Porthen. —

St. R. de 1539. — die *Brotwage* by der Bornheymer Pforte war ein städtisches Haus.

St. R. de 1552. — zu huten bei dem Buxengruben gegen den Judden etc.

St. R. de 1552. — das Holzgrabenthor by den Judden (dasselbe Thor!!!)

St. R. de 1565. — das dem Rathe zugehörige Haus vor der Bornheimer Pforten gegen den Juden vber am Hirtzgraben gelegen zalt Zins pro 1550 bis 1565 incl. 93 β in Sa.

St. R. de 1592. Das gemeine Backhaus vor Bornheimer Pforten ist verkauft.

O. U. 1451. Eyn Backhuss und Flecken derhind und eynen Brodtladen vorne zu an Wygh Gensetribers Orte gelegen innwendig des Bornheimer Thornis *im Hoffe zum Rebestogk*.

Fahrgasse.

O. U. 1465 ein Backhuss neben dem innern Bornheimer Torne an unserer Stadte Murn.

O. U. 1487. Schuir und Hüsschen daran — gelegen bey der Bornheimer Porten genannt *der alde Rebestuck* züshen Martin Buchsen Meister und N, stossen hinden an die *Rodebaddstoben*.

O. U. 1489. 2 H. aneynander, zum *Rebstockehoffchin* by der innern Bornheimer Porten hinten N. neben dem gesess *Wissenburg* stossen hinden uff die rode Batstoben.

O. U. 1490. 2 H. an einander gelegen genant zum *alten Rebestock* in dem Rebenstockshofchin by der Bornheimer Porten, stosst hind. geen der Stadt Murn.

Mscr. XVII Seculi. H. zum *alten Weck* liegt bei der Bornheimer Porten.

S. G. P. 1407. H. *Garteneck* an dem H. Laupach vor Bornheimer Porten gelegen.

S. G. P. 1445. H *Laupach* by der *alten* Bornheimer Porten.

— 1477. H. *klein Laupach* by der Bornheimer Porten.

Mscr. XVII Sec. H. zum *grossen Laibach* an dem Bornheimer Thurn.

Wfr. Kl. Zb. von 1480. *Fargasse*. H. Stall und Zugehör genant *Laupach* und ist gelegen uff der Syten gen Ufgang der Sonne hart an dem *Bornheimer Porthuse*, da der Tornhuder inne wonet.

O. U. 1420. H. Hof und Gesess genannt *Laupach* gelegen bei der *Bornheimer Pforten* züshen dem Porthuss desselbigen und der — Schuwertin.

O. U. 1478. H. gelegen an der Bornheimer Porten genant „*Klein Laupach*" züshen dem Gesess *grossen Laupach* und N.

O. U. 1479. H. in G. hinden und vorn genant *Lauppach* gelegen iu der Farrgassen innwendig der innern Bornheimer Porten züshen N und unserer Stadt Porten etc. und stossen hinden an denselben N Bossenmeister (= Büchsenmeister) etc.

Vor der Bornheimer Pforte lag die curia Bauwari militis et Sculteti Fr.

II.

Zwischen dem Setzengässchen und dem Plätzchen bei der Rothenbadstube.

Lit. A. No. 7. *Weiszeburg*, neben dem Bogen des Setzengässchens.

„Wiezsenburg in vico fargaszen infra portam antiquam Burnhemer et vicum ultimum ex opposito directe vici sancti anthonii." L. C. de 1405. f. 83.

H. *Wissenburg* by der innern Burnheymer Porthen an Lyndenfelss. Insatzbrief de 1429.

„hus wissenburg by der innern bornheimer Porten." Ger. Prot. von 1430.

H. Wissenburg by der innern burnheimer Porten. Schöff. Prtkll. de 1430.

„Hus gelegen in der vargaszen genannt Wiszenburg zwischen Lindenfels, vnd dem hofgen." S. G. P. v. 1437.

Der Name steht noch an dem Hause angeschrieben; es ist demnach der Name Weissenfels, wie er in der folgenden Beschreibung lautet, eben so unrichtig, als der Name Ratengasse.

„x β den. de domo Weyssenfels sita latere orientali infra portam antiquam Bornheymer et Ratengassen (Rothengasse) contigua domui Lyndenfels ex opposito directe vici Sancti anthonii." R. C. de 1538. f. 9.

Von diesem Hause hob die Präsenz S. B. jährlich auf Maria Geburt 2 fl. 17 xr. 2 d. Grundzins. 1791 am 8. April Nachmittags gegen halb 2 Uhr entstand in dem Hinterhause ein Brand, welcher das Dach und das obere Stockwerk verzehrte.[6]) Um der Wuth des Feuers Einhalt zu thun, musste das Dach von einem Nebengebäude im Setzengässchen niedergerissen werden.

Erlebach. „ij lib. hall. de domo dicta Erlebach sita latere orientali contigua domui Lindenfelsch ex oposito vici Sancti anthonii. L. C. summa Missa de 1464."

Dieses Haus wurde mit der Weiszenburg vereinigt. Ich bemerkte es aus dem Grundzins; denn die 2 Pfund Heller und die 10 Schilling Pfennige machen die 2 fl. 17 xr. 2 d. aus, welche die Weissenburg jährlich an die Stifts-Präsenz abgeben musste.[7])

---

[6]) O. U. 1490. Eckhuss — genant *Wissenberg* by der Bornheimer Porte.

O. U. 1579. H. — bei der Bornheimer Pforten *Weissenburg* genant neben N. uff einer und dem Betzen Gesslin anderseits gelegen etc. F.

[7]) O. U. 1353. H. in der cleinen Gasze hindir dem hus das do heiszet Erlebach. F.

Lit. A. No. 8. *Lindenfels*, auch *Klein Lindenfels*. Kömmt schon in R. C. de 1356 als Nebenläger vor.

"Lindenfelsch latere orientali infra portam antiquam Bornheym et Rodengasz." L. C. de 1460. f. 10.[8])

Lit. A. No. 9. *Klein Gerau*. In dem Gerichts-Protokolle von 1471 kömmt „der wuste fleck und hoffestat inwendig der bornheimer porten by dem nuwen huse genant Lindenfels" vor. Was es mit diesem und noch zweien andern auf den wüsten Flecken erbauten Häusern für eine Beschaffenheit hatte, wird aus folgenden Nachrichten zu ersehen sein. 1474 fer. 2 post oculi überliessen Dechant und Kapitel der beiden Stifter S. Bartholomaei und unserer lieben Frau zu den Wygeln (auf dem Berge) Peter Keller Zimmermann, Clas Moff Kesseler, und Hans Heynse von Gerau Becker, erblich „Eynen flecken der langezyt wuste gelegen habe by der Bornheymer porten gelegen, vnnd druwe husere daruff gebuet syen, zuschen dem husz genant lindenfelsz da Clas egenannt jnne wone, vnd Blanckenberg, da peter Keller egenant jnne wone, vnd stoisz hinden an die Rode Badestobe." Dagegen mussten sie den Herren zu S. Barthol. eine Mark Geld und den Herren zur lieben Frau eine halbe Mark jährlicher ewigen Gült auf Martini entrichten. Ex lit. Senat. in Lat. C. II. No. 1. Diese drei Häuser wurden das Jahr vorher erbaut, wie das Zinsbuch von 1511 bemerkt hat „item 2 fl. 6 β de tribus domibus prope domum Lindenfels Anno 1473 ädificatis. Quarum due super stratam et tertia retro easdem est sita versus aestuarium Rodbadstuben. Quorum 18 ; cedunt de domo dicta Klein Gerau. Et 18 β de altera dome dicta Blanckberg. Et 18 β cedentes de 3 ᵃ· domo." Die 18 β oder 45 xr. vom Hause Gerau wurden von unserer Präsenz bi zur Aufhebung des Stifts erhoben.

---

[8]) S. G. P. 1398. H. zu Lindenfels.
— 1439. H. Lindenfels an der Bornheimer Porten.
— 1471. Der wüste Fleck und Hovestat inwendig der Born heymer Porten by dem *nuwen Huse* genannt Lindenfels.
S. G. P. 1361. Sifrid zu L. — 1384 Wigel z. L. — 1386—1388 Wo fechin z. L. — 1393. 1392 Wolf z. L. 1395. 97. F.

O. U. 1527. H. klein Gerau in der Faregasse by der Bornheimer Porte.
2 fl. 6 ß de tribus domibus prope Lindenfels, quorum 18 ß de domo dicta klein Gerau et 18 ß de altera domo dicta Blankenburg; modo est una domus etc. Test Melch. Frieden. de 1586 p. 14.

Die Ursache, warum man ehemals die Häuser so sehr verfallen liess und die eingestürzten nicht leicht wieder aufbaute, ist in der geschichtl. Einleitung §. XVII angegeben worden.

Lit. A. No. 10 war eines von den im J. 1474 erbauten drei Häusern; es gab aber keinen Zins mehr.

Lit. A. No. 11. *Blanckenberg* oder *Blankenburg*. Das Eck beim Rothenbadstubenplätzchen. In dem Anniversarien-Buche des Predigerklosters von 1421 p. 8 wird schon des Hauses „Blankenberg by der rodenbatstoben" gedacht [9]), und in dem Z. R. unserer Kirche von 1536 p. 8 ist zu lesen: 18 ß de domo in acie sita Blanckenburgk dicta. Beim Hause Klein Gerau wurde vorher bemerkt, dass Peter Keller, Inhaber des Hauses Blankenberg, im J. 1474 eines von den drei neu erbauten Häusern um 18 ß jährlichen Zinses erblich erhielt. Bei nachmaligem Verkaufe der Häuser blieb der Zins auf Blankenberg haften, und das eigentliche Zinshaus (Lit. A. No. 10) war von seinem Zins befreit. Nach dem J. 1536 kam auch das andere nach der rothen Badstube gelegene Haus an den Besitzer des Hauses Blankenberg, wie aus dem Z. R. von 1586 p. 14 abzunehmen ist, und da trug sich wieder der nämliche Fall zu, wie vorher. Von der Zeit an hob die Präsenz des S. B. Stifts jährlich auf Martini 36 ß oder 1 fl. 30 kr. vom Hause Blankenberg.

III.

Zwischen dem Plätzchen bei der rothen Badstube und der Nonnengasse.

Lit. A. No. 102. *Schiff*. *Goldne Schiff*. Vorher *Frienberg* oder *Frieburg*, das Eck am rothen Badstubenplätzchen.

---

[9]) O. U 1508 H. by der Bornheimer Porten genant *Blankenberg* — gein dem Olerborne uber an der Ecken, als man zu der roden Batstoben geet etc. F.

„Fryenberg in vico fargasz in acie respicienti Rodenbadestoben." R. C. de 1405. f. 26.

„j marca primi census sita in antiquo opido infra vicos dictos Rodengasz et florads (folrads) jn acie et est primus census cum j marca de eadem domo dicta fryenberg etc." R. C. de 1423. f. 27 et 1428. f. 32.

„dasz husz genannt friburg gelegin in der fargassen vnd ist ein orth husz (Eckhaus) by dem Olantzborne gen Falckenburg uber gelegen." R. C. Capella oo. ss. de 1475—1533. f. 21.

„1 fl. 19 β 7 heller, quorum 22 β 2 heller, Nativitatis Christi de domo Gerlaci dicta modo Freyburg infra vicos dictos Volradis et Rodengassen. Item 31 β 4½ heller Bartholomaei cedentes de domo olim huic contigua versus estuarium Rodbadtstuben, latere meridionali inter vicos praedicatorum et Fahrgassen, modo est una domus cum superiori." R. C. de 1581. f. 10. Obige 1 fl. 19 β 7 h. oder 1 fl. 49 kr. 1 h. wurden von der Präsenz auf Martini noch erhoben. [10])

Lit. A. No. 103. Vermuthlich *Klein Roseneck*, indem in dem Intell. Bl. von 1737 das Haus dieses Namens in der Fahrgasse zwischen dem Schiff und dem Hutmacher Ulrich gesetzt wird. [11])

Lit. A. No. 104. *Bockshorn.* „In der Fahrgass gegen dem Stern über gelegen." Zinsb. der Vikarie S. Annae von 1701.

---

[10]) S. G. P. 1485. H. in der Faregassen by dem Ulantsborne uff dem Orte gen dem H. Falkenberg über.

Wfrkl. Zb. von 1480 *Fahrgass.* H. uff der Siten gen Ufgang der Sonnen allernechst stossend an das Eckh. by dem *Oleysborn*, und lyt gein dem H. zu *Falkenberg* vber.

[11]) O. U. 1541 H. genannt *Rosen Eck* am Ecke der Gassen, als man in das Prediger-Kloster geht

O. U. 1458. Orthuss u G. genant *cleynes Roseneck* gelegen in der Faregassen uff dem Orte als man zu den Predigern geet etc.

O. U. 1491. H. — in der Fargassen uff dem Orte gen dem *Grapborn* über genannt *Rosenecke* neben der Schalemechern etc

St. R. de 1488. It. x β dedit die kursenere zum Rosenecke by dem Graborn vff sinem Huse zu zinsen.

Fahrgasse. 19

Intell. Bl. von 1805 No. 42. Das Haus gab gedachter Vikarie jährlich auf Martini (Pfingsten) 30 kr. Grundzins. H. zum *Boxhorn* gelegen in der Fargasse zushen Contze Kessler vnd dem Huse genant zu Lyndauwe. Insatzbrief de 1454.[12]

Lit. A. No. 105. *(Landau)* ein Backhaus. In dem S. P. von 1464 wird ein Haus beschrieben, „in der fargass zwischen dem haus Landauwe und Leydermann". Die Breite des Hauses Leydermann erregt die gegründete Vermuthung, dass das namenlos beschriebene Haus in späteren Zeiten mit ihm vereinigt wurde, und dass folglich das Haus Lindau kein anderes als das Backhaus sein konnte.[13]

---

[12] 1320 dicta boxhornen (Beedbuch).
 O. U. 1313 census super domum — nuncupatam volgariter: zu demi alden und demi jungen bockshorne etc.
 O. U. de 1280. Census de domo quondam Bockeshornes. NB. Der Name kam also vom ersten Besitzer.
 S. G. P. 1387. H. zu dem *alden* Bockishorne.
 — 1392. H. zum Boxhorn.
 — 1460. H. zum Boxhorn in der Fargasse 1461.
 O. U. 1450. H. u. Hoffchin genant zum alden boxhorn — gelegen by der rodenbadestoben hinden an das gessess *Landauwe* stos-ende etc.
 O. U. 1456. H. u. G. genannt zum *Boxhorn* in der Faregasse gelegen zushen N. und dem Husse genannt *Landauwe* etc.
 St. R. de 1501. — Baubesichtigung das Haus zum *Boxhorn* unter den Smitten betr.
 O. U. 1584. Behausung *zum Bockshorn* in der Fahrgassen — stosst hinten uff die Behausung zur *Herrgotts Stuben* genannt.
 O. U. 1553. Huss in der Fargasse zum *Bockshorn* genannt neben dem Huse *zur rothen Rose*, welch letztere Huss hinten uf das Huss Fechenheim stösst.
 O. U. 1516. H. u. Gesess — genannt zu der *roden Rosen* in der Faregassen gelegen neben N. Waffenschmitt etc.
 Reg. cens. fabr. It. iv. Sol. hall. legauerunt Ebirhardus de Stade et Elysabeth conjuges, de domo dicta Boykishorn sita in antiquo opido Fr. Superiori parte vico fargassen seu fabrorum, latere orientali.
 1640 fit civis N. N. Gastgeber zur rothen Rose, lt. Bgrbch.
[13] S G. P. 1399. H. *Landau* in der Fargasse.
 H. *Landau* in der Fahrgass neben der *rothen Rose*. Msr. XVII Sec.

Lit. A. No. 106. *Leydermann*. Nachmals *zum Rappen* und *zum Vordern Rappen*, um es vom hintern Rappen in der Predigergasse zu unterscheiden, mit dem es einstens verbunden war. Der Namen Leydermann kömmt beim Hause Falkenberg 1368 schon vor. „haus zum Leydermann hart an dem hus zur Schuren in der Fargasse" S. P. von 1428.

„haus zum Leydermann in der Fargass gen dem Rosengarten ubir" S. P. von 1457.

„j marca de domo sita latere orientali respiciente ex opposito domus dicte Falckenborgk dicta zum Leydermann" R. C. de 1460. f. 8.

1665 am 3. März wurde eine Weibsperson auf dem Rabenstein gerichtet, weil sie ihr uneheliches Kind im Wirthshause zum Rappen ermordet, und in das heimliche Gemach geworfen hatte. Frf. Chr. I. Th. p. 501.[14])

Lit. A. No. 107. *Zur Scheuer*, anitzo *Stadt Königsberg*. Ein Gasthaus.

„hus zur Schuren gen dem huse zur Milden uber" S. P. von 1416.

„zur Schuren gelegen in der Fargassen zuschen dem leiderman vnd dem gesesse gliperg." J. B. von 1440.

„de domo in der Fargassen zu schewer neben dem Rapen." R. C. de 1636. f. 9.

Das Haus zur Schcuer nahm zwischen den J. 1563 und 1581 das folgende Haus zu sich. Es wurde nachmals ein Gasthaus, und behielt seinen alten Namen bis zum J. 1764 bei, wo es ihn in die Stadt Königsberg veränderte. Es gab der Praesenz jährlich auf Martini 26 kr. 1 hllr. Grundzins, welcher von dem mit ihm vereinigten Hause herrührte.[15])

---

[14]) O. U. 1448. H. u. Hoff — gelegen in der Farengassen genannt zum *Leydermann* zůshen der *Schuren* und N. N

O. U. 1384. H. u G. — gelegen in der Fargassen gelegen an der alten *Leydermanne* und etzwann der alten Leydermännin war.

Gltbrf. de 1427. H. zum Leydermann, gelegen in der Fargasse ar der *Schuren*. B.

[15]) S. G. P. 1368. H. zu der Schurin.
— 1381. H. zur Schuren.

Fahrgasse. 21

Glippberg, auch *Glauberg*. Die erste Benennung kommt schon 1440 bei dem vorigen Hause vor, und die folgenden Auszüge beweisen, dass zwischen der Scheuer und dem Ecke an der Nonnengasse noch ein Haus gestanden hat, das zwischen den J. 1563 und 1581 mit der Scheuer vereinigt wurde. Die Zinsbücher des 16. Jahrh. haben oft die Namen sehr unrichtig angegeben, und man hat daher Ursache zu glauben, dass Glauburg, noch mehr aber Geyburg, in die Klasse der verderbten Namen gehören.

„v β den. (viij β h.) de domo sita latere orientali infra domum dictam zur Schide et domum zur Schuwer." L. C. Saec. XV.

„7½ β de domo dicta Glauburg in der Fargaszen." R. C. de 1563. f. 66.

„7½ β de domo dicta Glauburg latere orientali infra domum dictam zum Scheidt et domum zur Schewern, de domo olim dicta zum Geyburg, modo conjuncta domui zur Schewern. R. C. de 1581. f. 9.

Die 7½ β (18 kr. 3 hllr.) gehörten ursprünglich zu den Lampenzinsen unserer Kirche, die einer, Namens Wicker Schalgheyt schon 1350 entrichtete, wie aus dem L. r. B. f. 61 wahrzunehmen ist.[16])

Lit. A. No. 108. *Glipperg*, *zum Schide*, anitzo *zur Scheide* Das Eck an der Nonnengasse.

S. G. P. 1416. H. zur Schuren gen dem H. zur Milden über.
— 1461. H. zur Schuren in der Fargasse 1450.
— 1340. Albert zur Schuren.
— 1354. Metze zur S.
— 1355. Die Frau z. d. S. — 1387 Okel z. d. S.
O. U. 1467. H. zur Schuren in der Fargaszen zwischen dem H. z. Leydermann und Glippergk.
16) S. G. P. 1450. *Glipperg*. H. in der Fargasse zwischen dem H. zur Schuren und zum Schyde.
O. U. 1433. H. genannt *zum Schyde* in der Fargassen gelegen an dem Huse *Glipperg* und gein der Milden über etc.
O. U. 1457. H. u. Gesesse genant *zur Schyde* in der Faregasse uff dem Ecke des Stumpengesschins an dem Husze Glipperg gelegen.

Fahrgasse.

„hus Glipperg in der Fargasse uf dem Eck der Stompengasse." S. P. von 1458.

„hus zum Schyde in der Fargasse uf dem ort der Stompengassen." J. B. von 1458. S. P. von 1460 und 1461.

H. zum Schyde in der Fargaszen uf dem Ort der Stompengaszen. Zs. S. B. 1458, 1461.

H. Glipperg in der Fargasse uf dem Eck der Stompengaszen. P. 1458.

L. C. B. M. V. Saec. 16. iiij. fertones de domo acioli dicta zum *Schide* in der Fargassen lat. orient. uff dem *Stumpengesschin* mer. et occid. respic.

Wahrscheinlich sind die beiden Häuser Glipperg ehemals ein Haus gewesen; nach ihrer Theilung aber änderte das Eck mit der Zeit seinen Namen, der in den ältesten Handschriften immer zum Schyde, und nur äusserst selten zur Schyde geschrieben wird. Das mit dem Vorworte zusammengefügte Geschlechtswort des erstern zeigt entweder das männliche oder das ungewisse Geschlecht an, und da der jetzige Namen das weibliche Geschlechtswort vor sich stehen hat, so ist es mir sehr glaublich, dass beide Namen nicht von einerlei Bedeutung sind. Vielleicht ist der ältere von Schüte oder Scheut, einem Fahrzeuge, vielleicht von Schiede, einem Fische in der Donau, oder auch von Scheit, einem Stück Holz, herzuleiten. Man kannte in spätern Zeiten den Ursprung des Namens nicht mehr und daher entstand endlich der Namen zur Scheide, den man späterhin auch noch mit einem Beiworte verband. Auf solche Weise nennt das neueste Zinsbuch des Liebfrauenstifts das Haus zur weissen Scheide.[17])

---

[17]) S. G. P. 1401. H. zum Schyde.

O. U. 1496. Eckhuss *zum Schyt* genennt uff der *Stompen* und *Fargasse*.

S. P. 1450, 1460. H. zur Schyde (das man eine Schute oder Scheut nannte).

1502 — 2 Huser inn der Stompengassen an dem Gesesse *zum Schit*. Stdlebg.

IV.

Zwischen der Nonnengasse und dem Löwenplätzchen.

Der *Volraden Hof*. Curia Volradi militis. Curia Volradi Sculteti. Im XIII. Jahrhundert war schon das alte Rittergeschlecht der Volraden von Selgenstadt hier bekannt, indem ein Ritter Volrad im J. 1226 das Stadtschultheissenamt verwaltete. Ihr Hof war zwischen der Nonnengasse und dem Gesesse Hirzberg Lit. A. No. 121 gelegen. Er kam vermuthlich erst zur Zeit, als die Familie erloschen war, in bürgerliche Hände, und der Platz wurde zu mehreren Häusern vertheilt, von welchen nur eines (Lit. A. No. 120) den alten Namen im Andenken erhielt. Aus dem Umstande, dass die Nonnengasse vor Zeiten die Volradsgasse hiess, und dass das eben erwähnte Haus Hirzberg in dem Zinsbuch von 1356 dicht an dem Volradenhofe beschrieben wird, überzeuge ich mich, dass die drei zwischen genannter Gasse und dem gedachten Hirzberg erbauten Häuser auf dem Grunde und Boden des ehemaligen Volradshofs stehen.[16]

---

[16] O. U. 1342. H. by *Kirsenecke* hinder *Schultheisen Folradis hofe*.

O. U. 1322 = 1326. H. by Kirssinaeckin hindir Schultheissin folradis hof.

[— 1323, in *Böhmer* Cod. dipl. 469.]

O. U. 1353. H. by den Predigirn gelegin hinter deme hofe, der etz wanne waz Herrn Volradis eyns Ritters.

O. U. 1459. H. genant *zum grossen Walraben* gelegen in der Fargassen obenan *Hirtzberg* und stosse hinden an die *alte Melde* zushen dem *cleinen Walraben* und dem *Leitrechen* etc.

O. U. 1469. H. mit Hoffchin und einem Gertchin dahinter — genannt *zum Walraben* gelegen in der Fargassen zushen *der gülden Teshen* und *dem kleinen LeitRechen* und stosse hinden an die *alde Melden*.

Beedbuch de 1326. Curia Jo et Volradi militum (an derselben Stelle in der Fahrgassen gelegen). F.

Volradenhoff 1438 neben Hirtzberg.

Jt. j marca — de domo oleatricis retro curiam quondam Volradi sculteti prope Predicatores. Herburdus iudex dat. Reg. Cens. fabr.

Lit. A. No. 118. *Leitrechen. Klein Leitrechen.* Das Eck an der Nonnengasse.

„x ß den. de domo sita latere orientali infra vicos predicatorum et Fargasz ex opposito domus dicte zu dem Scherer in acie respiciente accidentem et septentrionem vici Volradsgasz — et predicta domus dicitur zu dem kleyn leytrechen·" L. C. de 1452. f. 9.

„j marca den. de domo zum leytrechen sita in vico Fargasz latere orientali infra vicos Swyness mist et Volradsgasz et est domus acialis Volradsgasz." L. V. de 1453. f. 16.

In dem Z. R. von 1450 wird es ex opposito der Milden beschrieben.

Dieses Haus war mit mehreren Zinsen beschwert, die an verschiedenen Terminen, und an verschiedene corpora bezahlt wurden, nämlich xv ß auf Walburgis an die Präsenz, 1½ ß auf Assupt. Mariae ad Calendas, und xviii ß auf Martini an die Vicarie der h. Cosmas und Damian. Auf Ansuchen des Barbieres Hans Schlierbach verordneten Dechant und Kapitel, diese Zinsen alle auf Martini mit 1 fl. 10½ ß (1 fl. 26 kr. 1 pf.) an die Präsenz zu bezahlen, welche auch noch von ihr erhoben wurden. Die am 20. Jan. 1589 hierüber ausgefertigte Urkunde ist mit Lat. C. ☉ 33 bezeichnet, und in derselben heisst es: „die behausung zum Leitrechen genant gelegenn in der Fargassenn neben dem gulden Helm, gegenn dem Hausz zur Scheren" (zum Scherer).[19])

Lit. A. No. 119. *Goldene Helm, zum Leitrechen.* A. 1359 verkiefen Peter Lupurg und Metze an Wicker Wunderlich einen

---

[19]) S. G. P. 1397. H. zum *Leitrechen* 1413 desgl.
— 1407. H. zum *Leitrechen* by dem H. Hirtzberg gelegen,
— 1486. H. zum Leutrechen in der Fargaszen.
O. U. 1553. H. zum Leytrechen in der Fargasse.

1404. komt in einer Wetzlarer Urkunde ein dasiges Geschlecht des Namens *Leitrechen* vor. Guden. C. D. V., 274—337.

1328. Wentzel zu dem Leitrechen (hierher gehörig) Beedbuch.

B. Z. B. 1409. H. Wentziln Rambachers was daz do lyt geyn falkenburg über in der Fargassen uff dem Orthe gein der Milden ubir an dem leyterehin als man die Gassen hindergeet jn der Schelmenhoffe — F.

Vierdung Geld (9 ₰) jährlicher ewiger Gült, auf Joh. Enthauptung fällig, „gelegen in der Fargaszin vff dem huse vnd gesezse genand der leytreche, gein dem Scherer vbir." Ex orig. in Lat. C. ☉ 9.

An die gerichtliche Urkunde ist noch eine andere von 1372 angeheftet, darin es heisst: „huse vnd gesesse daz gelegen ist in der vargassen zu Frankenford — daz genant ist zu deme leytrechen by Hirzberg vnd gein deme Corbe obir."

Der L. V. de 1453 f. 16 bemerkt unter den Grundzinsen eine halbe Mark „de domo dicta zum leytrechen jn vico Fargasz latere orientali contigua versus meridiem domui immediate prescripte" (dem Leitrechen No. 118). Eine Hand vom XVI. Jahrhundert schrieb neben auf den Rand: Modo zum gulden hellm. Und in der Rechnung officii d. d. von 1563 f. 8 ist zu lesen: „iiij ₰ v hell. Martini, de domo zum leytrechen, in vico Fargassen, ex opposito zum Korbe, modo zum gulden heller dicta."

In dem Z. B. von 1586 S. 13 wird der unächte Namen Undrechen für Leitrechen gesetzt.[20])

Lit. A. No. 120. *Zum Volrad.* Auch *zum kleinen Hirtzberg.* Von dem in mehrere Häuser abgetheilten Volradshofe behielt dieses allein den Namen bei. Es gab jährlich auf Philippi und Jacobi der Kartaus bei Mainz 1 fl. 18 ₰ Grundzins, und derselbe wird in einem ihrer Zinsbücher vom XVI. Jahrhundert beschrieben: „Von einer Behaussung genandt zum Volraben, gelegen in der Fhargassen, uff einer Seitten der gulden helm."

---

[20]) O. U. 1664. Behausung zum *bunten Ross* genant in der Fahrgasse neben N. einer und dem *guldne Helm* anderseits, wie auch hinten gelegen. Ist *A. No. 120,* laut der Hypothekenbücher 18. u 19. Jahrhundert.

O. U. 1593. Husz in der Prediger Gasse, stosst hinten uf das Husz zum gulden Helm.

O. U. 1541. H. — *zum neuen Goltraben* genannt in der Fargassen gelegen, stosst hinten uff die Herberg zum *gulden Helm* etc. F.

Frftr. Nchrbltt. de 1805. No. 45 et 47.

Ausgang im Sterngässchen.

In einem andern aber von 1520 heisst es zum Walraben. Wie sehr der alte Namen mit der Zeit verketzert wurde, kann ferner bei der Volradsgasse nachgesehen werden.

Dass man dem Hause auch den Namen zum kleinen Hirzberg beigelegt hat, geben die Nachrichten beim folgenden Hause zu erkennen, mit dem es im J. 1805 vereinigt wurde.[21])

Lit. A. No. 121. *Hirzberg.* Zuweilen auch *Hirschberg* oder *Hirschburg.*

„Hyrzisberg que est sita in der Fargazzen latere orientali, et tangit ex vna parte curiam dictam der volraden hofe versus meridiem, ex alia parte versus septentrionem tangit sartorem dictum gulden desche." P. B. de 1356. f. 3.

„Hirtzberg gen dem hus zum Korb ubir in der Fargassen." S. P. von 1404.

1436 fer. sexta post Dorotheae verkiefen die beiden Eheleute Hartmann von Butzbach und Catharina an Matern Meilsheimer 1 fl. Zins, auf Cathedra Petri fällig, um 20 fl. vom Hause gross Hirtzberg in der Fargasse zwischen dem kleinen Hirtzberg und dem Hause zur gulden Teschen. *Chaquin* Chron. monast. O. P. Francof. Ms. I. p. 132.

„Hirtzeberg gelegen in der Fare gasse zuschen dem huse genant zum Krachbeyn vnd dem huse genant zum cleynen Hirtzberg." J. B. von 1456.

„Hirtzberg latere orientali, et tangit ex una parte curiam Volraden versus meridiem, ex alia parte tangit domum zur Gulden Deschen modo Krachbein dicta" (dictam). R. C. de 1581 pag. 8.

„Hirschburg contigue dem Krachbein." R. C. de 1636 f. 7.

Zinsbuch gem. Präsenz S. Barth. de 1417 bekennt Mangolt Holzschuwer et Cath. ux. erblich erhalten zu haben: irer husz

---

[21]) O. U. 1453. H. u. Gesesse mit den Kammern dazu gehörig und dem halben Borne etc. gelegen in der Faregassen genant zum *alden Walraben* zushon *Walraben* und dem *Leitrechen* und stosse hinden ar die *Melden.*

O. U. 1577. H. — in der Fargassen *Walraf* genannt neben dem *guld Helm* einer und N. anderseits gelegen stosst hinton auf die al *Mül* etc. F.

und gesesze eins der sie tzwei under eyme Dache nuwe gebuwet han, gelegen in der Faregassen uff eyner Syten an hennen Falken Selgendes beckers hus vnd uff der andern Syten an hennen Schelen Schumecher der derselben irer husere vnd gesesze das andere gelegen gein der Bornheimer Porten wert von yn ynme hat und ligent beide husere v. gesesze gein Hirtzberge uber. —

R. super x flor. de domibus Kyndefader. ibid. bekennt Henne Schele von Fulde et Cath. ux. — Huss und gesesze eins der sie tzwei under eyme dache nuwe gebawet han, gelegen in der Fargassen uff einer Syten an Heintzen Snyder v. uff der and. Seite an Mangolt Holzschuwer (gein S. Johann wert) etc.

L. C. B. M. V. Saec. 16. ij marc. ced. Phil. et Jacobi de domo aciali Jacobi filii Waltheri surdi pistoris in der Fargassen lat. occid., orient et mered. respic. ex opposito domus dictae Hirtzberg et ista domus tangit a retro curiam dictam der *Engelter Hoff*.

1805 wurden dieses und das vorige Haus von Grunde aus neu gebauet, und in eines vereiniget. [22])

---

[22]) S. G. P. 1398. H. Hirtzberg in der Fargasse bi dem Krachbeinhof. 1382 H. Hirtzberg 1383.

S. G. P. 1415. H. Hirtzberg oben an dem H. zum Krachbein 1464. H. Hirtzberg an dem H. z. Krachbein.

S. G. P. 1439. H Hirtzberg in der Fargassen 1464.

— 1481. H. Hirtzberg neben dem H. zum Krachbein in der Fargasse.

(— 1339 Hendlin zum Hirtzberg. 1340 Henneke dictus z. H. 1361. Hendlin H.

— 1340. Heinze Kesseler by H. 1360. Heile z H. 1368 Lucart zu H. 1370. 1397 Kederyn z. H.

— 1465 Herchin zum H. Else ux. erbon von Adam Wiss.)

G. Br. 1338. H. an Hirtzberg in der vargaszen.

O. U. 1851. H. Hirtzberg in der Fargasse.

It. Urknd. 1365. Den Verkauf einir Gülte betreffend, v. U. L. F. Stifft wird erwähnt: 2 H. und Gesesse, die da sind lieginde oben am Hirzisberg in der Fargayssen.

O. U. 1380. H. genannt *Hirtzburck* gelegen in der Fargassen an Schultheisen Volmars seel. Hoiffe halb und halb auf dem Hofe selbst.

Lit. A. No. 122. *Gulden Tasche.* Auch *Krachbein.* Es war ehemals nichts ungewöhnliches, dass die Leute sich die Namen von ihren Häusern beilegten. So verhielt es sich mit dem Schneider, genannt Gulden desche, den das Zinsbuch von 1356 als Wandnachbar des vorigen Hauses bemerkt hat.

1470 an S. Thomas Tage verkiefen Dechant und Kapitel den beiden Eheleuten Peter von Prumheim und Elsen „Eyn huzs hoffechin mit Bornnrecht vnd sust — gelegen in der fare gassen vnder den hudemechern zuschen dem gesesse zum Krachbeyn vnd mulhanszen genant Hirtzberg" Ex lit. Senat. in Lat. C. II. ☉ 12. Hier äussert sich wieder ein Beispiel, dass der Bewohner von Hirtzberg Hans Mul auch von seinem Hause den Namen führte. „j marca v β iij hllr. cedunt Walpurgis de domo dicta zu der Guldentaschen habente fontem ante se in der Faregassen ex opposito dess Alten Korbs quasi [23]) contigua Curiae dem Krachbein" L. C. B. M. V. in M. Sacc. XVI.

Die Worte „quasi contigua" sollten anzeigen, dass die beiden Häuser damals noch durch ein Allemend, vor welchem der Brunnen stand, getrennt waren. Das Allemend wurde nachmals zum Krachbein (König von England) gezogen und man bemerkt an diesem Gebäude, dass es nicht durchaus in gerader Linie, sondern über den Brunnen etwas rückwärts steht, um nicht als ein vorstehendes Eck dem anstossenden Nachbar beschwerlich zu fallen.

O. U. 1328. Heinricus zu Hirtzisbergere (hierher gehörig) Beedbuch
O. U. 1320. Hirtzeberg (hierher gehörig) Beedbuch.
B. Z. B. 1409. H. zu *Hirtzberg* in der Fargassen gein Kirchenecke ubir by dem borne als mann die Drappchen uff geet vor demselben Huse. F

[23]) Nach dem Wort *quasi* sollte ein Comma folgen, indem dasselb seinen Bezug auf den alten Korb hat, der nicht grade sondern schräg gegenüber steht.

[24]) O. U. 1579. Behausung in der Fahrgassen zur *Gulden Tasche* genannt neben der Wirthschafft zum *Krachbein* einer und N. anderseits

O. U. 1472, 2 Huser u Hofchin — die nu tzu einem Husz und tz Hausz gebrochen syn, genant zur *gulden Deschen* und klein *Hirtzber*, gelegen in der Faregassen — zuschen dem Gesesse genannt *Hirtzber* und N. F.

Das Liebfraustift hat noch in seinen letzten Zeiten auf Philippi und Jacobi 23 ₰ 3 h. Grundzins von diesem Hause und in einem der jüngsten Zinsbücher heist es noch: „Vom Hauss zur Gulden Deschen in der Fahrgass an dem Bronnen ober dem Krachbein".

Dass dieses Haus auch den Namen Krachbein führte, geben die Nachrichten von Hirzberg zu erkennen.

Lit. A. No. 123. *Krachbein*. *Alte Krachbein*, oder der *Krachbeinhof*, wie er in dem S. P. von 1396 genannt wird. Heisst anitzo der *König von England*.

1403 verkiefen Heylmann Schiffer von Aschaffenburg und Catharina seine Frau dem S. Barthol. Stift zur gemeinen Präsenz 30 ₰ h. ewigen Zinses. Das Geld wurde aus der Verlassenschaft des gewesenen vicarius Albertus de Cella von dessen Testamentariis bezahlt, und der Zins sollte jährlich auf Martini fallen „de domo et habitatione tota ante et retro — sitis vico Fargasze latere orientali infra vicos quartum et quintum transitus inter vicos predicatorum et Fargasze numerando a meridie, prope curiam dictam Volradi Sculteti ex opposito domus Kirchenecke aciei vici Snaregasze, et in medio domorum Herburdi Richtirs, et domo hohenstega et nuncupantur domus et habitatio supradicte vulgariter zu dem alden Crachebeine" ex orig. in Lat. C. II. ☉ No. 5.

Eben dieser Urkunde ist ein Instrument einverleibt, darin die Lage dieses Hauses bemerkt wird: „in der Fargasze gein Kircheneke ubir zuschen herburd richters hus vnd ane deme hoenstege".

Das Krachbein war von langer Zeit her ein berühmtes Gasthaus. Das S. P. von 1467 gedenkt auch schon der Herberge zum Krachbein, und Lersner hat im II. Th. seiner Chronik p. 731 bemerkt, dass 1586 für die Mahlzeit im Krachbein 2 Albus bezahlt wurden. 1568 am 28. Febr. legte sich eine englische Botschaft von ungefähr 50 Personen in dieses Gasthaus, und hing am folgenden Tage der Königin Wappen auf. *Lersner* im I. Th. p. 351. Auch wurde 1571 am 10. Jan. in demselben vor der Kais. Commission der Vergleich zwischen dem Stift S. Barthol. und dem Rath in Betreff der Fabrik, vorzüglich aber des Kirchhofs, geschlossen. vid. Acta Fabricae Ser. II. No. 26. f. 365.

1663 am 21. Jan. Abends um 5 Uhr entstand ein Brand darin, welcher das Ballhaus und die Hälfte eines Nebengebäudes verzehrte. Die hinten anstossenden Häuser, sonderlich die Sanduhr, wurden dabei beschädigt. *Lersner* l. c. S. 543 Vgl. über den Brand *Florian* p. 287. *Lersn.* Chron. I 539 (1556)

So lange das Haus noch seinen alten Namen beibehalter hatte, waren auf dem daran hängenden Schilde zween Engel zu sehen, welche ein Bein an seinen beiden Enden hielten, das in der Mitte gebrochen und gleichsam getheilt war [25]). *Jaqui:* Chr. mon. O. Pred. Ms. T. II. p. 282.

In der hiesigen Postzeitung von 1741 No. 3. wird noc des Krachbeins als eines berühmten Gasthauses gedacht; e wurde aber ums J. 1743 neu gebaut, und weil sich um selbig Zeit das englische Kriegsheer unter seinem König in hiesige Gegend befand, so nahm man daher die Gelegenheit, dem neue ganz von Steinen erbauten Gasthause den Namen zum Köni von England beizulegen, und das schöne Bildniss des König in Lebensgrösse vor dasselbe aufzustellen. In der obigen Zeitun von 1745, No. 19 heisst es schon: „das berühmte, und vormale unter dem Namen zum Krachbein, dermalen aber zum Köni von England benannte Gasthaus". Es hörte aber ums J. 17.. au ein Gasthaus zu sein.[26])

Lit. A. No. 124: *Goldne Rad*, vorher *zum hohen Stege*.

---

[25]) Es heist hier: Hospitium zum Krachbein, in cujus Scuto ante d mum pendulo conspiciebantur duo angeli tenentes in utraque extremita os in medio sui fractum et quasi divisum. — modo zum König von Er land, cujus statua supra portum posita (in frontispicio) conspicit: Facta fuit haec mutatio occasione exercitus anglici, sub suo rege his terris visi.

[26]) S. G. P. 1384. Der Crachebeinen Hof. 1388. Der Krachebeir Hof 1390. 96.

S. G. P. 1449. H. zum Krachbein in der Fargassen.
— 1467. Die *Herberge* zum Krachbein.
— 1475. H. zum Krachbein in der Faregassen zwischen d H. Hirtzberg und dem gulden Rade.

Fahrgasse.

Der ältere Namen erhellet aus der Beschreibung des alten Krachbeins von 1403, wo ihm sein Platz „in medio *domorum* Herburdi Richtirs, et deme hohenstege" angewiesen wird. Das Haus sollte durch seinen Namen den Ort im Gedächtniss erhalten, wo sich vorher der Steg befand, über den man von der Fahrgasse nach der Predigergasse ging. Aber es behielt diesen Namen nicht lange bei; indem in der Mitte des XV. Jahrhunderts schon das goldne Rad vorkömmt.

„j marca den. de domo zum gulden Rade sita latere orientali ex opposito vici Snorgasz" R. C. de 1452. f. 6.

„Domus dicta zum Gulden rade in der Faregassen, latere orientali contigua curiae dicta zum Krachbein, et ex opposito domus dictae Kircheneck" R. C. B. M. V. in M. Saec. XVI.

1556 verunglückte das Haus durch einen in der Nachbarschaft entstandenen Brand. s. Lit. A. 126.

Es zahlte jährlich an unsere Präsenz 1 fl. 47 kr. 2 h. Grundzins: nämlich am 1. Mai 45 kr, am 24. Jan. 1 fl. und auf Peter und Paul 2 kr. 2 h. [27]).

(— 1339 Hartmudus Krachebeyn. 1340 Krachebein.
1341 Kulemannus K. 1355 Hentzil C.
1361 Hans Kr. 1360 Else C. 1367 Hentze K.
1370 Hentzel K. 1381 Alheid Crachebeynen.
1398 Johannes im Krachbeinhof. ./. 1416 Hermann z. K. ./. 1434. Henne zum K.
1328. Wigelo Crachebein (hierher gehörig) Beedbuch.
lt. StdtAllmdbch. de 1688. Allment hinder den Predigern, so hinden am Krachbein herunterzieht.
lt. dtto. Allment in der Fahrgass gen dem Krachbein über.
lt. Stdtrchg de 1592 u. 1594. Der Wirt *zum Krachbein* F.

[27]) O. U. 1440. H. zum goldnen Rade in der Fargasse am Krachbein etc.

O. U. 1458. H. und hinder Hoffe genant zum *Gulden Rade* gelegen in der Farengasse zushen den Gesessen Krachbeyn und zum kleinen Krachbeyn.

O. U. 1490. H. — genannt *zum gulden Rade* in der Faregassen *under den Hutmachern* gelegen zush. den Gesessen zum *grossen* und *kleinen Krachbeyn*. Auf diesem Haus wird eine Gülte verkauft von Hannes von Fulda *Hutmacher.*

Lit. A. No. 125. *Klein Krachbein.* Wird 1482 beim folgenden Hause als Nebenleger bemerkt.

„¹/₂ Marck de domo dicta zum Klein Krachbein, contigua domui zum gulden Rath sita latere orientali ex opposito de Schnurgassen" R. C. de 1581. f. 7. Gab der Präsenz jährlich au Martini 2 fl. Grundzins ²⁸).

Lit. A. No. 126. *Klein Gedanken.*

„Haus klein Gedank in der Fargasse neben dem H. Klein Krachbein." S. P. von 1482.

„der husunge — jnne der Faregassen geyn Sant Johan Kirchen uber gelegen, genant Kleyne gedancke". Ex lit. Sena de 1483 in Lat. C. C. II. ☉ 10.

„domus oleatricum zum Kleingedauck ex opposito vi Snorgassen". R. C. de 1499. f. 6.

In diesem Hause wohnte der Peter Steg, ein Schreine durch dessen Nachlässigkeit 1656 18. April Abends nach 8 Uh hinten im Stalle ein so heftiger Brand entstand, dass von Krach bein (König von England) an 7 Häuser ganz im Rauche au gingen und 6 beschädigt wurden. Weitere Umstände davo sind in *Lersner's* Chron. I. Th. S. 539 zu finden.

Die Präsenz hob von dem Hause auf Martini 3 fl. 10 k Grundzins.²⁹)

O. U. 1332 domus — que vocatur ad auream Rotam.

— 1400. H Hoff — gein St. Johann über zwush. dem *Hohenste* und N. N. F.

²⁸) O. U. 1584. H. zum kleinen Krachbein in der Fahrgasse. F.

²⁹) S. G. P. 1483. H. Klein Gedanck in der Faregaszen gen S . hann über.

O. U. 1478. 2 H unter einem Tache, 2 Hoffechin und einem Hu: chin zwüschen den Hoffechin hart by und aneinander gelegen mit 2 gekleibten Kesseln — genannt zum *cleinen Gedenk* zushen dem klein Krachbein und N. stolsze hinten uff den *Kauwerzane* etc.

O. U. 1489 H. — genant zum *cleyn Gedank* in der Faregassen legen unter den Schmydden gein S. Johanns Kirchen uber neben Cont: von Büdingen uff eyner und Hansen Drusbin Hudemacher uff der and Siten stosz linden uff den Kauwerzane.

Wetterhahn. Ohne Zweifel trug eines der beiden vorigen Häuser den Namen, den es nachmals mit einem andern verwechselte.

„Wederhane sita ex opposito Sancti Johannis et ex opposito vici Snargasz" R. C. de 1405 f. 25.

Wederhane gegen S. Johann über, vid. ad domus Praesent. 1407.

It. v Sol. den. legauit Katharina relicta quondam Heylonis dicti Gertnere dē domo Johannis *Wederhane* Vicarii ecclie S. Barth. Fr in der Fargassen, ex opposito porte monasterii Fratrum S. Johannis sita. Reg. cons. Fabr.

Lit A. No. 127 *zum Kauwerzen.* Der Bewohner des Hauses, weil er den Sinn seines alten Hausnamens nicht kannte, liess einen grossen Hahn an dasselbe malen, mit der Unterschrift: zum Gavers Hahn; beide verloren sich aber nach wenigen Jahren wieder. [30])

Das Wort Kauwerz hat nach meiner Vermuthung von dem veralteten Worte Caufar seine Entstehung erhalten, welches sowohl einen Käufer als Verkäufer anzeigte. Die auf der See gehenden Handelsschiffe werden daher auch noch Kaufartheischiffe genannt. Dass sich die Buchstaben C mit K, F mit W

---

[30]) Wird in einem Gültbrief do 1591 das H. zum *Pferdtszahn* genannt. Lt Stdt.-Rchg de 1505 besass der Rath das Haus *zum Kuarzan* auf der Fahrgasse. — NB. Ob erkauft oder heimgefallen wegen Zinsrückstand?

S. G. P. 1339. Eberhardus dictus Kauwerzan.
— 1398. Wenzel Kauwerzan. 1400. 2. 8.
— 1433. Richard v Staden zum K. 1435. Richard v. Staten 1436. 39. 44. 45.
— 1435. Peter v. Staden.
— 1461. *Backhus* zum Kauwerzan.

O. U. 1432. H. Hoff Stallunge — gonant zum *Kauertzan* — in der Fargassen by S. Johanns an dem Husze *Riffenberg.*

O. U. 1553. Behausung — in der Schmitgassen zum *Kaurzan* genant — stoszt hinten uff die *Hutmacherstube* etc.

O. U. 1567. H. zum *Kawerzan* in der Fargasse — stoszt hinten uff ein Allmend und der Hutmacher Zunfftstube.

O. U. 1563. H. — *uff der Bruch* neben der Hutmacher Zunfftstuben einer, und einem gemeinen gesslein anderseits. — F.

und A mit E gar oft verwechselten, davon wird *Wacl*
Glossar. in Prolegom. Sect. III. einen jeden leicht überzeu
Man verstand unter den Kauwerzen, Kauwertzinnen oder
wertschen eigentlich die welschen Kaufleute, welche ungea
des päbstlichen Verbotes ganz unmässige Zinsen von den Le
nahmen. S. Abriss des gesellschaftlichen Lebens. S. 609.

Vielleicht war dieses Haus ein gemeinschaftliches Gescl
haus der Kauwerzen, und es erhielt daher den Namen zu
Kauwerzen, der sich mit der Zeit in Kauwerzan verändert

Das Haus gab anfänglich der Vikarie der heil. Maria
dalena, und nachmals, als diese aufgehört hatte, der Präsen
Ostern 45 kr. Grundzins.

In der Mitte des XIV. Jahrhunderts wird dieses Na
bei dem folgenden Hause gedacht.

„Haus zum Kauwerzan in der Fargasse". S. P. von

„Kauwerzane gelegen vnder den Smydden — stosse hi
uff die Bruche" J. B. von 1446.

S. P. 1463. bakhus gein S. Johann ubir by dem
wertzane.

Zur Glocke. Wahrscheinlich das nachstehende Haus,
nachmals seinen Namen änderte.[31])

„viij β lll. de domo zu der glocken ex opposito S
Johannis yn der Fargassen." R. C. Saec. XV.

Lit. A. No. 128. *Klein Hattstein.* War vor Zeiten ein]
haus. In dem Vikariebuch Ser. I. No. 37, welches der
Baldemar gegen die Mitte des XIV. Jahrhunderts schrieb,
wir bei der Vikarie S. Annae:

„iiij Sol. den. de domo Gotfrid pistoris sita jn vico Far
latere orientali jnfra vicos dictos Swines myst et Volradis
contigua versus septentrionem domui Kauwerzan." 1402 v
dieses Backhaus dem Stifte gerichtlich zugesprochen, un
Kämmerer überliessen es noch in dem nämlichen Jahre an

---

[31]) S. G. P. 1397. Dietrich zur Glocken.
O. U. 1530 H. — unter *denn Schmidden* gegen den *Lompe*
uber am Eck des Prediger Gesschins neben dem Haus *zum Nuss*
gelegen stösst hinten an ein Gottshuss *zur Glocken* genannt. F.

von Hoenburg einen Bäcker erblich um 5 ℔ Hll. jährlicher ewiger Gült, davon er 3 ℔ auf Walburgis Erwin Hartrad einem Schöffen zu Frf., und 2 ℔ dem Stifte auf Martini entrichten sollte.

Die Urkunde ist bezeichnet Lat. C. II. ☉ 29 und in derselben wird das Haus beschrieben:

„eyn Baghusz vnd gesesse — in der Fargassen zu Franck. gelegen an dem gesesse gnant Riffenberg gein sant Johans Kirchen ubir."

In dem S. P. von 1401 heisst es auch:

„das Bakhus an dem hus Ryffenberg in der Fargasze."

Und in einem jüngern von 1463:

„das Bakhus gen. S. Johann ubir, by dem Kauwerzane."

Aus den verschiedenen Beschreibungen ist zu bemerken, dass dieses Backhaus die Häuser Kauwerzen und Reifenberg dicht neben sich liegen hatte; da aber zwischen diesen nunmehr zwei Häuser, und zwar unter einem Dache, erbaut sind, so ist an der nachher geschehenen Theilung des Hauses nicht zu zweifeln, die sich vermuthlich erst nach dem grossen Brande von 1556 ereignet hat. Aus dem Zinsbuche von 1586, S. 10 mag auch noch folgende Stelle zur Bestätigung des vorigen dienen:

„j fl. 5 β de duabus domibus sub vno tecto Klein Hatstein dictis latere orientali contiguis Reiffenberg ex opposito claustri S. Joannis"

Diese 1 fl. 5 β oder 1 fl. 12 kr. 2 h. wurden noch von der Präsenz auf Martini erhoben.[32])

Lit. A. No. 129. *Klein Hattstein* s. beim vorigen Hause.

Lit. A. No. 130. *Reifenberg* war 1704 schon ein Gastwirthshaus. *Lersner* I. Th. S. 433.

„Ryfinberg ex opposito quasi claustro predicto (S. Joannis) sita." P. B. de 1356 f. 3.

---

[32]) O. U. 1439. H. — genant zum *Atstein* inn der Faregassen under der Smydden gelegen neben dem Gessesse zum *Kauwerzane* uff eyner und N. uff der andern Syten und stoss hinden uff den *Kauwerzane*.

S. G. P. 1368. Bakhus gen S. Johannis Kirchen über.

— 1415. Backhus gen S. Johann über an Riffenberg.

„Ryfenberg sita in antiquo opido superiore parte vico Fargaszen latere orientali infra vicos quartum et quintum transitus inter vicos predicatorum et Fargaszen numerando a meridie ex opposito quasi claustri Sancti Johannis." L. C. de 1390. f. 70.

1612 am 24. Mai brannte es im Reifenberg in der Fahrgasse. *Lersner* I. Th. S. 542.[33])

Lit. A. No. 131. *Grosse Nussbaum.*

„zum grosen Nussbaum in der Fargass am Reiffenberg gelegen, zwischen dem Reifenberg und kleinen Nussbaum." Frf Intellig.-Blatt von 1759 No. XXIII.

---

[33]) S. G. P. 1395. H. *Rifenberg.*
— 1402 *Backhus* an dem H. Riffenberg in der Fargasse
O. U. 1428. H. genannt *Ryffenberg* in der Fahrgasse an dem Back huss und dem *Kauwerzane.*

O. U. 1455. Bagckhuss genant *cleyn Riffenberg* in der Faregasse gelegen gein S. Johanns Kirchen über zush dem Huse *grossen Riffen berg* u. N.

Lt. St. R. de 1616 eines Backhaus auf der Fahrgassen *beim Reiffer berg.*

S. P. 1411 et 1412. Conrad zu Riffenberg.
— 1412 Huss zu Riffenberg.

O. U. 1469. 2 Husuoge an einander in der Fargassen unter de Smyden gelegen gein S. Johannis Kirchen über, *genant Hatzstein* zushe *Riffenberg* und den *alten Schulen.*

O. U. 1517. H. — genannt *Riffenberg* gegen Sanct Johann über gelegen neben dem *Kauwerzane* uff eyner und N. uff der andern Syte stoist binden uff den *Kauwerzane.*

O. U. 1558. H. — *Reifenburg* genant in der Fargasse — stosst hin den uff einen ledigen Platz zum Kairzan genannt etc.

O. U. 1381. H. *Ryffinberg* und die *zwey* Huszen *Hatzstein* unte eynen Dache in der Vargassen gein santte Joh. gelegen genant *uff de Stege* etc.

Lt. St. R. de 1643 verungeltet schon der Wirth zum *Riiffenberg* se Zapfgetränk.

O. U. 1517. H. genannt *Kesselschmitz* gen S. Johannis Kirche übe
— 1473. H. genannt *Kesselschmitz* ist ein Backhuss gein S. Johann über in der Faregassen — und das Huss, das hinten an demselbe Husse liegt, und stosst uff *das Bruch.*

O. U. 1405. H. *am Kessler* in der Faregassen. F.

Lit. A. No. 132. *Kleine Nussbaum* s. vorher. (Wird so genannt Intellig.-Bl. v. 1811 No. 62).
Lit. A. No. 133. Zahlte an die Präsenz auf Reminiscere 2 fl. 30 kr. Grundzins.
Lit. A. No. 134. *Rospin*, das doppelte Eck beim Löwenplätzchen.
„vj *s* den. de domo dicta Rospin sita in vico fargasz latere orientali in acie infra vicos fargasz et Swynes misten." L. C. de 1452. f. 3.

V.

Zwischen dem Löwenplätzchen und der Hachenbergergasse.

Lit. A. No. 147. *Goldne Zange.* Das doppelte Eck gegen dem goldnen Löwen über. Der goldnen Zange geschieht 1431 beim folgenden Hause Meldung, das nun mit ihr ein Gebäude ausmacht.[34])

Engel. War 1431 eine Schmiede und das Eck an der Hachenbergergasse.

---

[34]) S. G. P. 1421. H. genannt zur *golden Zangen*.
O. U. 1469. 2 Husunge under eymen Dache gelegen in der Faregasse under den Smyden geyn dem *Graben* born über genant zur *gulden Zange* zushen dem Gesesse zum Engel und N. — Dazu eyn nuwes Huss gelegen uff der Bruch hinder den ehgenannten 2 Husern etc.
O. U. 1472. H. — daz vor 2 Huser gewest und zu einem gemacht sy, genant *zur guldenen Zangen* under den Smyden gein dem Grabeborne über.
O. U. 1508. H. genannt *Bommersheim* in der Fahrgasse unter den Smyden neben Gredchin Stralenberger einerseits; stosst hinten an den Graben, der durch die Stadt fliesset. —
St. R. de 1387 (wird Hussgeld vom Huse zu Bommersheim vereinnahmt).
St. R. de 1602. Brand in der goldnen Zangen.
— 1624. Dem Besitzer des Hauses in der Fahrgassen gegen dem gulden Löwen über gelegen wird vergünstigt, 3½ Werkschuh gegen der gulden Zang zu herauswerth zu bauen. F.

"das hus vnd smet genant zum Engel vff den Ecke dem grabborn uber hart in der gulden zanggen gelegen." B. von 1431.

"xv ß pennig — von dem huse zu deme engel jn der gassen geyn deme graben burne uf deme egke zu der ling hant also man zu den predigern geet." R. C. Capellac S. I de 1476 f. 16 in Lat. R. No. 28.

Verlor durch seine Vereinigung mit der goldnen Zϵ seinen Namen, und ist nun auch keine Schmiede mehr.[35])

VI.

Zwischen der Hachenbergergasse und der Arnspurgergasse.

Lit. A. No. 148. *Kleine Roseneck.* Vorher *Hachen(* Das Eck an der Hachenbergergasse.[36])

---

[35]) S. G. P. 1394. H. zum Engil.
G. Br. 1455. Eckhus genant zum *Engel* gen deme grabeborne
Lt. Z. R. XV. Sec. H zum Engel, uf dem Ecke, als man zu Predigern geht, gein dem Grabeborne über.
O. U 1446. H· u G. genannt *zum Engel* gelegen in der Fareng: gein dem Grabenborne über neben dem Gesesse zur *goldnen Zang(*
O. U. 1536. 2 Häuser — eins *zum gulden Engel* und das a zur *gulden Zangen* genant gegen dem Grabborn über gelegen.
O. U. 1574. Behausung in der Fahrgassen am Eck der Predigerg *zum guldnen Engel* genannt etc.

[36]) Das H. Hachenberg auf dem Graben in der Fahrgasse kommt und 1348 in Urkunden vor. *Glauburg* 10. 2.
O. U. 1479. 3 Husere doren 2 nebeneinander unter einem T neben dem Husse zum *Engel* uff dem Orte und N. gein den H. *Rose* genant über in der Predigergassen, sodann das 3te Huss gein den ol 2 Husern über.
O. U. 1541. H. — *Roseneck* genannt, am Eck der Gassen, als in das Prediger Kloster geht etc.
O. U. 1624. Eckbehausung — *Klein Rosen Eck* genant in der l gassen neben und hinten an dem Haus zum *hültzern Gaul* gelegen.
O. U. 1320. Christian de Hachenberg (in diese Gegend geh Beedbuch.

1335 erhielt Hennekin von Glauburg vor Gericht das Haus Hachenberg auf dem Graben in der Fahrgasse, wie aus einer Nachricht im v. Holzhaus. Archiv zu ersehen ist.

„Hachinberg in vico faregaszen latere orientali." R. C. de 1390. f. 112.

„Hachenberg gelegen in der Smydegassen." J. B. von 1426.

Die mitgetheilten Nachrichten von Hachenberg können auf kein anderes Haus als auf Klein Roseneck anwendbar sein, indem dasselbe auf der östlichen Seite der Fahr- oder Schmiedegasse, und daselbst einzig auf dem Graben steht. Eine namenlose Beschreibung dieses Hauses aus einem Insatzbrief von 1456 verdient auch noch bemerkt zu werden:

„eines huses gelegen in der Fargassen off dem ort der prediger gassen neben dem huse zum Schalenmecher gein dem huse zum Engel uber."

Anstatt Hachenberg kam nachmals der Name Kleine Roseneck auf.[37])

„Cleynen Roseneck gelegen jn der Faregassen uff dem ort der predigergassen." J. B. von 1457.

Schalmacher oder *Schalenmecher* s. vorher.[38])

„zum Schalmecher gelegen in der Fargassen zushen Rosenecke vnd Hamerstein." J. B. von 1458.

Lit. A. No. 149. *Hammerstein*, auch *Ulner*, anitzo *Hölzerner Gaul*.

S. G. P. 1398. H. *Hachinberg* in der fargasse gelegen.

— 1479 H. *Hattenberg* (Hachenberg) in der Fargasse.

Haus Hachenberg kommt 1413 bei den Häusern uff der Hoffstad vor. It. Solid. colon. de domo Minutoris Culm. in der Fargaszen super fossatum ex opposito Kristine de *Hachinberg* sita. Reg. cens Fabr. F.

[37]) O. U. 1531. H. — sampt einem Hofchin bronnen und — *Roseneck* genannt neben N uff eyner und dem Statgraben uff der andern Syten gelegen etc. F.

[38]) O. U 1365. H. u. Gesesse gelegen undir den schmyden an der *Schalenmechern* etc.

O. U. 1438. H. — gein dem *alden Schalmecher* uber.

— 1457. H. in der Farengasse genant *zum Schalenmecher* etc.

— 1458. Orthuss gelegen in der Farengasse genant *cleyn Rosen Ecke* neben dem Gesesse genant der alte Schalenmecher gein N. über. F.

„Hamerstein gelegen in der Fargassen vnder den Smyden zuschen den gesessen Lietzberg vnd Hachenberg." J. B. von 14

„zum Vlnner gelegen in der Faregassen vnder den Sn den vnd stosse hinden uff den graben der durch die Stadt ge J. B. von 1459.

„Hus zum Hamersteyn untern Smydden genant zum Ul zwischen den Husern Lissberg vnd Hachenberg stost hinde den graben der durch die Stadt geet." S. P. von 1481.

Das Haus nahm hinten nach der Hachenbergergasse e Wendung, und das Haus daselbst auf dem Graben (der gros Andaue) neben Roseneck wird als ein abgerissener Theil ihm zum kleinen hölzernen Gaul genannt.[39]

Lit. A. No. 150. *Lindwurm*, hiess 1424 und noch 1 *Liessberg*, wie die Beschreibungen des vorigen Hauses zeugen.[40]

Lit. A. No. 151.

Lit. A. No. 152. Dieses Haus, *zum kühlen Brunnen* nannt, erkaufte Herr Bassermann, wohnhaft im Lindwurm A. No. 150.

---

[39] G. Br. 1415. H. hart an dem *Ulner* vor der Bornheimerpfo und ist nu zu dem Ulner gebrochen.

G Br. 1415. H. z. Ulner an der Bornheimer Pforten.

S. G. B. 1456. H. unter den Smydden by dem Jungenborne ne dem H. z. Ulner

S. G. B. 1480. H. zum Ulner unter den Smydden

— 1481. H. zum Ulner in der Faregassen.

O. U. 1478. H. genant *zum Ulnner* gelegen untern Smidden zus N. und dem Huse zu den *Schalenmecher* hinden uff unser Stadt Gra stossend etc.

O. U. 1484. H. mit einem Stalle dahinter — genant *Hamelstein* legen unter den Smyden zushen N. u. N., stosse hinden uff ein Al zu unserer Stadt Graben zu, der durch die Stadt gehe — sodann uff ei Husse das hinden zu dem obgenannt Huse gebruchen sy in der Predi gassen — stosse uff die obgenannte Almey etc

O. U. 1485. Dieselbe Beschreibung, nur ausdrücklich *Hamm stein* etc.

O. U. 1420. Gesesse *Hammerstein* gelegen in der Fargassen etc

[40] O. U. 1482. H. — genant *Liessperg*, gelegen unter den Smyd zushen dem Gesess zum *Ulner* und N. F.

Lit. A. No. 153. Ein Backhaus, aus 2 Häusern bestehend.
Lit. A. No. 154. *Bockshorn. Goldne Bockshorn.* „v sol.
den. cum duobus pullis de domo dicta zum Bogkishorn sita in
antiquo opido Frank. superiore parte vico Fargazze seu Fabrorum latere orientali jnfra vicos dictos Mengoz et Hachinbergergazze". L. V. B. Saec. XIV. sub. vic. S. Annae.

„zum Boxhorn gelegen in der Faregassen zushen Coutze
Kesseler vnd dem huse genant zu lyndauwe." J. B. von 1454.

Es war 1527 schon ein Gasthaus, indem damals die Wittwe
Endres des Wirths zum Bockshorn ihren Zins mit 3 Hühnern
an die Vikarie des h. Jodocus entrichtete. L. V. de 1453. f. 53.

Im Jahre 1779 wurde das Haus von Grund aus neu gebaut, und bekam sein Schild nicht wieder; hörte auch auf ein
Gasthaus zu sein.[41])

Lit. A. No. 155. *Schwarze Adler*, war ein Gasthaus und
hiess vorher *Burgerreich*. Es machte das Eck von dem nun
eingegangenen Gerstengässchen.

„vj β cedunt Martini de domo zum Burgerreiche, aciali
ante et retro cum aliis paruis domibus sitis in der Faregassen
latere orientali, meridiem et occidentem respiciente. Et est sita
in opposito dess Lumpenborns. Anno .. 75" (1575). L. C. B.
M. V. Saec. XVI.

Das Liebfrauenstift, welches die 15 kr. jährlich erhob, hat
auch in seinem neuesten Zinsbuche den älteren Namen Burgerreiche noch beibehalten.

L. C. B. M. V. Saec. 16. vi β ced. M. de domo zum Burgentreiche aciali ante et retro cum aliis parvis domibus sitis in
der Fargassen lat. occid. merid. et occ. respiciente et est sita
in opposito des Lumpenborns. Anno 1525.

In unserem Z. R. von 1636 f. 33 erblickte ich den schwarzen
Adler zum erstenmal, und 1679 wird er in *Lersner* Chronik
II. Th. S. 291 schon als ein Wirths- oder Gasthaus bemerkt.
1764 wurde das alte Gebäude erneuert, und hatte im übrigen
mit dem vorigen gleiches Schicksal.[42])

---

[41]) 1779 kaufte es Kaufmann Hasenclever und liess es neu bauen.
[42]) O. U. 1361. H. *Burgentrich.*

Das Spritzenhaus des ersten Quartiers, welches 17.. in dei Eingang des Gerstengässchens gesetzt wurde.

Lit. A. No. 156. *Kleine Hirschsprung*, vormals *Selgenstad* und das Eck an vorgenanntem Gässchen.

„Sex den. de domo dicta Selginstat sita in vico Fargazz (f. 16 additur: seu Fabrorum) latere orientali, infra vicos secur dum et tertium, transitus vicorum predicatorum et Fargazze dictos Schilder et Mengoz gazze jn acie respiciente occidente: et septentrionem vici Mengoz prenotati." L. R. B. de 1350 f.'

Um die nämliche Zeit wurde das Vikariehaus S. Anna beschrieben: Retro domum Mengoti dictam Selginstad. Un

---

Wfrkl. Zb. 1480. Zwei H. under eim Dach gelegen genant *zu de alden* und zu *dem jungen Boxhorn* und sint auch gelegen uff der Sit« gen Ufgang der Sonnen zunechst neben dem Eck H. genant *Burger riche*.

O. U. 1399 f. 2. p. Invent. S. Crucis. Gertraud etzwan Tochter He selins etwan des Allerdurglauchtisten Fürsten und Herrn Keysser *Lu wigs* seliger Gedächtnis Barbierr der vor zeytten zum Wolfelein gein Antonnis übir gewonet und Else der vorgenannt Gertrud Tochter v« kaufen an Jacob Bommersheim Scab. Catharine ux. 3 Mark Gülte ge gen uf dem H. u. Gesess hinten und vorn genannt *Bürgentreich* und 4 H. dahinder gelegen in der fargassen gen dem Lumpenborn ubir u an dem Gesschin da man zu den Predigern pfleget zu gehen, da Gu Glockengissern jetzo inwonet.

O. U. 1499. H. — in der Faregassen gelegen genannt *zum gross Boxhorn* zushen dem Gesesse *Landauwe* und dem *kleinen Boxhorn*.

O. U. 1529. Eckhaus — *Burgentreich* genant am Ecke des Glock« gesschins neben dem Haus zum *Boxhorn* uff einer und dem Haus *Selig* *statt* uff der andern Sytten, stoiss hinden uff die Predigergassen etc.

O. U. 1589 Eckhaus *Burgereich* genant in der Fargassen net dem Haus zum *Bockshorn* gelegen stosst hinden neben der *Herrgot Stuben* uff die Predigergassen etc.

O. U. 1590. H. — in der Fargassen zum *kleinen Bockshorn* ı nannt, — stosst hinten uff die Behausung *zum grossen Bockhorn*.

O. U. 1527. H. — unter den Smydden am Eck dem Prediger Gä chin neben dem Huss *zum Boxhorn* gelegen *Burgentreich* genannt e

Lt. Brgrbch. de 1627. Fit civis N. N. Wirth *zum schwarzen Adl*

Lt. St R. de 1633 vorungeltet sein Zapfgetränk *der Wirth* zı *schwarzen Adler*.

von eben diesem Mengot, von dem das Gässchen den Namen führte, s. beim Gerstengässchen.⁴³)

Lit. A. No. 157. *Nussbaum, grosse Nussbaum.* Vorher *zum Sattel.* War das Eck am Schildergässchen.

„vj *β* den. (22 kr. 2 h.) de domo dicta zum Nutzbaum latere orientali in acie meridiem et occidentem respiciente parui vici ex opposito vico tornatorum". R. C. de 1452. f. 7.

„Domus dicta zum Nussbaum in der Farrgassen et est domus acialis der Schildergassen latere orientali meridiem et occidentem respiciens ex opposito des Lumpenborns." R. C. B. M. V. in M. Saec. XVI.

L. C. B. M. V. Saec. XVI. i marc. vi *β* ced. Mart. de domo aciali a retro des Schildergesslins lat. occid. orient. et merid. respiciente ex opposito introitus Coemiterii praedicatorum transeundo ab eclesia S. Jacobi, et ex opposito domus vicariae S. Barthol. videl. S. Matthei Evang. 1576.

In dem Z. R. unserer Kirche von 1581 f. 3. heisst es zum grossen Nussbaum, und wird beschrieben: „in acie parvi vici pene ex opposito dem Lumpenborn". Und in dem Z. R. von 1636 f. 3 „das zweyte Hauss neben der Gersten".

In einem Kaufbrief von 1757 ist zu lesen: „seine in der Fahrgass gegen der Kannengiesergass über gelegene hinten aber auf die Gerst stosende, zum Sattel oder Nussbaum genannte Behausung". Der daselbst bemerkte Grundzins von 17½ kr. ist unrichtig, indem der Präsenz jährlich auf Martini 22 kr. 2 h. entrichtet wurden. 1783 wurde der Nussbaum neu gebaut und nahm das folgende Haus zu sich.⁴⁴)

---

⁴³) S. G. P. 1400. H. genannt *Seeligenstadt* in der Fargasse gelegen.

O. U. 1550. Eck H. genannt zum Hirschsprung in der Fahrgassen stosst hinten auf den Brückhofe.

O. U. 1553. Eckhaus in der Schmidtgassen neben dem Haus zum *Nussbaum.* Stosst hinten uff N. Schmitt im *Brückhoff.*

St R. de 1498. Baubesichtigung neben dem Huse *Seligenstatt* in der Fargassen.

⁴⁴) Z. B. des heil. Geistspitals. 1475. H. zum Noissbaum by dem Lompenborn.

Lit. A. No. 158 war ein schmales Häuschen, das erst nach dem Jahr 1603 in den Eingang der Schildergasse gesetzt wurde Es wurde 1783 zu dem vorigen gezogen.

Lit. A. No. 159. *Gerst, goldne Gerst*, ein Gasthaus. Vor her *zum Schilder* oder *Schildeck*. War vormals das Eck an de Schildergasse und führte 1499 noch seinen alten Namen, inden das Haus Niedeck an der Kannengiessergasse in S. J. „ex op posito domus zum Schilder" beschrieben wird.

„Domus dicta zum Schilder in der Faregassen latere orien tali contigua domui dicta zum Eber, ab alio vero latere contigu domui aciali uff der Schildergassen." R. C. B. M. V. in M Saec. XVI. Neben auf dem Rande wurde noch beigefügt „Haec domus modo est annexa diversorio zur Gersten, ann 75". Und dabei steht auch noch: „Modo Hannss Vster cauf zur Gersten. Anno .. 75 (1575)".

Die beiden Häuser konnten damals nur insoweit als ver einigt angesehen werden, dass der Besitzer der Gerst zugleic auch der Besitzer des Schilders war. An eine wirkliche Ver einigung der Gebäude war noch nicht zu denken. Vielmeh bekam der Schilder bald wieder einen andern Herrn, denn i einem Kaufbrief vom 20. Jan. 1603 wurde bedungen, dass d Besitzer des Sattels oder Nussbaums im Falle, wenn das Hau Schildeck über kurz oder lang *zu der Gerst verkauft* und al gebrochen würde, alsdann Fug und Macht haben sollten, m der untersten Wand nach der Gerst hinauszufahren, und solch mit dem obersten Stockwerke bleirecht zu stellen. Der Fa ereignete sich auch nachmals, dass das Schildeck mit dem hinte anstossenden Gasthaus zur Gerst in der Predigergasse vereinig wurde, und von der Zeit an führten beide Häuser den gemei schaftlichen Namen zur goldnen Gerst.

Wenn also früherhin der Gerst gedacht wird, so ist d Haus in der Predigergasse zu suchen. Und wenn 1578 d Erbfürst von Schweden in der Herberge zur Gerst einkehr und 1663 der älteste Prinz von Dänemark, 1674 der regieren Landgraf von Hessen-Kassel, und 1678 wieder ein anderer Pri von Dänemark sich darin aufhielten, so ist allerdings zu schlie sen, dass die Gerst zur selbigen Zeit kein unbedeutendes Gas

Fahrgasse. 45

haus müsse gewesen sein. v. *Lersner* im I. u. II. Th. XXIV. Kapitel.

In dem Z. Buche von 1644 ist zu lesen: „9 ß de domo Tornatorum dicta zur Gersten in der fargass", folglich gehörte das Haus damals dem Drechslerhandwerke zu.

Der Inhaber des Hauses zahlte jährlich auf Martini an die Präsenz 2 fl. 17 kr. 2 h., und dieser Zins rührte von dem ehemaligen Vikariehaus S. Annae her, welches den mittleren Theil der Gerst ausmacht. Man sehe bei den Häusern der Schildergasse.[45])

---

[45]) G. Br. 1487. H. zum *Schilder* by dem Lompenborn.
— 1433. H. hofchin Stalluuge und zugehorunge *by den predigern* und stosset in das geschin genant das *Schildersgesgen*, und auch in das *Glockengiessersgeschin* als man zu den predigern geet zushen den zwein gotshusern. (Auf der Urkunde steht, dies sei nun das H. zur Gersten in der Fahrgasse, Hrn. Friedrich Ludwig *Böhler* gehörig) ist das Hinterhaus der Gerste. S. *Schildknecht* 1. 2. 3.

O. U. 1442. H. u. Gesesse — genannt *zum Schilder* gelegen by dem *Lompenborne* zushen — dem gesesse genant zum *Eber*.

O. U. 1448. H. u. G. mit Stallung — genannt zum *cleinen Schilder* gelegen in der Predigergassen zushen den zwein Gotteshusern daselbs etc.

O. U. 1449. Orthuss — genannt *Schildecke* gelegen in der Farengasse zushen dem Gesesse genannt *zum Schilder* und eynem gemeinen Gessechin und stosse hinden auch uff das Gesesse *zum Schilder*.

O. U. 1450. H. u. G. gelegen in der Farengassen — genannt *zum Schilder*, zuschen Werner Schurers Huse genanth *Schildecke* und dem jungen *Eber* etc.

O. U. 1495. H. — genannt *Schilde-Ecke* in der Faregassen gelegen by dem *Lompenborn* neben dem Gesesse zum *Schilder* gein dem *Nussbaum* uber.

O. U. 1538. H. — in der Fahrgassen gegen dem Lompen Bornn, zum *grossen Schiller* genant etc.

O. U. 1341. domus *zum Schildecke*.

— 1411. H. u. G. zum *Schilder* gelegen in der Fargasse etc.

St. Allmdbch. de 1688. Allment — hinter den Predigern, so in der Gerst herausgeht.

Z. B. B M. V. No. 72. H. zum Schilder in der Fargassen hinten an die Gerst stossend.

Lt. St. Rchg. de 1592 u. 1594. Der Wirt zur Gersten.

R. C. S. Barth. de 1586. de hospitio zur *Gersten*.

Lit. A. No. 160. *Kleine fröhliche Mann.* Vorher *zum Eber.*

A. 1434 Sabb. post Invent S. Crucis wurde ein Urtheilsbrief über das Recht eines Flosses aus dem Hofe des vordern Hauses zum Eber, durch des Nachbars Behausung (den nachmaligen Kartäuserhof) in der Predigergasse abgefasst. Ex orig in archiv. Carthus. Mogunt.

A. 1460 fer. IV. post Kyliani verkauft Joh. Hertel, Besitzer des Hauses zum Eber in der Fargasse, dieses Recht oder Servitut seinem Nachbar Conrad Gantz (in der Predigergasse) für 20 fl., und verbindet sich, das Wasserloch in der Mauer zuzumachen und das Wasser durch sein Haus nach der Fahrgasse zu leiten. In dem Document geschieht auch Meldung von ? gemeinschaftlichen Mauern, der einen gegen Mayenberg zu und der andern auf der andern Seite gegen den Schilder zu. E: orig. ibid. ad K..K. XLIII.

Die Gleichheit der Namen und die auf dem hintern Haus gelegene Servitut geben die Vermuthung, dass beide Häuse ehemals ein Haus ausgemacht haben.[46])

Lit. A. No. 161. *Meyenberg.*

„Meyenberg sita latere orientali infra vicos primum et secundum transitus inter vicos predicatorum et Fargazze numerando a meridie." P. B. de 1356. f. 2.

„j marck denariorum de domo dicta Meidenburg, sita latere orientali contigue domui zum Moen (Monde)." R. C. de 158 f. 3.

„1½ fl. de domo dicta Meyenburgh alias Madenburg contigua jam dictae domui" (zum Mohn). R. C. de 1586 p. 5.

In dem ältesten Seelenbuche unserer Kirche, das im XI Jahrhundert seine Entstehung erhielt, wird schon eine hal'

---

[46]) O. U. 1484. H. zum Eber gen Stultzenberg und dem Lompenbo über, zwischen den H. zum Schilder und Meyenberg. — 2 desgl. O. 1460.

H. zum *Eber* in der Fahrgass bei dem Lumpenbrunnen. Mpt. XVII. S

O. U. 1351. H. und Gesesse zu dem *jungen Eber*, hinten gein d Predgern gein dem Stockar über.

1328. Orto zum Ebere (hierher gehörig) Beedbuch.

Mark vom Hause Mayenberg bemerkt, die zum Jahrgedächtniss des Heilmann Seltzer und Dylie seiner Frau gestiftet war.

Es stimmen demnach die neueren Namen *Meidenburg, Madenburg, Magdeburg* und auch *Marienberg*, wie sie hier und da gefunden werden, mit dem Sinne des älteren Namens gar nicht überein.⁴⁷) Die obigen 1 fl. 30 kr. wurden annoch auf Martini an die Präsenz abgegeben.

Lit. A. No. 162. *Mond, goldne halbe Mond*, auch *schwarze halbe Mond*. War in älteren Zeiten ein Backhaus.

„zum mane domus pistrina prope Meyenberg." R. C. de 1405 f. 26.

„j lib. vsz deme Backhuse gelegen by deme Eber gein Stultzenberg obir." Z. B. des Wfrkl. von 1438. No. 7.

„14 ₰ Denar. de domo zum Moen sita latere orientali plateae tornatorum (soll Fahrgasse heissen) contigua domui Meidenburg versus meridiem." R. C. de 1581. f. 3.

---

⁴⁷) S. G. P. 1461. H. *Meyenberg* in der Fargasse.

G. Br. 1591. H. klein *Magdeburgck* in der Fargassen neben Nicolaus Gansser einer und dem H. zum *frölichen Man* anderseits.

O. U. 1489. H. und Gesesse mit Hoff etc. — hinden und vorn genant *Meyenberg* ein der Faregassen neben N. und dem Gesesse zum *jungen Eber* etc.

O. U. 1503. H. u. Gesess — genant *kleyn Meydeburgk* gelegen under den Smidden in der Fargassen neben dem Gesess zum *Eber* uff eyner und uff der andern Syten neben eynem Backhuss etc.

O. U. 1518. H — genannt *kleyn Magdeburg* in der Faregassen gelegen zůshen dem *Eber* und einem *Backhuss*, stost hinten uff den *Arnspurger Herrn*.

O. U. 1493. Husung und Hoff — genannt zum *Pferdebecher* inne der Faregassen zushen dem *Backehuss* und dem Gesess *zum Eber* (gehört lt. Testament der Greda Pferdebecherin).

Brgrbch. S. 1333 domus Heilmanni dicti *Stocar* ex opposito domus dicte *Meygenberg* in der vargassen.

1320. Henricus Meienberg (hierher gehörig) Beedbuch.

Legatum Dypelonis zum Kolmann — de duabus domibus sub uno tecto sitis in antiqua opido Frankenf. superiori parte, vico Fargassen, latere orientali, contiguis domui dicte Meyinberg. — Reg. Cens. Fabr. F.

1792 liess der Eigenthümer einen vergoldeten halben Mon
mit der Namensunterschrift an das Haus setzen. Dasselbe zahl
der Präsenz auf Joh. Bapt. 3 fl. 35 kr., und der Fabrik (de
Kirchenbaue) auf Michaelis 35 kr. Grundzins.[48])

Lit. A. No. 163. *Klein Mayenberg.*

„Meyenberg ex opposito Stoltzenberg." Ms. de 1450.

„33 β heller de domo Klein Maidenburgk contigua dom
zum Mon versus septentrionem ex opposito Stoltzenburgk."
C. de 1581. f. 3.

„j fl. 15 β de domo Klein Meynburg contigua domui zu
Mohn ex opposito Stolzenburg." R. C. de 1486. p. 5.

Das Haus gab der Präsenz auf Martini 1 fl. 37 kr. 2
Grundzins.

Lit. A. No. 164. *Blaue Bettzieche.* Führt nach der A
sage des Eigenthümers diesen Namen.

„Sex den. in anniversario Conradi Kelsterbecher de do:
sita latere orientali infra vicos primum et secundum transi
contigua domui lapidee judeorum sita in acie respiciente me
diem et occidentem ex opposito domus zu deme zwerte sit
P. B. de 1356 f. 2.

Baldemar nahm diese Stelle aus einem älteren Zinsbuc
ohne etwas daran zu ändern; aber eine andere Hand lösc
die Worte: „domus zu deme zwerte" aus, und setzte daf
„Cemiterii ecclesie S. Barth.", weil das Haus zum Schwert
dem grossen Judenbrande war zu Grunde gegangen, und
Brandplatz nachmals zum Kirchhofe war gezogen worden.

Das Haus bezahlte der Präsenz auf Cathedr. Petri 1 fl.
kr. Grundzins, worunter vermuthlich die obigen 6 denarii
kr. 2 h.) mit inbegriffen waren.

Lit. A. No. 165. *Zum Segen Jacobs.* Das Eck an der A
spurgergasse, so 1356 ein Judenhaus war, und bei dem vori
Hause domus lapidea judeorum genannt wird.

---

[48]) Wfrkl. Zb. von 1480. *Fargasse.* Backhus uf der Siten gen Uffg
der Sonnen neben dem Hus *Meyenburg* gein dem H. *Stültzenburg* u
O. U. 1362. H. u. Gesess zu dem *Moyne* in der Vargassen an *Ma*
berg.

VII.

Zwischen der Arnspurgergasse und dem Brückhofe.

Lit. A. No. 166. *Falkenstein, Neu Falkenstein, Gross Falkenstein*. Das andere Eck an der Arnspurgergasse [49])

Das bekannte Fürsteneck wird in einem seiner Kaufbriefe von 1368 beschrieben: „in der Fargaszen gein Nuwen Falckinstein alsc man zu der porten get gein Sassinhusin".

Es scheint, dass das Haus kurz vorher neu erbauet war und deswegen in der Urkunde auch Neu Falkenstein genannt wurde. 1378 wurde ein Vergleich geschlossen „in caupona zum Falckenstein unter den juden". Die Vergleichsurkunde ist in dem Predigerkloster-Archiv zu finden. Als Kaiser Ruprecht im J. 1400 hier seinen feierlichen Einzug hielt, ritt er durch die Fahrgasse bis an Falkenstein, wo er vom Pferde stieg und sich mit den Fürsten durch das obere Thor der Pfarre (des Pfarrkirchhofs) nach der Kirche verfügte. *v. Lersner* I. Th. S. 90. Dass sich der Eingang des Kirchhofs gegen der Arnspurgergasse, und

---

[49]) St. R. de 1358. It. den wyssen Frauwen 19 Kolsche, vff *nuwen Falkenstein* daz nuewe Huss, daz man gebauet hat, und 18 Kolsche, vff der Judinschule. (Dieses Haus war also bei dem Judenbrande auch abgebrannt.)

St. R. de 1389. — 18 Kolsch von dem *nuwen Huse* gein dem Warte ubir und 9 Kolsch von der Judenbadestobin.

St. R. de 1362. It. 18 kolsche vom Nuwen Falkensteyn von dem Eckehusse den Weysenfrauwen uff S. Martinstag.

O. U. 1439. H. Falkenstein, hinscit der Parre, als man zum Fronhoffe ziehen will, neben dem Gescss z. Wolf.

O. U. 1455. H. u. Hoffechin darin der Born in stat, als man den zu den Prediger geet vorn zu zushen dem *Steynhuse*, das H. Joh. Erkelmann itzunt inne habe und dem Huse *Falkenstein*.

O. U. 1544. Eckhauss — *gross Falkenstein* genant gegen der *Melwag* uber neben N. gelegen, stosst hinten uff das H. *clein Falkenstein* genannt etc.

O. U. 1358. H. genannt *nuwes Falkenstein* gelegin in der Judengassen an dem Orte gein dem *Sworte* etc. F.

folglich auch gegen Falkenstein über befand, wird bei dem alte Pfarrkirchhofe noch ferner erwiesen werden. In der Brunnei rolle vom XVI. Jahrhundert kömmt die Benennung „Groß Falckenstein gegen der Melwogen vber" und in der jüngere von 1648 blos Falkenstein ohne weiteren Beisatz vor. Uebr gens scheint nach der älteren Verfassung, wenn sich die Bürgi in Rotten versammeln mussten, die Gegend bei Falkenstein d gewöhnliche Sammelplatz der Oberstädter gewesen zu sei Wenigstens bezeugen es die beim Wahltage 1410 getroffen Anstalten des Raths, wobei es unter andern hiess: „wer ab nit sunderlich virschaffit were da sulden die in der Oberst komen fur Falkstein, die in der Nyderstat fur den Romer den Berg. — Auch sal der Burgermeister der ein Scheffen mit einer Banner kommen by das Folg in der Oberstat Falkstein". *Ohlenschlager* Erläut. der G. B. im Urkb. p. 1&

1792 verlor sich das alte Haus, und wurde ein neues dai erbaut.

Lit. A. No. 167. *Wolf.* Kömmt als Nebenläger beim f genden Hause 1424 und ferner vor.[50]) Inwendig neben Stiege befindet sich ein römischer Grabstein eingemauert, der Inschrift:

   I. CANVLEIVS. L. F.
   SVCCESSVS AN. V......
   M. III. D. XXIII. L. CAN.
   VLEIVS. PRIMIGEN
   IVS. FILIO. ET. SIBI. VI
   VO S..... FECIT.

Ich habe diese Inschrift selbst abgeschrieben und lese auf folgende Art:

   Lucius Canuleius Lucii filius
   Successusan. vixit (annis.....)

---

[50]) O. U. 1499. H. in Gesess — genant *zum Wolfe*; ligt zwisc dem *Ochsen* und *Falkenstein* uff jensyt dem Pfarrkirchhoffe zu S. thol. uber etc.

O. U. 1517. Behusung — in der Faregasse gegen *Fürsten Eck* gelegen genant zum *Wolf* neben dem Huss zum *Oxen* und Melc Blomen stoiss hinden uff den *Oxen* etc.

mensibus III. diebus XXIII. Lucius Canuleius primigenius filio et sibi vivo sepulchrum (fieri) fecit. Lucius Canuleius des Lucius Sohn, aus der . . . . . . zunft lebte . . . . Jahr, 3 Monate, 23 Tage. Lucius Canuleius Primigenius liess dem Sohne, und sich im Leben, das Grab verfertigen.[51])

Lit. A. No. 168. *Ochs, rothe Ochs.* Curia Conradi de Löwenstein. Der *Löwensteiner Hof.*

„zum Rodenossen gelegen in der Fargassen zuschen den gesessen zur Glocken vnd dem huse daz man nennet zum Wolffe gein Furstenecke ubir." J. B. von 1424.

„zum Ossen gelegen vnder den Juden zuschen der Glocken vnd Wolffen des juden huse." J. B. von 1425.

„eyns huses vnder den Juden gnt. zum ossen zuschen dem huse gnt. zum wolffe vnd der glocken gelegen, vnd stosset hinden an den Arnspurger Hoff." J. B. von 1427.

„zum alden Ochsen zuschen dem Wolffe vnd der Glocken." J. B. von 1435.

A. 1375 fer. 3 post octav. Epiph. wurde zwischen Conrad zum Löwenstein Schöffen, dem das Haus zum Ochsen gehörte, und dem Juden Siselme von Diepurg im Hause zur Glock eine Anleit geführt. *v. Lersner* II. Th. S. 828 (808).

1414 wird noch des Conrad von Löwenstein Hofs gedacht, s. Volmarshof.

1451 verglichen sich Henrich Degen und Gredechin seine Frau, als Bewohner des Hauses zum Ochsen, mit der Kartaus bei Mainz über Kändel und Fenster, die sich neben dem Kartäuserhöfchen im Arnspurgerhofe befanden, und gaben Hartmann Becker und Catharina seine Schwester, Kinder des abgelebten Clas Becker, der den rothen Ochsen erbauet hatte,

---

[51]) Vergl. Frankf. Conversationsblatt No. 49 und 55 des Jahres 1852. Vergleiche noch 57 und Intelligenzblatt der freien Stadt Frankfurt vom 7. März 1852, 4. Beilage, Seite 3, Zeile 24—27. (Zusatz von neuer Hand.). [Cfr. die richtige Lesart in dem Archiv für Frankf. Geschichte und Kunst, VI., 3.]

ihre Einwilligung hierzu. Ex orig. in Lat. E. III. No. 3. S. auch *v. Lersner* I. Th. S. 198.

1612 war dieses Haus der Bender Zunftstube, s. l. c. S. 59. Sie behielten es aber nur noch eine kurze Zeit; indem das kaiserl. Commissionsdecret von 1616 alle Zunftstuben als höchst nachtheilig für den hiesigen Wohlstand erklärte und wieder abschaffte. Eine Folge der kurz vorher entstandenen bürgerlichen Unruhen!

Zuletzt ist noch zu bemerken, dass der Kurfürst Joh. Suicard von Mainz zur Zeit der Kaiserwahl 1619 sich dieses Haus zu seinem Aufenthalte gewählt hatte. *v. Lersner*, I. Theil S. 214.[52])

---

[52]) G. Br. 1538. H. zum *Ochsen* gegen der Melewogen über.

O. U. 1370. Conrads zu Lewenstein H. Hof u. Gesesze gelegen un tern *Fischern*.

S. G. P. 1431. H. zum *Ochsen* in der Fargasse neben der *Glocke* 1432.

S. G. P. 1434. H zum *Ossen* zwischen der Glocke und dem Wolf

G. Br. 1413 H. zum Ochsen unter den iuden gelegen.

O. U. 1546 H zum Ochsen in der Fahrgasse stosst hinten auf den Arnspurger Hof.

O. U. 1579. Behausung zum *Ochsen* bei der Prucken neben N. einer sits und der Behausung *zur Glocken* andersits stosst hinten gegen den Arnspurger Hof zu uff ein Allemenden etc.

O. U. 1607. Behausung *zum Ochsen* des *Benderhandwerks Zunfft stuben* in der Fahrgassen neben der Behausung zur *Glocken* einer un dem *Haus zum Wolff* anderseits stosst hinten auf eine gemeine Gasse (Früher hatten die Bender ihr Zunfthaus im Haus Helfenstein in de Bendergasse.)

In dem Stdt. Beedbuch de 1362 kommt unter den Beedzahlenden vor Item Conrad von Lewinstein und für die *Bechertern* in des Hof vo Lewinstein. (Ist dieser Hof, da nicht weit davon der Arnspurger Hof

Lt. St. R. de 1574 werden dem Johann Wolf, Wirth und Buchdruckern, welchem das Wirthshaus *(zum Ochsen und zum Bock zugleich genannt)* gehört, vom Rath darauf 600 und weiters noch 400 fl. gege Verzinsung vorgeschossen

Lt. St R. de 1592 u. 1594. Der Wirt zum Ochsen

— 1617 ward es vom Rath eingezogen und *zum Ochsen* benannt (modo Brenneriches Haus daselbst) verkauft.

Fahrgasse.

Der Juden Hofstatt. Dass durch das Wort Hofstatt ein öder Platz, darauf vorher ein Haus gestanden war, angezeigt wurde, ist in der gesch. Einleitung S. 185 bereits gesagt und auch bewiesen worden.

1414 verzieh das Barthol.-Stift auf die Zinsen, so ihm von der Juden Hofstatt zwischen Conrad von Löwenstein und Volmars von Ofenbach Hofe fielen. v. *Lersner* II. Th. II. B., S. 167. Die Hofstatt wurde endlich überbauet, und von der Zeit an deckte die Glocke, wo es nicht das folgende Haus war, den öd gelegenen Boden wieder.

Lit. A. No. 169. *Glocke.* 1375 s. bei No. 168. In der Brunnenrolle von 1641 wird auch dieses Namens gedacht.[53])

Lit. A. No. 170. *Stadt Worms.* Vorher *zum Riesen.* Stand neben dem Brückhofe und war 1390 ein Judenhaus.[54])

„xxiij sol. den. de curia et habitatione judeorum contigua curie Volmari de Ovenbach sita in oppido antiquo superiore parte vici Faregaszen latere orientali jnfra turrim pontis et vicum primum transitus inter vicos predicatorum et Faregaszen — versus orientem ad curiam Arnspurg tendens." L. C. de 1390. f. 81.

---

[53]) O. U. 1441. H. Hoff u. Hinderhaus — genant *zur Glocken* in der Faregass gein *Furstenecke* uber zushen den Husungen *zum Riesen* und *Ossen.*

O. U. 1512. Behusung genant *zur Glocken* an der Brucken gelegen — stoisst hinden uff *den Carthuser Hoff.* F.

[54]) O. U. 1435. H. zum Riesen by der Glocken.

— 1291. Tres domi contiguae retro domum dictam ad Gigantem nec non una arca infra dictas domos et ramam sita. *Gud.* C. D. I. 849.

O. U. 1449. H. u. G. — hinden und vornen genant *zum Riesen* gelegen zwishen unserer Stadt *Bruckenhofe* und Eberhard Budeners Gesesse genant *zur Glocken* etc.

O. U. 1475. H. u. G. — genannt *Riesenburg* dass etzwan zum Riesen genant gewest sey gelegen Inne der Faregassen gein Weigant von Hüringen über zushen unserm *Brockhoff* und dem Huss *zur Glocke.*

O. U. 1558. Desgleichen, nur noch: stosst hinden uff ein zur Karthauss gehörig Haus. F.

„zum Resen gelegen by dem bruckentorn zuschen dem Bruckhoff und der glocken." J. B. von 1436.

„ij fl. de domo dicta zum Resen sita in vico Fargasz latere orientali prope pontem Mogini contigua curiae Brockhoffe." L vicar de 1453. f. 160.

Volmarshof oder *Brückhof*. Von diesem und den darin gestandenen Häusern soll anderswo geredet werden.

VIII.

Zwischen dem Brückhofe und dem Schützengässchen.

Lit. A. No. 176. Die *Eisenwage*. Sie hatte den Brückho zur Seite liegen. Der Rath kief das Haus im J. 1442 für 300fl. und liess nachmals die Eisenwage darin setzen. *v. Lersne* II. Th. S. 556. In der Brunnenrolle vom 16. Jahrhundert wir es schon die Isenwage genannt. Bei der Veränderung de Brückhofs in eine Strasse wurde das Haus niedergerissen, un die eine Hälfte des Platzes kam zur Strasse, die andere abe wurde zur Brückenau gezogen.[55])

Lit. A. No. 177. *Brückenau*. Sonst auch *Katzenelenboge* oder *Glauburg*. War 1434 noch das erste Haus von der Brück und folglich so lange auch ein Eck, bis das folgende Haus (de Rhein) wider dasselbe zu stehen kam.

Schudt in seinen jüdischen Merkwürdigkeiten 4. Th. 2. Con tin. S. 10 beschreibt das Haus Brückenau: in der Fargasse a der Brücke, zwischen dem Rhein und der Eisenwage gelege Dass vormals die Juden dieses Haus im Besitz hatten, bezeuge: zween Kaufbriefe von 1395. Laut ihres Inhalts verkiefen Jud Isaak Calmann und Besselin seine Frau „das Huss mit der Hofe, Garten und was dazu gehöret, gelegen by Bruckenporthe an Herrn Johannes Huse von Stogheim, das man nennet Brucken auwe" an Conrad von Glauburg den ältesten und seine Fra Grede von Marburg zum Paradeiss um 550 fl. *Schudt* l. c. p. 11

---

[55]) St. R. de 1477 heisst die Eisenwaage auch das Isenhuss. F.

Der eine Kaufbrief führt die Aufschrift: „Ein Brieff ober das Huss an der Brockin genannte Bruckenauwe das man nent den Glauburg oder Katzenelenbogen." Das v. Holzhausen'sche Archiv gibt auch die Nachricht, dass ein Herr von Glauburg im J. 1438 der Besitzer des Hauses Katzenelenbogen an der Brücke gewesen sei. P. S. 1445. H. Katzenelenbogen liegt an dem Huss zum Nusbaum. Es war nichts Seltenes, dass zwei Häuser verschiedener Namen, wenn sie mit einander vereinigt wurden, die beiden Namen beibehielten, und diess muss auch hier der Fall gewesen sein; indem die Jüdin Sara unserm Stift erst im J. 1415 das Haus Katzenelenbogen überliess, wie aus dem Registro distribut. S. B. p. 438 zu ersehen ist, und solches in dem S. P. vom nämlichen Jahre das „hus Katzenelnbogen unter Juden gelegen" beschrieben wird. Es scheint bald darauf ein Eigenthum der Herren von Glauburg geworden zu sein, die es nachmals mit der Brückenau vereinigten, wodurch endlich sein dritter Namen Glauburg oder Glaibergen entstand. Die oben erwähnte Aufschrift des einen Kaufbriefs kann also mit demselben nicht als gleichzeitig angesehen werden. Aber woher der Namen Brückenau? Zu diesem scheint mir ebenso wie zu dem Namen Brückhof und Brückenfall ein besonderer Umstand Anlass gegeben zu haben. Eine Wiese, die von einem Flusse umgeben ist, heisst eine Aue, aber eben so wurden auch die Wiesen genannt, welche dicht am Wasser lagen und sich übrigens mit dem trockenen Lande verbanden, vid. *Dufresne* glossar. voce Augia. In dieser Eigenschaft führt eine oberhalb Mainz am Rhein gelegene Gegend den Namen der Jungenfelder Aue. Vermuthlich befand sich in den ersten Zeiten nächst bei der Brücke eine solche Wiese, die deswegen die Brückenaue hiess. Der offene Platz, wovon ich bei dem Schützengässchen reden werde, hielt, obschon durch die Erbauung der Stadtmauer getrennt, noch eine Zeitlang den Namen bei, und theilte ihn endlich dem ersten dabei stehenden Hause mit. Besteht nicht das Mainufer noch heut zu Tage ober und unter der Stadt aus Wiesen, die zum Theil der Mainwasen genannt werden? und hat nicht auch die Gegend ober der Brücke, nachdem sie durch die neu angelegten Werke von dem übrigen Fischerfeld getrennt war, noch den Namen des Fischerfeldes beibehalten.

Im J. 179. wurde das Haus Brückenau neu gebaut. Es gab damals den hinten an die Stadtmauer stossenden Theil seines Hofes ab, um den noch neu aufzuführenden Gebäuden Höfe zu verschaffen, und es erhielt dagegen die Eisenwage, insoweit sie nicht zur Strasse verwendet war. Von der Zeit an wurde Brücken au das Eck der neu angelegten Brückhofstrasse.[56])

---

[56]) S. G. P. 1434. *H. Brückenaw* an der Bruken, ist das erste, au ein Hus (d. h ohne, ausser) an der Brucken.

S. G. P. 1447 H. by dem Bruckentorne, genant *Bruckenaw*.

G. B. 1395. H. genant *Brückenau* gelegen by bruckenpforten.

— 1484. Herrn Johannes hus von Stockheim das man nenne Bruckenawe by der Brukenporten.

O. U. 1434. H. Hoffchin und — genant *Bruckenuwe* by den alten Bruckentorn gelegen zushen Roben den Juden und an dem Huse, da zu nechste demselben Torn gelegen sy etc.

O. U. 1446. H. u. G. hinden und vornen genant *Bruckenauwe* gelegen innenwendig des alten Bruckenthorns — zushen dem Gesess zu *Katzenellenbogen* und des Rats Huss daselbs und stosse hinden gein un serer Stedte Muren etc.

O U. 1354. N verpfändet H. und Gesess *Bruckenauwe* und 2 Huse uff dem Fischervelde etc.

S. G. P. 1394. *H. Katzinellnbogen* 1465.

G. Br. 1484. Der *Glauburger* H. und Hof an Bruckenauve by der Brucken gelegen genannt *Kazenellnbogen* und das Weisgerber Huschin und Gertchin hinden dran.

S. P. 1479. H. by der Brucken, als man das Fischerfeld abegee neben dem *Glauberger*.

O. U. 1551. H. klein Brückenau genannt neben der Eisenwag einer und dem Haus gross Brückenau andersits, stosst hinten auf unser Stadtgraben

O U. 1487. H. — genant *Bruckenawe* gelegen by dem alten Brocken thorn zushen unserer Stadt *Bruckhof* und Heinrich vom Rine Schöff.

O. U. 1493. 2 Husung — by der Brucken an einander gelegen, eine genannt *Brückenauwe* und das andere zum *Gravenstein*.

O. U. 1551. Behausung — *clein Brückenau* genannt neben der *Eisenwag* uff einer und der Behausung *gross Brückenaw* uff der andern Seiten gelegen stost hinden uff unsern Stattgraben etc.

O. U. 1576. Behausung bei der Bruckchen *Bruckenauw* genant — stosst hinten uff den *Wollgraben* etc. F.

Domus Arnoldi Doderer.

v que (4¹,₂) sol. den. leg. Conradus et Gudela conjuges de domo Arnoldi Cerdonis dicti Doderer, sita in antiquo opido, superiore porte, vico Fargazze, latere orientali, super descensu a vico Fargazze ad campum piscatorum seu der Wisgerber, juxta turrim (pontis). L. R. B. de 1350. f. 61.

Das Haus des Arnold Doderer konnte kein anderes als Brückenau gewesen sein, das 1434 noch das Eck bei der Brücke ausmachte. Auch wird dieses Haus in einer Urkunde von 1355 in Lib. Testament. f. 152 beschrieben: „infra muros antiquos dicti opidi in vico dicto Fargasze prope turrim pontis in latere orientali in descensu ad campum piscatorum in acie, et proxima dicte turri".[57])

Lit. A. No. 178. *Zum Rhein, im alten Rhein*, vorher *Dalheim*.

Das Haus Brückenau erscheint 1434 noch als ein Eckhaus, mithin kann das Haus Dalheim ihm damals noch nicht an der Seite gestanden haben, aber 1459 war es schon erbaut. Es machte ein vorstehendes Eck, weil das folgende Haus wegen der Treppen, wo man zum Fischerfeld hinunter ging, einige Schuh weiter zurück stehen musste.

„H. Dalheim by dem alden brukendorn gelegen an der bruken als mann die Trappen abe geet." S. P. von 1459.

„H. by der bruken als man das fischerfeld abe geet, neben dem Glauberger." S. P. von 1479.

Das Haus Dalheim wurde nachmals das Stammhaus der adeligen Familie von Rhein oder de Rheno und nahm von ihr

---

[57]) Vergl. noch folgende Angaben:
vi Sol. den. legaverunt iidem (i. e Conradus et Gudela conjuges) de domo dicta Else Muschin, sita in opposita parte vico et latere iam (siehe oben de domo Arnoldi Cerdonis) notatis, contigua domui immediate supra scripta versus orientem. Ex libr. redit. Baldem. de 1350.

Voc. ejusd. dom. de 1464 de domo prope pontem in descensu ut itur versus campum fischerfeld.

O. U. 1495. H. — by dem alten Brückenthorn gelegen vorn by dem Steg als man zu dem Fischerfehlde aben gehen will zu dem Fischerveldt neben der Hofstatt an dem Orte gein dem Brückenthorn uber etc.

auch den Namen an. Dieselbe kam im Anfange des XV. Jal
hunderts hierher und erlosch mit Hans Henrich von Rhein
J. 1577 am 1. des Hornungs wieder. *v. Lersner* II. Th. S. 1

Bechtold von Rhein stiftete sich durch sein unedles Betrag
ein Denkmal in der Chronik. Dieselbe meldet von ihm, er ha
1527 auf Christi Himmelfahrt und am Tage der h. Maria M
dalena, als eben die Prozession mit dem h Sakrament bei sei
Behausung an der Brücke vorüberging, eine ausgestopfte Wo
haut zum Fenster herausgesteckt. *v. Lersner* II. Th. I. B.,
188 und II. B S. 8.

Am Hause stand über dem Thorbogen das von Rhein's
Wappen mit der Jahrzahl 1561 ausgehauen. Die in der Geg
vorzunehmenden Veränderungen bewogen den Rath, das H
an sich zu kaufen, und er verkief es unter gewissen Bedingun
wieder, worauf im J. 1799 die vordere Seite eine ganz geänd
Gestalt erhielt. Frankf. Nachrbl. No. 69 de 1798 neu erbau
Haus — zum Rhein benannt.[58])

Lit. A. No. 179. Das Zollhäuschen, in welchem sich
Stiege zum Brückenthurm befand. Dasselbe stand nicht ne

---

[58]) S. G. P. 1444. II. by dem Brockentorne als man uf das Fisc
feld geet.

S. G P. 1477. H. am Brokenthorn, als man die Drappen abe g

G. Br. 1374. H. in dem Geszechin da man uf das fyscherfelt
hard an *aldin* brokentorn.

G. Br. 1362. Zwei H. bi dem brokentorne, nechst an dem fleken
Johann Hochhus Scheffe hat um die Stadt geknuft, da man uf das Fisc
feld geet.

O. U. 1467. H. by dem Brukendorn in dem Gessechin, als man
das Fischerfeld geet, zwischen Conrad von Glauburg und Franz
menter seel. etc.

Stdt. Allmendbch de 1521 — Allmey in des alten Henrich vom R
Haus, geht hinten heraus uff die Gassen, als man uff das Fischerv
geht.

Stdt. Allmendbch. de 1688. Allment am Schützenhaus vorm Fisc
feld

Anno 1802 ward der Bauplatz zu den beiden ersten Häusern
schönen Aussicht dem Ecke neben dem Hause *zum Rhein* von der S
zum Bauen versteigert.

dem Rhein, sondern gegen dem folgenden Hause über wider dem Brückenthurm. Es wurde im J. 1801 niedergerissen.

Lit A. No. 180. Neben dem Rhein. Das Haus gab der Präsenz auf Martini 16 kr. 2½ h. Grundzins. Sein Schicksal wird bei dem folgenden bemerkt.

Lit. A. No. 181. War das Eck am Schützengässchen gegen dem Brückenthurme über. Der Rath brachte dieses und das vorige Haus käuflich an sich und liess beide im J. 1801 abbrechen. Der Platz wurde zu dem grossen kurz darauf erbauten Eckhause gezogen.

1222 war Magister Nicolaus ein Chorherr der Salvatorskirche (nachmals S. B.) mit dem Ritter Friedrich von Selgenstadt von wegen einer Hofstatt bei der Brücke in Streit verwickelt, gegen den er nachher ein siegliches Urtheil erhielt. Ex Lib. Ser. V. No. 43. (Cod. dipl. 34.)

Fichard fügt noch folgende Angaben bei:

S. P. 1428 und 1444. 4 H. *unter den Riemensnydern* by der Brücken gelegen.

1326. In curia et area honeste matrone Ermengardis, relicto quondam Strenui Militis Heilmanni Burggravii in Starkenburg, sitis in oppido F. in Strata Judeorum prope pontem. *Gud.* C. D. III., 241.

1326. Redditus super curia et area *Hoeste* matrone etc. Dieselbe Urkunde bei Würdtwein nov. subsid. dipl. III. 172, wo durch einen Copialfehler statt des Wortes honeste Hoeste steht, weshalb ibid. pag. 168 und obiger *Gud.* C. D. III. 241.

St. R. de 1359/60. It. Clavs Sumern 3 Mark zu Czynss von dem Judenfleckin vor Bruck in Thurno gelegin — (Einnahme).

Häuser auf der Abendseite.

I.

Zwischen der Brücke und der kleinen Fischergasse.

Lit. M. No. 1. Stund an der Seite des Brückenthurms, und wurde ums J. 17.. von Grund aus neu gebauet. Es ist 1803 nach dem Abbruche des Brückenthurms ein Eck geworden. Es erhielt damals die Fenster gegen die Fahrgasse, sein Höfchen,

durch das man von der Gasse in das Haus ging, wurde v‹
baut und noch ein Stockwerk auf das Haus gesetzt.

Lit. M. No. 2. *Gross Hattstein* hat an die Präsenz ‹
Ostern 2 fl. 38 kr. und dann 12 kr. für 2 Pullen als Grur
zins zu entrichten.[59] (Modo Haus Hrn. Dillenburger's an ‹
Brücke.)

Lit. M. No. 3. *Drei halbe Mond.* Vorher *Judeneck*, Ste
heim, Brückenfall.

„Judeneck in vico Fargasz latere occidentali infra turr
pontis et vicum dictum Mosemandgasz." L. V. de 1481. f.

Das Judeneck kömmt schon in einer Urkunde von 1?
vor, welche der Official der hiesigen Probstei über verschiede
Grundzinsen ausfertigte. (Vid. Lib. Testament. f. 152.) Glei‹
wie sich ehemals auf der Morgenseite der Fahrgasse nächst l
der Brücke ein offener Platz befand, so befand sich auch ‹
solcher auf der entgegengesetzten Seite, und das Judene
machte auf diesem, wie Brückenau auf jenem die Ecken a
Dass sich das Judeneck bis zur Fischergasse erstreckte, ist ‹

---

[59]) O. U. 1516. H. und Gesess — genannt *Hatsteyn* by den al‹
Bruckenthorn uff einer und N. uff der andern Syten gelegen stoist k
den uff der Fischer Trinckstoben.

S. P, O. U. 1470. H. *Hatzstein* by der Brucken gelegen.

O U. 1434. H. *Hatzstein* allerneste an der alten Bruckenthorn
legen etc.

O. U. 1586 Leerer Plaken am Bruckenthurn gelegen genant *Hc
stein.*

Mscrpt. Saec. XVII. H. Hattstein bei der Brucken.

O. U. 1551. H. und Hoflin hinden daran undern Fischern — nel
der Fischerstuben uff einer und N. uff der ander Seiten gelegen st‹
hinten uff die Behausung *Hattstein* genannt etc.

O. U. 1626. Behausung am *Brückenthurn*, *Hattstein* genant nel
N. einersits und dem Brückenthorn, stosst hinten an die *gewesene Fisch
stube.*

S. P. 1476. H. Hatzstein by dem Bruckendorn.

— 1478. H. Klein Hatzstein am bruckendorne.

Lt. St. R. de 1600 hat ein welscher Seidenfärber mit 5 Kesseln ‹
nächste Haus an der Brücken. —

einer Nachricht, die uns *Schudt* in seinen jüdischen Merkwürdigkeiten im 4. Theile, 2 Contin S. 10 mitgetheilt hat, zu ersehen. Er schreibt: „das Hauss zu den 3 halben Mond genannt hat ein Hinterhauss in die Fischergass gehend, ohnweit von dem Fischer-Thörgen, das hiess vor Alters, wie man aus alten Briefen ersiehet, zum Juden-Eck." Das Judeneck in der Fahrgasse änderte mit der Zeit seinen Namen und wurde in zwei Häuser getheilt, die beide Steinheim hiessen. Aus diesen entstanden wieder drei Häuser, von denen das erste *Brückenfall*, das zweite *Spitze Diamant*, und das dritte *Roseneck* genannt wurde.

Eine Stelle aus dem Zinsbuch des hiesigen Liebfrauenstifts vom XVI. Jahrhundert wird hierüber eine hinlängliche Auskunft geben: „Item ij marck cedunt Michaelis de domibus Ottonis Decklachers et vocantur *Steynheym* latere occidentali prope pontem, ex opposito Bruckenawe, modo sunt tres domus, scilicet tertia, quarta, quinta in ordine de ponte numerando. Et dant vt infra.

j marca de tertia domo — Et vocatur modo haec domus zum Brückenfall. Anno .. 73 (1573).

j marca de quarta domo, quae modo vocatur zum spitzen Diamandt.

j marca de quinta domo quae modo vocatur Roseneck."

In dem Z. B. unserer Kirche von 1581 f. 30 wird für Brückenfall schon das Haus „zur dreyen Monen" gesetzt.[60])

---

[60]) 1475. H. neben Judenecko undern Fischern. Z. B. d. h. Geistspitals.

O. U. 1565. H. unter den Fischern genannt *Judeneck*, stosst hinten uf das H. *zum gulden Hirsch*.

O. U. 1355. (Census) de duabus domibus et eorum fundis — sitis infra muros antiquos dicti oppidi F. in vico dicto Fargasse prope turrim pontis scilicet: *una* in latere orientali in descensu ad campum piscatorum in acie et proxime dicta turri; ..... *altera* quasi ex opposito in latere occidentali dictam plateam parte anteriore tangens dicta *Judenecke* etc. Conf. *Würdtwein*, Dioec. mog. II, 587. F.

Lit. M. No. 4. *Spitze Diamant.* Ein abgerissener Th von Judeneck, s. vorher. In der Brunnenrolle von 1648 wi des neueren Namens gedacht.

Lit. M. No. 5. *Rosenberg (Roseneck)* s. bei No. 3. Der letzt« Namen, wie er in dem Z. B. vom XVI. Jahrhundert angegel wird, scheint mir fehlerhaft zu sein; indem das Haus in (neueren Zinsbüchern des Liebfrauenstifts Rosenberg genai wird, und die Namen, welche sich mit Eck endigen, gemein lich ein Eckhaus anzeigen, was doch das obige Haus nie sche gewesen zu sein.[61])

Lit. M. No. 6. *Schwarze Kopf.*[62])

Lit. M. No. 7. *Brückeneck. (Kälbereck).* Das Eck an kleinen Fischergasse.[63])

„Bruckenecke gelegen oben an dem ort des Fischerger chins gein dem bruckehoff uber neben peter Spengeler." S. von 1445.

Ein Jude, Namens Halpart, war 1350 der Besitzer Hauses, das damals noch von einem Eck bis zum andern reicl und folglich die ganze mittägliche Seite der kleinen Fischergc einnahm. Der folgende Auszug wird dieses zu erkennen geb „ xviij den. de domo Halpart judei, sita — in vico Farga seu fabrorum, latere occidentali, totumque latus meridionale duas acies vici transitus vicorum Fargazze et piscatorum, d Mosemannsgazze, videlicet occidentem et septentrionem, sep trionem et orientem respicientes, comprehendens etc." L. B de 1350. f. 20.

---

[61]) H. *Rosenberg* gegen dem Brückhof mit zwei andern *Brücken* und *Spitzen Diamant.* Mpt. XVII Sec.

O. U. 1507. H. — gelegen by der Brucken genant *Rosenber*, stoisst hinden uff der Butteler Drinckstoben etc.

O. U. 1560 H. — *Rosseneck* genant gegen der Isenwaage ubc stosst hinten uff der *Seckler Zunfftstube* etc. F.

[62]) O. U. 1481. H. — *zum Swarzen Koppe* genant by der Brucken

[63]) O. U. 1438. H. by der Brucken uber meyne genant *Brucken* hart an unsern Bruckenthorn etc.

Es soll nun seinen alten Namen abgelegt haben, und Kälbereck heissen.

1594 am 28. October Abends um 10 Uhr entstand ein Brand in dem Hause, der es ganz zu Grunde richtete. Der Hausherr Michael Schiele, Seilermeister, seine Frau und Tochter kamen im Feuer um. Die andere Tochter, eine Wittwe, zerbrach im Herabspringen den Rückgrad, und der Lehrjunge Arm und Schenkel, worauf sie nur noch eine kurze Zeit lebten. *Florian* Chronica der St. Frankf. S. 289. *v. Lersner* I. Th. S. 541.

II.

Zwischen der kleinen Fischergasse und dem Garküchenplatz.

Lit. M. No. 8. *Zur Wiede.* Das Eck der kleinen Fischergasse. In einer Urkunde des Hauses Fürsteneck vom J. 1610 wird der anstossenden Behausung zur Wiede gedacht.[64]

Lit. M. No. 9. *Fürsteneck.* Das Eck beim Garküchenplatz. Ist ein grosses ganz von Stein aufgeführtes Gebäude, das sich durch seine ungemeine Höhe, seine gothische Bauart und selbst durch seine Lage vor andern ganz besonders auszeichnet. Eine Volkssage eignet seine erste Gründung einem heidnischen Fürsten zu, der es bewohnt und dadurch den Namen Fürsteneck veranlasst haben soll. So lächerlich auch diese Sage in den Ohren eines vernünftigen Mannes lauten mag, so scheint doch etwas von Wahrheit in ihr verborgen zu liegen. Gar oft wird Wahrheit durch die Länge der Zeit so sehr entstellt, dass sie zuletzt einer Fabel ganz ähnlich sieht. Der Kurfürst Mathias von Mainz verkief am 2. Jänner 1326 dem Ritter Hartmud von Kroneberg, Burggrafen zu Starckenburg, und seinen männlichen Erben 20 Pfund Heller, gelegen „Super curia et area honestę Matrone

---

[64] O. U. 1532. Behusung samt dryen Zinsshusern *zur Widt* genant by der Brucken am Eck des Fischergessechins neben dem Huss *Fürsteneck* und stoisst hinten an *Fürsteneck*.

O. U. 1544. Behausung zur *Wied* genant gegen dem Brückhof uber am Eck gelegen etc. F.

Ermengardis, relicte quondam strenui militis Heilmanni Bu
gravii in Starckenburg, sitis in opido Frankenford in strata
deorum prope pontem." Vid. *Gudenus* in Cod. diplom. T.]
p. 241.

Der Hof und die Hofstatt der Ermengard waren nach die
Beschreibung in der Judengasse nahe bei der Brücke gele;
und die Lage des Fürstenecks kömmt mit der Beschreib
dieses Hofes gar wohl überein, indem sich dasselbe nicht al
nahe bei der Brücke befindet, sondern auch das Eck der Jud
gasse ausmachte, die sich damals noch von der Fahrgasse bi
den h. Geistbrunnen in der Saalgasse erstreckte.

Wahrscheinlich gehörte der Hof anfänglich dem Kurfürs
der sich nachmals gegen einen jährlichen Grundzins von
Pfund Heller alles Eigenthums auf denselben begab, und
gemeine Mann pflegte ihn nach der Würde seines Besitzers
Fürsteneck zu nennen.[65])

Ob der Hof noch von der Ermengard selbst oder von ei
Andern den Juden überlassen wurde, lässt sich mit Gewiss
nicht entscheiden. Genug, ein Jude Namens Liepmann
schon 1350 der Besitzer, und da er unserm Stifte einen Gr
zins von 3 Schilling Pfennig zu entrichten hatte, so machte
Canonicus Baldemar in seinem Zinsbuch von genanntem J;
folgende Bemerkung:

„iij. sol. den. de domo Liepmannis judei sita in vico
gazze, latere occidentali, jnfra vicum artum (arctum) tran
vicorum Fargazze et piscatorum, ac vicum judeorum jn
respiciente septentrionem et orientem eiusdem vici judeorum
opposito aciei respicientis orientem et meridiem cimiterii Ecc
sancti Bartholomei."

---

[65]) Noch heutiges Tags zeichnet sich dieses Haus durch seine
und Bauart aus; früher musste dies noch mehr der Fall gewesen
daher dürfte wohl der Name *Fürsteneck* davon herrühren, dass e:
schönste und vorzüglichste höchste Eck, ja selbst das Eck eines für
mässigen Hauses genannt ward.

Unter dem vieus arctus ist hier die kleine Fischergasse zu verstehen, und das Eck des Pfarrkirchhofs befand sich damals in der Gegend, wo gegenwärtig die Mehlwaage steht.[66])

Johann von Holzhausen Schöff und Gudechin seine Gemahlin scheinen nach den im Jahre 1349 erschlagenen und ausgejagten Juden wieder die ersten christlichen Besitzer des Hauses gewesen zu sein. Sie erscheinen als solche in einer Urkunde von 1362, welche über die Beschaffenheit der Mauern zwischen ihrem und den benachbarten Häusern Auskunft gibt. Unter andern heisst es darin: „vmb ire hoffestede huser vnd gesezse in der Fargazsen gelegen gein nuwen Falkinstein alse man zu der porten get gein Sassinhusen." Das hiesige Schuhmacherhandwerk besitzt ein altes geschriebenes Buch, darin bemerkt wird, dass Philipp von Fürstenberg, der an eines Schultheissen Statt sass (2 Jahre lang bis 1441), das Fürsteneck erbaut habe. Die Fürstenberg waren eins der vornehmsten Geschlechter in Mainz. Bei den daselbst entstandenen Unruhen und Verfolgungen des Adels wanderten sie von da nach Frankfurt aus, und dieses geschah zwischen den Jahren 1420 und 1430. Joannis Rer. Mogunt. T. III. p. 460.

Von ihrem grossen Reichthume sprechen die noch aufbewahrten Schuldbriefe, aus deren einem erhellet, dass sie der Stadt Mainz 12000 Goldgulden auf einmal geliehen haben. Ein in den damaligen geldklemmen Zeiten wahrhaft grosses Kapital. Philipp von Fürstenberg war demnach ein Mann von sehr ansehnlichem Vermögen, der im Stande war, das grosse Gebäude, wie es uns noch wirklich vor Augen steht, aufzuführen. Er

---

[66]) Die angeführte Urkunde der Ermengardis scheint mir eher den Brückhof als das Fürsteneck zu betreffen; dass dieses letztere als ein Judenhaus mit abbrannte und von Johann von Holzhausen neu erbaut worden, beweist schon die von *Batton* angeführte Stelle. Dass dieser Holzhausen den Platz als Brandstelle von der Stadt erkaufte, zeigt folgendes:

St. R. de 1361. It. Johann von Holzhusen hat vns geantwortet von der Juden Hovestadt, die ihme geluhen ist etc. (nun folgen im Originale mehrere Andere, welchen ebenfalls Judenflecke verliehen worden), woraus erhellt, dass er diese Hofstätte erst lieh und nachher kaufte. Alle früheren Fabeln werden dadurch widerlegt. F.

scheint den Bau zwischen den Jahren 1439 und 1441 un[ternom]nommen zu haben, als er eben an eines Schultheissen Statt s[tand] oder, was einerlei ist, vikarirte, weil der Stadtschultheiss [sich] entweder krank oder abwesend befand. Das Schöffenprotol[l] von 1444 begünstigt einigermassen die angegebene Zeit [der] Erbauung, indem es von einem Hause „by der bruken an [dem] *nuwen huse* in der Judengasse" meldet. Sollte wohl das n[eue] Haus in der Judengasse ein anderes als das Fürsteneck gew[esen] sein? Die Meinung, dass das Haus nach dem Familienna[men] des Besitzers anfänglich das *Fürstenbergereck* und nachmal[s] gekürzt das Fürsteneck sei genannt worden, liesse sich [wohl] hören, wenn nicht schon in dem S. P. von 1424 das Fürsten[eck] vorkäme. S. Lit. A. No. 168.

Wir wissen, dass die Familie zwischen den Jahren 1[420] und 1430 hierher gekommen ist, aber nicht ob sie 1424 s[chon] hier war. Ihre Ankunft, der Ankauf des Hauses, die [Ent]stehung seines Namens, und dann wieder die Abkürzung [der]selben sind Umstände, die ich alle auf den kurzen Zeit[raum] von 4 Jahren hinzuweisen mir nicht getraue. Ich will d[aher] viel lieber bei der ersten Vermuthung stehen bleiben.

Der Namen Fürsteneck kömmt weder in den Zinsbüch[ern] die doch die Namen der Häuser sorgfältig aufnahmen, no[ch in] den älteren Hausdokumenten zum Vorschein, und er schei[nt in] dem Kaufbriefe von 1610 zum erstenmal als eigener Hausna[me] aufgenommen worden zu sein, obgleich er im gesellschaftli[chen] Umgange schon längst vorher gehört wurde. 1447 kief Wie[gand] von Heringen, ein Patrizier, die Häuser Fürsteneck und [Rebs]kopf, wie aus einer Notiz des v. Holzhausen'schen Archiv[s zu] ersehen ist; und 1457 wohnten er und seine Gemahlin [Anna] von Breitenbach annoch in demselben. v. *Lersner* II. Th. [S.] 197. 1509 war Carl von Hynssberg alter Bürgermeister [ein] Besitzer des Hauses. Er ist aus dem Kaufbriefe von P O [be]kannt.

Der gegenwärtige Besitzer, Herr Zickwolf, liess vor me[hre]ren Jahren die hohen Spitzbögen über den Thüren zuma[uern] und verringerte dadurch das alte Ansehen des Hauses um [ein] merkliches. Desto mehr Achtung aber zeigte er gegen [die] innere Alterthum des Hauses. Er liess dem grossen Saale sein altes Getäfel von sonderbarem Holz und Verzierungen, der Decke ihr Mancherlei von veralteter Stukkaturarbeit, und den Thüren ihre sehenswürdigen Schlösser, wie sie die Kunst des Alterthums schuf. Damit noch nicht zufrieden, liess er auch alle Möbel in antikem Geschmack verfertigen, und brachte dadurch das Ganze in eine bezaubernde Harmonie. Dieser Saal ist also hier der einzige in seiner Art und verdient von jedem Alterthumsliebhaber gesehen zu werden. Dem Herrn Zickwolf sei dieses zur Ehre gesagt. In das Getäfel war oben ein rundes Wappen von Thon eingepasst, bei dessen Herausnahme man auf der Rückseite folgende Schrift entdeckte: „Christianuss Steffen possirer und Haffner Foecit 1615". Noch ein anderes und grösseres Wappen mit einem Lindenbaum und zwei Schwänen befindet sich über der Thür. Sonst ist noch ein unterirdischer Gang zu bemerken, der aus dem Keller des Fürstenecks nach der Mehlwaage hinziehet, und vermuthlich mit dem vor der Judengasse ehemals gestandenen Brunnen eine Verbindung hatte.[67])

---

[67]) O. U. 1399. Lt. Notariats-Instrument vom 26. Juni (errichtet für Frau Greda von Marburg, siehe Marburg z. Paradies C. 67) heisst es: *„in dem Hoffe des Huses und Gesesses, das man nennet Fürstenecke vnd vor czyden jnne wonte der Erber Man Johann von Holczhusen der eldeste deme got genade eyn Bürger und Scheffen zu Frankenfurd.*

1424. Zinsbuch (siehe beim rothen Ochsen) *Fürsteneck.*

G. Br. 1452. Fünf buser hinder *Fursteneck*e stossen in die fischergazsen, gein die bruckhoffe uber.

1435 kommt das H. Fürsteneck in Urk. vor. S. *Breidenbach* C. 2.

O. U. 1441. Haus Fürsteneck.

1447. Desgl. (*Breidenbach* C. 4.) Lt. derselben Urkunde, dem Testamente Guda's v. Breidenbach, gehörten zu demselben 2 H. in der Fischergasse und ein Fleck hinten an der Stube des Fürstenecks gelegen.

O. U. 1447. Husung Hoff und Gesess hinden und vornen — genannt *Fürstenecke* gelegen gein dem Pfarkirchhoff über — und stosse hinden zu an die Fischergassen etc.

O. U. 1555. H. Fürsteneck gen der Pfarrkirche über. F.

III.

Bei dem Garküchenplatz.

Lit. L. No. 10. Die *Mehlwaage*. Ein gegen der Arnspurge
gasse über ganz freistehendes Gebäude, in welchem sich d
Mehl- und Malzwaage, eine Wachtstube, welche nur in Mes
zeiten oder wenn es sonst ein Umstand erheischt, besetzt wir
mehrere kleine Läden und das Spritzenhaus des XI. Quartic
befinden; der obere Stock aber ist den bürgerlichen Gefän
nissen und der Wohnung des Aufsehers bestimmt.

Laut einer alten Handschrift wurde die Mehlwaage aus de
Kaufhause in die Fahrgasse verlegt und wider die Kirchh
mauer erbaut. Sie hiess von der Zeit an die Fahrgässer Mel
waage, und späterhin auch die Spelzenmehlwaage und die Hirse
waage. Nach *Lersn.* I. 24 (1570), I. 25 (1573) wurde die Mau
bei der Mehlwaage abgebrochen. In der *v. Lersn.* Chror
II. Th. S. 177 wird sie die alte Mehlwaage genannt; denn
selbst wird erzählt, dass 1707 am 21. September ein Brand
eines Hutmachers Laden an der *alten Mehlwaage* gegen d
Fürsteneck über entstanden, aber zeitlich wieder gelöscht w
den sei. 1715 wurde die Mehlwaage neu gebaut und von
Fahrgasse weiter zurückgesetzt.[68])

---

[68]) St. R. de 1475–1477 (erscheinen zuerst als neue Rechnungsrubri
diejenigen *von der Melwagen*.)

Es kommt *eine* Melwoge an der *Eschenheimer Pforten* und e
Melwoge *by der Pfarre* vor. Die Mehlwaage (auf deren Platz frü
der Judenkirchhof stund) ist nach dem Jahre 1517 erbaut worden.

Lt. St. R. de 1501, auch 1540, eine Mehlwaage (ohne allen Beis
und die Eschersheimer Mehlwaage.

Lt. St. R. de 1554 kommt nebst der Mehl- und Brotwaage an
Bockenheimer Pforte noch vor die Stadt-Mehlwaage (insbesondere).

Zu S. Bartholom. ist folgender Grabstein nach *Batton's* Abschrift
Margret. Hans. Steinmetzen. Hausfrau.
zum Schwert. bei der Melwog.
Der. Got. genat. Amen.
Anno 1521.

Als man im August das Fundament grub, fand man so viele Todtenbeine, dass man deren ganze Körbe und Schubkarren voll nach S. Peter auf den dritten Kirchhof brachte. *Schudt*, Jüdische Merkwürdigk. 4. Th. 2. Contin. S. 429.

Zum Schwert. Dieses Haus ging bei dem grossen Judenbrande von 1439 zu Grunde, und der wüste Platz wurde dem Stift zur Erweiterung des Kirchhofs überlassen. Es stund gegen der Arnspurgergasse über, wie bei den Häusern Lit. A. No. 164 und Lit. L. No. 9 zu ersehen ist.

IV.

Zwischen dem Garküchenplatz und der Kannengiessergasse.

Das Eckhaus *Stolzenberg* s. Lit. L. No. 9 auf dem Garküchenplatz.

Klein Stolzenberg. Wurde nicht numerirt, weil der Besitzer des Eckhauses zugleich der Besitzer von diesem war. Sein Namen erhält dadurch seine Bestätigung, dass das Haus Croneberg im S. P. von 1431 an Stolzenberg, und das Eck Stolzenberg 1443 als Nebenläger von Klein Stolzenberg beschrieben wird.[69])

Ortenberg. Ohne Zweifel das folgende Haus.

Lt. St. R. de 1621 erscheint zum erstenmal der Ausdruck und die Distinktion *bürgerliche Custodj.* (Ob hierher schon gehörig?)

Lt. St. R. de 1661 Laden an der Mehlwage gegen den 3 Sauköpfen über. —

[69]) B. Z. B. 1409. H. *zu Cronenberg* das do lyt zushen *Stoltzenberg* und Hermann Grunauwers Husse geyn dem Eber ubir — (den Zins gibt nu Herman Malderbrods des Kremers sel. Hussfrau).

O. U. 1443. — Das Haus *Klein Stolzenberg* in der Fahrgasse auf den Pfarrkirchhof stossend. —

O. U. 1458. H. genant *Cronenberg* in der Faregassen gelegen zushen Sebald Fiol Maler und dem Gesesse genannt *Stolzenberg.*

O. U. 1536. H. — *Grunberg* genant in der Faregasse zwishen N. und dem Haus *Stoltzenberg* gelegen. F.

„Ortenberg gelegen in der Fargassen zuschen dem geses Stoltzenberg vnd Sebold dem Meler" (Maler). J. B. von 144

Kroneberg. Klein Kroneberg, Curia lapidea Winrici ins toris. Der Besitzer von Niedeck besass auch dieses Haus u es blieb deswegen auch unbezeichnet.

„v lib. cerc et j sol. den. de area sive curia parva lapid Winrici jnstitoris, sita in antiquo opido frank. superiore par vico Fargazze seu fabrorum latere occidentali, jnfra vicos jude rum et tornatorum, ac jnfra domus Stultzinberg et Nydegk contigua versus septemptrionem domui Nydegkin jam notate L. R. B. de 1350. f. 59.

In dem S. P. von 1428 wird noch ein Haus „by dem Pe kirchhoff hinden an dem Winrichgesesse" beschrieben.

Sonst hatte das Haus Kroneberg geheissen und vermuthli auch Ortenberg, (s. vorher).

„Hus Cronenberg hinder der Parre." S. P. von 1430.

„Hus Cronenberg an dem hus Stoltzenberg.". S. P. v 1431.

Die übrigen Beweise für die Benennung und Lage dies Hauses sind bei dem folgenden nachzusehen.

Lit. L. No. 11. *Niedeck.* Das Eck bei der Kannengiess gasse, so vormals der Präsenz gehörte, und 1479 auf Simo und Judae von Dechant und Kapitel den beiden Eheleut Cyriac Mulich und Grede erblich um 6 fl. jährlicher ewig Gült überlassen wurde. Ex orig. in Lat. C. II. ☉ No. 30 Die 6 fl. wurden der Präsenz auf Martini noch entrichtet. 1 Jahre 1378 am 2. Mai kief unsere Kirche von Heydendr Gipels zum Schildknecht Tochter, eine halbe Mark ewig Zinses vom Hause Nydeck für 12 Mark Geldes, die auf M tini zu den 16 Kerzen im Chore fielen. Ex Instrum. in L C. II. ☉ No. 30 A.

Zur nämlichen Zeit kief auch Hertwich von Petterweil C nonicus von derselben eine Mark zur Lampe bei der Miche kapelle auf dem Kirchhofe. Ibid. B.

Die verschieden lautenden Beschreibungen des Hauses si noch diese:

„Domus Nydegke sita in antiquo opido Frank. superiore parte vico Fargazze, latere occidentali. jnfra vicos Judeorum et institorum jn acie respiciente septentrionem et orientem viçi jnstitorum iam notati." L. V. B. Saec. XIV. vic. B. M. V. II. institut.

„Domus dicta Nydecken sita latere occidentali in acie vicorum Fargasse et jnstitorum respiciente septentrionem et orientem ex opposito putci dicti Lumpenburnen." P. B. de 1356. f. 2.

„Nydecke sita in antiquo opido Franckenfurd, superiore parte, vico Fargazsze latere occidentali jn acie respicicnte orientem et septentrionem vici tornatorum ex opposito versus septentrionem fontis Lumpenburn." Ex Instrum. de 1416 in Lat. C. II. ☉ No. 30 C.

„Nydecke gelegen zu Franckfurt in der Fargassen gegen dem Ebir ubir uff der ecken." L. C. de 1416 in Lat. C. II ☉ No. 30 D.

„das husz vnd gesesze — gnant Nydecke eyn orthusz (Eckhaus) gelegen vnder den Kangieszern stoiszende an Kleynen Kronenberg uff eyne vnd an daz husz gnant zum heren uff die ander syten gegen den lompen born ubir." Ex lit. de 1479 in L. r. S. f. 25. Daselbst f. 29 ist statt heren, zum herren zu lesen.[70])

„Domus acialis in vico Fargass latere occidentali prope fontem Lompenborn ex opposito domus zum Schilder orientem et septentrionem respiciens contigua domui Cronberg versus meridiem." R. C. de 1499. f. 107.

„6 fl. de domo Nideck sita latere occidentali in acie vici Kandengiessergass hereditarie per capitulum locata." R. C. de 1581. f. 3.

---

[70]) S. G. P. 1404. H. *Nydecken* in der Fargassen..

O. U. 1552. 2 H. aneinander *Neideneck* und zum *Herrn* genant — in der Fargassen am Eck der Kantengiesergassen.

O. U. 1545. H. *Neideneck* undern Kantengiesser gegen dem Lompenbronn etc. F.

V.

Zwischen der Kannengiessergasse und dem Grabbornplätzchen.

Lit. L. No. 12. Das *Lumpenhaus*. Ist das unterste F an der Kannengiesergasse, welches seinen Nachbarn unter k nem andern Namen als unter diesem bekannt ist.

„der Lumpen hus gen dem Lumpen born ubir." S. von 1402.

Es war im Anfange des XIV. Jahrhunderts, und vermu lich noch früher, der Wohnort der Lumpen, einer wie es sche angesehenen bürgerlichen Familie. Es mochte auch damals n(von einem grösseren Umfange gewesen sein als es gegenwär ist. In dem Testament der Dylie Selzern von 1346 ersche Heylo dictus Lumpe oppidanus Francof. als Executor Tes menti, der zu Ende Frater Petri dicti Lumppe genannt wi Vid. in Lat. F. IV. No. 48 et in L. Testament. f. 92. U 1387 vermachte Jacob von Bettinhausen, ein Vicarius, unse Stift ein Pfund Heller „gelegen in der Fargaszin zwiscl pedern lumpen vnd deme boensteder." Ex ejus Testam. in Testament. f. 108.

In dem Z. B. von 1423. f. 32 wird auch ein auf der n tägigen Seite der Kannengiessergasse stehendes Haus noch schrieben:

„latere meridionali jnfra vicum Fargasz et cimiterium ec(sie Sancti Barth. ex opposito domus Petri dicti lumpen."

Das Haus war 1356 schon nicht mehr in den Händen (Lumpen; dennoch führte es von dem letzten Besitzer die Familie noch lange den Namen, welches in älteren Zeiten nic ungewöhnliches war. Reichard und Elisabeth Kistener v machten der Barthol. Kirche einen Zins, der in dem P. B. v 1356. f. 3 beschrieben wird:

„jx ß H. de domo contigua *quondam* der Lumppinhus v sus septentrionem latere occidentali."

und aus dieser Stelle erhält meine Behauptung ihre hinlängliche Bestätigung.[71]

Gambecher. Anno 1333 vermachte Catharina von Wanebach dem Glöckner auf dem Liebfrauberg zum Glockenamte 1½ Mark Geldes auf dem Hause zu dem Gambecher in der Fahrgasse gelegen. Ex ejus Testam. I.

„zum Gambecher in vico Fargasz ex opposito fontis dicti Lumppen burn." R. C. de 1405. f. 77.

„Hus genannt Gambechershus in der Fargasze by dem Lumpenborn, nun 2 Huser." S. P. von 1409.

i½ marca cedunt Michaelis de domo dicta zum Gambecher modo vocata Schmidtburgk latere occidentali in der Faregassen ex opposito des Lumpenborns. Et sunt modo duae domus." L. C. B. M. V. in M. Saec. XVI.

Die Theilung des Hauses scheint zu Anfang des XV. Jahrhunderts geschehen zu sein. Vorher machten die zwei folgenden Häuser den Gambecher aus.[72]

Schmiedburg, und nach der Aussage seines ehemaligen Besitzers *Klein Schmiedberg*. Stehet neben dem Ecke der Kannen-

---

[71] Ueber die früheren Besitzer dieses Hauses, die den Namen Lumpo führten, s. *Marpurg* z. P. 18, 4 u. folg.

S. G. P. 1406. H. by Lumpenborn gelegen.
— 1410. H. by dem Lumpenborn in der Fargasse.
— 1456. H. unter den Smydden by dem Lumpenborne neben dem H. z. *Ulner*.
S. G. P. 1458. Das Orthus genant zum *Lomppen* in der Faregasse. 1475.
S. G. P. 1475. H. unter den Smydden gen dem Lumpenborn über.
Mpt. XVII. Sec. Das H. zum Lumpen in der fargass.
Beedb. de 1362 et 1376. *Der Lumpen Hus* (an der Fahrgass).
— 1328. Petrus Lumpe (hierher gehörig). F.

[72] 1333 Testam. fundat. B. M. V. in monte.
— der *Gambechere* hus in der Vairegasszen.
G. Br. 1347. H. zuschen dem *Hohinsteder* und dem Gambecher in der Fargazzin.
Mpt. XVII. Sec. Das Gambecher Haus
— Gambecher Haus, da Peter Lump inne sizet — (ist ein Auszug älterer Urk. S. die et consule).

giessergasse und mit dem folgenden Hause unter einem Da(
Es wurde nicht bezeichnet, weil beide Häuser zusammen
hören.

„Hus Smydeburg in der Fargass by dem Lumpenbo[
S. P. von 1408. Wir sehen aus dieser Stelle, dass es gl(
nach der Theilung des Gambechers in zwei Häuser schon
sen Namen angenommen hatte; dennoch wird es unten in ei[
Gültbriefe von 1422 annoch der Gambecher genannt.[73])

Lit. L. No. 13. *Erlebach*. *Klein Erlebach*. Nahm 1[
wo es die Gastgerechtigkeit erhielt, den Namen zum gro[
Fass an. Es wird in einem Gültbriefe von 1422 in Lat. C.
☉ 27 ohne Namen beschrieben:

„in der Fargassen by dem lumpen born zuschen den hu
gambecher und hoensteder."

Der Namen aber erscheint in nachgesetzten Auszügen:

„j marck de domo in vico Fargassenn dicta yrlenbach
dem Lumpenborn quasi in opposito dem Boxhorn." R. C
Leonardi de 1536.

„j fl. 9 ß 3 h. de duabus domibus bey dem Lumpenb
oder Laussbrun, Klein Erlenbach." L. Praesent. de 1636. [

Die Präsenz hob auf den 1. Mai diesen Zins mit 1 fl. 23
2 h. Seine ältere Geschichte ist beim Hause Gambecher na
zusehen.[74])

Lit. L. No. 14. *Hohenstädter*.

---

[73]) O. U. 1500. Orthuss genant *Smiedburg am Ecke* under
Smydden gein dem Lompenborn über etc.
O. U. 1529. H. — unter den Smidden bey dem Lompenbronn
stoist hinten an Hainer Hof genant *alt Schmidtburgk* etc.
Lt. Brgrbch. 1367. Ide Lumpen wird Bürgerin und beweiset [
halbe Mark (Inferendi loco) uff einem Huse genannt *Smedeburg*. F.

[74]) Mpt. XVII. Sec. H. klein Erlenbach in der Fahrgass.
Wfrkl. Z. B. von 1480. *Fargasse*. H. das ist genant *zu dem G[*
becher und ist gelegen uf der Siten gein Nidergang der Sonnen hart
dem *Lumpenborn* neben dem H. *Smydburg* nahe gein dem *Gloken[*
chin über. F.

„Hohinstader sita latere occidentali infra vicum Institorum et fontem Graburnen." P. B. de 1356. f. 3.

„Hus unter den Slossern gelegen genannt der Hoenstedir." S. P. von 1396.

„Hoensteder infra vicum Tornatorum et fontem Graborn." R. C. de 1450. f. 6.

„daz hus vnd gesesse gnant der Hoensteder gelegen in der Fargassen vndir den Smyden by dem lompenborn." Aus der Urk. von 1420 im v. Holzh. Archive.

„9 ₰ heller de domo dicta Hohensteder latere occidentali paulo infra dem Lumpenborn ex opposito domui zum Boxhorn." R. C. de 1591. f. 5.

Diese 9 ₰ Heller wurden der Präsenz auf Martini mit 22 kr. 2 h. bezahlt.[75])

Lit. L. No. 15. *Zum Rothenschild* 1763.

O. U. 1474. H. u. Hoffchin — gelegen unter den Smydden und sy genant *zum roten Schilde* etc.

Lit. L. No. 16. *Zum Pfau* 1757.

„Hus zum phaen in der Fargasse." S. P. von 1401.

---

[75]) G. Br. 1541. H. zum *Hohenstetter* in der Fahrgasse. Auszug der Hausurkunden:

G. Br. 1383. H. *unter den Smeden* by Lumpenborn genant *tzu Hohensteder.*

G. Br. 1386. H. genand *der Hoenstedir* in der vairgaszen by lumpenburn.

G. Br. 1396. H. genant *der Hoenstedir under den Sloszern* gelegin.

— 1420. S. im Text. (Das Haus gehörte in neuerer Zeit dem Handelsmann Rüdol.)

O. U. 1455. H. u. G. genant *der Hoensteder* by dem Lumpenborn etc.

— 1567. H. — in der Fargassen *zum Hochsteter* genant — stosst hinten uff den Hainerhoff.

O. U. 1371. H. u. Gessesse gelegen by Lumpenborne hard an *Hornstätt.*

1328 Bertoldus Wederhane zum Hohensteder (hierher gehörig). Beedbuch. F.

„in der Fargaszen inter fabros in medio inter habitatior dictam zu phaen" etc. L. Anniv. monast. praed. de 1₍ f. 8.[75])

Lit. L. No. 17. An diesem Hause hängt ein grosses Holz gemaltes Zifferblatt, über dessen Beschaffenheit der sitzer selbst keine Auskunft zu geben weiss.

Lit. L. Nr. 18. *Lindau*. Musste an die Präsenz auf ₍ Enthauptung 1 fl. 15 kr. Grundzins entrichten.

Lit. L. No. 19. *Goldene Quast*.

Lit. L. No. 20. *Zum kleinen Henneberg*. (Wird also nannt Intellig.-Bl. 1811 No. 62.) Vgl. O. U. 1563. H. — ₍ *Henneberg* genant in der Fahrgassen neben N. und N. st hinten uff *die Aule* (Eule) etc.

Lit. L. No. 21. *Weidebusch*. Gab der Vikarie S. An im S. B. Stifte auf Martini 22 kr. 2 h. Grundzins.

Das Haus *auf der Hofstatt*. Wahrscheinlich das vor das auf einem längst wüst gelegenen Hausplatz erbauet, deswegen das Haus auf der Hofstatt so lange genannt wu bis es einen eigenen Namen erhielt.[77])

„xxvij β hll. de domo uff der Hoffstad sita in opido anti parte superiore vico Fargasz latere occidentali infra fossa' opidi transitus et vicum institorum ex opposito Hachenbe₁ R. C. de 1413. f. 17.

Lit. L. No. 22. Das Eck am Grabornplätzchen über grossen Andaue. Hinter demselben befindet sich eine Alme)

---

[75]) O. U. 1373. Huss u. Gessesse genand *zum Paen* gelegen in Fargassen by Wenzel Becker etc.

O. U. 1541. H. — *zum Pfawen* genant untern Smidden — st hinten uff die *Hainer Herrn* etc. F.

[77]) Diese Bedeutung des Wortes *Hofestatt* beweisen viele Urkun S G. P. 1362. Eine Hoffestatt.
— 1434. Eine Hoffstatt, da vor Ziten ein H. uff gestande
— 1411. Die Hofestad Albrecht Benders. F.

[76]) Hiess wohl zum alten Spengler.
O. U. 1480. Wfrkl. Z. B. Fahrgasse. H. genannt zu *dem a Spengeler* gelegen by dem Grabborn uf den Siten gen Nidergang

„vj. sol. den. — de domo sita infra vicos Tornatorum et plateam Graborn jn acie respiciente septentrionem et orientem, supra fossatum pertransiens opidum" de 1452. f. 3.

VI.

Zwischen dem Grabbornplätzchen und der Schnurgasse

Lit. L. No. 24. *Zum Schwert.* Auch *Mayenreis.* Das Eck beim Grabbornplätzchen.

O. U. 1357. *Meygenrysen* Huss by S. Johann etc. Auch zu den 2 weissen Schwertern.

„H. zum Swerte gen Graborn uber." S. P. von 1396.

„zum Swerd in antiquo opido parte superiore in vico Fargasze jn acie respiciente uff dem grabburn." R. C. de 1405. fol. 80.

„von eym Huse genant zum Swert hart an ambelunge (Amelung) gelegen." Deutschherrn Z. R. vom XV. Jahrh.

„zwey huser aneinander gelegen in der Smydegaszen beide genant zum Swert zuschen dem huse zum Amelunge und Gumpel dem Sloszer." J. B. von 1438.

„zum Swerte gelegen in der Faregassen — vnd stosse hinden an der Sant Johans Herren hoffe." J. B. von 1448.

Das Haus scheint ehemals ein Backhaus gewesen zu sein, denn in einem Tauschbriefe von 1361 kömmt das Backhaus in der Fahrgasse zum Schwerte vor, wo ein anderes dieses Namens gegen der Arnspurgergasse über schon nicht mehr existirte.[79])

Sonnen gen dem H. Roseneck gericht ober. Diess H. ist geteilt in 2 Huser und trägt doch eins vor das ander etc.

O. U. 1531 Ein Eckhaus zum *alten Spengeler* genannt — unter den Schmidden by dem Grabborn neben N. gelegen stoisst hinten an den Statgraben etc. F.

[79]) S. G. P. 1340. Elsa zum Schwerte.
— 1361. H. zu dem Swerte.
— 1396. H. zum Swerte gen Graborn über.
— 1404. H. zum Swerte uf dem Orte gen dem Grabeborne.
— 1445. H. zum Schwerte in der fargassen.
— 1448. Desgl., stosst hinten an der S Johanns Herren Hof.

Der Name Mayenreis ist aus folgender Stelle wahrzunehm
"j lib. hll. cedit Michaelis de domo dicta Meyenrysz sit
vico Fargasz latere occidentali jnffra fontem dictum Grabel
et Claustrum Sancti Johannis super aqueductum." L. V.
1453. f. 97.

Neben auf dem Rande des Vikariebuchs steht die Bei
kung: "Nota sunt (duae) domus sub uno tecto et est acialis
opposito vico der brücke."

Der Aqueductus oder die Andaue, dessen hier erwähnt v
ist von der nahen grossen Andaue wohl zu unterscheiden.
Baldemar'sche Vikariebuch von der Mitte des XIV. Jahrl
derts beschreibt schon bei der Vikarie S. Michaelis ein I
"vff der Edduchin jn vico Fargazze latere occidentali jnfra
tem graburnem et claustrum Sancti Johis." Und diese An
ist noch vorhanden und hat ihren Ausfluss in die grosse And
Das Haus gab der Präsenz auf Michaelis 3 fl. 23 kr.
Grundzins.

Lit. L. No. 25. *Zum Schwert*, s. vorher. Hat durch N
hinten im Hofe seinen Eingang.[80])

Lit. L. No. 26. Domus Sipilonis Gumpele.

"½ marca de domo Sipilonis dicti Gumpele sita in vico
gasz latere occidentali jnfra fontem dictum Grabeborn et Cl
trum Sci Johs. super aquaeductum." L. V. de 1481. f. 8

G. Br. 1360. G. Gesezhe und *baghuse* gelegin uf dem Graburn
nand *zum Swerte*.

G Br. 1370. *Backhaus* zum Schwerdt uff dem Grabborne. F.

O. U. 1356. Uf einem Huse in der Fargassen, da Meyenrys der S
inne wonit und stet allerneheste ane Petir Becker uff Graburne;
stet das vorgenant bachus und Meyenrys hus under eyme dache
conf. *Würdtwein* dioec. mog. II. 566.

O. U. 1513. H. — genant *zum Schwert* by dem Grabeborn gel
neben den *Ammelung* uff einer und N., stoissen an St. Johanns Ho

80) O. U. 1482. H. u. Hinderhusschin — gelegen Inner der F
gassen gein dem Gesesse *Stulzenberg* uber zushen N. und dem G
genannt zum *Schwert* und zur *Kossenziechen*.

O. U. 1483. H. genant *zum Schwert* gelegen uff dem Ort
Stoltzenbergk uber als man zu dem Fronhofe zugehe, nebin N. und s
hind an das Gesess zur *Kossenziechen*.

Die halbe Mark oder 45 kr. Grundzins fielen der Präsenz auf Martini, zuvor aber der Vikarie S. Michaelis.

Lit. L. No. 27. Gab gleich dem vorigen der Präsenz auf Martini 45 kr. Grundzins.

Lit. L. No. 28.

Lit. L. No. 29. *Flammenschwert.* Stösst hinten auf den Johanniterhof und gibt demselben jährlich 6 fl. Grundzins. Aus dem Kaufbr. von 1762.[61])

Lit. L. No. 30.

Lit. L. No. 31.

Lit. L. No. 32. *Weisse Engel.* In der Fahrgasse, auf den Johanniterhof stossend. Frankf. Intellig.-Bl. von 1728.[62])

Lit. L. No. 33. Neben dem Thore des Johanniterhofs.[63])

Lit. L. No. 34. Der *Johanniterhof.* Curia S. Johannis. Das Eck bei der Schnurgasse. Er wird in dem Z. B. von 1356 f. 2. Claustrum sive monasterium fratrum hospitalis Sancti Johannis in Frank. und wieder: Claustrum Dominorum hospitalis Sancti Johis. Frank. genannt. Wir sehen hieraus, dass sich ein Convent von Geistlichen darin befand, die nach der besonderen Regel ihres Ordens lebten, und vermuthlich auch hier, wie anderswo, die Kranken aufnahmen und bis zu ihrer Wiedergenesung verpflegten. Sie trugen schwarze Kleidung und auf derselben ein goldnes Kreuz mit acht weissen Ecken. Bei

---

[61]) Lt. St. R. de 1617. Haus zum *Flammenschwert.* F.

[62]) B. Z. B. 1409. H. u. G. in der Fargassen geyn Smit Johanns — über hinden und vorne — die vor tzyden gewest sind Bechtold Glockengiesers seelig. —

O. U. 1471. Dru Husere an eynander gelegen in der Faregassen unter den Smyden, die neesten an S. Johannshofe zushen S. Johanns Hoff und zweien des S. Johanns Ordens und Huses neuwen Husern etc.

[63]) Hiess *zum Schlüssel.* Vergl.:

O. U. 1475. H. — unter den Smyden gelegen by dem *Grapborn* genant zum *hohen Slossel* zushen N. und der *Herrn zu S Johann* Huse.

O. U. 1445. H. u. G. genannt zum *Schlussel* gelegen unter den Smyden zwish den Husern der Herrn zu S Johann etc.

O U. 1557. H. untern Schmitten zum *hohen Schlüssel* genant neben N. uff einer und N. — stosst hinten ufe Johannser Hof etc. F.

öffentlichen Prozessionen, wenn die ganze Klerisei sie begl(
musste, erschienen auch die Johanniter in corpore, und
gingen alsdann nach ihrem Range zwischen den Deutschor(
brüdern und den Antonitern, diese drei Orden aber zwis-
den Stiftern und den Mönchen.

Die Aufnahme des Ordens in hiesige Stadt hat sich
Zweifel in der letzten Hälfte des XIII. Jahrhunderts erei;
1293 auf Simonis und Judae verkiefen schon die beiden
leute Culmannus Rutgeri in ponte et Catharina (cum cons
Volcuini de Wetzlaria et Gertrudis und ihrer Erben) den
hannitern 2½ Huben Landes zu Erlenbach gelegen. Ex
Saec. XVI.[84]) Und 1297 erscheint Volpertus de Hohenfel
der erste Commentur des Hauses. Annal. Reipubl. Fra

Der Hof ist von einem sehr weiten Umfange. Er erst
sich von der Schnurgasse bis an die grosse Andaue hinter
goldnen Löwen, wo dieses Gasthaus einen Theil davon in M
besitzt; noch grösser war er, als die Plätze von 7 Häusel
der Borngasse noch dazu gehörten, die erst nach dem ‹
1517 gegen jährliche Grundzinsen abgegeben wurden. W‹
Nachrichten hiervon sind bei den Häusern der Borngass
finden.

1454 schuf der Commenthur Johann von Schwalbacl
alte Hofgebäude in ein neues um, und liess an der Hof
das Malteser Ordenskreuz und sein Geschlechtswappen einh
mit der Umschrift: Anno Domini MCCCCLIIII. hat disz I
gebauet Herr Johann von Schwalbach, Commender und B(
in der Wetterau. *v. Lersner* I. Th. II. B. S. 102. Die K
welche 1350 bereits gestanden hatte (s. Lit. H. No. 48), ›
auch in dem nämlichen Jahre von ihm neu gebauet (M
Cunibert. p. 110) und bald darauf eingeweihet, indem er
in die S. Michaelis Archang. Frau Gretgen in Landsl
über 30 fl. quittirt, die von ihr zu den Glasfenstern *der gew*

---

[84]) [Vergl. die Urk. von 1294 in Cod. dipl. 291, in die Apost. S
et Jude ausgestellt, aus welcher die Angabe im Texte nicht richti
nommen zu sein scheint.]

S. Johanniskapelle gegeben wurden. *v. Lersner* I. Th. I. Bd. S. 182.

. In den erfolgten Reformationszeiten wurde die Kirche dem Gottesdienst entzogen, entheiligt, und sehr übel zugerichtet, bis sie der Commenthur Andreas Sturmfeder von Oppenweiler im Jahre 1626 auf eigene Kosten wiederherstellen und von neuem einweihen liess. Er stiftete zugleich 3 Messen, die künftig jeden Sonntag, Mittwoch und Freitag darin gelesen werden sollten. *v. Lersner* I. Th. II. Bd. S. 102. Ganz anders dachte der gegenwärtige Herr Commenthur Freiherr von Pfürdt, welcher 1801 die Glocke aus dem Thürmchen nahm und die Kirche in ein einträglicheres Waarenlager umschuf. Wider der Kirche auf dem Ecke der Schnurgasse befand sich die gewölbte Sakristei, und zwischen dieser und dem Hofthore noch ein kleines Häuschen mit Feuerrechte, das an einen Schlosser vermiethet war. Der erwähnte Herr Commenthur aber liess das Feuerrecht im Jahre 1801 wieder eingehen und das Häuschen wohnbar machen, auch die alte Sakristei nach der Fahrgasse öffnen und zu einem Laden einrichten. An ihrem Platze hatte vorher ein Haus gestanden, welches dem S. B. Stifte jährlich 10 β Pfennig (37 kr. 2 h.) Grundzins entrichtete. Daher in dem L. R. B. von 1350 f. 61 folgende Stelle zu lesen ist:

„x Sol. den. — de Armario seu Sacristia Ecclesie Claustri fratrum ordinis Sancti Johis. in Frank. Sito in antiquo opido Frank. Superiore parte vico Fargazze dicto seu fabrorum, latere occidentali jnfra vicos jnstitorum et textorum vel Snargazze dicto, jn acie respiciente septentrionem et orientem, capite vici Snargazzo iam notati."

Und in dem Vikariebuche des Baldemars vic. VI. „x Sol. den. — de area seu fundo Sacristie Ecclesie fratrum ordinis Sancti Johannis monasterii in Frank. vbi quondam domus tantum sita" etc. Wahrscheinlich steckte dieser Grundzins unter den 2 fl. 15 kr., welche der Johanniterhof jährlich auf Martini an die Präsenz abgeben musste.

Dass derselbe unter die Freihöfe der Stadt gezählt wurde, bezeugt Dr. *Orth* in seinen Anmerkungen über die Frankf. Reform. 3. Forts. S. 136, und dass sich bei seiner Kirche ehemals

ein Kirchhof befand, wird bei der Schnurgasse gezeigt we
Zu den merkwürdigen Begebenheiten, wodurch sich die
schichte des Hofs mehrmalen auszeichnete, gehört vorzü
der Tod des römischen Königs Günther von Schwarzburg
nach empfangenem Gifte hierher in den Johanniterhof geb
wurde und daselbst am [18.] Junius 1349 seinen Geist au
1506 in der österlichen Zeit hielt sich Kaiser Maxin
darin auf. Herp. Annal. Dom. Frf. in *Senckenberg's* Sel.
H. T. II. p. 30. Sonst führte die Zeit auch manche Ungl
fälle herbei. 1344 entstand ein grosser Brand bei S. Joh
wodurch viele Häuser und ein guter Theil des Johannite
zu Grunde gerichtet wurden. Daher auch Kaiser Ludwig
dem Convent erlaubte, in künftigen Zeiten täglich eine
Holz mit einem Pferde aus dem Reichswalde zu holen. E:
Saec. XVI. [Vergl. jetzt Cod. dipl. 602.] 1633 brach in
Hofe dreimal in einer Woche Feuer aus; nämlich am 18.
Abends um 9 Uhr über einem Pferdestalle, wodurch das
abbrannte, am folgenden Tage wieder um eben die St
oben auf der Bühne des Nebenstalles, wo viel Stroh lag,
endlich Tags darauf das drittemal. Der Brand währte u
Stunden lang, und ein Hinterhaus vom goldnen Löwen un
anderes neben demselben wurden ein Raub der Flamme.
muthmasste, das Feuer wäre boshafter Weise angelegt wo
v. Lersner I. Th. S. 542.[83])

v. Fichard fügt über den Johanniterhof das Nachstehend

O. U. 1330. Fratres Hermannus de Rumrode et Gilbertus Byntl
in Frankenfort et in Grunawe Domorum Ordinis Sancti Johannis Je
Commendatores Procuratores etc. *Gud.* C. D. II., 343.

O. U. 1448. Johann von Schwalbach, Commenthur des Hu
Johannes Ordens zu Fr.

O. U. 1452. Johann von Schwalbach Commenthur des M. O. I
zu F. liegt dahier begraben. (confer. *Bodmann* Rheing. Alterth.
und lt. Epitaphes.)

O. U. 1470. Bruder Ewalt Liebzyt Statthalter des H. u. Co
zu S. Johann.

---

[83]) In dem St. Allmdbch. de 1521 werden bei S. Johann 3 All
erwähnt. *Lersner's* Chron. Feuer bei S. Johann I. 539. ibid. II
(1493).

O. U. 1471. Vorgedachte 3 Häuser (No. 30—32) gehörten dem Johanniter Orden, eine Gülte auf denselben wird verkauft von Peter von Schwallbach Commenthor zu Wyssel und Bollyer in der Wederauwe S. Joh. Ordens für sich und so Herr Peter ehegenant und Herr Ewald Liepzyt stadthelder des Huses S. Johanns Ordens zu F. von wegen und im Nahmen des wirdig und ersamen *Herrn Betzen*, Commenthors des obgenannten Husses by uns, *der itzunt zur zyt jhenesyt des Meres sy* etc.

Anno 1297 erlangt der Orden durch Vertrag, dass was vor Wein er das Jahr kauft und in seinem Hause vorne speiset; item was Wein dem Orden auf seinen eigenen Weingärten zu Frankfurt oder Mossbach wächst und er vorn zapfen lässt, davon darf er dem Rath kein Ungeld oder Niederlag geben; doch muss er uff der Renten solches beybringen, dass es also scye. Also auch in Betreff des Saltzes frey. *Ex Mpt. Rühl.*

Anno 1305 kommt vor: Hermann *von Mezenge* Commenthur S. Joannis Francof., bei *Gud.* Cod. dipl. V. 789.

Anno 1305 kommt auch vor: Hermann Jude (Juden) Magr. domus ordinis S. Joannis Jerosolymi in Fr. testis *Gud.* Cod. dipl. V. 790.

Anno 1314 fer. 2. ante Luciae hat der Rath sich mit dem Orden S. Johannis Compthorn Herrn Hennen Judden verglichen, was derselbe und wovon er Beed geben solle. Ex Mpt. Rühl.

Anno 1346 (alias 1344, Mpt. Rühl) grave incendium exortum civibus et domui fratrum Sancti Johannis Hyerosolym. et magnam calamitatem fecit, ideo his Ludovicus IV. Imperator dedit potestatem eundi lignatum in forestum suum, singulis diebus semel cum uno equo, avecturis aridos et putres truncos et ramenta. Annal. R. F.

Anno 1371. Johann von Heimbach, Commenthur etc vid *Lersner* II. 592.

Anno 1378. Bruder Helfrich von Rüdingkheym, Commenthur des Huses zu Frankenfurt S. Johans Ordens und wir der Prior und die Brudern gemeinlichen alldaselbs.

Anno 1407. Bruder Henrich Streler Commenthur des Huses zu Fr. S. Johans Ordens.

Anno 1409 hat der Rath mit Herrn Henrich *Strelern* Compthur abermals, jedoch voriger Rachtung unabbrüchlich sich verglichen und die Güter specificirt, davon der Orden theils keine, theils etwas Beede geben soll. Ex Mpt. Rühl.

Anno 1457. Der ehrsame geistliche Herr, Herr Ewald Liepzyt, Schaffener des Huses S. Johanns Ordens zu Fr.

Anno 1474. Als der Rath Beede auf 3 Jahre gefordert (je von 1 fl. 10 alte Heller Frankf. Wehrung), als Kaiser Friederich vor Neuss und Linz gezogen mit den Fürsten und Reichsständen, hat sich der Orden auf vorgesagten Vertragsbrief berufen und nichts geben wollen.

Anno 1563 ist Bruder Helffrich von Rüdenckem, Comptur zu Ballier in der Wettrebo S. Johanns Ordens gewesen. Siehe *Wincmann's* Chronic. Hassiae p 172

Anno 1595. W. von Cronenberg etc. 1595. *Lersner* I. 506. co *Orth* Anmerkung Forts 3. S. 179.

Anno 1620—1624. *Andres Sturmfeder* Commenthur alhier.

— 1645. Georg Burckhardt von Schauenburg (alibi Schaumb ist Commenthur alhier. Ex Mpt. Rühl.

Vom Johanniterhof überhaupt *Lersner* I. II. 102. und II. II. 164

Commendator curiae S. Joannis vendit capitulo Aschaffenburg curiam in Nider Erlebach. *Gud.* Cod. dipl II. 343.

Vergleich zwischen dem Malteser Orden und dem Rath wegen Amburgischen Behausung Item die Königsbeed zu Obberrode betreff confr. Privileg. Francof. pag. 473

[Ueber K. Günther's Todestag vergl. period. Blätter der gesch. eine 1856, S. 319.]

VII.

Zwischen der Schnurgasse und dem Engelthalergässchen.

Lit. H. No. 48. *Würzburgereck.* Vorher *Kircheneck.* Eck an der Schnurgasse gegen der Johanniterkirche über.

„Sex den. de domo dicta Kyrchinegke sita in vico l gazze, latere occidentali, et infra vicos Snargazze et Sancti thonii, in acie respiciente orientem et meridiem vici Snargi ex opposito Ecclesie Sancti Johannis." L. R. B. de 1350.

„Kyrchenecke sita latere septentrionali (vici Snargazze, opposito Ecclesie Sti. Johis." R. C. de 1368. f. 10.

„ex opposito Curie Krachbeyn versus orientem et eccles Sancti Johis. versus meridiem." R. C. de 1460. f. 10.

„Würtzburger Eck in der fahrgass bey S. Johann." einer Handschrift von 1644.[85a])

[85a]) Haus *Kircheneck* scheint 1460 *zum heiligen Kreuz* geheisse haben. S. Freieck.

O. U. 1458. Nuwes Huss, darus 2 Husser, gelegen uff dem Ori Lyntheimer Gassen an dem Gescasse Kirchenecke gein S. Johanns Ki über etc.

O. U. 1459. H. genant *Kirchenecke* gelegen in der Farrgasse dem Orte gein S Johannes Kirchen und dem Krachbein uber, neben Huse *zum Eber* etc.

Unter dem Erker des Hauses waren ehemals 2 Wappenschilder unter einem Helm zu sehen. In dem rechten Schilde zeigte sich ein springendes Pferd mit einem Zaume; in dem linken aber ein Sparren, darüber 2 französische Lilien, und darunter ein Kessel. Auf dem Helme ein fortschreitendes gezäumtes Pferd. Nebst dem Wappen befand sich auch noch folgende Schrift daran:

1540.
DAS IST ABBER DAS EWIG LEBEN
DAS SI DICH, DAS DV
ALLEIN WARER GOT BIST
VND DEN DV GESANT HAST
IESVM CRIST. ERKENEN. IOS. c. 17.

Beide, Wappen und Schrift, wurden bei einer im Jahre 1783 vorgenommenen Reparatur des Hauses ausgehauen.[85])

Nach dem Bericht der Zum Jung'schen Annalen fiel am 17. October 1633 ein Kind in das heimliche Gemach und kam darin um's Leben.

Lit. H. No. 47. *Eber, alte Eber.*

„j sol. den. de domo dicta zu deme aldin Ebere sita in vico Fargazze latere occidentali, infra vicos Snargazze et Sancti Anthonii contigua versus septentrionem domui dicte Kyrchinegke site in acie respicientе orientem et meridiem vici Snargazze ex opposito Ecclesie Sancti Joh." L. R. B. de 1350.

O. U. 1482. Orthuss genant *Kircheneck* gelegen in der Faregassen, gen St. Johanns Kirchen über neben *kleyn Kirchenecke* zu eyner und *zum Ewer* zur andern Syten.

O. U. 1439 Orthuss uff dem Orte S. Johannskirchen über, genannt *KirchenEcke* daruff itzunt zwey Huss Gesess gemacht seyn, gelegen dem Gesesse zum Eber uff eyner und dem S. Joh. Kirchzinshuss uff der andern Syten.

O. U. 1367. Census de domo, dicta *die Frenken*, sita in antiquo oppido F. Superiori parte vico dicto Fargasse seu fabrorum, latere occidentali infra vicos Snargazze seu textorum et Sancti Anthonii etc.

1320. Wenco zum Kirchenecken, (hierher gehörig). Beedbuch. F.

85) Die Schrift ist jedoch im Juni 1853 noch vollkommen leserlich vorhanden. (Neuere Bemerkung.)

„H. hof, stallung und was darzu gehorit genant zur Eber gelegen in der Fargassen an dem gesesse zu Kirche Gültbrief von 1377 im v. Holzhaus. Archive.

„zum alden eber neben dem bakhus gen dem Kr ubir in der Fargasse." S. P. von 1456.[87])

Lit. H. No. 46. *Eichhorn.* War im XV. Jahrhund Backhaus. S. vorher.

„H. zum Eichorne gen dem Krachbeine ubir." S. 1449.

„des huses mit siner zugehorungen gelegen by Sant Kirchen gein dem Krachbein uber genant zum Eychho B. von 1451.

„die besserung vnd recht eins backhuses gelegen Faregassen genant zum eichorn." J. B. von 1451.

Laut der beiden Briefe war damals der Bäcker C Melnhusen der Besitzer des Hauses.[88])

---

[87]) O. U. Wfrkl. 1406. f. 4. post Urbani vererbleiht das *Henne Grosse* zum alten Eber einen Flecken in der Linthein hinten an dem H. zum alten Eber für ½ Mark jährl. Gülte.

O. U. 1407. H. zum alten Eber an Kirchenecke.

— 1439. — — — — — — gen dem Krachbein ubei

— 1478. H. genant *zum alden Eber* — zushen dem Ge nant *Kirchen Ecke* und einem Backhusse in der Farrgassen, d *Harnescher Schmidthusse* als lang und dem Rade ebin und fugl

Wfrkl. Z. B. von 1480. Huser und ein Garten, der ist ein in der fargassen uf der Siten gein Nidergang der Sonnen gein d *bein* ober und ist genant *zu dem alten Ebber* auch ist es geleg dem *H. Kircheneck*. Die ander Huser mit eym Garten sind gel der dem H. zu dem alten Ebber und stoszen mit dem Garten Hus in die *Lyntheimer* Gasze auch an der Presenz Hus zu Sanct

S. G. P. 1483. H. zum Eber gen dem Krachbein über.

O. U. 1515. Huss in der Fargasse zwishen Kirchen Eck Backhuss gein dem Crachebein über.

O. U. 1561. Behausung *zum alten Eber* genannt in der F neben dem Haus *Kircheneck* uff einer und dem Haus *zum Aic* nannt uff der andern Seiten gelegen stosst hinten uff N. und zum *weissen Rosslin* etc. F.

[88]) S. G. P. 1448. Das Backhus genant zum *Eichhorn.*

Lit. H. No. 45.
Lit. H. No. 44. *Goldne Hertzberg*, vorher *Kindervater*. Gab der Präsenz auf Martini 5 fl. Grundzins. Von ihm ein mehreres beim folgenden Hause.

Lit. H. No. 43. *Kindervater*. Im alten Volkstone: *Kinvader*.

„Domus Kynvader sita latere occidentali infra vicos S. Anthonii et Snargazze ex opposito domus Hirzberg." P. B. de 1356. f. 1 und 2.

In dem nämlichen Zinsbuche wird es auch Kindevader geschrieben.

1417 übergaben die beiden Eheleute Rudolf und Greda zum Hombracht der Präsenz 2 fl. jährlich ewiger Gült auf Martini fällig, die sie „uff eyme huse vnd gesesze mit syme begriffe genant Kindefaders hus gelegen in der Fargaszen gen hirtzberg uber an Falcken den becker" gekauft hatten. Davon sollten ein halber fl. zu ihrem Jahrgedächtnisse, ein halber fl. zum Mandat auf den grünen Donnerstag, 1 fl. zu der Bruderschaft fallen. Aus der Urk. in L. Silig. p. 37.

Das Haus gab der Präsenz auf Mariae Verkündigung 5 fl. Grundzins. Wie die Zinsen dieses und des vorigen Hauses ent-

---

S. G. P. 1455. Backhus zum Eichorn gen dem Krachbeine über.
— 1456 — — — — — in der Fargasse.

O. U. 1545. Huss, so etwan ein Backhuss gewesen in der Fargasse gen dem Crachbein über neben dem Huss zum alten Eichhorn iner und einer Almey anderseits, stosst hinten uf das Huss zum alten Eichhorn.

O. U. 1341. H. Kirchen Ecke — H. zur alten Eborn — Backhus an der alten Ebern — laut Note im Copialbuche de 1543 wird dies so erklärt. Ist das Backhaus gegen dem Krachbein über etc.

O. U. 1444. H. u. G. — genant zum *Eychhorn* gelegen in der Faregassen gein dem Krachbein über zushen dem Gesesse zum alden Eber etc. (Backhuss selbst.)

O. U. 1545. H. so etwan ein Backhaus gewesen in der Fargassen gein dem Krachbein uber neben einer Behausung *sum alten Eichhorn* uff einer und einer Allemey uff der andern Seite gelegen stosst hinten uff jetzt genant Behausung *alt Eichhorn* genant etc.

O. U. 1590. H. in der Fargassen zum *Eichhorn* genant — stosst hinten uff das H. zum *weisen Ross*. F.

standen sind, ist aus folgenden Nachrichten abzunehmen: oder kurz vorher wurde das Haus Kindervater neu gebaut in zwei Häuser unter einem Dache abgetheilt. Das eine nachmals den Namen Herzberg annahm, wurde in eben Jahre am Freitag nach Martini Henne Schele von Fulde ei Schuhmacher gegen 5 fl. ewiger auf Martini zu entrichte Gült von Dechant und Kapitel erblich überlassen; das an erhielt auf gleiche Weise und an dem nämlichen Tage Ma Holtzschuwer, der aber die 5 fl. jedesmal auf Maria Verkt gung bezahlen sollte. Aus der Urk. in Lat. C. II. ⊙ N und 15.[89])

Lit. H. No. 42. *Ries. Alte Ries.* Vor Zeiten ein Backl „zum alden Rysen domus pisterna latere occidentali e: posito domus dicte Hirtzberg." P. B. de 1356. f. 3.

Eine neuere Hand setzte noch hinzu:

„Sita juxta domum zum Ebir, contigue dictum Kinder versus medidiem."

1367 verkiefen Heyntze Leytreche und Else an Henne B Becker, Else seine Frau und ihre Erben 27 β Heller e Gült, auf Martini fällig, gelegen „vff dem Baghuse vnd g zum Riesen gein Hirtzberg vbir." Lat. C. II. ⊙ No. 22.

Und diese Gült verkief Henne Buleib 1376 wieder an J Stocker vicarius unserer Kirche. Ibid. No. 35. Sie wurde nochmals auf 20 β H. und endlich auf 1 Pfd. H. herabge wie auf dem Rücken der älteren Urkunde bemerkt wird. erwarb auch die gemeine Präsenz 3 Pfd. H. auf dem Back zum Riesen, und wieder 27 H., dann ebensoviel die Vikar Annae etc. Lat. A. ⊙ No. 4. Vor der Aufhebung des erhielt die Präsenz nur 1 fl. 40 kr.[90])

---

[89]) O. U. 1369. H. u. Gesesse gelegin in der Fargassen geyn *berg.*

S. G. P. 1413. H. in der Fargasse genannt *Kindevatders hus*
O. U. 1601. H. — *Klein Eichhorn* genant in der Fahrgasse.

[90]) S. G. P. 1388. Baghuss in der Fargasse gen Hirzberg übe
O. U. 1447. H. hinden und vornen, das vormals zwei Gesesse sy, genannt *zum alten Riesen,* gelegen in der Faregassen gein de

Knistider. „Domus Knistider infra vicum S. Antonii et Snorgass ex opposito Hirtzberg." R. C. de 1450. f. 5.

Ich vermuthe, dass das nachstehende Haus diesen Namen geführt hat.

Lit. H. No. 41.⁹¹)

Lit. H. No. 40. *Weisse Ross.* In dem Vikariebuch von 1481 f. 90 wird ein Haus namenlos beschrieben: „in vico Fargasz latere occidentali jnfra vicos Snorgasz et Sancti Anthonii ex opposito domus Hirtzberg"; auf dem Rande aber wurde im XVI. Jahrhundert der Name zum weissen Ross beigesetzt.

„3 fl. de domo zum weissen Ross sita latere occidentali." Dieser Zins wird in dem Z. B. von 1586 p. 12 unter den Zinsen der Fahrgasse bemerkt, und wurde noch von der Präsenz auf Philippi und Jacobi erhoben. In dem Libro Praesent. S. Leonardi von 1644 wird das Haus zum weissen Rösslein genannt.⁹²)

Lit. H. No. 39. *Korb. Alte Korb.*

„zu den Korbe latere occidentali ex opposito domui dicte zum leytrechen." P. B. de 1356. f. 3.

In dem Z. B. der Kirche der h. Maria und Georgius von 1412 S. 51 wird ein Zinshaus (das weisse Ross) beschrieben: „contigua domui dicte zur Korbe ubi venditur cervisia."

„zum Korbe gelegen in der Faregassen zuschen Hans — vnd dem gesesse genant Kleburg. J. B. von 1439.

„j marck de domo zum Korbe sita latere occidentali ex opposito Hirtzberg." L. C. summa Missae de 1464.

---

sess zum *Hirtzberg* über zushen N. u. N. hinten an das Gesoss genannt Kleberg stossende.

⁹¹) O. U. 1609. Behausung (Lit. H. No. 41) zur *kleinen Zellen* genant in der Fahrgassen neben N. einer und dem *weissen Ross* anderseits. F.

⁹²) H. *Kleberg* oder das *weisse Ross* in der Fahrgass. Mpt. XVII. Saec. —

O. U. 1597. H. in der Fahrgasse stosst hinten auf das weise Ross.

— 1570. H. — in der Fahrgasse zum *weissen Rösslin* genant stosst hinten uf die Lintheimer Gassen. F.

„zum Alten Korbe in der Faregassen latere occidenta opposito domus dicte zum Leidtrechen, quae modo dicitur gulden Helm." L. C. B. M V. in M. Saec. XVI

Der Korb gab der Präsenz auf Martini 1 fl. 30 kr. G₁ zins.[93])

Lit. H. No. 38. *Goldne Fass.* Vorher *zum Scheerer. Tonsorem.*

„Sita in antiquo opido Frank. superiore parte vico fabr seu Fargazze dicta latere occidentali infra vicos Snargazz textorum et Sancti Anthonii." P. B. de 1356. f. 3.

„zum Scherer ex opposito der Stumpengassen con domui zur Milden." L. C. SS. Mariae et Georgii de 1412

„zum Scherer in der Fargasse gelegen zuschen der M vnd dem Korbe." J. B. von 1432.

„13½ ß den. facit 20 ß 3 heller de domo dicta zur S (zum Scheerer) latere occidentali infra vicos Schurgass (

---

93) 1320. Johannes Corb (hierher gehörig und wahrscheinlich N spender). Beedb.

O. U. 1369. domus et aedificia dicta zu dem Korbe in vico vul; dicto Vargazze.

O. U. 1433. H. u. Hof genant *Cleeberg* in der Fargassen a Korbe gelegen.

S. G. P. 1438. H. z. Korb gel. in der Fargasse. 1447. 1451.

O. U. 1456 H. Hofe und etc. genant *Cleeberg* in der Fare gelegen zushen dem Huse *zum Korbe* und N. und geht hinten Lyntheimer Gassen.

O. U. 1519. H. u. Gesess — genant *Clebergck* sampt einem H und Hintergehuss inn der Faregassen gelegen nebenn dem Geses *Korb* uff eyner und Barber Henrich Lekkuchers sel Dochter uff dern Sytten, und stosst das hintergehuss in das *Heiligen Gessch* seinen Uffgang in die Lyntheimer Gassen hat etc.

Lt. O. U. 1520. H. Cleberg in der Farengassen neben dem Korb, stosst hinten auf das *Helgengesschin.*

O. U. 1601. Behausung — in der Fahrgas bel. zum *alten Ko* nannt, neben der Behausung zum *gulden Fass* einer und der Beh: *zum weissen Ross* andersits gelegen, stosse hinden uff die Beh: zum *guldnen Fass.* F.

Anthonii ex opposito vici parui, quo itur ad curiam Schelmenhoff."

„Item 18 ß Penthecostes cedunt de posteriori parte domus olim sita in der Lindtheimer gass latere orientali, nunc domui zur Schern conjuncta" etc. R. C. de 1581. f. 9.

Die vorher erwähnten 13½ ß den. und wieder die 18 ß betrugen nach unserm Gelde 1 fl. 35 kr. 3 h., welche noch auf Martini von der Präsenz erhoben wurden.

In dem Z. R. von 1636 f. 8 kömmt schon das goldne Fass vor, und in R. C. S. Leonardi de 1644 heisst es: 1 fl. 16 ß Zins de domo Tornatorum dicta zum Gülden fass." Es war vermuthlich der Drechsler Zunfthaus, das mit den übrigen Zunfthäusern im Jahre 1616 gleiches Schicksal hatte.[94])

Lit. H. No. 37. *Zur Mühle*. Eigentlich zur *Milden* oder zur *kleinen Milden*. Dessen wird schon beim vorigen Hause als Nebenläger unter den Jahren 1405 und 1412 gedacht.

„zur cleinen mylden gelegen in der Fargassen zuschen der alden Mylden vnd dem hudemecher gein der Schuren (Scheuer) ubir." J. B. von 1429.

„zur clein Mylden gelegen in der Faregassen zuschen Büerhenne vnd der clein Schiben vnd stosse hinden an das gesesse genant der Rosengarthe." J. B. von 1447.

„ij marce cedunt Martini de domo dicta zu der Milden in der Faregassen latere occidentali, et sunt modo duae domus

---

[94]) Brgrbch. de 1335 kommt vor: domus sita in acie in vico *vargaszen* ex opposito domus dicte *zum Scherere*.

S. G. P. 1383. H. zum Scherer in der Fargasse.

— 1432. H. zum Scherer in der Fargasse zwischen der Mylden und dem Korbe. 1433.

S. G. P. 1341. Ulin zu dem Scherer.

O. U. 1415. H. u. Gesess genant *Horntsad* gelegen in der Vargassen an der *Mylden* und dem Huse *zum Korbe*.

O. U. 1507. H. — gelegen in der Faregassen, genant zur *Scheren* neben dem *Korb* uff eyner und zur *grossen Myllen* uff der andern Seiten ghein dem Bornheimer Thorn zu, stoisst hinden uff die Lyntheimer Gasse etc.

O. U. 1532. H. — zur *Scheren* genannt in der Faregassen neben dem H. zum *alten Korb* und N. gelegen etc. F.

habentes a retro Curiam, et ex opposito dess Stumpengess R. C. B. M. V. in M. Saec. XVI.

In dem neueren Z. B. des Liebfrauenstifts, dem es 5 β 2 h. Grundzins gab, wird es zur Mühle genannt, u der Fahrgasse gegen das Haus Weise Scheid über gesetz

Zur alten Milden. Wird 1429 als Nebenläger des H zur kleinen Milden angegeben.

Z. B. de 1424. H. zur alden Milden.

Lit. H. No. 36. *Zur Scheibe* 1726. Beim vorigen F 1447 *zur kleinen Scheibe*.

Insatzbrief de 1428. H. zur *Schiben* gelegen in der gassen zushen den Gesessen Rodenbach und zum Roseng

„j fl. de domo et habitacione dicta zu der Kleyn sc jn platea dicta die fargassen in franckfordt ex opposito dicte zur Schauwern (Scheuer)." Dieser Zins war ehema Marie Lichtmesse fällig. Vid. Pensiones Capituli de 1‡ Lat. Q. fascic. No. 13.⁹⁶)

---

⁹⁵) S G. P. 1339. Hermannus Milden 1340. — 1361 Gerbart 1373 Mylde von Grunenberg.

S. G. P. 1395. Henne zur M.

— 1407. H. zur Milden in der fargasse — 1461.

S. G. B. von 1420. H. zur *neuen Milden*. (Ob dasselbe?)

O. U. 1461. Zwei H. in der Faregasse forne zu zwishen dem *zur Milden* und Henne Glippurg dem Bender und das Hinterhau Lintheimergasse stossend.

S. G. P. 1479. H. zur *alten* Milden in der Stompengasse.

O. U. 1541. H. — zum *Golt Raben* genannt in der Fahrgasse hinten auf die alten Müllen (Milde).

O. U. 1548. H. zur *Milden* genant in der Stumpfengassen no Herberig zum *gulden Helm* gelegen stosst hinten uf den *bein* etc.

O. U. 1577. H. — in der Stumpfengassen neben einem Haus *Mul* genant uff einer und dem Haus *zum Krachbein* uff der Seiten.

NB. Hier scheint von 2 Häusern zur *alten Milden* die Rede von denen eines neben dem Krachbein liegt. S. p. 23, not F.

⁹⁶) H. zur *kleinen Scheibe* in der Fahrgass neben dem Rose Mpt. XVII. Sec.

Lit. H. No. 35. *Rosengarten*. Die ältesten Zeugnisse dieses Namens sind in dem Insatzbriefe des folgenden Hauses von 1428, und in dem S. P. von 1443 zu finden, wo ein Haus „in der Fargassen am Rosengarten gen der Schuwer ubir" beschrieben wird. Auch das Haus zur Mühle (Milden) stiess 1447 hinten an das Gesesse genannt der Rosengarten.

„Rosingarten ex opposito domus zum Leydermann." L. C. de 1450. f. 9.

„2 (3) ß de domo Rosengarten dicta sita latere occidentali ex opposito domus dictae Leidermann, contigua Klein Scheiben versus pontem." L. C. de 1581. f. 9 et 1586. p. 12.

Das Haus gab der Präsenz auf Pfingsten 7 kr. 2 h. Grundzins.

Lit. H. No. 34. *Zur Scheibe. Zur kleinen Scheibe.* In einem Zinsbriefe von 1346 in Lat. C. II. ⊙ 24 A. wird schon ein Zinshaus beschrieben: „das gelegen ist an der Schöben der beckern gein Hirtzberg vber."

„zur Schiben gelegen in der Fargassen zuschen den gesessen Rodenbach vnd zum Rosengarten." J. B. von 1428.

„H. zur Schyben in der Fargasz neben dem hus Rodenbach das ehmals ein bakhus war." S. P. von 1460.

An dem Hause steht eine Schiessscheibe gemalt, und darunter der Namen zur kleinen Scheibe.[97]) Dasselbe zahlte der

---

O. U. 1444. H. u. G. hind und vornen — genant zum *Rosengarten* gelegen in der Faregassen — zushen dem Gesesse zur *kleinen Schyben* und etc.

O. U. 1468. H. geleg in der Faregassen genant zur *Schyben* zushen dem *Rosengarten* und *eym alten Backhuse*.

O. U. 1526. H. genant zum *Rosengarten* in der faregassen — stoisst hinden uff das Hauss *Rodenbach* etc.

O. U. 1529. H. zum Rosengarten in der Fahrgasse zwishen dem H. zur grossen und zur kleinen Scheibe geleg stosst auf das H. Rodenbach.

O. U. 1543. Huss zur Scheiben in der Fargasse, stosst hinten uf die Lindheimergasse.

O. U. 1570. H. in der Fahrgassen zum *Rosengarten* genant — stosst hint. uff die Behausung zum *Stern* etc. F.

[97]) S. G. P. 1481. H. in der fargassen genant zu der Schyben. F.

Präsenz auf Maria Geburt 45 kr., vorher aber der Vikari
M. V. II. Institutionis.
Lit. II. No. 33. *Stern. Goldne Stern.* Ehemals Rod
War vor wenigen Jahren noch ein Gasthaus. Den äl
Namen verrathen die Beschreibungen des vorigen Hauses
den Jahren 1428 und 1460.

„H. Rodenbach an dem hus Falkenberg an der bornh
porten." S. P. von 1457.

„Bakhus Rodenberg (soll Rodenbach heissen) in der
gasse." S. B. von 1458.

Dass Rodenbach[98]) neben Falkenberg schon 1422 ein
haus gewesen ist, wird aus einer Beschreibung des folg
Hauses zu ersehen sein. Es vertauschte endlich die
gerechtigkeit mit der Gastgerechtigkeit und nahm den N
zum goldnen Stern' an.[99]) Es wird 1704 als Gasthaus er
Lersner, I. 433.

1632 brachte sich ein Bürgerssohn Namens Steinbac
Soldat war, im Hause zum Stern ums Leben. Annal. Rei
Noch ein grösseres Unglück ereignete sich 1711 am 9. O
wo darin ein so heftiges Feuer ausbrach, dass dadurch
Fargasse 5 Häuser zu Grunde gingen und in der Lindl
gasse alles vom Stern bis an das Stumpfegässchen abb
14 Häuser wurden also in die Asche gelegt und ein

---

[98]) G. Br. 1338. Zins gelegen nydewendig an Valkinburg nf
bach.

S. G. P. 1399. H. *Rodenbach* in der Fargasse. — 1413 des
 — 1399. H. *Rodenbach* neben dem H. Falkenburg.
 — 1403. H. in der Fargasse, hinten an das H. Ro
stossend.

O. U. 1475. Nuves Gehus und Hoffchin hinden und vorne
nant *Rodenbach* in der Faregassen gelegen zushen dem Gesesse
berg — und stosse hinden uff die Herrn zu U. L. Frauen.

St. R. de 1489. It. — dem Buwemeister einen neuen Buwe
sichtigen zu Rodenbach in der Fargassen F.

O. U. 1541. H *Rodenbach* genant in der Fargassen zwisl
Haus *Falkenberg* und dem Haus *zur Scheiben* gelegen.

[99]) Lt. St. R. de 1592 u. 1594. Der Wirt *zum Stern.* F.

wurde durch Einsturz eines Hauses getödtet. *v. Lersner* II. Th. S. 784.

Dornbusch. In der Mitte des XIV. Jahrhunderts wird schon des Hauses Durrinbusch neben Falkenberg gedacht, s. unten.

„j marca den. cedit Nativ. Marie de domo Durrenbuchsch sita in vico Fargasz seu fabrorum latere occidentali jnfra vicos Snorgasz et Sancti Anthonii ex opposito domus zum Leydermann." L. V. de 1453 et 1481. f. 67.

Ich vermuthe, dass dieses Haus mit dem folgenden ist vereinigt worden, und der Flecken, der 1438 an Falkenberg lag, und auch dazu gehörte, scheint sein ehemaliger Standort gewesen zu sein. Der Dornbusch wird gegen Leydermann über beschrieben, und die nämliche Lage hatte auch Falkenberg. Noch ein anderer Umstand erhebt meine Vermuthung beinahe bis zur Gewissheit: der Dornbusch gab der Vikarie B. M. V. II. Instit. auf Marie Geburt eine halbe Mark Pfennig Grundzins, und noch wirklich gab an eben diesem Tage das Haus Falkenberg der Präsenz eine halbe Mark Heller, die zuvor gedachter Vikarie gehörte. Es war den Zinsbüchern oft eigen, statt der neueren Namen die älteren 100 und noch mehrere Jahre beizubehalten.

Lit. H. No. 32. *Falkenberg.* Der Namen steht über der Hausthüre eingehauen.

„j marca den. (Nativ. Mariae) de habitione dicta Falkinberg sita in antiquo opido Frank. superiore parte vico Fargazze seu fabrorum latere occidentali jnfra vicos Snargazze et sti Anthonii, contigua versus septentrionem domui iam notate (Durrinbusch)." L. V. B. Saec. XIV. sub vic. B. M. V. II. Institut.

In dem Z. R. von 1368 f. 16 wird gesagt, dass es gegen Leydermann über liege.

„H. Falkenberg stossende hinden an ein hus in der Lintheimergasse." S. P. von 1401.

Noch hat es daselbst sein Hinterhaus, zwischen No. 139 u. 140 gelegen.

„Falckenberg gelegen in der Fargassen zuschen Hennen Scherer von wonnecken vnd dem gesesse Rodenbach." S. P. von 1422.

„Falckenberg gelegen in der Fargassen neben Rode͟ dem Backhuse." S. P. von 1437.

„H. Falkenberg in der Fargasse mit dem fleken dara ander seiner zugehor." S. P. von 1438 und 1444.

„Falckenberg neben Rodenbach dem becker." S. P 1440. Hier wird der Besitzer nach dem Namen seines H genannt.

Von diesem Hause empfing die Präsenz auf Marie G statt einer halben Mark Pfennig nur noch eine halbe Heller, oder 45 kr., die ehemals der Vikarie der h. Maria ter Stiftung gegeben wurden.[100])

---

[100]) 1328. Petrus pistor, gener Frankonis zu Falkinburg (hier hörig). Beedbuch.

S. G. P. 1339. Heylo zu Valkinberg, 1340 Heilmann F., 1341 He zu F., 1381 Arnold zu F. Jutte ux., 1394 Hermann Schwartz Knec Metze zu F. 1395 Metze zu F. 1396, 1393 Johann *Ebir*, Henne l berg dessen Schwager, 1415 Conzo zu F.

O. U. 1342. In der vargaszen gein Burnheimer Porten wert gelegen) *uf der plugier Huse* aller neyst an dem Eckehus gein berg ubir.

O. U. 1346. H. — das gelegen ist an *Falkenberg* in der Far

— 1395. 2 H. u. Gesess an einander gelegin in der Farga *Falkenberg* genand zur *Lucerne* gein der Badestoben über.

S. G. P. 1399. S. Rodenbach not. 98.

— 1406. H. Falkenberg in der Fargasse 1484.

B. Z. B. 1409.

O. U. 1432. H. und Gesess — genant *zum Falkenberg* in d gassen gelegen zushen dem Huse genannt *Rodenbach* und de͟ *Locerne* an dem *Engelthaler Hof*.

O. U. 1479. H. — genant *Falkenberg* in der Faregassen zu͟ und dem Gesesse *Rodenbach* und stosse uff die *Lyntheimer Gas*͟

S. G. P. 1482. H. *klein* Falkenberg in der Faregassen 1485.

O. U. 1500. H. — und Hoffchin darhinder — genant zu *der L*͟ inn der Faregassen noben der Husung zum *Falkenburg* und de͟ *huss*, stosst hinden an *Engeltaler Hoff*. Desgleichen O. U. 1463.

Lit. H. No. 31. *Rothe Schnabel.* In der Fahrgasse neben dem Backhaus, und hinten auf den Engelthaler Hof stossend. Also wird es in einem Kaufbriefe von 1749 beschrieben.[101]

Lit. H. No. 30. *Grosse Scheib.* Das Eck und Backhaus am Engelthalergässchen. Auf dem Trachsteine steht ausgehauen: zur grossen Scheiben 1737. Ehemals standen zwei Häuser auf dem Platze, und das Backhaus befand sich neben dem Eckhause. Aus folgenden Stellen wird dieses bewiesen:

„xv β de domo aciali tangente retro curiam dictam engeldeler hoff ex opposito des alantzborn aut der roden badstoben in der vargaszen in latere Petri de Kircheym pistoris respiciente ad orientem."

„Item j kappen de domo contigua domui iam dicte tangente a latere domum Werneri Rasoris eciam respiciente ad orientem, dat Peter de Kircheym pistor inhabitans." R. C. Capellae S. Catharinae in ponte de 1477 f. 2. in Lat. R. No. 11.

In einem neuen Z. R. vom XVI. Jahrhundert in Lat. R. No. 10 kömmt Hans von Friburg Bäcker und Rathsherr als Besitzer dieser beiden Häuser vor.[102]

---

[101] Dass dieses Haus früher zur *Locerne* geheissen, siehe oben *Falkenberg.* Vergl. auch:

O. U. 1520. H. in der Fargassen gelegen neben N. u. N. genannt *zur Lattern* etc.

O. U. 1543. H. zur *cleinen Lattern* in der Fargassen neben dem Backhaus zum *cleinen Rissen* genannt uff einer und dem Hause zum *Lewenberg* genannt uff der andern Seiten gelegen etc.

O. U. 1580. H. — zur *kleinen Lucernen* genant in der Fahrgassen neben der Behausung zum *Cleberg* etc.

O. U. 1582. H. — in der Fahrgassen zum *Schnabel* genant — stosst hinten uff den *Engelter Hoff.* — F.

[102] O. U. 1338. baghus ob. wendig an Valkinburg.

G. Br. 1511. H. zur Schyben in der faregassen (gehörte in neuerer Zeit dem Materialhändler Ritter).

G. Br. 1521. H. zu der *Scheiben* in der Fargasse.

St.-Allmdb. de 1521. — Allmcy neben der Scheiben uff der Fahrgasse.

VIII.

Zwischen dem Engelthalergässchen und der Töngesgasse.

Lit. H. No. 29. *Zum alten Riesen.* Das Eck am thalergässchen.

Das hiesige Liebfrauenstift hob auf Philippi und Ja Mark oder 3 fl. Grundzins von diesem Hause. Deswege einem seiner Zinsbücher vom XVI. Jahrhundert zu leser

ij marce cedunt Philippi et Jacobi de domo aciali filii Waltheri surdi pistoris in der Fargassen latere occ: orientem et meridiem respiciente ex opposito domus dict(berg. Et ista domus tangit a retro Curiam dictam der terhoff."

In einem der neusten Zinsbücher aber heisst es: „3 Hauss zum alten Riesen in der Fahrgass das Eckhauss Hand, wo man in Engelthaler Hof geht". Noch wird i: J. B. von 1442 „des eckhuses gelegen gein dem Oleybor vff dem gessechen als man hinden in den Engelteler ho gedacht.

Lit. H. No. 28. Domus Bertoldi Nase.

„iij sol. den. de domo Bertoldi Nase, sita in vico Fa latere occidentali infra vicos Snargazze et Sancti Antho tigua versus meridiem domui dicte Windegke, sita in aci ciente septentrionem et orientem vici Sancti Anthonii tati." L. R. B. de 1350. f. 7.

„Hus gelegen vor der jnner bornheimer porten g(Olendsborne uber — vnd stosse hinden an der Junffrau von Engeltal." J. B. von 1445.

Dass das Haus schon im XIV. Jahrhundert ein B gewesen, hierüber geben folgende Auszüge den deu' Beweis:

„Backhus an dem hus Windeken." S. P. von 139(

„Backhus in der Fargasse stossende hinden an der: teler hof an dem Hus genannt Windecken." S. P. 14C

„j marca iiij β hll. de domo pistrinæ latere occidentali infra domos Windeck et Olenslegerbusz tangens a retro curiam Engelthalerhoff." R. C. de 1460. f. 7.[103])

Das Eck *Windeck.* S. Lit. H. No. 161 in der Töngesgasse.

IX.

Zwischen der Töngesgasse und dem Windfanggässchen.

Lit. H. No. 27. *Stämpel.* Das Eck bei der Töngesgasse. „Domus der Stempeln in vico S. Anthonii." R. C. de 1390. f. 39.

„im Stempffel bei der bornheimer Pfortten." R. C. de 1636. f. 53.

Das Haus ist unter diesem Namen allgemein bekannt.[104])

Lit. H. No. 26. Ein Backhaus und das Eck am Windfanggässchen.

---

[103]) O. U. 1413. *Baghuss* gelegen in der Fargasse inwendig der Bornheimer Porten an *Windecken* und stosse hind an den *Engelteder Hof.* —

G. Br. 1455. Orthus hinden an dem Engelter hofe, *backhus* hart daran und beide under eim dache gelegen, in der Faregazzen. F.

[104]) O. U. 1379. H. u. G. gelegen by Bornheimer Pforten hard an der *Stempeln.*

S. G. P. 1396. Metze zum Stempel

G. Br. 1428 H. by inner Bornheimerpforten da vor ziten Kunigunt Stempeln inne gewonct an dem huse *zum Stempel* gelegen, dieselben zwei huser under ein dach gelegen und etzwa ein hus gewest seien. S. *Starckrad* ad 1375.

O. U. 1488. H. genant zum *Stempel* by der Bornheimer Porten uff der Ecken an der Faregassen zushen N. und dem Gesesse zum *Baumgarten.* F.

X.

Zwischen dem Windfanggässchen und der ehemaligen Bornheimerpforte.

Lit. II. No. 25. *Windfang*. Das Eck am Gässchen sprünglich im Zwinger wider die alte Stadtmauer erbaue Es war vor Zeiten ein Backhaus.

„ij Pfd. 4½ ₰ de domo immediate prope Bornheim ten Windfanck dicta, et est pistrina latere occidentali re orientem et meridiem." L. C. de 1581. f. 10.

Das Haus gab der Präsenz noch auf Marie Lichtm Zins mit 1 fl. 51 kr. 1 h.[105])

Brunnen, Plätze und Gässchen.

Brunnen am König von England.

Gemeiniglich erhielten die Brunnen ihre Namen v ihrer Anwohner, oder auch von einem nahe dabei Hause. Auf solche Weise nannte man diesen Brunne lich den Born bei Hirzberg. Er wurde, wie die Cl II. Th. S. 8 meldet, im Jahre 1452 gesetzt. Nachm man ihn den Brunnen beim Krachbein, oder den K brunnen, und von der Zeit an, wo dieses Haus sein änderte, den Brunnen am König von England. Er st

---

[105]) O. U. 1338. Petir Beckirs hus an burnheimer dore.
— 1375. H. an der Bornheimerpforten an Frau I Stempen H. S. *Starkrad*.
Wfrkl. Z. B. von 1480 *Fargasse*. Eckh. by der Pornhe gelegen uf der Syten gen Nidergang der Sonnen, des sjcht di gen Ufgang der Sonnen und die ander Syten gen dem Mitta lyt auch dem *Rebestoken* vber. F.

dem Gebäude dieses Namens, nächst bei dem Hause Lit. A. No. 122, und erhielt ums Jahr 174. statt der Eimer eine schöne Pumpe. H. Dr. *Behrens* hat in seinem Werke: Der Einwohner in Frankf. etc. S. 18, sein Wasser für eins der schwersten in hiesiger Stadt angegeben. Nach einer magistratischen Verordnung von 1593 sollte jeder Jude, wenn er sich verheirathete, eine Röhre von Messing zu dem Brunnen geben; statt derselben aber bezahlten sie nachmals 4 Goldgulden auf das Bauamt. *v. Lersner* I. Th. S. 559.

Lumpenbrunnen, jetzt der Landbrunnen.

Wenn die *Lersner*'sche Chronik im II. Th. S. 8 meldet, der Brunnen bei der Kannengiessergasse sei 1443 gegraben worden, so muss entweder das Jahr unrichtig angegeben sein, oder der Brunnen wurde damals wegen Mangel des Wassers tiefer gegraben. Dass er 1356 schon gestanden hat, bezeugt das Haus Niedeck, das in selbigem Jahre „ex opposito putei dicti Lumpenburnen" beschrieben wurde.[106] Er hatte von einer Familie seinen Namen erhalten, die bei dem Brunnen, wie es scheint, ihren lang verjährten Ansitz hatte, und aus welcher uns Heylo und Peter Lumpe beim Hause Lit. L. No. 12 vorzüglich bekannt wurden. Der in vorgedachter Chronik I. Th. S. 555 zum Vorschein kommende Lungenbrunnen ist eine Namensänderung, die wahrscheinlich durch die Nachlässigkeit des Druckers veranlasst wurde. Die Nachbarn des Lumpenbrunnen hatten mit den Nachbarn des Grabbrunnen und des Brunnen im Hainerhofe ihre besondere Ordnung und Artikel, die im J. 1596, als der Magistrat eine neue und verbesserte Brunnenordnung drucken liess, keine Veränderung erlitten. Frankf. Chr. II. Th. S. 10. Im letzt abgewichenen Jahrhundert fingen endlich die Nachbarn an, es sich für einen Schimpf zu rechnen, dass ihr Brunnen der Lumpenbrunnen hiess; sie wollten also diesen Namen nicht länger dulden und änderten ihn in den

---

[106] St. R. de 1393. It. umbsteine zum Lumpenborn —
— 1583. — ein Almend gegen den Lumpenbronnen über wird vmb 40 fl. verkauft vom Rath an N. N. — F.

Landbrunnen. Sein Wasser ist nach dem Löwenbrunne:
schwerste, über dessen Beschaffenheit in dem vorher ang(
nen Werke des II. Dr. *Behrends* S. 18 und 166 nachzuseh
Das alte Brunnengestell war eines der schönsten. Zwei ℸ
mit Figuren und Laubwerk von Bildhauerarbeit gezieret
stützten den gleich schönen Bogenstein, woran die kup
Eimer hingen. Zu dessen Verschönerung trug auch de
strich von Oelfarbe nicht wenig bei, der nach den Verhält
des Erhabenen mit weiss und roth abwechselte. Im Jahr
wurde das Brunnengestell abgeschafft und eine Pumpe
aufgerichtet, an deren Aufsatze die Schrift eingehauen is
LANDBRVNNEN
ERBAVT IM IAHR 1781.

Brunnen an der Judengasse.

Wie die *v. Lersner*'sche Chronik im II. Th. S. 8 b(
hat dieser Brunnen im Jahre 1455 schon gestanden. D:
Judengasse auf dem Wollgraben damals noch nicht erbau
lehrt uns ihre Geschichte. Es muss demnach hier die alte
gasse von der Fargasse beim Fürsteneck bis zur Saalgas:
standen werden, und da glaube ich nicht zu irren, wenn i
den freien Platz zwischen dem Fürsteneck und der Meh
für seinen ehemaligen Standort anweise, allwo auch na(
Berichte sehr alter Leute noch in den ersten Jahren d(
abgewichenen Jahrhunderts ein Brunnen soll gestanden

Windfanggässchen.

Ein sehr kurzes und ganz unbedeutendes Stumpfg:
zwischen der Töngesgasse und der ehemaligen Bornheimer
Sein Namen, der nur selten gehört wird, rührt von der
hause zum Windfang her, und das Thor im Gässchen, w
hinten widersieht, gehört zum Hause Lit. H. No. 163
Töngesgasse. Von dem alten Zwinger zwischen der Bornl
und Katharinenpforte ist nur dieses Gässchen allein n(
ein Ueberbleibsel anzusehen.

Engelthalergässchen.

Dieses beinahe eben so unbedeutende Sackgässchen,
vorige, hat gegen dem Rothebadstubenplätzchen über

Eingang. Man pflegt es auch das Engelthalerhofgässchen zu nennen, weil der Engelthalerhof in demselben seine Einfahrt hat. Der Name ist nicht neu. Wir finden die Engelthalergasse schon in einem Insatzbriefe von 1433, laut welchem eine Frau Namens Elchin am Tage der h. drei Könige die Besserung und das Recht ihres Hauses versetzte: „gelegen uff der engeltaler gassen gein dem Oley borne uber zuschen Eberhard Scherer vnd dem Backhuse". In einem andern Insatzbriefe von 1442 aber wird es namenlos das „gassechen als man hinden in den Engelteler hoff gee" beschrieben. S. Lit. H. No. 29.[107])

Auf dem Grabborn.

Unter dieser Benennung wurde schon in sehr alten Zeiten das Plätzchen in der Fahrgasse beim goldenen Löwen verstanden. Einen Beweis gibt die Guta Conradi super Graburnen, die wahrscheinlich im XIII. Jahrhundert lebte und unten beim Grabborn noch besonders vorkommen wird.[108]) Mehrere Beweise sind noch aus einigen Beschreibungen des Hauses Amelung von dem Jahre 1399 und 1421 herzunehmen. Vorzüglich verdient noch die Stelle von 1452 beim Eckhause·Lit. L. No. 22 bemerkt zu werden, worin das Plätzchen noch platea Graborn genannt wird. Nach der Abschaffung des Brunnens im Jahre 1598 verlor endlich das Plätzchen den so lang getragenen Namen wieder.

Haus.

Lit. L. No. 23. *Gasthaus zum goldnen Löwen.* Vorher *Amelung, Gross Amelung, Jung Amelung.* 1327 legirte Hedewigis Kachelhertin dem Predigerkloster 15 Schilling „de domo

---

[107]) B. Z. B. 1409. H. — in der fargasszin — owendig Falkenburg uff dem Orthe zur linkten Hand als man in der Engeltailerhoff fert.

Ibid. H. das da lyt an der Hoiff von Engiltail — und ist ein Backhuss und ist das nehste vor (oben vorher) beschriebin Huss vnd diess Huss vnder eyme Dache gelegin. — F.

[108]) 1320. Albertus prope Graburne. Herburdus uff Graburne. Beedbuch. F.

zu dem Amelunge sita super fossato". Ex lit. officialis d
archiv. Praedicat.

„zu dem Amlunge, sita in vico Fargazze latere occi
super fossatum opidum transiens versus septentrionem inf
et fontem Grabin burne ex opposito porte occidentalis 1
trionalis cemiterii fratrum Predicatorum." L. R. B. de 1

„zu dem groszen Amelunge, gelegen zu Frankenford
Faregaszen vff dem Grabeburne." Ex lit. de 1399 in l
II. ☉ No. 31. C.

Aus dieser Urkunde erhellet, dass damals das Pr
kloster 10 β, die deutschen Herrn 12 β und unsere Kirch
weniger 1 Turnoss vom Hause jährlich empfingen.

„Amlung sita super Grabborn an dem Graben." L.
vers. monast. Praed. de 1421. f. 1.

„zum Amelunge gelegen in der Fargassen by dem
born zuschen Culman nelsmydes huse — vnd der Stede
der dorch die Stad flesset." J. B. von 1435.

In einem Gültbriefe von 1354 in Lat. C. II. ☉ No.
das danebenstehende Eckhaus, so auf Walburgis 18 He
Chor gab, beschrieben:

„das hus vnd gesezse gelegen in der vargazsen u
orte (Ecke) an dem Graburnen an dem jungen Amelung

Nach den verschiedenen Auszügen zu urtheilen ha
XIV. Jahrhundert zwei Häuser auf dem Plätzchen ges
Das eine gegen Mittag hiess gross Amelung, und das
gegen Mitternacht, weil seine Entstehung in jüngere Zeit
jung Amelung. Beide Häuser waren 1435 schon mit ei
vereinigt, indem der Insatzbrief von genanntem Jahr de
lung nicht mit dem Beiworte gross oder jung begleitet,
auch nicht auf den Graben zwischen diesem und dem B
wie in dem Auszuge von 1350, sondern zwischen des Cu
Haus, oder das nördliche Eck und den Graben gese
1595 kief Johann Schmiedel das Haus von den Schwarzköp
Erben, und baute im Jahre 1598 an dessen Stelle das G
zum goldnen Löwen. *v. Lersner* II. Tb. S. 8. Dieser a
wirth stellte dem S. Barthol.-Stifte 1604 über die Vergün
eines Krachsteins in seinem Hinterhause einen Revers au

Lit. L. No. 177 im Hainerhof.[109]) 1766 wurde das alte Haus niedergerissen und das neue um einen Stock höher erbaut. Es war um selbige Zeit eines der ersten Gasthäuser, kam aber nachmals ganz in Abgang. Von einem Brande im Jahre 1633, wodurch der goldne Löwe ein Hinterhaus verlor, ist beim Johanniterhof nachzusehen. Er gab unserer Präsenz jährlich auf Michaelis 7 fl. 35 kr. Grundzins, der noch vom Hause Amelung herrührte.[110])

Grabborn.

In ganz alten Handschriften ist diese Benennung die gewöhnlichste. Er stund auf dem Plätzchen, dem er seinen Namen mittheilte; er selbst aber erhielt ihn von dem alten Stadt-

---

[109]) Es hat eine Hinterbehausung im Hainerhofe. Lit L. No. 177. Hoff Hayna s. Frkf. Nachr.-Bltt. de 1803, No. 51. De incendio vid. Acta R. sub Ludov. Bavaro. p. 4.

[110]) G. Br. 1338. H. in dem hobe geyn Graburnen ubir.

S. G. P. 1341 Wigand jung A. 1355—1360 Hentz z. A. 1361 Arnult z. d. A. 1362 Arnult u. Gertrud z. d. A. 1394 Clese z. A. 1372 Henne z. A.

S. G. P. 1383. H. Amelung uff dem Graben.
— 1386. H. genant der Amelung uff dem Grabin
— 1392. H. zum Amelung 1397—98.

O. U. 1358. H. u. Gesezs zum *Amelunge* in der Vargassen etc.

St. R. de 1434—35. — Adam von Schierstein *Bierbrauer zum Amelunge* wird Burger etc.

O. U. 1475. Husunge — der eyn smit sy, gelegen by dem Grabenborn uff der Eck, an dem Gesess zum *Amelung*.

O. U. 1520. Smit und Huss — gelegen by dem *Grabborn* uff dem Ecke neben dem Gesess zum *Amelungen* uff eyner und N. uff der andern Syten.

O. U. 1595. Behausung vorhin zum *Amelung* itzo aber *zum gulden Lewen* genannt in der Fargassen neben N. einer und dem *Hayner Hof* und N. anderseits, stosst hinden uf die Dechanei zu S. Bartholm und den Johanniter Garten.

NB. Dieser Gültbrief ward ausgestellt von Johann Schmidle Wirth zum g. Lewen.

Lt. St.-Allmdb. de 1688. Allment neben dem guldnen Löwen in der Fahrgasse im Ecke, anderseits der Hainerhof.

graben, von dem er nur wenige Schritte entfernt war, man auch Grabborn und Grabeborn schrieb. Sein hohes bestätigen die Zinsbücher des XIV. Jahrhunderts, noch aber das uralte Seelenbuch unserer Kirche (Ser. II. No welches schon im XII. Jahrhundert seine erste Existenz und worin sich beim 4. des Hornungs (II. Non. Febr.) (uxor) Conradi super Graburnen eingeschrieben befindet die Verstorbene blos mit ihrem Taufnamen bekannt ge wird, so ist hieraus und aus noch andern Umständen zu schli dass sie im XIII. Jahrhundert gelebt haben müsse. Ja i der Meinung, dass der Brunnen mit der ersten Erweiterur Stadt gleichzeitig sei, denn Brunnen, welche zwischen H auf freien doch nicht zu grossen Plätzen stehen, gebe höchste Alterthum zu erkennen. Man muss sich daher die Nachricht der *v. Lersner*'schen Chronik im II. Th. S. dern, der Grabenborn sei 1454 gemacht worden. Ohne 2 ist damals eine Reparatur mit demselben vorgenommen w Die Erbauung des Gasthauses zum goldnen Löwen im 1598 bewirkte seine gänzliche Abschaffung, und statt wurde ein neuer Brunnen gegenüber auf dem Löwenplä gegraben. *v. Lersner* II. Th. S. 8.[111])

Schützengässchen.

Das Haus Brückenau, nun das Eck an der Brückhof wird in dem Schöffen-Gerichts-Protokolle von 1432 für da Haus von der Brücke angegeben; es bestand demnach zv diesem und der Brücke damals noch ein offener Platz, d ten bis an die Stadtmauer beim Wollgraben reichte. B

---

[111]) S. G. P. 1382. H. gen Graborn uber.
— 1401. H. untern Smyden by dem Graburn, stoss an S. Johanherrenhof.
S. G. P. 1402. H. by Grabeborn.
— 1410. H. in der fargasse by dem Grabeborn.
— 1450. H. gen dem Grabeborne uber uff dem Ecke
— 1475. H. am Graborn gelegen. 1480 der Grabeb
— 1483. H. by dem Grabenborn. F.

sem Platze befand sich das Haus, von welchem Albrecht auf der Hofstatt den Todtengräbern von S. Barthol. einen jährlichen Zins von einer halben Mark Gelds vermachte, um die Armen umsonst zu begraben. In dem Testamente von 1322 wird der Standort des Zinshauses „vnder der brucken Turne da man git vf das fischerfelt" beschrieben. L. Testam. f. 85.

Gemeiniglich aber wurde der Platz durch die Worte in descensu ad campum piscatorum angedeutet, weil man wegen der höher gelegenen Fahrgasse auf einer Treppe hinabsteigen musste. Man sehe die Beschreibung der angrenzenden Häuser. Die Benennung des Platzes „unter den Weissgerbern" scheint zuweilen auch stattgehabt zu haben; denn das S. G. P. von 1448 und 1449 gedenkt eines Hauses „unter den wisgerwern gen dem Brukin Torne zu". Zweifelsohne rührte diese Benennung von dem nahen Fischerfeld her, das eine Zeit lang auch das Weissgerberfeld hiess.

Dass die Gegend in längst abgewichenen Zeiten die Brückenaue möge geheissen haben, ist eine blosse Vermuthung, über die beim Hause dieses Namens nachgesehen werden kann. 1459 hatte der Platz an seiner Grösse schon verloren, indem damals das Haus Dalheim an Brückenaue bereits angebaut war, und da nachher noch zwei Häuser dahin zu stehen kamen, so blieb nur noch ein schmales Gässchen bei der Mainmauer übrig, das in der *v. Lersner*'schen Chronik II. Th. S. 452 beim Jahre 1547 beschrieben wird: „der Gang vom Brückenthorn, bis an das Fischer-Pförtlein", und in dem Zinsbuche von 1581 f. 2 „prope portam (pontis) in descensu quo itur versus fischerfeldt". In der Mitte des Gässchens, wo die Wollgrabenmauer an die Mainmauer stiess, befand sich eine kleine Pforte, und eine andere am Ende des Gässchens gegen der Stiege des Fischerfeldthurms über, die vor nicht gar langen Jahren zur Nachtzeit noch geschlossen wurden. Weil man durch dieses Gässchen auf das Fischerfeld ging, wo die Schützen ihren Schiessplatz und dabei auch einen öffentlichen Weinzapf hatten, so entstand dadurch die Benennung des Schützengässchens, welche ich in einem Kaufbriefe über das daran stossende Eckhaus von 1712 zum erstenmal entdeckte. Das Gässchen verlor sich bei den grossen

Veränderungen der Gegend im Jahre 1801 und das grosse steinerne Eckhaus bei der Brücke nimmt nun seinen Platz ein.

Haus auf dem noch unverbauten Platze.

Curia Dominae de Durkelweil.

„j sol. den. de curia domine de Durkilwil sita in antiquo opido superiore parte vico Fargazze, jn descensu ad campum piscatorum, latere septentrionali, proxima porte piscatorum eorundem." L. R. B. de 1350. f. 7.

Der Hof war längst nicht mehr vorhanden und ohne diese Stelle wäre sein Andenken nun gänzlich erloschen. Das Prädicat Domina zeigt hier eine ganz vornehme Person an. Von ihr trug der Hof 1350 noch den Namen, obschon sie vielleicht längst vorher nicht mehr im Leben war. Er stand auf der mitternächtigen Seite des Platzes und war der nächste bei der Fischerfeldpforte, mithin muss sein Standort hinter Brückenau bei der Stadtmauer gewesen sein; ein Theil davon kam in spätern Zeiten an Brückenau und ein Theil an den Brückhof.

Häuser im nachmaligen Schützengässchen.

Das Hinterhaus vom Rhein in der Fahrgasse, zwischen dem Eck Lit. A. No. 181 und der alten Stadtmauer. Ueber der Thüre war das v. Rhein'sche Wappen zu sehen. Es wurde im Jahre 1801 niedergerissen und der Platz wurde zu dem grossen Eckhause an der Brücke gezogen.

Lit. A. No. 182. War ein Stadthaus ausserhalb der Stadtmauer im Zwinger gelegen. Mit ihm hatte es das nämliche Verhältniss wie mit dem vorigen. Diese Häuser standen auf der mitternächtigen Seite des Gässchens, die mittägige Seite aber machte blos die Mainmauer aus.

Brückhof.

War in der Fahrgasse gegen der kleinen Fischergasse über gelegen.

Er hat 1372 schon diesen Namen geführt (s. Karthäuserhof im Arnspurger Hof), zugleich aber auch von seinem ehemaligen Besitzer Curia Volmari de Ovenbach, der Hof des Volmars von

Offenbach, oder der Volmarshof geheissen; vielleicht von dem nämlichen Volmar von Offenbach, der 1290 unter den hiesigen Schöffen erscheint. Meine Behauptung gründet sich auf folgende Nachrichten: 1356 belehnte Kaiser Karl IV. den Ulrich von Hanau mit der Juden Hofstatt in Frankfurt an dem Vollmarshof bei der Brücke, wie aus der Beschreibung der Hanau-Münzenberg. Lande[112]) zu ersehen ist.

Und 1414 verzieh das S. B. Stift auf die Zinsen, die ihm von der Juden Hofstatt zwischen Conrad von Löwenstein und Volmars von Offenbach Hof fielen. *v. Lersner* II. Th. II. Bd. S. 167. Die erste Nachricht beweist die Nähe des Volmarshofs bei der Brücke, die andere durch den Hof des Conrad von Löwenstein seine Lage auf der östlichen Seite der Fahrgasse. Ja, wenn ich noch bemerke, dass das Haus Lit. A. No. 170, so wider dem Brückhof stand, in dem Z. B. von 1390 „contigua curie Volmari de Ovenbach" beschrieben wird, so kann der Volmarshof kein anderer als der Brückhof gewesen sein, der, weil er näher als die übrigen Höfe an der Brücke lag, anfänglich der Hof an der Brücke und zuletzt der Brückhof genannt wurde. Er stiess hinten auf die alte Stadtmauer und war vor der Mitte des XV. Jahrhunderts schon ein Eigenthum der Stadt, indem der Rath nach dem Zeugnisse der Annalen von Frankfurt 1441 die Brodwage darin aufhängen liess, und soviel sich aus der Chronik II. Th. S. 716 und 717 abnehmen lässt, befand sich 1720 auch der Marstall in demselben. 1709 am 11. Juni fuhr ein Blitzstrahl in des Schlossers Wohnung, machte eine

---

[112]) Documentor. pag. 61 No 42, ferner Anhang Lit. A. wo dieselbe. Anno 1357 belehnte der Ritter Gottfried von Stockheim mit dieser Hofstatt als Reichsafterkunkellehen; desgleichen 1414 ward diese Belehnung wiederholt. Conf daselbst Anhang der Beschreibung pag. 1.

In dem Lehenbriefe wird der Flächeninhalt dieser Hofstatt ausdrücklich angegeben. Diese Hofstatt war eins der in der vorhergehenden Judenschlacht und Brand abgebrannten Häuser. Der genau angegebene Flächeninhalt erweist, dass in viel früherer Zeit ein königliches dem Fiscus eigenthümlich zugehöriges Gebäude an diesem Flecke gestanden, welches aber schon früher zerstört oder verfallen gewesen und den Juden zur Wohnung eingeräumt worden.

grosse Oeffnung ins Dach, zündete einen Balken an un‹
schmolz das Dachblei über die Hälfte. Fr. Chr. l. c. S
Von den Häusern, Schoppen und Gewölben in dem Brü‹
zog das Rechneiamt die Zinsen. Nachdem der Rath besch
hatte, die Stadt in der Gegend des Wollgrabens zu erw‹
liess er im Jahre 179 . die Gebäude alle niederreissen un
Bezirk in Bauplätze abtheilen, die nachmals dem Meistbiet
zum Bauen überlassen wurden.[119]) Auf solche Weise
endlich der Brückhof in eine Strasse umgeschaffen, die n‹
ihm den Namen führt.

Häuser des ehemaligen Brückhofs.

Das Gebäude bei der Fahrgasse. Dieses war ein altes
ges und unbewohntes Gebäude, unter dessen Thore die
cimer hingen. Im Hofe standen folgende Häuser:

Lit. A. No. 171.
„ „ „ 172.
„ „ „ 173.
„ „ „ 174.
„ „ „ 175.

v. *Fichard* fügt hier folgende Angaben bei:

1320. Curia Volmari (hierher gehörig). Beedbuch.
1322. Curia Volmari do. do.
O. U. 1352 verpfänden Heile Flesser und Jutta uxor ihr H.
sesse hinden und vorne gelegen undir dem Brucken Thurne, da
dem Fishervelde up get, und eyner Hobestadt die sye koufften
Stadt die gelegen ist an der Strazse vor dem *Bruckirdorn*.
NB. In der nächstfolgenden Urkunde heisst letzteres *Bruckir*
also ein Schriftfehler. In einer weiterfolgenden Urkunde ders‹
anno 1353 heisst dieselbe Stelle: H. und Gesesse hinden und v
legin undir dem *Brucken Thore*, da man zu dem Fyshervelde
Dann in einer von andern Verkäufern ausgestellten Urkunde v
H. gelegen uff dem Fischerveld und ein H. ist gelegen vor Brucki
Alles entscheidet sich für ein Thor und auch zugleich einen Thur
folgende Stelle einer ferneren Urkunde de anno 1354: Haus ge

---

[113]) 1804 d. 5./19. März wurden die Bauplätze an der neuer
hofstrasse verkauft. Lt. Frkf. Nachrbl.

Fahrgasse.

Bruckir Porten bei *Heilen Flessern* (vid. supra) und 2 andere H. sind gelegin uff dem Fischervelde. Dagegen wieder auffallend de eod. anno 1354 bei denselben Eigenthümern und Verpfändern heisst es: H. gelegen — vor Brücken Thorn und das andere Huss undir Brücken Thorn da man up get uff das Fischerveld etc. Endlich wieder dagegen de anno 1356 heisst es bei denselben Verpfändern: Haus gelegen vor der Brucken genant *Brůckenauwe*, und das andere H. ist gelegen uff.dem Fyscherfeld an der Porten, also man up geet uff Fyscherfeld.

O. U. 1360. Bertold Isenmenger etc. zwey H. uff dem Vischerfelde zur lynkenhand als man ubirn Steeg geyd etc.

O. U. 1360. 4 Huser die gelegen sind uff dem Fyzscherfelde uff dem Grabin und das Werghus darby gelegin etc.

O. U. 1364. 2 H. u. Gesesse, eynes by Brucken Porten, genand *zum Rumarrer*; das andere etc.

O. U. 1364 wird ein Haus auf dem Fischerfelde *gegen dem Haus Stogheim* uber erwähnt.

Mpt. XVII. Seculi. H. zur *Reussen bei dem Brückhoff* hatte hinten 3 Zinsbäuser gen dem *Selgen*.

St R. de 1350. It. Herrn Hartmanne von Cronenberg C Pfd. zu Cynse vnd 20 Pfd. von Herrn Folmars Hofe.

St. R. de 1352. It. Hern Hartmude von Cronenberg 20 Pfd. von Hrn. Folmarshoffe *vor der Brucken*.

St. R. de 1354. It. Herrn Hartmude von Cronenberg dem alden und Jungherrn Hartmude syme Bruder zu Cinse von Herren Folmars selig Hofe vor der *Bruckin* (siehe Brückenthorn).

St. R. de 1357. Unter den Ausgaben: It. dominica post Katherine. It. Hern Franken von Cronenberg vnd Hern Hartmude von Cronenberg xx Pfd. für den Byschoff von Mentze zu Cyinsse *von der alden Muntze* in der Judengassen uff sant Mardinstag den man nennet *Hern Folmars Hof*. — In den folgenden Jahren zahlte die Stadt denselben Zins an dieselben Herren von Cronenberg mit dem Beifügen: *von dem Muntzehoffe*, worunter also dieser alte Münzhof und keineswegs der spätere Münzjetzo *Trierische Hof* zu verstehen ist. Dieser hier genannte Hof war also die älteste königliche Münzstätte, die später erst in den Münz- oder Trierischen Hof verlegt wurde.

St. R. de 1358. It. Hern Franken und Hern Hartmude von Cronenberg 20 Pfd. für den Bischof zu Mentze zu Czynse von der alten Müntze in der Judengassen — den man nennet Hern Folmars Hoff. (Die Rechnung ist nicht bestimmt.)

St. R. de 1358. Desgleichen (vom alten Myntzhofe vnter den Juden).
— 1363. do. do.
— 1375. Desgleichen.

Fahrgasse.

St. R. de 1379. It. 7 fl. han wir zu dem Steynwege vor dem I hoffe geluhen (d. h. auf die Arbeit vorgeschossen).

St. R. de 1385 (Wie in vordern Jahren) 20 Pfd. Huszins a Walther von Cronenberg vom Muntzhoffe Martini verfallen. —

St. R. de 1387 wird dagegen Hussgeld von dem Montzhoffe nahme gebracht.

St. R. de 1402. It. xix β iij hllr. von Holtz vas dem Brucke den Rathof vnd die farporthen zu furen.

St. R de 1405. It. xx Pfd. Herrn Hartmuden von Cronenberg verfallen Martini von dem alden Montzhoffe vnd horen in die Pfa gein Ronneburg. —

St. R. de 1442. Sabb. post Martini (dies solutionis) It. iij C wir bezalt Erwyn Voys vmb daz Huss by der Brucken an dem hof gelegen das er kaufft hat vmb Hennen von Stogheim vnd c Rath hat lassen werden, vnd ain kauffbrieff, willigunge, vnd Belehungsbriefe vom Riche vnd dem von Hanauw; vnd sal und dem Rathe Vffgifft vnd Währschafft davon tun, nachdem die B ihn und syn Hussfrau sagen. Vgl. Vois von der Winterbach.

St R. de 1446. It. XL Gulden zalt Sybold Jncus von sin wegin by dem Bruckenhoffe, als jm gegonnet ist vff der Stedt do zu buwen vnd jm der ein erkennsbrieff gegeben ist.

St. R. de 1472. It. v β vij hllr. vmb xiij Wydengeremitze (Flechten-Geräms, Gitterwerk) vff die Kornbonen in der Mo Meyn. —

St. R. de 1473. It vi fl. Johann von Glauburg von siner F vff der alden Montze.

O. U. 1485. H. gelegen by der Brucken als man uff das Fi get zushen oynem Flecken, der des heiligen Geistes sy und N.

St R. de 1577 noch das gemeine Backhaus am Bruckhofe gegen Zins.

St. R de 1595 ist das gemeine Backhaus am Banhofe auch pachtet.

St. R. de 1608. Noch immer ist das Backhaus am Bruckh ein städtisches gemeines) verpachtet. —

Arnspurgerhof.

Ich verstehe hier unter dieser Benennung nicht das Gebäude des ehemaligen Klosters Arnspurg, sondern den freien Platz, der von diesem und noch andern geistlichen und weltlichen Gebäuden umgeben wird. Er hat unter dem Bogen gegen der Predigergasse über seinen Eingang, und die Arnspurger behaupteten, dass er von der Andaue bis vor den Bogen zu ihrem Klosterhofe gehöre, folglich auch von aller fremden Gerichtsbarkeit befreiet wäre. Der Geistliche des Klosters, welcher als Amtmann hier wohnte, hatte daher den Auftrag, für die Erhaltung des Eigenthums und der Freiheit sorgfältig zu wachen, und kein Bettelvogt getraute sich, einen Bettler weiter als bis an den Bogen zu verfolgen. Hatte derselbe den Hof erreicht, so sah er sich in Sicherheit. Als ich 1760 in den Hof zu wohnen kam, war ich selbst Augenzeuge eines solchen Ereignisses. Die unten mitgetheilten Nachrichten von den Vikariehäusern begünstigen das behauptete Eigenthum, indem sie den Hof nicht den Arnspurgerhof, sondern den Hof des Klosters Arnspurg (curiam monasterii Arnspurg.) nennen. Wahrscheinlich erhielt das Kloster 1223 diesen Hof durch das Vermächtniss der beiden Eheleute Baldemar und Constantia, von welchem ich bei dem Klosterhofe mehreres sagen werde.[114])

Das ältere Verhältniss der Vikariehäuser im Arnspurgerhof bis zum Jahre 1618.

Unter den vielen in der S. Barthol.-Kirche ehemals gestifteten Vikarien waren vier, die noch keine eigene Häuser hatten,

---

[114]) Vgl. Frankf. Chron. II. 770 (1730).
1320. Arnspurgenses (hierher gehörig) Beedbuch.
Siehe Herrn *Battonn's* Grundriss des Arnspurgerhofs bei dessen Mskrpt., die S. Jacobskapelle betr.
Ueber die *Klöster*, welche hier das Bürgerrecht besassen, siehe: *Orths* Anmerkungen zur Reformation etc. Contin. III. 178, 179. F.

nämlich die des h. Johann des Evangelisten zweiter Stift[i]
h. Michael, der h. Maria dritter Stiftung, und der h[
und Paul.

Um denselben auch einige Wohnungen zu vers[
überliess Conrad von Löwenstein im Jahre 1348. IV. Ka[
sein Haus und Gärtchen im Arnspurgerhofe (L. Testam[
Item *Würdtwein* in Archidiac. T. II. p. 612.), auf dere[n
bald darauf 4 Häuser erbauet wurden. Zwei davon
gegen Sonnenaufgang, und hatten den Arnspurger K[l
hinter sich liegen; die andern zwei gegen Sonnennie[
stiessen hinten auf den Karthäuserhof. Zwischen diesen
befand sich ein kleines Gässchen. Alles dieses wird sein[
tigung aus obiger Urkunde und den nachgesetzten a[
schreibungen der Häuser erhalten.

Domus vicariae S. Joannis Evangelista II. instituti[

„Sita jn antiquo opido superiore parte frank. vi[
Fronhofgazze, latere meridionali, jn Curia monasterii /[
orientalis septentrionalis quatuor domorum, per Conr[
Lewinstein Scabinum frank. quatuor vicariis dicte
(S. Barth.) legatorum." L. vic. B. Saec. XIV. Ser. I.

„Domus in Curia monasterii Arnspurg inter quatuc[
per Conradum Lewinsteyn donatas, et est prima dom[
versus orientem, habens ortulum (hortulum) dat ann[
marcam Dominis de Arnspurg." L. V. de 1481. f. 48. (/
1547).

Dass ein jedes der 4 Häuser jährlich eine hal[l
ewigen Zinses an das Kloster Arnspurg abgeben sollt[e
in der Schenkungsurkunde vorbehalten. Ich vermut[
dieser Zins ursprünglich gegeben wurde, um das /[
recht in den Arnspurgerhof zu erhalten.

Domus Vicariae S. Michaelis Archangeli.

„Domus pro habitatione vicarii vicarie sita in
opido Frank. superiore parte. vico dicto Fronhofgazz[
meridionali jn Curia monasterii Arnsburg, orientalis[
nalis quatuor domorum, per Conradum de Lewinstey[n
num Frank. quatuor vicariis dicte Ecclesie legatarum.'

Domus Vicariae B. M. V. III. institutionis.

„Sita in antıquo opido Frank. superiore parte vico dicto Fronhovis gazze latere meridionali, jn Curia monasterii Arnsburg, occidentalis meridionalis quatuor domorum per Conradum de Lewinsteyn Scabinum Frank. quatuor vicariis dicte Ecclesie legatarum." Ibid.

Domus Vicariae S. S. Petri et Pauli.

„Domus pro habitatione vicarii vicarie Ss. Petri et Pauli sita in antiquo opido Frank. superiore, parte vico dicto Fronhovis gazze, latere meridionali jn Curia monasterii Arnsburg, occidentalis septentrionalis; inter quatuor domus, per Conradum de Lewinsteyn Scabinum Frank. quatuor vicariis Ecclesie legatas." Ibid.

Dieses Haus war das Eck des Gässchens. Es wurde nach dem Brande von 1618 nicht wieder aufgebauet. Das grosse Wasser im Jahre 1564 veranlasste in der Chronik I. Th. S. 534 eine Bemerkung von demselben: am 5. März Morgens vor sieben fing der Main so jähling an zu wachsen, dass er um 10 Uhr in dem Hause Petri und Pauli am Arnspurper Hofe die beiden Keller füllte, und bis an die Stubentreppe stieg. Der Einwohner musste mit einem Pferde durch das Wasser zur Kirche reiten, und am folgenden Tage in einem Nachen hinausfahren.

1618 am 10/20. August des Nachts zwischen 1 und 2 Uhr entstand ein Brand, wodurch die 4 Häuser gänzlich in die Asche gelegt wurden. Sie wurden im folgenden Jahre wieder aufgebaut, erhielten aber einen veränderten Stand, und die Eintheilung wurde so getroffen, dass sie bis auf 5 vermehrt wurden. Die Versetzung der Häuser hatte den Abgang des Gässchens, und den vor ihnen entstandenen freien Platz zur Folge, und da noch das Stift die Mauer beim Arnspurgerhof niedriger werden liess, so erhielten auch die Häuser den Vortheil einer freiern Aussicht und einer gesündern Luft. Das Stift muss mit dem Bau sehr wohl zufrieden gewesen sein, indem es dem Zimmermann über sein Verdienst noch 20 fl. und 2 Mltr. Korn verehrte. Ex protoc. d. a.

Karthäuserhof.

An den eben beschriebenen Vikariehäusern lag
Sonnenniedergang der Karthäuserhof.[115] Der älteste uns b
gewordene Besitzer desselben war Conrad von Löwenstei
Schöff, und der nämliche, welcher den Platz zu den V
häusern hergegeben hatte. Von ihm kief 1372 Sexta fer
Jacobi Petrus von Eschbach vic. S. Barthol. und nachr
Scholaster S. S. Mariae et Georgii ein Haus, Hof und (
und in der über den Verkauf ausgefertigten Urkunde he
„myn hus, hoff vnd garten gelegen jnnewendig der Arns
hoffe jn vier muren, die da stoszent an den bruckehoff. –
irkennen ich mich, daz daz hus mit dem giebel daz da
vff den vorgenanten garten, (der rothe Ochs) keyn recht
noch liecht habin sol in den vorgenanten hoff, hus vnd
auch irkennen ich mich daz der vorgenant her Pedir o
daz vorgeschriben hus, hoff vnd garten jnne hat, du
porten die da get in der arnsburger hoff vsfaren vnd
sol vnd mag ane alle widerredde eynes iclichen." Am
vermachte gedachter Peter von Eschbach das Haus mit
was dazu gehörte, der Karthaus auf dem Michelsbei
Mainz, wie aus seinem letzten Willen in L. Testam. f.
ersehen ist. Zwischen den Karthäusern und dem Nachbe
Gutgemach entstand nachmals ein Streit in Betreff der
und eines Dachkendels, dessen Wasser sich in den Kar
Garten ergoss. Der richterliche Spruch von 1441 fer. I
diem undecim millium virg. entschied endlich die Str
dahin, dass Herr Gutgemach seine Fenster auf der Gar
vermachen sollte, um nichts hinausschütten oder wei
können, und dass kein anderes, als blosses Regenwas
dem einen Dache durch den Kendel seinen Ablauf habe
Ex archiv. Carthus. Die Karthaus blieb im Besitze des

---

[115] S. G. P. 1414. It. Hr. Johann Lederhus in der Chart
(in dem Arnsburger Hoffe) Beedbuch.

S. G. P. 1454. Der Karthuserhof 1458. Bg.

St. R. 1522 wird den Karthusern erlaubt, ein dhore in d
burger Hoiff zu machen laut Bauanleid etc.

Arnspurgerhof.

bis zum Jahre 1616, wo sie das Haus dem Bartholomäusstifte für 1400 fl. verkief (Ex archiv. Carth.) und sich in den folgenden Zeiten ein anderes Haus in der Predigergasse verschaffte.

Das Stift liess nachmals die mitternächtige Hofmauer ganz abbrechen, die Mauer gegen den Arnspurgerhof aber nur so weit abheben, bis sie der Mauer über der Andau gleich stand. In der Brandmauer neben dem rothen Ochsen ist noch ein Bogenstein von der alten Thüre zu sehen, und über demselben die Abzeichnung, wie hoch und dick die Mauer gewesen ist. Anno 1675 wollte der Prälat zu Amorbach den Karthäuserhof dem Stifte abkaufen, woraus aber nichts wurde.

Grundriss der ehemaligen 4 Vikariehäuser, welche ehemals das Domus Conradi Löwenstein de 1348 ausmachten.

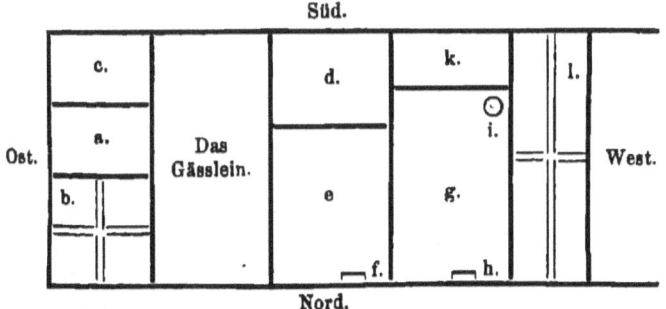

a. Domus vicariae S. Joh. Evang. II. institut. b. Der kleine Garten neben dem Arnspurgerhof, zum vorigen Vikarie-Hauss a. gehörig (neben dem Arnspurger Klosterhofe) c. Domus vicariae S Michael Archang. d. Domus vicariae B. M. V. III. instit. e. Domus vicariae S. S. Petri et Pauli. f. Die Andaue. g. Der Karthäuserhof. h. Dessen Eingang. i. Der Brunnen. k. Das Wohnhaus (des Schulmeisters ehmals). l. Der Garten

Die Häuser im Arnspurgerhof in ihrem gegenwärtigen Zustande.

I. Auf der Morgenseite.

Lit. A. No. 44. Der Arnspurgerhof oder der mittlere Bau mit dem vorliegenden Hofe, s. in der Frohnhofgasse.

Lit. A. No. 45. Der Nebenflügel des vorigen Gebäu[…] dem Thore.

Lit. A. No. 46. Ein Vikariehaus, das ums Jahr 1680 […] wurde. Zuvor war es der Garten des Vikariehauses S. […] Evang. II. institutionis. Der letzte Besitzer war Herr C[…] Vic. Henninger, der 1806 das Haus der Administratio[…] liess, und als geistlicher Rath sich nach Aschaffenburg v[…]

Lit. A. No. 47. Ein Vikariehaus, welches gegenwärt[…] von Herrn Vicarius Vogt bewohnt wird. Es war vor[…] das Vikariehaus des h. Johann des Evangelisten zweiter S[…]

Lit. A. No. 48. Ein Vikariehaus, vormals der Vik[…] h. Michael gehörig. Herr Vic. Schellenberger war de[…] Besitzer, und überliess es durch seinen Tod 180. der […] nistration.

II. Auf der mittägigen Seite.

Lit. A. No 49. Das Haus in der Ecke, welches e[…] durch die neue Abtheilung der 4 abgebrannten Vikari[…] entstand, und der Präsenz zugeeignet wurde. Ueber de[…] steht das Jahr 1619.

Lit. A. No. 50. Ein Vikariehaus. Wird noch von […] Vicarius Habermann bewohnt.

Lit. A. Nr. 51. Ein Vikariehaus. Der letzte Besitz[…] Vic. Schäffner überliess es gegen einen jährlichen Z[…] Administration, und zog darauf nach Aschaffenburg.

Lit. A. No. 52. *In der alten Kartaus*. Ist das Hau[…] dem Brunnen, und kömmt unter dieser Benennung in de[…] protokollen vor. Es war das Wohnhaus des vorher b[…] benen Karthäuserhofs, darin der P. Prior und P. Schaffne[…] sie hierher kamen, ihren Aufenthalt nahmen.

In der letztern Zeit war es dem Magister oder Schu[…] der Pfarrschule zur Wohnung angewiesen, und wurc[…] geändertem Schulwesen und nach dem Tode des M[…] 180. auf erzbischöflichen Befehl dem Schulfond überlas[…]

---

[116] O. U. 1473 Das Steynhuss hinterwert in dem Arnsburg[…] zushen Frauen Annen Sassin Conrad v. Holzhusen's Wittwe *Carthuser Herrn Gesess.*

Arnspurgerhof.

III. Auf der Abendseite.

Lit A. No. 53. *In der Kartaus*. Ein Vikariehaus, dessen letzter Besitzer Herr Vicarius Solf 180. starb. An seinem Platze befand sich der Garten des vorher beschriebenen Karthäuserhofs, der vermuthlich im Jahre 1531 verbauet wurde; dass Hans Keller wegen einer Dachgaupe in dem neuen Hause klagte, aber durch ein Rathsurtheil vom 13. Jan. 1532 von der Klage abgewiesen wurde, s. in Lat. E. III.

Rother Ochs. Das Hinterhaus vom rothen Ochsen in der Fahrgasse.[117])

Lit. A. No. 54. Ein vorstehendes Eck.

Karthäuserbrunnen.

Dieser Brunnen hat ehemals im Karthäuserhofe gestanden nachdem aber dieser Hof im Jahre 1616 ein Eigenthum des Stifts geworden war, und dessen Mauern niedergerissen waren, wurde er der gemeinschaftliche Brunnen der in der Gegend befindlichen Stiftshäuser.

Er wurde von der Zeit an von der Präsenz und den Vicariis unterhalten, und keines der benachbarten weltlichen Häuser hatte ein Recht dazu.

O. U. 1615 vendita est domus, quam ab annis aliquot inhabitavit Ludirector, Danieli hospiti ad *hordeum*, quia contigua hospitio ipsius pro 750 florenis. et loco illius comparata et empta est aula Chartusianorum pro 1400 fl.

Domus ecclesiae nostrae, die Carlsburg dicta ludirectori inhabitanda tradatur.

Ludirectori pars in domo empta (im Carthäuser Hof) quam Carthusianorum Prior et procurator solebant inhabitare, siquando contingebat, eos huc venire, assignata est.

Aedes dictae die Carthaus, propterea quod Carthusianorum propria fuerunt.

O. U. 1680. Domus *Seliger*, cujus aedes nostris Carthusianis dictis contiguae ab oriente, exitum habet ad aream Arnspurgensem.

[117]) O. U. 1458. Nuwes Huss in dem *Arnspurger Hoffe*, genannt zum *Ossen* etc. F.

Andaue im Arnspurgerhof.

Conrad von Löwenstein schenkte dem Bartholomäusstifte im Jahre 1348 einen Platz, um vier Vikarichäuser darauf zu erbauen, und mit dieser zugleich die Andaue. Den Beweis nehme ich aus der Urkunde, worin es heisst: „cloaca eciam predicte omnibus eis equaliter deserviat et ab omnibus similiter tempore necessitatis purgetur et si in edificiis deficeret reformetur." *Würdtwein* Archidiaconat. T. II. p. 614. Die vier Vicarii waren also gehalten, die Andaue fegen zu lassen, und damit sie nicht verfiel, zu sorgen. Weil aber in der Zeitfolge die Vikarien aufhörten, und die Präsenz ihre noch übrigen Gefälle an sich zog, so übernahm dieselbe auch die Fegung der Andaue und ihre Unterhaltung. In dem alten Stiftsprotokolle f. 35 wird bemerkt, dass sie 1552 nach dem grossen Wasser vom Kapitel gefegt und ausgebessert wurde. Der Präsenz-Amtmann hatte den Schlüssel zu ihrer Thüre. Die kleine Mauer über der Andaue scheidet den darüber gelegenen freien Platz, als ehemaliges stiftisches Eigenthum, von dem Arnspurgerhofe, der im Jahre 1710 auf Kosten des Stifts gepflastert wurde. Lat. E. III. No. 11.

Predigergasse.

Baldemar von Petterweil in seiner Beschreibung der Strassen vom Jahre 1350 beschreibt diese Gasse vom Arnspurgerhofe bis zum Rothenborn, der damals noch wider der rothen Badstube stand, und legt ihr von ihrem Brunnen den Namen der Stegborngasse (Stegeburnen gazze) bei.

Die Predigermönche, welche im XIII. Jahrhundert hier aufgenommen wurden, und in dieser Gasse sich ansiedelten, veranlassten endlich ihre Namensänderung; früher aber, als in der letzten Hälfte des XIV. Jahrhunderts, ist mir der Namen des Vicus Praedicatorum oder der Predigergasse nicht zu Gesichte gekommen; obschon unten bei dem Hause der Frau

v. Hornau in einer Urkunde von 1349 der „Vicus proximus fratribus predicatoribus" bereits vorkömmt.[118])

Häuser auf der Morgenseite.

I.
Zwischen dem rothen Badstubenplätzchen und der Gasse am Judenbrückchen.

Lit. A. No. 15. Neben der Rothenbadstube.[119])

Lit. A. No. 16. *Einhorn. Goldne Einhorn.* War 1704 schon ein Gasthaus, was es noch wirklich ist. 1711 am 12. October, als eben die Kurfürsten aus der Kirche von der Wahl zurückkamen, ging ein angelegtes Feuer darin aus, das jedoch ohne Schaden gedämpft wurde. v. *Lersner* I. 433. und II. 784.

Lit. A. No. 17.

Lit. A. No. 18. Das Eck am Judenbrückchen. *Hundemetzelerhof. Curia der Hundemetzeler. Hundhof.* War ein ge-

---

[118] St. R. de 1370. It. 3 Pfd. 3 β vmb Holtz zu tzweien Armen by den Predigern in der Gassen daz nicht jedermann vff vnd nyder rieden moge zu seyme Willen.

S. G. P. 1383. Die Bredigergazze.

S. P. 1429. H. zur melen hintern Predigern.

O. U. 1517. H. in der Predigergasse neben dem Haus *zum alten Bock.*

O. U. 1518. H. Hoffchin und Garten genannt zum *wyssen Bock* in der Predigergasse gelegen neben Barbara Hansen Swarzenbergers seel. Wittwe uff einer und den Herrn im Arnsburgerhoffe uff der andern Seyten.

O. U. 1529. Die armen Sustern jn dem Gotteshuss *in Selgenstat* genannt bei den Predigern gelegen etc.

O. U. 1542 verkauft der ehrenveste *Adam Wyss von Feuerbach* an Heinrich Wixstettern etc. eine Gülte gelegen uff einer Behausung und einem Hofflin hinten daran, *Fauerbach genannt*, bei dem Predigerkloster neben dem Haus *zum alten Bock* genannt uff einer, und einem Vicariehäusslein dem Stift zu S. Bartholm. gehörig uff der andern Seiten gelegen.

O. U. 1594. Eckbehausung, *Stolpeneck* genannt in der Predigergassen. F.

[119] S. G. P. 1476. H. hinter den Predigern by der roden Batstobe. F.

schlossener Hof, aus dem die Gasse am Judenbrücke stand. In dem ganz alten Necrologium unserer Kirche Engilbertus Hundemezzeler eingeschrieben, dessen auf den 25. des Hornungs fiel. Er scheint, nach gewis ständen zu urtheilen, im Anfange des XIV. Jahrhunder zu haben, und der Besitzer des Hofes gewesen zu sein. Z. B. des Baldemars vom Jahre 1356 f. 1 werden zw häuser in der Predigergasse beschrieben: „infra vicos et sextum transitus — ex opposito curie der Hundem und in dem Z. B. von 1390 f. 83 wird ihrer Scheuer „horreum der Hunde metzeler (in) vico predicatoru orientali." Auch kömmt in dem S. P. von 1456 „der hintern Predigern" vor und in dem Z. B. von 1462 d hoff gegen dem Stumpengässchen über. Ein mehrer bei dem Judenbrückchen.[120])

---

[120]) 1320. Elhedis dicta Hummeszelere (ob hierher gehörig? Reihefolge nach). Beedbuch.

S. G. P. 1384. Der Metzelerhof?

— 1390. H. in dem Hondemetzeler Hoff. 1394 d metzeler hof 1409.

S. G. P. 1456. H. hinter den Predigern uf dem Huntho H. gelegen uf dem Huntshofe.

S. G. P. 1466. H. uff dem Hunthof, hinten an das Krachbei

— 1468. H. uf dem Hunthofe 1475—1481. H. uff d Honthofe.

O. U. 1455. H. u. G. in der Predigergasse zuschen der Sch und der Honthoffe etc.

O. U. 1481. H. mit einem Hindergehuse — gelegen uff hoffe uff dem Ecke neben der Schelmenhoffe.

O. U. 1553. Eckhaus — zum *Scharpfen Eck* genant an *höffle* etc.

St. R. de 1487. It. ij fl. 1 ort Johann Blarock von der S dem Honthoffe martini erschienen (auch vff dem Honthoffe Judenstege).

St. R. 1490. It. ij fl. i ort ddt. Johannes Blarock von de vnd dem Gartchin darhinder by der Juden Brücken vff dem H *zum blaen Lamme*.

St. R. 1513. Der Honthoiff by dem Judenbrucklin.

II.

Zwischen der Gasse am Judenbrückchen und der Frohnhofgasse.

Lit. A. No 28. *Stern*. Das Eck am Judenbrückchen. Laut der Rosenberger Klosterurkunden war der Schelmenhof neben dem Wirth zum Stern gelegen, und zwischen diesem und dem gedachten Hofe befand sich eine Allmei, die nachmals mit dem Kloster Rosenberg verbauet wurde.[121])

Lit. A. No. 29. *Kloster Rosenberg*, vorher der *Schelmenhof.* Curia Schelmonis. *Baldemar* beschreibt 1350 die Volradsgasse, die jetzo die Nonnengasse heisst, „a Curia dicta Schelmenhof ad oppositum medii quasi inter vicos textorum et Sancti Antonii." Der Hof stand also gegen der genannten Gasse über, wo gegenwärtig das Kloster Rosenberg steht. Das Z. B. von 1423 f. 81 bemerkt einen Zins, der jährlich unserm Stifte von diesem Hofe gegeben wurde. Es heisst daselbst: „xxx β Hll. modo ½ marcam de Curia Schelmenhoiff dicta in vico predicatorum Dilo miles de Dorfelden modo foneker gerlach Schelm Henn Steynhem carpentarius." Der Ritter Dilo von Dorfelden und der Wagner Henn Steinheim haben zweifels ohne den Hof nur miethweis besessen; indem er 1350 schon den Schelmen gehörte, und 1445 am 6. Januar das Predigerkloster ein Haus, wie es die Urkunde beschreibt, contiguam portae monasterii et curiae illius de Schelm um einen jährlichen Zins von 3 Pfund Heller vermiethete. Das Haus macht nun einen Theil des Klosters Rosenberg aus. *Chaquin* Chron. Frankf. mon. O. P. Ms. T. I. p. 141. [122]) Der Schelmenhof kam aber 1613 durch einen Kauf von der schelmischen Familie an die Schwestern der Rosenberger Einigung (*v. Lersner* II. Th. II. B. S. 202), die damals

---

[121]) O. U. 1375. H. u. Gesess, by den Predigern gelegin genand *zum Sterne* etc.

S. G. P. 1385. H. zu dem *cleynen Sterren* by den Predigern. F.

[122]) In einer magistratischen Urkunde de 1510 fer. 6 post Antonii wird ein Zinshaus beschrieben by dem Schelmenhoif dem Eckhuselin uff dem Honthoife neben Adam Ernsten Decklachers sel. Erben gelegen. Den Zins entrichtete 1750 Lambertin Bierwirtin an das Predigerkloster. *Chacquet* Mspt. I. No. 208.

noch im Hause Lit A. No. . beim Kompostell sich aufhielten. Sie verliessen bald darauf ihr erstes Stiftungshaus und bewohnten den Schelmenhof bis zum Jahre 1672, wo ihre damalige Vorsteherin Margaretha Beutlerin den neuen Klosterbau begann, wozu der Prior des Predigerklosters, Johannes Gessner, am 7. März hinten bei der Judengasse den ersten Stein legte. Ihre Nachfolgerin Hyacintha Eberlin, die dem Kloster von 1678 bis 1736 beständig vorstand, setzte den Klosterbau bis zum Ende fort, und legte ihm von ihrer Stifterin den Namen Rosenberg bei. Sie starb 85 Jahre alt den 19. August 1736. Die versammelten Schwestern verrichteten täglich gewisse Gebete in ihrem Kirchlein, bis sie endlich auf Verlangen ihrer Vorsteherin vom P. General des Predigerordens im Jahre 1693 den schwarzen Schleier erhielten und mit dem Chorgesang den Anfang machten. *Chaquin* l. c. p. 155. seq. Von der Zeit an hiess man sie die Nonnen oder Klosterfrauen im Rosenberg. Sie hatten aber noch keine Glocke. Erst die Wahl Kaisers Franz im Jahre 1790 gab ihnen die Gelegenheit, einer solchen theilhaftig zu werden. Denn als in allen Kirchen geläutet werden sollte, und der Rath von den Klosterfrauen mitzuläuten verlangte, liesen sie sogleich ein Glöcklein in eine Dachgaupe henken, das sie bis nun fort gebrauchten.

v. Fichard fügt hier folgende Angaben bei:

O. U. 1322. It. curia Schelmonis (besonders geschrieben auser der Reihe unter andern Höfen zu Ende). Beedbuch.

O. U. 1343. H. by den Predigern gein des Schelmenhobe ubir.

Hermanns v. Holzhausen Gültb. von 1348. Zwei nuwe huser gein des *Schelmenhobe* ubir. Desgl. 1390 lt. Urkd. 3 zum Schildknecht.

O. U. 1355. Dem Ebirhard Schelme scheint der Schelmenhof zu gehören.

O. U. 1373. Sybold Schelmen frauwe hat Antheil an dem Hoffe by den Predigern, den man nennet den Schelmenhof.

B. Z. B. 1400. Erkenboldes Huss des do ligit uff dem Orthe gein der Schelmenhoffe vber — und gab etzwann Hermann Milde.

O. U. 1428. Ipsa die B. M. V. überlassen Gerlach Schelm v. Bergen, Hans und Eberhard Gebrüder den Schelmenhof erblich um 18 Turnoss an Henne von Ostheim Sattler, Bürger.

O. U. 1432. Der Schelmenhof hinter den Predigern.

— 1436. Der Schelmenhof in der Predigergassen.

St. R. de 1436. It. 1 fl. hat geben schefferhenne färber zu zinse von dem flecken by dem schelmenhofe (ob nicht ein und derselbe flecken und Garten hinter der Predigermauer?)

St. R. de 1442. It. 1 fl. hat geben schefferhenne ferber von der Amende an syme Garten by der Muren hinder den Predigern.

St. R. de 1446. It. 1 fl. — Schefferhenne von der Almende by dem Schelmenhoffe.

Z. B. de 1449. Herm. zum *Rosenhof* stossend.

G. Br. 1455. H. an der Schelmenhofe in der Predigergaze.

O. U. 1467 verkauft der feste *Siffrid Schelme* von Bergen wiederkäuflich eine Gülte von 9 Schilling Heller auf dem Hoff in der Predigergassen genant der Schelmen Hoffe an Johann von Ostheim genant Schefferhennen der diesen Hof jetzt inne habe.

O. U. 1468. Haus gelegen uf dem Schelmenhoffe (*Kirchner* I. 181. not. c.).

St. R. de 1477. It. 1 fl. — Henne von Ostheim ferber vom Schelmenhoffe Walpurgis.

St. R. de 1497. It. 1 fl. dedit Johann von Ostheim der alt von der Allmeyen neben dem Schelmenhoff und den Predigern.

O. U. 1524 liess das S. Barthol. Stift zwei Häuser auf dem Schelmenhofe repariren.

O. U. 1536. 28. Aug. war Andreas Schelm von Bergen noch im Besitz dieses Hofes.

1588. Schelmenhof zwischen dem Predigerkloster und dem Johann Beyer Wirth zum Stern. Urk. einsd. anni.

1588. 13. Mai verkief Helene Weitzin Wittib den Schelmenhof an Caspar Niclasen Schöf.

1613 wurde 5. Aug. oder 26. Juli alten Styls von Hans Jacob Becht dieser Hof an die Frau Priorin zum Rosenberg um 5500 fl. verkauft. [Die Curia Schelmonis militis wird bereits 1310 erwähnt. Cod. dipl. 392.]

Allmenden Notiz de 1637. Ein allmey neben dem Schelmenhofe hinter den Predigern.

Lit A. No. 30. *Das Prediger- oder Dominikaner-Kloster.* Monasterium fratrum praedicatorum.

Der Predigerorden, welcher in dem h. Dominicus seinen Stifter verehrt, hat nach den bewährtesten Nachrichten unter Papst Innozenz III. im Jahre 1203 seinen Anfang genommen, und erhielt von ihm 1216, wie auch von seinem Nachfolger Honorius III. 1226 die Bestätigung. Sein vorzüglichstes Bestreben war gleich Anfangs dahin gerichtet, den sich allenthalben ausbreitenden Irrlehren der Albigenser Einhalt zu thun, und da sich die Mönche durch ihren Eifer im Predigen besonders auszeichneten, so erhielt der Orden vorzugsweis den Namen des Predigerordens. Dieses, und die Ablässe, womit die Päpste seine Gönner begünstigten, machten, dass sich der Orden gar bald durch ganz Deutschland ausbreitete. Auch hier wurde er schon im Jahre 1233 aufgenommen. Zwar soll sich die Zahl der Mönche damals noch nicht über zwei oder drei erstreckt haben, die in einem kleinen Hause beisammen wohnten; aber es währte nicht lang, so brachten sie noch so viele Plätze an sich, bis sie ihnen genugsamen Raum zur Aufnahme des Klosters und der Kirche darboten. Durch milde Beiträge und vorzüglich durch die Erlaubniss, in den drei Erzstiftern Mainz, Trier und Cöln sammeln zu dürfen, brachten sie es so weit, dass sie im Jahre 1238 mit dem Baue des Klosters und der Kirche den Anfang machten', und Papst Gregor IX. ermahnte 1240 die hiesigen Bürger, ihnen im Bauen behülflich zu sein. Dass sich die Gebäulichkeiten bis zu ihrem Ende noch lange verzögerten, ist daraus abzunehmen, dass Papst Innocenz IV. am 27. Jun 1247 [richtiger 26. Juni 1246, Cod. dipl. 77] denjenigen, so zu dem angefangenen Baue der Kirche und des Klosters steuern würden, 40 Tage Ablass verlieh, und noch 1254 IV Idus Julii der Erzbischof Gerhard von Mainz 1 Jahr und 40 Tage Ablas denjenigen ertheilte, welche sich gegen die Kirchenfabrik und den angefangenen Klosterbau wohlthätig bezeigen, oder den Kirchweihfeste andächtig beiwohnen würden. [Cod. dipl. 89.]

Wir sehen hieraus, dass die Gebäulichkeiten 1254 noch nicht ganz vollendet waren. Sie konnten auch nicht sogleich zu ihrer Vollkommenheit gelangen, weil es öfters an Geld man gelte, und nicht eher fortgefahren werden konnte, als bis wieder milde Beiträge eingekommen waren. In der Urkunde de 127 die Bestätigung einer Stiftung zu dem Krankenhause des Kloster Aldenburg in der Wetterau enthaltend, wird erwähnt, dass di Stifterin „pensionem decem Solidorum Aquensium de curia i Hunisbach ad luminaria Predicatorum in Franckenforth" g stiftet habe. *Gud.* Cod. dipl. II, 202—203.

1449 wurde ein Theil des Convents wieder neu gebaue und Clara Langmusen steuerte damals 40 fl. zum Kreuzgan dessen vierter Theil neu gebaut wurde. Nachdem nun der grösste Theil des Klosters über 400 Jahre gestanden hatte, und endlich den Umsturz drohete, wurde dasselbe im Jahre 1684 niedergerissen, und bis zum Jahre 1694 von Grund aus neu gebauet. Es war von der Zeit an das schönste Kloster in der ganzen Provinz. Es blieb dem Orden bis zum Jahre 17.., wo der Erzbischof Friedrich Carl Joseph von Mainz die Ordensleute in Weltgeistliche umgestaltete, und ihren Prior Antonius Müller zum ersten Director des Hauses ernannte.

Die geistliche Versammlung hiess von der Zeit an die Friedrichs-Congregation, und ihr wurde aufgetragen die grössere katholische Jugend in den nöthigen Wissenschaften unentgeldlich zu unterrichten; wesswegen auch zwei grosse Zimmer zu Schulen eingerichtet wurden. Der Bezirk des Klosters ist von einem grossen Umfange. In der Predigergasse erstreckt er sich vom Kloster Rosenberg, neben welchem die Pforte steht, bis an das hintere Gebäude vom Kompostell; hinten aber reicht er bis an die Stadtmauer, welche den Klostergarten und einen Theil der Gebäude der Judengasse scheidet.[123]

Zusatz de ordine Praedicatorum:

Ordo Praed. sub Papa Innocentio III. incepit 1194. Secundum Chronicon Magistrorum Ord. Cap. dicit: Anno 1203. — Anno 1216 confirmat ordinem Innoc. III. Papa. Ibid. Cap. II. Anno 1238 begann der Kirchenbau. Nach einem Mspt. ist 1233 das Predigerkloster angefangen worden zu bauen an dem alten Stadtgraben nit fern von der Stadtmauern auf einem Platz bei dem Lachen (Bruch) gelegen.

Anno 1245 soll das *Kloster* mittelst Collectionen in den 3 Erzbisthümern und sonstiger reicher Almosen erbaut worden sein (*Jacquin* Chron. Francof. ord. Praed. T. I. p. 7 — 10).

Anno 1233 venerunt fratres O. Pr. Francofurtum postquam ipsis locus electus erat pro habitatione, qui et modo servit pro introitu ad Conventum, quem locum inhabitavere 12 annis, ad dextram, ubi intratur a platea ad conventum, in qua habebant conclave commodum pro colloquio, sacellum, culinam, refectorium, quae omnia adhuc extant et inhabitata fuerunt, continuando et disponendo aedificia. Nempe quae in extructione moderne praesentis conventus recens facta fuerunt saeculo proxime

---

[123] St. R. de 1432. It. 1 fl. — zu Zinse (Einnahme) von dem Flecken vnd Garten obenwendig der Prediger Muren. F.

elapso. Praetacta aedificia nostris adhuc diebus (1695) supersunt pro banturque, ad memoratos usus ab initio facta fuisse, quia operturæ intrinsecae officinarum inferiorum, ex fornicibus arcuatae molis, soli dissime constructae visuntur. (*Jacquin* l. c. fol. 11.)

Anno 1241 ist das Kloster erbaut (vollendet) worden (*Steill.* Ephemer Domin. sacr. P. I. fol. 241). Anno 1245 Ecclesiae fabrica inchoata tander ex integra fuit absoluta. (Ibid. fol. 23).

O. U. 1322 – 1326. H. by den brodierin.

Anno 1328 et 1329 fratres ord. Praedicat. Francofurtenses interdict a Plebano Aschaffenburgensi publice declamati sunt *excommunicati* e vitandi, mandato Balduini S. S. Mog. Provisoris III. Kal. octobr. 132 absoluti sunt. (Ibid. fol. 60.)

Anno 1335 incepit exilium sub Ludovico Bavaro. Namque circ 10. Novembr. h. a. jamdum in exilio miserabiliter vagabundi discurreban dehinc expulsi. Quamdiu exilium duraverit, certi nil statui potest; annc tamen 1355 videntur fratres hujates denuo in quiete fuisse. Decursur tamen etiam incertum dabunt anni sequentes, sicut et reditum sub a 1347. (Ibid. fol. 63.)

Necrologium monasterii autem dicit: 1338 fuimus a Ludovico Bavar per annos 13 (tredecim) expulsi und haben 1351 6. Martij ihren Gottes dienst wieder angefangen. (Ibid. fol. 66 et seq.)

Anno 1381 III. Cal. May. Pileus Cardinalis titulo S. Praxedis concessi Priori et conventui quod (tempore generalis interdicti) possint sacra menta administrare et in Cemeteriis suis sepelire Procuratores suo (Pfleger der Stadt) ac familiam eorum, si modo causam interdicto no dederint. (Ibid. fol. 90.)

Idem pridie Calend. Julij concessit fratribus hujatibus, quod tempor interdicti generalis possint in ecclesia sua, clausis januis, non pulsati campanis submissa voce (excommunicatis et interdictis laycis exclusis coram personis per ipsos eligendis (quam diu vixerint) missas et ali divina officia celebrare. (Ibid. fol. 91.)

Anno 1449. Hocce monasterium, pars ad minus, de conventu, fui de novo extructa. Clara Langmusea contulit Priori et Conventui, XI floren. zur stewer wegen des newen Bau des vierten Theils des Kreutz ganges, wo die Library ist. (Ibid. fol. 146.)

Anno 1402. Bonifacius IX, Papa concedit ordini, ut fratribus e sororibus de poenitentia 3. ordinis sui, habitum portantibus in ecclesii suis tempore interdicti praefati (si ipsi tamen causae non fuerint) sacra menta ministrent. (Ibid. fol. 152.)

Quoad Interdictum de 1507 vid. *Lersner* II. cap. 2. fol. 8.

Anno 1510 war nach Pfingsten ein Provinzialkapitel des Ordens allhier. (Ibid. fol. 826.)

Lt. St. R. de 1520 schenkt der Rath den Predigern bei Abhaltung ihres Generalcapitels 1 Ochsen und 1 Stück Wein.

Anno 1560. Martinus Geller, antea Prior, nubet matri Tertiariarum. Fit civis et Magister domus linteamentorum anno 1561 (Hausmeister im Leinwandshaus). *Jacquin* Chr. Francof. O. Pr. I., 542. — Quoad caemiterium. Ibid. fol. 568.

K. Briefpost im Prediger-Kloster. *Lersner* I. 567 und *Müller* Beschreibung der Stadt Fr. p. 260.

Häuser im Klosterhofe.

Lit. A. No. 30. Das Eckgebäude gegen der Pforte über, so den Garten des Klosters Rosenberg hinter sich liegen hat.[124]) Im Anfange des letzt abgewichenen Jahrhunderts befand sich die kais. Briefpost darin.

Lit. A. No. 31. Das Haus steht ganz frei gegen dem vorigen über. Es ist sehr alt, und war ehemals mit dem alten Gebäude in der Predigergasse verbunden. Beide zusammen sollen 12 Jahre lang dem ersten Convent zu seinem Aufenthalt gedient haben. Sonsten befinden sich auch noch andere Gebäude und Gewölbe in dem Hofe, die gegen jährliche Zinsen vermiethet waren.

Häuser auf der Gasse.

Das alte Gebäude zwischen der Pforte und dem Stegbrunnen, wovon vorher die Rede war.

Lit. A. No. 32, 33 u. 34. Diese drei Häuser stehen unter einem Dache und wurden die Predigerhäuser genannt. Sie wurden 1680 erbauet, wo vorher die Klostermauer gestanden hat.

Prediger-Kirche.

Lit. A. No. 35. Der erste Stein zu dieser Kirche wurde 1238 gelegt. Wie ihr Bau durch milde Beiträge befördert wurde, ist vorher bei der Klostergeschichte schon gezeigt worden. Aus der oben angeführten Ablassbulle des Papstes Innocenz IV. von 1247 [1246] ist abzunehmen, dass man damals noch mit dem

---

[124]) St. Allmdbch. de 1521. Almey — neben Prediger Thor, geht durch Johann von Bochen (Vochen) Garten, stosst hinten uff den Hirschgraben. F.

Kirchenbaue beschäftiget war. Wahrscheinlich ist sie erst 1254 vollendet und in eben diesem Jahre zur Ehre der h. Maria und des h. Dominikus auch eingeweihet worden, weil der Erzbischof Gerhard in seinem Ablassbriefe von obigem Jahre nicht mehr von dem angefangenen Kirchenbaue, wohl aber von dem angefangenen Klosterbaue spricht, und zugleich diejenige, welche dem Einweihungsfeste mit Andacht beiwohnen würden, des Ablasses theilhaftig erklärt. Durch die Kirchenfabrik aber wollte er den Fond verstanden haben, woraus künftig die Kirche sollte unterhalten werden. 1470 wurde eine Veränderung mit dem Chore vorgenommen. Man liess die Fenster vergrössern, ein neues Gewölb von Backsteinen verfertigen, und auswendig die Pfeiler erhöhen. Der Werkmeister erhielt für seine Arbeit und die Baumaterialien laut Accords 215 fl. Schon vorher auf den Sonntag Laetare hatte Frau Irmel zum Ullner dem Predigerkloster versprochen, 100 fl. zum Chorbaue zu geben, sobald derselbe angefangen würde. Im Jahr 1777 am 23. August ereignete sich das Unglück, dass während dem Gottesdienste der Pfeiler beim Mutter Gottes Altare umstürzte und einen Theil des Gewölbes mit sich nahm. Die Stühle wurden zertrümmert und die Grabsteine in den Boden geschlagen. Zum grössten Glücke befand sich Niemand in der Gegend. Statt des alten von rauhen Mauersteinen zusammengesetzten Pfeilers wurde nun ein neuer von Quadersteinen aufgesetzt, und weil noch ein schadhafter Pfeiler bei der Walburgiskapelle gleiche Gefahr drohete, indem das darauf ruhende Gewölb schon in Eisen hing, so wurde derselbe im folgenden Jahre abgebrochen, und gleich dem vorigen weit dauerhafter, als vorher, aufgeführt. Der Gottesdienst wurde indessen bis zum 2. October im Kreuzgange, und nachmals im Sommerrefectorium gehalten. Seit 1802 wo die Friedrichs-Congregation aufgehoben wurde, hörte auch der Gottesdienst darin auf und ihre Orgel wurde 1808 in die Leonhardskirche versetzt.

Zusatz de ecclesia et claustro Praedicatorum.

Anno 1260. Claustrum Domin. coeptum (falsum) Annal. R. F Vicus a Praedicatoribus anno 1350 jam nomen habuit. (*Florian* p. 20 und *Müller* pag. 63.)

Anno 1486 auf Samstag nach Laetare, auf St. Gregorii Abend starb Albrecht, Markgraf von Brandenburg, im Prediger-Kloster jähling im Baue und am Sonntag Judica trugen ihn viel edele Männer zu Schiff und der Leiche folgten der Kaiser und sein Sohn Maximilian erwählter R. König und die andern Chur-, geistliche und weltliche Fürsten mit vielen Herrn Bischöfen, Aebten etc. — Anno 1486 auf König Maximiliani I. Wahltag starb Achilles Germanicus genannt. Sein Herz und Eingeweid wurden unter einem schönen runden Stein im Prediger-Kloster begraben. Dominica Judica Exequiae solenniter fuerunt peractae praesentibus Friderico III. Imperatore et Maxim. filio Rom. rege, omnibus Electoribus etc. deductumque fuit funus cum magna solennitate praedictorum dominorum et sacerdotum et religiosorum ad navim, habentes cereos ardentes in manibus suis omnes. (Annal. R. Francof.)

Anno 1458 nimmt Wenceslaus von Frankenstein, Prior Pred. die Schiessgesellen vor der Bornheimer Pforte in seines Klosters gute Werk im Leben und Tod, welche eine Gesellschaft dem Ritter S. Sebastian und S. Rochus alda gestiftet, auch ihre Kisten und Ornamenta darinn gestellt, gibt ihnen auch ein sonder Begräbniss. *Lersner* II. 722.

Anno 1492 wurde diese (*Lersner* II. 722) Gesellschaft bei S. Martha genannt, weil sie sich nunmehro vermehrt und eine Capelle über den Altar gebauet, versichert, ihnen diese allein zu lassen und auf des Patroni Tag darinnen eine Messe zu singen; ist ihnen zuvor auch ein Platz zur Sacristei, ihren Ornat darein zu thun, verschrieben worden im Jahr 1482. (Annal. R. Fr.)

Das Gemälde der S. Mariä Himmelfahrt betr. vom Maler Alb. Dürer sagt das Mspt. *Rühl*: Es waren nebst der Kunst auch die Farben so hoch und vortrefflich, dass dergleichen keiner nachzumachen sich unterstehen dürfen und hat dieser Meister eitel ultramarin dazu genommen und fast 2½ Jahr daran gearbeitet. Er befahl auch, dass man solches Gemälde an keinen Ort stellen sollte, wo Rauch oder Weihwasser hinkomme, weil diese Farbe davon Schaden nehmen mögte. Die Lieferung geschah 1510 und hat den Stifter Jac. Heller weit über 500 fl. gekostet. Um diese Tafel hat einstmals der Markgraf von Brandenburg 1000 Rthlr. und ein Italiener um S. Petri blosse Fussohlen 100 Kronen geboten. Wie man sagt, ist diese Tafel anno 1613 nachgemalet und damit verwechselt worden, und dem Pfalzgrafen Maximilian, Herzogen in Baiern, verehrt worden, der dem Kloster, so lange es währet, hingegen einen jährlichen Zins von 400 fl. davor zu reichen versprochen haben soll. Max zum Jungen giebt dieses als gewiss an, und sagt, dass er in einem Zinsbuch des Klosters gefunden, dass ihnen von gedachtem Churfürsten auf Michaeli jährlich 400 fl. rhein. gereicht worden wären; also diese Tafel 8000 fl. werth geachtet worden. Derselbe Max zum Jungen sagt ferner: er habe am 31. October 1648 vom Pater Prior erfahren, dass sie über dieses noch das grosse onus hätten, dass sie für den Baierfürst[en] singulis diebus pro hoc donativo eine Messe lesen müssten und hätt[en] dazu in vielen Jahren Nichts bekommen — NB. Georg Beberlin v[on] Augspurg hat im Namen Kaisers Rudolph II. für dieses Gemäl[de] 10,000 fl. geboten. Ex vet. Mspt.

Ad annum 1351 vid. *Senckenberg* II. pag. 11. Select. jur. et hist[or.]

Anno 1395 hat Erzbischof Conrad zu Mainz mittels eines Vertra[gs] mit dem hiesigen Rathe auf die 3 Mannstift der Prediger, Carmelit[er] und Barfüsser verziehen. Dieses Kloster hat auch seine Pfleger v[om] Rath gehabt, wie die Andern.

Der anno 1455 dem Ordenskapitel vom Rathe geschenkte Ochse ha[t] des Ordens Farbe: schwarz und weiss.

Ad ann. 1499 *Senckenberg* Selecta II. p. 25., ad ann. 1506 ibid. II., [

Anno 1477 waren Pfleger: Georg von Breitenbach, Bechtold Hell und Johann von Diepach. —

Anno 1582 den 15. Dec. hat das Handwerksgesindel die Predig[er] gestürmet und die Fenster ausgeworfen, weil die Mönch den neu[en] Calender angenommen.

Anno 1600 hat der Prior Joh. Kocher den Lettner von dem Ch[or] samt dem Altar, hinweggebrochen, dass man stracks in Chor sehen ka[nn] welches der Kirche ein gross Ansehen gemacht.

Anno 1292. Adolfus comes Nass. ab Elector. Principibus in claust[ro] Dominicanorum, ubi convenerant, Rex Roman. pronunciatus, non pri[us] intromissus est à civibus, quam illis de expensis in ejus gratiam fac[tis] satis fecisset. (Acta Reg. pag. 7. *Florian* pag. 255.)

Ueber das Exil der Dominikaner siehe *Dieffenbach* de morte Henr[ici] VII. S. 145.

Anno 1459 ist der Schöff Johann Rohrbach als der letzte, den m[an] mit Schild und Helm zu Opfer getragen hat, bei den Predigern vor de[m] Sacramentschrank, den er im Chor hatte machen lassen, begrab[en] worden. Mspt. *Rühl*.

Ad seriem sequentem Priorum confer. *Lersner* I. II. 127 u. II. II. 1[

Anno 1233. Ortliebus, ord. Praed. in Francfort Prior.
— 1273. Hermannus. (5⁰ Calend. Aug. 1273.)
— 1302. Joh. Gilde von Gelnhausen.
— 1323. Christianus.
— 13.. Hermannus de Wetzflaria.
— 13.. Hapelo de Gambach.
— 13.. Johannes Monachi.
— 13.. Johannes Stempel.
— 1380. Johannes von Düren.
— 1385 - 1390. Johannes Rosenbaum, subit. 1398. (S. Barthol. Archi[v

Anno 1408. Giselbertus de Trajecto, S. Theol. Prof. et Inquisitor haere. prov.

Anno 1417. Johannes de C. alias Johannes de Cronia 1417. (S. Barth. Archiv.)

Anno 1425. Johannes Esslinger.
— 1450. Heinrich Starkenrad.
— 1455. Peter Kalbach.
— 1458. Wenceslaus von Frankenstein.
— 1470. Peter Trautmann von Pfortzheim.
— 1481. Johannes von Weilnawe. (Subit. 1508, † 1516.)
— 1517. Nicolaus Tinctoris.
— 1518. Philipp Wilhelmi.
— 15.. Henrich von Münzenberg † 1545.
— 15.. Johannes von Rumpenheim, subit. 1556, † 1559.
— 1561. ward Martinus Gellern von Lich lutherisch und verheirathet sich mit Jungfrau Elisab., Henrich Beyers von Eppstein Tochter, bis dahin Mutter in der Rosenberger Einigung. Ist letztlich zum Hausmeister im Leinwandhaus aufgenommen worden.

Anno 1564. Johannes von Gosslar.
— 15.. Johannes Schlecht. † 1579.
— 15.. Cornelius Volmarshausen. † 1585.
— 1586. Johannes Kocher. Subit 1612.

(Anno 1524?) gestattete der Rath, dass etliche Bürger die Kelch und Messgewand und andere Kirchenzierrathe, die im Prediger-Kloster zur S. Sebastiani Bruderschaft gehörten, hinwegnahmen. etc. —

Anno 1520 war ein Provinzialkapitel.

In coenobio est clarissima pictura etc. Alb. Düreri cum ornamentis flosculorum. (ex Collectan. Phil. Schurg.)

Florian 238. capit. prov. de ao. 1317 u. 188. und *Lersner* I. II. 13.
Lersner II., 182 ad annos 1380 u. 1387.
— II., 199 — — 1400.
— II., 201 — — 1511.
— II., 212 — — ? zweifelhafte Hellerische Stiftung hier oder zu Mainz.

Lersner II., 215 ad annum 1492.
— II., 221 ad annum sub finem seculi XV aut initium sec. sequ.
— I., II., 9 ad annum 1705. 10. Mai.
— II., II., 3 — — 1395.
— II., II., 6 — — 1707.
— I., II., 13 — — 1499.
— I., II., 37 — — 1486.
— I., II., 41 — — 1644.
— I. 182. — — 1562.

Lersner I. 197. ad annum 1612. (col. 2.)
— — 164. — — 1558. (col. 2.)
Orths Zusätze, 207. *Florian* 240 unten ad annum 1338.
Guden cod. diplom II., 283 u. 248 ad annum 1285 u. III, 212 a 1323, ferner V. 64. ann. 1273 et 67 ann. 1274.

Anno 1338. Fratres Praedic. conventum et civitatem exierunt. A Reg. pag. 9 et 15.

Anno 1243 gibt Erzb. Sifrid v. Mz. den Fratribus ord. Praedic., *nuper* fixo in Vrankenvort tabernaculo contra malignos spiritus ve et opere dimicantes in altissima paupertate Domino famulantur, Erlaubniss, in seiner Diözese Beicht zu hören und zu predigen (*Jacq* Cod. probat. I. No. 1.) [Cod. dipl. 72.]

Anno 1245. Ablassbulle des P. Innoc.
— 1254. Ablassbrief des Erzb. Gerhard v. Mz.
— 1261. Erlaubniss des P. Alexander, der Begräbnisse in Kirche.

Anno 1279. Erlaubniss des Erzb. Albr. v. Mz. 2 Altäre in der Do nikanerkirche durch den Bischoff Johann, Episcop. Lucowiensem, weil zu lassen.

Anno 1470. Im Testament de 1470 will Frau Irmel zum Ullner, d nach ihrem Tode die *S. Jacobs Brüder zu S. Niclas* sie tragen und Prediger sie mit der Procession holen und in ihr Grab begraben las sollten.

Anno 1470 werden die Fenster im Chor und auch die Pfeiler s wendig am Chor erhöht und die Fenster auch erweitert und mit Ba steinen gewölbt.

Anno 1507 fer. 6ta Parasceves (alibi 1506) officio divino mox fi quidam dictus Wenzen henne exclamator vinorum in eccl. Pred. propri cultellum in corpus suum (coram altari?) irrudens mortem in ch conversorum sibi ipsemet conscivit. Vicarius generalis Mog. Theodori Zobel declaravit ecclesiam non pollutam per talem interfectionem.

Anno 1560 in vigil. Augustini Testimonium Provincialis et Conven quod Martinus Gellern Prior depositus *magna spolio* apostata ab Or factus. *Jacquet* No. 266.

Anno 1262. Richardus Rom. Rex impertitur Conventui Frat hujatum ord. Praed. licentiam accipiendi ligna in regio nemore ad a ficandum et comburendum. [Cod. dipl. 128.]

Die 3 Häuser an der Gasse, wo zuvor die Klostermauer gestan wurden 1680 gebaut *Jacquet* cod. probat No. 351.

Hic conventus ita (1262) extructus stetit (ad 40 personas capien in suo quadro cum dormitorio commodissimo et humili aedificatus) a 446 usque ad annum 1684 et inhabitatus fuit ordinarie a 24 circiter sonis sed propter imminentem ruinam debuit ao. 1684 totaliter des et reedificari a fundamento usque ad annum 1694 modo magis solide extructus.

Das schönste Kloster in der Provinz und insignia in choro, in fornicibus et fenestris denotant patronos hujus conventus tempore illo, quo civitas totaliter catholica. Alias nulli sunt fundatores. *Jacquet* No. 369.

Anno 1743 hielt der kaiserliche Reichshofrath seine Sessionen Montag, Dienstag, Donnerstag und Freitag im Dominikanerhause.

Retro provincialatum capella antiqua est cum altari consecrata teste tabula sequentis tenoris. „Altare in Infirmaria consecratum est anno Dmi. 1493 in honore B. Mariae V. S. S. Michaelis et omn. Angelor. Joannis Baptistae, Hieronymi, Dominici, Catharinae de Senis et Gertrudis.

Prediger-Kirchhof.

Papst Alexander IV. gab den Predigern 1261 die Erlaubniss, Todte in ihre Kirche zu begraben. Es lässt sich wohl vermuthen, dass bald darauf auch der Kirchhof angelegt wurde, der vor dem Eingange der Kirche seinen Anfang nahm, und sich bis an das Vikariehaus S. Mathei erstreckte, welches gegenwärtig die englische Fräulein bewohnen. Er hatte drei Eingänge. Der erste und Haupteingang oder die Porta occidentalis septentrionalis, war die Thüre gegen der Hachenbergergasse über, wo man zur Kirche geht. *Baldemar* bestimmt den Lauf dieser Gasse in seiner Beschreibung der Strassen von 1350: „a porta occidentali septemptrionali cemiterii praedicatorum ad oppositum fontis dicti Grabinburnen" und das Haus Amelung bei diesem Brunnen, wo nun das Gasthaus zum goldnen Löwen steht, wird auf eine ähnliche Art gegen dieser Pforte über beschrieben. Der zweite Eingang, oder die Porta occidentalis meridionalis, wird auch von *Baldemar* bemerkt; indem er die Mengotsgasse, die zuletzt das Gerstengässchen hiess, „a porta occidentali meridionali cemiterii praedicatorum" beschreibt. Es wird auch das Eck an besagtem Gässchen Lit. A. No. 60 quasi „in opposito parue porte cimiterii predicatorum" und das im Gässchen gelegene Vikariehaus „S. Annae in vico paruo transitus — tertio a meridie, opposito minori porte cemiterii" beschrieben. Sie wurde also die kleine Kirchhofpforte genannt. Der dritte Eingang, sonst die Porta respiciens meridiem cemiterii Prädicatorum, befand sich da, wo gegenwärtig das Komposteller Thor neben den englischen Fräulein steht. Man sehe die *Baldemar'sche* Beschreibung von der Schildergasse, die ehemals neben dem Karthäuserhofe durchging. Den angezeigten Standort der Pforte bestätigt auch die Beschreibung des Vikariehauses S. Matthai (nun der englischen Fräulein) von 1390: „an der prediger Kirchhofe an dem darc (Thore) als man zu der Arnspurgerhofe get." Und noch eine andere von eben diesem Hause von 1407 in L. r. Sil. f. 20: „daz husz vnd gescsze hart an den Kirchhoffe zu den predigern hie zu Franckfurd gelegen."

In Betreff der Kirchhofmauer wurde 1510 an Dienstag nach h. 3 König zwischen dem Rath und dem Prior Johann Willnau die Uebereinkunft getroffen, dass dieselbe zur Erweiterung der Gasse weiter eingerückt wurde, und dass die Feuerleitern mit einem kleinen Dache daran gehenkt werden dürften. Nach entstandener Reformation, wo der katholische Haufen sehr zusammen geschmolzen war, kam der Kirchhof endlich in gänzlichen Abgang, und das Kloster verlieh ihn am 1. Januar 1573 den Steinmetzen auf einige Jahre um einen jährlichen Zins von 4 fl. 1663 am 10. Juli verkief der Prior Johannes Gesnerus dem Kurfürsten Johann Philipp von Mainz einen Theil des Kirchhofs zum Kompostell, und sein Nachfolger Damian Hartard setzte 167. einen Bau darauf, wie sein Wappen und die Jahrzahl über dem Thore bezeugen. Dieser Bau ist das vorstehende Eck neben den englischen Fräulein. Die bisher vom Kloster mitgetheilten Nachrichten sind grösstentheils aus der Klosterchronik des P. *Jacquin* genommen worden.

Lit. A. No. 36. Das Haus der *englischen Fräulein* in der Ecke neben dem Kompofteller Thore. Vorher das *stockarsche* Vikariehaus S. Matthaei, nachmals ein Canonikathaus.[135a] Wie das B. V. B. vom XIV. Jahrhundert bemerkt hat, wurden ehemals auf Martini ij Mark Pfennig an die Vikarie der h. Maria zweiter Stiftung abgegeben „de curia — dicta Stogkar sita in antiquo opido Frank. superiore parte vico Predicatorum latere

---

[135a] 1320. Johannes Stocare (hieher gehörig und wahrscheinlich der Namenspender). Beedbuch.
S. G. P. 1465. Der Stockarn *seel.* H. by den Predigern. F.

orientali jnfra vicum dictum Fronhovis gazze et claustrum predicatorum eorundem." Die beiden Schwestern Lukardis und Catharina Stockarn, welche eine Vikarie zur Ehre des h. Apostels Mathaei in unserer Kirche stifteten, vermachten 1393 dem zeitlichen Besitzer der Vikarie „daz hus gelegin an der prediger Kirchofe an dem dare als man zu der Arnspurgerhofe geht mit allen sinen zugehorden," l. Test. fol. 112, und er war gehalten, jährlich am grünen Donnerstag arme Leute in seinem Hause zu speisen. Nachdem die Vikarie wieder eingegangen war, fiel das Haus der Praesenz anheim, die es 1565 neu baute. Als am 28. September der erste Stein gelegt wurde, gab man den Handwerksleuten 6 ₰ 2 Hllr. für Wein und Brod und der ganze Bau kostete 1137 fl. 12 ₰ 7 H. Aus der C. R. in Lat. H. No. 28. Weil den englischen Fräulein bei ihrer Aufnahme in hiesiger Stadt im Jahre 1749 das Canonicathaus Gross-Appenheim hinterm Pfarreisen auf erzbischöflichen Befehl eingeräumt werden musste, so suchte sich das Kapitel dadurch zu entschädigen, dass es das stokarsche Vikariehaus zu einem Kanonikathaus machte, und dasselbe zur Option aussetzte. Da aber die englischen Fräulein nicht Raumes genug zur Schule in ihrer ersten Behausung fanden, so wurde ihnen dieses Haus zur künftigen Wohnung angewiesen, und der Bewohner Canonicus Kilian wurde von dem erzb. Vikariat mit einer Strafe von 100 Dukaten, und das Kapitel mit einer Commission bedrohet, wenn das Haus nicht geräumt würde. (Aus dem St. Protokoll.) Auf solche Weise kamen die englischen Fräulein 1750 in den Besitz des Hauses, worin sie noch wirklich die Mädchenschule unentgeltlich mit vielem Beifalle besorgen.

Zusatz von den englischen Fräulein:

Anno 1748. 2. Apr. convocatis capitularibus Dominus Riv. Linkerheld Eminentissimi nostri Consiliarius ecclesiast. proposuit: Ob kein Stiftshaus in der Nähe der Kirche zu haben, welches zur Mägdlein-Schul tüchtig wäre, mit Versicherung, dass diesfalls unser Stift indemnisirt, der Zins inskünftig, gleichwie anitzo deswegen bezahlt und nicht hiezu perpetuo soll gebraucht werden. Vid. S. B. Stifts-Protokoll.

Anno 1749 kamen die englischen Fräulein hieher (ni fallor.) und bekamen zum erstenmale das Stiftshaus Gross-Appenheim zur Wohnung ein und sollten laut Decret Vicariatus vom .. April 1748 an dem Stift jährlich 155 fl. Hauszins zahlen. Der Kurfürst Ostein gibt 1000 fl. zur Mägdlein-Schul-Fundation.

Anno 1749. 13. Juni wurde dem Stift auf Geheiss Kurfürstlichen Gnaden anbefohlen, das Haus des Herrn Canonicus Kilian zu räumen, damit die englische Fräulein aus dem Hause Gross-Appenheim ob Enge des Raumes und anderer Ursachen in dasselbe ziehen und die Mädchen-Schul also dahin könnte transferirt werden. Ibid.

Anno 1750. 5. Jänner lief ein Schreiben vom Vikariat ein, in welchem unter Straf von 100 Ducaten anbefohlen wurde, das Haus beim Kompostell ohne allen Anstand zu räumen, und wie im Fall einer ferneren Weigerung auf Kosten Capituli eine Commission heraufkommen und die wirkliche Execution vornehmen werde. Ibid. Protocll. dicti anni.

Lit A. No. 37. Das Haus des *Klosters Rosenberg*, vormals die *Rosenberger Einigung*, und zuweilen auch das *Rosenberger Beguinenhaus*.

Henrich Rosenberg, der 1445 alter Bürgermeister war, und Anna zum alten Kaufhaus seine Gemahlin waren die letzten weltlichen Besitzer des Hauses. Im Jahre 1452 am Dienstag nach Urbani stiftete die Wittwe in demselben ein Convent und Gotteshaus für 12 hiesige Frauenspersonen bürgerlichen Standes, die unter dem Gehorsam einer Meisterin stehen, und nach der dritten Regel des h. Dominicus leben sollten. Ihre weiteren Obliegenheiten gibt der Stiftungsbrief zu erkennen, wie er in der *v. Lersn.* Chronik II. Th. II. Bd. S. 199 abgedruckt ist. Das Haus wurde von der Zeit an das rosenberger Gotteshaus, die rosenberger Einung oder Einigung, und auch das rosenberger Beguinenhaus genannt, und die darin aufgenommenen Personen hiessen gemeiniglich die Süstern (Schwestern) der rosenberger Einigung, oder die rosenberger Beguinen. Wegen Enge des Raumes suchten sie im Jahre 1610 das neben ihnen gelegene Vikariehaus und 1611 das nahe Mainzer Dom-Präsenzhaus käuflich an sich zu bringen; der Rath gab aber ihrer Bitte um die Erlaubniss kein Gehör, l. c. S. 202. Günstiger war ihnen das Jahr 1613, wo sie mit Bewilligung des Raths den Schelmenhof kiefen, denselben zu einem Kloster einrichteten, und dadurch den Namen der Rosenberger Nonnen erhielten. Ihr erstes Stiftungshaus hatten sie noch in dem nämlichen Jahre verlassen, wo der Kauf geschehen war, und sie waren gesonnen, es dem Abte von Selgenstadt zu überlassen, welches aber nicht gestattet wurde. Die weiteren Nachrichten von ihnen gehören zum Kloster Rosenberg.

Ich will zum Schlusse noch einige Stellen aus den Zinsbüchern ausheben, woraus die Lage des Hauses, seine Bewohner, und der Zins, welchen das Kloster noch jährlich auf Martini an unsere Präsenz mit 22 kr. 2 hll. abgeben musste, erwiesen werden.

„jx β de domo et horreo sitis latere orientali jnfra curiam arnszburg et cimiterium predicatorum contigua domui vicarie Stockern dant begine inhabitantes." R. C. de 1499.

„9 β de domo et horreo, sitis latere orientali infra domos vicariarum Matthei Euangelistae et Mariae secundae institutionis dant Begine der Rosenbergerin inhabitantes." R. C. de 1581. f. 2.

Der Zins wurde 1356 schon von dem Hause erhoben.

Zusatz de monasterio Monialium in Rosenberg:

Anno 1446 lebte Henrich Rosenberger Schöffe.

— 1478 heisst es: Als die Rosenbergern mit Tod abgegangen ist, soll man die Verschreibung ansehen.

Anno 1561 hat der Prior im Predigerkloster sich an die Mutter in der Rosenberger Einung verheirathet und ist letztlich zum Hausmeister im Leinwandhaus angenommen worden.

Anno 1478 seind Jost Eck, Hart Stralnberger und Johann Kemp Truwenhänder der Rosenberger Einung. (*Ritter* ad 1446. pag. 4. Noto. *Lersner* Tom. II. L. 2. pag. 199.)

Die Jungfrauen der Rosenberger Einung vor Ankauf des Klosters in ihrer ersten Wohnung habebant in domo sua oratorium, ad missas et conciones vero audiendas ecclesiam Praedicatorum accedere debebant et se in designatis suis scamnis ad valvas ecclesie deputatis congregare. Erant 1672 tantum sorores 7, quibus paulo post plures successerunt.

Des Erzbischofs Wilhelm zu Cölln Statut wider die Beggarden und Suestrionen in seinem Erzstifte; ingleich wider diejenige so sie beherbergen, vid. 1357 *Lunig* Spicil Eccl. Thl. I. Fortsetzg. S. 495.

O. U. 1522. H. in der Predigergassen, *Kreussperk* genannt, neben einem Huss, den Tongisherrn zugehörig uff einer, und der Bekynnen in der Rosenberger Huss uff der andern Syten.

It. vi gross umb einen rock, was einer nonnen vnder den vischern ex fragm. computus fabricae S. Barthol. de 1399.

Die rosenbergerin in platea Praedicatorum posita. Coll Phil. Schurg. I. 25.

Lit. A. No. 38. Präsenzhaus des S. B. Stifts. Vorher das Vikariehaus der h. Maria zweiter Stiftung.

„Domus vicarie beate Marie virginis secunde institutionis sita in vico predicatorum latere orientali infra vicum fronhofgaszc et claustrum predicatorum contigua domui vicarie Sancti Jacobi prime institutionis." L. V. de

Der Besitzer der Vikarie hatte anfänglich seine Wohnung in der Gisengasse, die anitzo die Kornblumengasse heisst. In den letztern Zeiten war das Haus einem zeitlichen Präsenzamtmann zur Wohnung angewiesen.[125b])

Lit. A. No. 39. *Zur Blume*, oder *Blumenkrug*. Ein Kanonikathaus S. B., vorher der Vikarie S. Jacobi, und nachmals der Präsenz gehörig.

„Domus vicarie S. Jacobi majoris prime institutionis sita in vico predicatorum latere orientali jnfra domum vicarie beate Marie virginis secunde institutionis et domum aciei respicientem meridiem et occidentem." L. V. de 1453 et 1481. f. 37. In diesem Hause wurde 1534 am 25. Februar Abends zwischen 6 und 7 Uhr der Vikarius und Organist Henrich von Rüdesheim von Steffel, einem Bürgersohne von Sachsenhausen, mit einem Bindemesser ermordet, und darauf seines Geldes, Silbergeschirrs und anderer Dinge beraubt. Der Mörder erhielt am 6. März den verdienten Lohn, indem er auf einen Karren gebunden, vor dem Hause, worin er die ruchlose That beging, mit glühenden Zangen gepetzt, nachmals am Galgen mit dem Rade gerichtet, und auf das Rad gelegt wurde, v. *Lersner* II. Th. S. 693. Eine alte Handschrift sagt, der Geistliche habe

---

[125b] O. U. 1476. H. — gelegen by den Predigern zuschen der Herren zu St. Anthonien und deren Rosenbergern Eckhusse, darinn H. Joh. Rab seel. gewont habe.

Wfrkl. Z. B. von 1480. *In der Fargasse und by den Predigern, Vicarihus unser lieben Frauen* gelegen zuschen dem Arnspurgerhofe und dem Prediger Kirchhoff, uff der Seiten des Uffgangs der Sonnen neben der *Rosenberger Bekinhuse* und dem Vicariehus S. *Jacobi* der ersten Stiftung, stosst hinten *wider der dutschen Herren* Hof.

seinem Mörder vorher viele Wohlthaten erzeigt gehabt. Die Präsenz hatte jährlich auf Martini 18 β ins Kompostell zu bezahlen, und aus der Quittung des Schaffners von 1703 ist zu ersehen, dass dieser Zins vom Hause zur Blume in der Predigergasse neben dem rothen Hahn gegeben wurde. In zwei Leihbriefen von 1711 und 1720 in Lat. M. IV. No. 28 u. 29 kömmt statt der Blume der Blumenkrug vor.

Der Verlust des Canonikathauses Lit. A. No. 36 bewog das Kapitel, dieses Haus für eine Canonikatwohnung zu erklären, dessen letzter Besitzer Herr Canonicus und geistlicher Rath Frank es mit Vorbehalte eines jährlichen Zinses der Administration überliess, und sich 1807 nach Aschaffenburg verfügte.

Lit. A. No. 40. Das *Kompostell*, sonst der *rothe Hahn*. Das Eck an der Fronhofgasse. Des ältern Namen wird beim vorigen Hause gedacht. Ohne Zweifel soll auch der unten auf dem Vorplatze in ein Fenster gesetzte rothe Hahn von alter Glasmalerei eine Anspielung auf des Hauses Namen sein. Ein mehreres von diesem Hause wird bei dem eigentlichen Kompostell in der Fronhofgasse gesagt werden.[126])

---

[126]) 1320. Luckardis beckina in curia fratrum Teutonicorum (hieher gehörig). Beedbuch.

O. U. 1469. Orth. und Hoff und Stalle bey dem *Arnspurger Hoffe* uff der Ecken herwerts dem Kirchhoffe genant zum *Rodenhanen* zushen H. Johann Sommer Vicarien in der Parre und N.

St. R. de 1481. It. xx fl. hat geben Henne von Rennstorfft, als seine Husunge zum *Rodenhanen* mit eyme Orte etwas wider vnd forter, dann dez andere Ort gein der strassen zu gemacht sy, vmb Ime zu vorgonnen die beide Orte gliche zu verbuwen. (NB. im Jahr 1480 d. St. R. war dieses Haus abgebrannt.)

Vgl. *Lersner* I. 543 (1663.) F.

Häuser auf der Abendseite.

I.

Zwischen der Arnspurgergasse und der Hachenbergergasse.

Lit. A. No. 59. Der *Karthäuserhof*, *zum Eber* genannt, machte ehemals das Eck vom Schildergässchen aus.[127]) Von wegen einer längstens abgekauften Servitut ist beim Hause Lit. A. No. 160 nachzusehen.

1596 am 3. Mai verkief Margareta Mengerthausen, Jost Schaden K. Kammergerichts-Assessors nachgelassene Wittwe, das Haus der Rosenberger Einigung für 2000 fl., die in Königsthalern, jeder zu 23 Batzen gerechnet, in zweien Zielen bezahlt werden sollten. Der Kaufbrief wurde in der Karthaus bei Mainz aufbewahrt und in demselben lautet die Beschreibung des Hauses:

„Eine Behaussung jnn der Predigergassen zum Eber genandt, Ein seits neben N. N. (der Dom-Präsenz) zu Maintz, Und der andern seitten einem gemeinen gesslin gelegen, stost hinden vff die Herberg zur Gersten vnnd Frölichen mann."

Und noch in dem nämlichen Jahre am 6. November quittirte Hieronymus Mengershausen des Raths zu Frankfurt als Gewalthaber der Rosenberger Einigung über den Empfang der 2000 fl. Ex origin. ibid.

1620 am 8. Juli erhielten Hans Hektor zum Jungen und Johann Spieser als Pfleger des Klosters Rosenberg gegen Daniel Weiland den Wirth zur Gerst in Betreff der zwischen den beiden Häusern sich befindenden Almei den Schöffenbescheid: Weiland hätte die Mauer, Thor und Ueberbau abzuschaffen, oder sich deswegen mit der Rechnei abzufinden und bis auf weitere Rathsverordnung den Inhabern des Hauses zum Eber den Aus- und Eingang ungesperrt zu lassen. Ex archiv. Carthus.

---

[127]) O. U. 1383. Hoff, Hussunge und Gesess — gelegin gein der Prediger Thor über genant *zum Ebbir*. F.

Um die nämliche Zeit, wie es scheint, erhielt die Karthaus bei Mainz von den Rosenbergerinnen die Behausung, und weil die Streitigkeiten in Betreff der Almei oder der ehemaligen Schildergasse, aus der zuletzt ein Höfchen geworden war, noch kein Ende nahmen, so wurde 1687 am 1. Februar zwischen Jodocus Schwab Prior der Karthaus und Matthias Günter Wirth zur Gerst folgender Vergleich abgeschlossen:

1) Der Eigenthümer des Wirthshauses zur Gerst sollte im bisherigen Besitze des Höfchens ruhig verbleiben: dagegen aber verbunden sein, jederzeit in dem grossen Hinterthore ein kleine Thüre zu unterhalten, wodurch ein Pferd füglich geführt werden möge, und zu derselben dem zeitlichen Prior einen Schlüssel zu überliefern, damit er oder die Einwohner seines Hauses nach Belieben dadurch zu dem Hause ein und ausgehen oder ein Pferd und dergleichen aus und einführen mögen.

2) Im Fall der P. Prior die Oeffnung des Thors um Stroh, Heu u. dergl. einzuführen, nöthig hätte, und den zeitlichen Einwohner der Gerste freundlich ersuchte, sollte derselbe gleichfalls aus gutem nachbarlichen Verständnisse sich darzu willig erzeigen, und ihm das grosse Thor eröffnen; nachmals aber dasselbe wieder verschliessen, und in guter Verwahrung halten.

3) Sollte das Höfchen mit keinerlei Baumaterialien aus dem Karthäuser Hofe beschweret werden; jedoch mögte der zeitliche Bewohner desselben den etwa vorhandenen Pferd- oder Viehmist auf den Haufen hinschlagen, welchen der Inwohner der Gerste jedesmal in dem Höfchen haben wird. Ex org. in arch. Carth.

Der vorgedachte Wirth aber liess die getroffene Uebereinkunft zum Theile unerfüllt, und es wurde 1693 am 4. November gegen ihn der Baubescheid erlassen, innerhalb 14 Tagen die kleine Thür am Gässlein zu lassen, und den Karthäusern einen Schlüssel darzu zu geben; übrigens aber bei Strafe sich in allem dem Vergleiche vom 1. Februar 1687 gemäss zu bezeigen. Ex orig. ibid.

1693 am 29. Juli erlaubte das Bauamt ein Portal mit zween Tritten, und 5 Fenster auf der Gasse zu setzen, sodann noch

7 Fenster theils zu vergrössern, theils neu in das Alment (das ehemalige Gässchen) machen zu lassen. Ibid.

Als die Karthaus von dem Erzbischofe von Mainz Friedrich Carl Joseph im Jahre 1781 im November aufgehoben und der Universität überlassen wurde, schickte dieselbe am folgenden Tage ihre Deputirten nach Frankfurt und liess Besitz von dem Hofe nehmen, den sie 1782 dem hiesigen Bürger und Weinhändler Herrn Busch verkief.

Das *Hinterhaus vom Gasthause zur Gerste* in der Fahrgasse, welches von dem Wirthe Daniel Weiland im Anfange des XVII. Jahrhunderts neu erbauet wurde, und vorher das Gasthaus zur Gerst gewesen ist, welches nachmals in die Fahrgasse versetzt wurde.[128] In früheren Zeiten haben an seiner Stelle zwei Häuser gestanden, das eine war das Eck an der Schildergasse, und vermuthlich der Platz, der in dem S. G. P. von 1413 beschrieben wird:

„der flecken by den Predigern da vor Ziten Guldenknaufs hus uff stund gen den bekynen des Gotshus genent der Menguszen gotshus."

Das andere war das Eck an der Mengotzgasse oder dem Gerstengässchen, sonst das *Beguinenhaus*, von welchem ich nun weiter reden werde.[129]

Domus Beginarum. Der Gerlieben Gotteshaus. Der Mengozen Gotteshaus.

„ij sol. den. de domo Beginarum dicta Gerlybin Godis hus sita in antiquo opido Frank. superiore parte, vico praedicatorum.

---

[128]) Ueber das Gasthaus zur Gerste vgl. S. 44 hier.

[129]) Der *Gerlieben Gotteshaus* lag zwischen dem Dominikaner-Kirchhof und dem Kompostell gegen dem Karthäuser-Hofe über. Ex Mspt. D. Cunibert pag. 111.

1320. Filiae Gerlibi Beckine. — 1329. Der Gerliben Kint (hieher gehörig). Beedb.

1372. Im Beedbuch werden der Gerlieben und Mengossen Gotzhuser genau von einander unterschieden, so dass 4 drittere dazwischen liegen.

S. P. 1383 der Mengotzen Gotzhus.

latere occidentali, jnfra vicos Schylder et Mengoz gazze jn acie respiciente septentrionem et orientem Mengozgazze iam notati." L. V. B. Sacc. XIV. vic. VI.

„ij ꝓ den. de domo Beginarum dicta Gerlciben Godeshusz sita — jn acie vici Mengotzgasz respiciente septentrionem et orientem ex opposito parue porte cimiterii predicatorum." L. V. de 1453. f. 42.

Dass das Haus auch der *Mengozen Gotteshaus* genannt wurde, bezeugt die aus dem S. G. P. von 1413 angeführte Stelle.[130]) Metze genannt Gerlieben vermachte 1336, oder kurz vorher, ihr Wohnhaus bei den Predigern zu einem Gotteshaus für 6 arme Mädchen von unbescholtenem Lebenswandel, die lebenslänglich darin wohnen sollten. Sie vermachte auch dem Hause 13 Schilling Pfennig ewigen Zinses, von welchen eine Mark leichter Pfennig für Brennholz im Convent und für Reparatur des Gebäudes sollte verwendet werden; mit einem Schilling Cöllnisch aber sollte man den jährlich auf Ostern an den Altar S. Joannis Evang. in der Pfarre vom Hause zu zahlenden Zins berichtigen. Die Stifterin verordnete auch, keine Mannsperson, sie wäre geistlich oder weltlich, darin zu beherbergen und

---

[130]) S. G. P. 1383. Die *Nunnen* in der Mengotzen Gotzhus. 1384. 1401.

S. G. P. 1387. Der Mengotz Gotzhus; 1398 der Mengozen Gotzhus.
— 1390. Die Süstern in der Mengoz Gotzhus. 1392. 1393. 1394. 1395. 1396 1400. 1415. 1434. 1435. 1436.

S. G. P. 1395. Else in Mengotz Gotzhus.
— 1409. Die *Bekynen* in der Mengutz Gotzhus.
— 1417. Die Süstern in der *Girliebe* Gotzhus.
— 1424. Lücke im Gotshuse, Mengoss Tochter.
— 1490. Die Beckynen im *Glockengeschin*.

Im Stadtbeedbuche de 1362 wird bereits der Mengossis Gotshus gedacht, welches, da die Sammlung nach den Strassen geschah, in dieser Gegend lag. In demselben Beedbuch heisst es: Item der Mengos Gottshus und It. der Gerlieben Gotthus. Diese haben der Lage nach nicht weit vom Hause zum Lumpen gelegen *und waren zweierlei*. In dem Beedbuch de 1378 werden beide Gotteshäuser ausdrücklich unterschieden und scheinen nahe beisammen nicht weit vom Haus zum Lumpen zu liegen. F.

weder bei Tag noch bei Nacht sollten sich solche darin aufhalten, und sich mit ihnen berauschen. Sie vertraute die Obsorge über das Ganze dem Hartwig von Dieburg, gewesenem Lector des Predigerklosters, und Gerlach Faber vic. S. B. als ihren Testamentarien an, nach deren Ableben der jedesmalige Prior des gedachten Klosters und der älteste des Convents dieselbe über sich nehmen sollten. Starb eine, oder musste sie wegen schlechter Aufführung hinausgeschafft werden, so waren diese verbunden, an die Stelle der Abgegangenen innerhalb 4 Wochen eine andere zu ernennen, und geschah dieses nicht, so hatten die im Hause das Recht, eine zu wählen. *Jacquin* Chron. monast. in Cod. probat. T. I. No. 45. Diese Begginen werden in dem S. G. P. von 1383 „die armen Nunnen by den Predigern" genannt. Sie erhielten sich bis in die ersten Zeiten der Reformation, wo der Magistrat die Begginenhäuser aufhob nnd aus dem ihrigen das ehemalige Wirthshaus zur Gerste in der Predigergasse entstehen liess.[131])

Ausser den schon vorher mitgetheilten Nachrichten mag auch noch folgende Stelle aus dem Z. R. von 1581 f. 5 zum Beweise dienen:

„2 fl. 7 β de domo zur Gersten sita in vico Menges seu Glockengässlein, et 3 β ad vicariam S. Johanis Evangelistae de domo vulgo Gotshauss, quae fuit acialis domus. Et nota quod tota domus zur Gersten applicata est domui."

Uebrigens waren die Begginen eine Art von Ordensleuten, die unter den Uebungen der Frömmigkeit und der Arbeit ihrer Hände unter einer gemeinschaftlichen Vorsteherin zusammen lebten, doch mit der Freiheit, diese Gesellschaft wieder verlassen und sich verheirathen zu können. Man nannte sie daher auch weltliche Nonnen. Dass sie eine eigene Kleidung trugen,

---

[131]) Vgl. über Gotteshäuser und Beginen zu Frankfurt noch:
S. G. P. 1339. Metzen in dem Gotzhus.
  —   —   Guda begyna.
  —   1368. Die Kinde in dem Gotzhus.
  —   1464. Süster Meckel, eine Begyne.
  —   1466. Süster Elschin, ein Beckyne. (S. *Holzhausen* 44. 1.) F

ist aus einer Urkunde des Erzbischofs Peter von Mainz abzunehmen, laut welcher Niemand als dem hiesigen Pfarrer unter Bedrohung des geistlichen Bannes erlaubt war, eine Beggine einzukleiden. (*Würdtwein* D.· mog. in archid. distincta.) Was sie durch ihre Handarbeit oder sonst erwarben, blieb ihr Eigenthum, denn ich fand mehreremale, dass hiesige Begginen sich durch Schenkungen und Vermächtnisse auszeichneten. Einige leiten den Ursprung der Begginen von Lambertus Beggins, einem niederländischen Priester, her; ihrer Meinung widerspricht eine Urkunde der Vilvorder Begginen vom J. 1065, darin sie bekennen, ihren Namen und ihr Institut von der h. Begga erhalten zu haben. Miraei opp. diplom. T. II. p. 498.

Im XIII. Jahrhundert fingen sie erst an in Deutschland recht bekannt zu werden; aber auch bald schlichen sich gewisse Irrlehren in ihre Gesellschaften ein, die schon Papst Clemens V. verdammte, und von welchen sein Nachfolger Johannes XXI. die niederländische Begginen 1320 frei erklärte. (Cherubini Bullar. magn. T. IX. p. 174.) Der Orden wurde endlich von der Kirche unter Papst .... ganz aufgehoben.

Lit. A. No. 60. *Präsenzhaus* des S. B. Stifts. Vorher das Vikariehaus S. Margaretae und das Eck am ehemaligen Gerstengässchen. Der Besitzer dieser Vikarie hatte anfänglich in der Töngesgasse in einem kleinen Gässchen neben den Antonitern seine Wohnung; weil aber dieselbe von der Kirche zu weit entfernt lag, wurde ihm ums Jahr 1468 eine andere in der Predigergasse angewiesen, und zwar „in acie des glokken gesghins quasi in opposito parue porte cimiterii predicatorum respiciente orientem et meridiem". Ex Ms.

Lit. A. No. 61. *Bockshorn.* Erwähnt „zu dem Boxhorn in vico predicatorum." R. C. de 1405. f. 74.

„3 β de domo in vico ex opposito porte predicatorum, contigua der Holzstuben supra fossatum, zum Bochshorn dicta." Z. R. von 1586. f. 2.[132])

---

[132]) G. Br. 1393. H. zum *Boxhorn* hintern Predigern.
S. G. P. 1399. H bei den Predigern an dem Graben.
— 1407. H. uf dem Graben by den Predigern. 1408.

II.

Zwischen der Hachenbergergasse und dem Ellenbogengässchen.

Lit. A. No. 72. Das Eck an der Hachenbergergasse.
Lit. A. No. 73.
Lit. A. No. 74.
Lit. A. No. 75. Das Eck am Ellenbogengässchen, s. No. 68 im Gässchen.[133]

III.

Zwischen dem Ellenbogengässchen und der Nonnengasse.

Lit. A. No. 76. *Präsenzhaus* des S. B. Stifts, vorher das Vikariehaus des h. Jodocus. Ist das Eck an genanntem Gässchen. Dieses Haus wurde aus zweien zusammengesetzt. Das eine war das Eck, *Ysalde* genannt, das andere das Vikariehaus des Henrich von Soden. Ueber Namen und Lage des ersten geben folgende Auszüge sichere Auskunft:

„Ysalde domus jnne dem Wynckelmasze parui vici prope domum vicarie Heinrici de Soden" L. C. de 1405. f. 25.

„in vico predicatorum in acie Winckelmass versus septentrionem." L. C. de 1450. f. 1.

„Iszhalde in acie winckelmasz versus septentrionem vicarie Sancti Jodoci." L. C. de 1460.

Henrich Storm Scholaster zu S. Maria und Georgius, welcher 1411 am 5. Junius starb, vermachte dieses Haus der Vikarie S. Jodoci, und wollte, dass solches mit dem daneben stehenden Vikariehause stets sollte vereiniget bleiben. L. Test. f. 155.

Domus vicariae S. Jodoci. Domus vicariae Henrici de Soden. 1390. War neben dem Ecke Ysalde gelegen. Henrich von Soden war der Stifter der Vikarie. Er endigte 1360 am Vorabend Allerheiligen sein Leben und wurde in unsere Kirche

---

S. G. P. 1415. H. by den Predigern uf dem Graben. 1427.
— 1434. II. daz verbrant ist uff dem Graben by den Predigern. F.
[133] S. G. P. 1482. H. in der Predigergasse uff dem Ort des Elenboges. F.

vor den Magdalenenaltar begraben. L V. B. Saec. XIV. vic. S. Jodoci. In diesem Vikariebuche lautet auch die Beschreibung des Hauses:

„Domus pro habitatione vicarii vicarie prenotate (S. Jodoci) sita in antiquo opido Frank. superiore parte vico predicatorum, latere occidentali jnfra vicos videlicet Ysaldingazze et Volradisgazze contigua versus septentrionem domui site in acie respiciente orientem et meridiem vici Ysaldingazze prenotati."

In dem Vikariebuche von 1481 f. 54 wurde der Beschreibung des nämlichen Hauses noch die Bemerkung beigefügt: „Et nota quod dominus Petrus Bergen vicarius comparavit etiam domum istam acialem ad vicariam istam perpetua."

Der gedachte Vicarius war der Testamentarius des vorher erwähnten Heinrich Storm, der das Haus Ysalde der Vikarie vermachte. L. T. f. 155. Aus den beiden Häusern entstand zuletzt ein Haus, das 1698 auf Kosten der Präsenz neu gebaut wurde.

Lit. A. No. 77. *Ochsenkopf.*[134])
" " " 78.
" " " 79.
" " " 80.[135])
" " " 81.
" " " 82.
" " " 83.
" " " 84.
" " " 85.
" " " 86.
" " " 87.
" " " 88.
" " " 89.
" " " 90.
" " " 91. *Klein Rosenthal.*[136])

---

[134]) S. G. P 1402. H. by der Prediger Thor gelegen. F.

[135]) S. G. P. 1481. Die Süstern in der Predigergasse hinten an dem Krachbein. (Muss eines der Häuser von A. 80 bis 87 sein.)

[136]) O. U. 1658. Behausung hinter den Predigern zum *Rosenthal* genannt etc. F.

Lit. A. No. 92.
„ „ „ 93. Das Eck an der Nonnengasse.[137])

IV.
Zwischen der Nonnengasse und dem Rothenbadstubenplätzchen.

Lit. A. No. 94. Das Eck an der Nonnengasse, zahlte an die Präsenz auf Martini 26 kr. 1 h. Grundzins.

Hintere Scheuer. Unter diesem Namen wurden anfänglich zwei Häuser unter einem Dache begriffen, die ehemals dem S. B. Stift gehörten.

„v lib. hall. et duo pulli de duabus domibus sub uno tecto sitis latere occidentali juxta estuarium Rodin batstube ex opposito curie der Hundemetzelern infra vicos quintum et sextum transitus inter vicos predicatorum et Fargazzen numerando a meridie ad septentrionem, proprie ecclesie sunt iste domus." P. B. de 1356. f. 1.

Sie wurden aber 1538 an den Besitzer des Hauses zur Scheuer in der Fargasse gegen einen jährlichen Zins von 4 fl. erblich abgegeben, wie aus nachgesetzter Stelle zu ersehen ist.

---

[137]) *Domus Bavarorum.* Der Name des adlichen Geschlechts Beyer wird in Urk. mit Bavarus übersetzt. 1255 Heinricus Bawarus Miles. Gud. Syll. 226. 1265 Heinricus dictus Bawarus miles ibid. 248.

In libro anniversar. S. II. 6. ad diem 30. Januarii legitur (nach Battonn): „In anniv. Heinrici Wagemannes — xvi solid. den. de curia ante portam Burneheim que fuit Bauwari militis quondam Sculteti (ced. Martini), (saecul. XIII vivisse videtur). F.

Domus Bavarorum. Das Haus gehörte in diese Gegend, indem es gegen der hintern Pforte des Predigerklosters über beschrieben wird. „iiij. Sol. den. de domo Bauwarorum sita in antiquo opido superiore parte, vico predicatorum olim Stegeburnengazze dicto, latere occidentali, infra vicos quartum et quintum transitus vicorum predicatorum et Fargazze dictos Hachinbergis et Volradis gazze, ex opposito parte posteriore claustri predicatorum eorundem." L. r. B. de 1350. f. 11.

Domus pauperum: „ex opposito porte nostri conventus posterioris" L. Annivers. monast. Praedicat. de 1421. f. 21. Die Lage dieses Hauses stimmt mit der Lage des vorigen überein. Weiter weiss ich nichts davon zu sagen.

„Item 4 fl. de duabus domibus ex opposito Pontis Judaeorum dictis zur hinder Scheuren nunc conjunctis cum domo principali zur Scheuern. Antea in locationibus positae, sed anno 1538 hereditarie sunt locatae etc." R. C. de 1581. f. 2.

Und in der in besagtem Iahre Sabb. post Reminiscere hierüber ausgestellten Urkunde werden die beiden Häuser unter einem Dache „zur hindern Schewern" genannt, und „gegen dem Huntshoeffgen vnd dem Juden brucklein vber, neben der Herrn zum predigern zinsshauss gelegen" beschrieben. L. r. S. f. 144.

In den folgenden Zeiten wurde das eine Haus wieder von der vorderen Scheuer in der Fahrgasse getrennt und in zwei Häuser getheilt, und jedes Haus übernahm die Hälfte des jährlich dem S. B. Stifte zu entrichtenden Zinses. Die drei folgenden Häuser sind es, von welchen ich bisher gesprochen habe.

Lit. A. No. 95. Das erste des getheilten Hauses zur hintern Scheuer. Es gab unserer Präsenz jährlich auf Catharina-Tag 1 fl. für seinen Antheil.

Lit. A. No. 96. Das andere Haus, welches gleich dem vorigen den Zins entrichtete.

Hintere Scheuer. Das eine von den ehemaligen zwei Stiftsäusern, so annoch zur Scheuer in der Fahrgasse gehört, und deswegen nicht numerirt wurde. Es zahlte der Präsenz auf Martini 2 fl., s. vorher bei der hintern Scheuer.

Lit. A. No. 97.

Lit. A. No. 98. *Zum schwarzen Rappen.* Auch zum *hintern schwarzen Rappen.*

Lit. A. No. 99.

Lit. A. No. 100. Domus dominae dictae de Hornawe. Das Haus der Frau von Hornau.

Schon 1349 vermachte Conrad von Löwenstein dem S. B. Stifte 3 Pfund Heller und 2 Pullen ewigen auf Martini fälligen Zinses von dem Hause Dominae dictae de Hornawe, welches beschrieben wird:

In vico proximo fratribus predicatoribus ex opposito curie dicte der Hundemetzelern hof sita domui Conradi carpentarii ibidem aciem facientis contigua." Ex orig. in Lat. F. IV. No. 47.

Lit. A. No. 101. *Mönchhaus.* Das Eck gegen der rothen

Badstube über.[138]) Es gehörte ehemals dem Predigerkloster und erhielt dadurch den Namen. 1514 fer. IV. post Pentecost. verkiefen Prior und Convent dasselbe um 15 fl. an klein Hen gegen einen ewigen Zins von 2 Pfund Heller, die jährlich auf Johannis Baptista und Johannis Evang. bezahlt werden sollten. P. *Jacquin* Chron. Ms. T. I p. 341.[139])

Stegbrunnen.

Obschon wir keine besonderen Nachrichten von diesem Brunnen haben, so wissen wir doch, dass er 1350 schon gestanden hat, indem die Predigergasse damals von ihm den Namen der Stegborngasse führte. Seine Benennung rührt ohne Zweifel von dem Stege her, der sich in seiner Nähe befand, und auch einer Gegend in der Fahrgasse seinen Namen mittheilte, von welcher ich noch besonders reden werde. Der alte Stegborn ist nun seinen Nachbarn ganz unbekannt, und sie wissen ihn nicht anders als den Brunnen hinter den Predigern zu nennen. Er war gleich andern ein offener Ziehbrunnen, bis er 1735 eine hölzerne Pumpe erhielt, welche sammt dem Brunnendeckel 55 fl. 48 kr. zu stehen kam. Für die hölzerne Pumpe aber wurde 1745 eine bleierne gemacht. Das Pfund Blei wurde zu 9 kr. accordirt, und die Pumpe kostete 62 fl. 28 kr.

---

[138]) S. G. P. 1408. Orthus by dem Borne, als man zu den Predigern geet.

S. G. P. 1436. H. uf dem Orte als man zu den Predigern geet, by dem Graborne.

G. Br. 1500. H. in der Predigergasse oben uff dem Ortt gein der roten Badestoben über. F.

[139]) *Häuser hinter dem Predigern unbestimmter Lage.*
S. G. P. 1429. H. *zur Melen* hinter den Predigern.

Fronhofgasse.

Dass sie ihren Namen von dem Fronhofe erhalten hat, bedarf kaum einer Erinnerung. Sie erstreckte sich nicht weiter, als von diesem Hofe bis zum Arnspurger Bogen, wo die Arnspurgergasse ihren Anfang nahm. Den Namen bezeugen die Handschriften des XIV. und XV. Jahrhunderts, doch scheint er noch vor Ende des letzteren wieder in Abgang gekommen zu sein. Am Fronhofe oder hinter dem Kompostell sind anitzo die gewöhnlichen Benennungen der Gegend. Vergl. *Müller* Beschr. 33.

I.
Häuser auf der mitternächtigen Seite.

Lit. A. No. 40. *Kompostell*, sonst auch der *Mainzerhof* genannt, der aus mehreren von den Kurfürsten nach und nach angekauften Häusern besteht.[140]) Sie sind nach der Ordnung ihrer Lage folgende:

Domus Baldemari de Petterweil. Ist das *Komposteller Eck zum rothen Hahn* (s. in der Predigergasse), welches Baldemar von Petterweil, eben derjenige, dem wir die Beschreibung der Strassen zu verdanken haben, im Jahre 1364 besass.

Domus Vicariae Ss. Trinitatis. Der vorgedachte Baldemar und sein Bruder Hartwich, auch Chorherr des S. B. Stifts, stifteten im Jahre 13.. eine Vikarie zur Ehre der allerh. Dreifaltigkeit. Um dem Vicarius eine Wohnung zu verschaffen, brachte Baldemar das zwischen ihm und dem Kompostellerhofe gestandene Haus theilweise an sich, und überliess es der Vikarie als ihr Eigenthum. Der erste Kauf geschah 1363 am 14. October, wo ihm Fritz und Alheid von Bischoffsheim ihren Antheil am Hause um 64 Pfund Heller Frankfurter Währung überliessen. Ex Instrum. in L. T. f. 165. Am 2. Nov. 1364 liess

---

[140]) Das *Kompostell, der Trierische Hof und das Paradies* waren die Wohnungen der 3 geistlichen Kurfürsten, siehe *Ohlenschlager* Erläuterung zur goldnen Bulle, S. 287 etc. F.

ihm Frau Else Kannengiesserin ihren Antheil um 40 Pfund Heller zukommen, nämlich: „duas partes novem partium — domus — site in antiquo opido Franck. superiore parte vico dicto Fronenhoffes gasze latere septentrionali infra domum dicti Baldemari sitam versus occidentem in acie ac Curiam conventus fratrum theutonicorum in Sassenhusen sitam versus orientem contigueque eisdem." Ex Instr. ibid.

Endlich erhielt er auch noch am 24. November des genannten Jahres den Antheil der Frau Ermengard Korbin von Selgenstadt „partem domus site in antiquo opido Franckenfurd predicta superiore parte vice dicto Fronhovisgasze latere septemptrionali contigua curie dominorum ordinis theutonicorum versus occidentem." Ex Instr. l. c. f. 164.

Das Vikariehaus wurde nachmals in dem Vikariebuche von 1453 f. 156 beschrieben: „sita in vico Fronhoffsgasze latere septentrionali ex opposito Arnspurgerhoff jnfra domum acialem et curiam theutonicorum."

Im Jahr 15.. wurde dasselbe dem Kurfürsten Daniel von Mainz abgetreten, nachdem die Vikarie schon einige Zeit erloschen war, und dem Stifte wurde dagegen der Petershäuserhof eingeräumt.

Kompostell. Curia dominorum ordinis Theutonicorum. Curia conventus fratrum Theutonicorum in Sassenhusen. S. vorher.

In einer Urkunde von 1422 in Lat. H. No. 15 heisst es: „der deutschen heren hoffe an dem Fronhofe gein der Arnspurger hofe uber gelegen", und das S. G. P. von dem nämlichen Jahre sagt: „die Huser die da stossen in der dutschen Hern hof an den Fronhof gen der Arnspurger hofe uber gelegen". Noch wirklich lässt sich wahrnehmen, dass der Bau wider dem Fronhofe aus mehreren inwendig mit einander vereinigten Häusern besteht, von welchen das steinerne Haus vorn bei der Gasse noch aus dem XV. Jahrhundert übrig zu sein scheint. Aus den bisher mitgetheilten Nachrichten erhellet, dass die Gegend zwischen dem gedachten Vikariehause und dem Fronhofe das eigentliche Kompostell der älteren Zeiten ausmacht, das nachmals hinzu gekommene aber von ihm erst den Namen angenommen hat.

Nach einer alten Tradition soll sich in diesem Hofe ein Hospital befunden haben, worin die Pilgrime, so nach Kompostell zu dem Grabe des h. Apostels Jacobus reisten, eine gewisse Zeit lang aufgenommen und verpflegt wurden. Sie hörten in der gegenüber befindlichen und dem h. Jacobus geweihten Kapelle täglich die Messe und empfingen daselbst vor ihrer Abreise den gewöhnlichen Segen. In Betracht, dass sich in vielen Städten besondere Häuser zur Aufnahme der Pilgrime befanden, und dass hier das Haus zum Kompostell und die dem h. Jacob geweihte Kapelle in Rücksicht des alten Herkommens mit einander im Einklange stehen, was man doch wohl nicht einem blossen Zufalle wird zuschreiben wollen, gewinnt die alte Sage viele Wahrscheinlichkeit. Wer weiss nicht, wie das Wallfahrten im Mittelalter gleichsam zur Sitte geworden war und wie überspannte Andacht die Menschen gar oft in weit entlegene Lande trieb? Dass auch hier öfters Pilgrime durchzogen, lässt sich allerdings daraus abnehmen, dass der Magistrat 1440 vor der Wahl Kaiser Friedrichs bei den Kurfürsten anfragen liess, ob er zu dieser Zeit Herren, Ritter und Knechte, Kaufleute und *Bilgern* einlassen dürfe. (Hist. Fried. III. ex edit. Kulpis. inter Docum.) Und dass in einem kaiserlichen Privilegium von 1444 demselben befohlen wurde, die öffentlichen Strassen zu schirmen, damit Geistliche und Weltliche, *Pilgern*, Kaufleute und andere darauf unbeschädigt blieben. (Frankf. Privil. I. Ausg., p. 320.)

Wann und auf welche Art das Kompostell von den deutschen Herrn an Kurmainz gekommen ist, weiss ich nicht zu sagen.[141]

---

[141] 1414. It. der Deutschenhornhoff (gein dem Arnsburger Hoff uber) Beedb. Siehe auch Topographie von Sachsenhausen.

O U. ex copia authentica extrahirt:

1570. 6. Aprilis verkauft *Georg* v. G. Gnd. Administrator des Hochmeisterthums in Preussen Meister Teutschen Ordens in Teutschland und welschen Landen mit Bewilligung des Ordens Commentburen und Rathsgebietigern — Herrn *Daniel* Erzbischoffen zu Mainz *unseres Ordens* Behausung zum *Kompostell* in der Stadt F. beneben der Probstei oder Fronhoff gelegen und hinten mit dem Garten an das Predigerkloster stossend, um zweitausend Gulden Frankfurter Währung. F.

Das Spital für die Pilgrime wurde vermuthlich ins deutsche Haus zu Sachsenhausen verlegt, wo noch wirklich eine bestimmte Zahl Pfründner, die Spitäler genannt, in einem besonderen Gebäude verpflegt werden.

II.

Häuser auf der Morgenseite.

Lit. A. No. 41. *Fronhof. Probsteihof.*

„Vque vncias den. hoc sunt viii sol. cum iiii denar. pro allecibus (halecibus) de Curia prepositure Frank. dicta Fronhof sita in antiquo opido superiore parte vico predicatorum (f. 15 wird statt vico predicatorum gelesen: vico dicto Fronhovis gasze) latere orientali infra Curiam fratrum de Arnsburg et Theutonicorum Frank. ac claustrum predicatorum eorundem." L. R. B. de 1350. f. 3.

In curte dominali (Herrnhofe) wohnte (im Vronhofe) der Meyer (Villicus), der über Alle die Aufsicht, ja selbst eine gewisse Gerichtsbarkeit hatte, einen gewissen Gerichtszwang über die auf den Mansen und Huben gesessenen Mancipien, Knechte und Colonen gehabt hat. Daher ist in der früheren Zeit die Benennung eines Dinghofes entstanden, welcher eben unser Curtis dominicalis gewesen war, mit dem das officium Villicationis, nachher das Hubengeding, eine Gattung der Grundgerichtsbarkeit (jurisdictionis praediariae), verknüpft gewesen, welche aus uralten Rechten dem Herrn über seinen Knecht hergekommen ist. — Das Hubengericht aber war ein besonderes Gericht, vermöge dessen der Meyer oder Oberhubner, welcher nachher auch Hof- oder Hubenschultheiss hiess, mit den anderen Hubnern, aus denen unsere Dorfschaften entstanden sind, und mit den übrigen Colonen zu gewissen Zeiten im Herrnhofe (curte vel curia domin.) zusammenkam und auf welchem das Hubenweisthum verlesen, die Abgaben und Zinsen, welche von den Mansen und Huben gefielen, eingesammelt, die Säumigen bestraft und die unter ihnen entstandenen Streitigkeiten durch

Fronhofgasse.

den Hubenschultheiss entschieden wurden. (siehe *Reinhards* Jur. histor. kleine Ausführung I, 13.)¹⁴²)

III.

Auf der mittägigen Seite.

Lit. A. No. 42 und 43. *Arnspurgerhof.*¹⁴³) Ist der grosse steinerne Bau zwischen dem Fronhofe und dem sogenannten

---

¹⁴²) Dazu kommen noch folgende Angaben:
Fron (Herr), daher kommen die Benennungen des Frongerichts, Fronleichnamsfestes etc.
  Fronhof, curtis dominica. Haltaus Gloss.
  Frongeding (judicium dominicum).
  Frondienst (servitium dominicum).
  Fronhufe (huba dominica).
  Frongut (mansus dominic.).
Ueber das *Probsteiliche Gericht* im *Fronhofe* siehe *Orth's* Samml. merkw. Rechtsbändel, VIII, 705 u. 1195. [cfr. Mittheil. des Vereins J. 289.]
Fronhof betr. siehe *Docum. rediviva* monasteriorum in Ducatu Würtemberg. sitorum, 150.
Vergl. Fr. Chron. II, II, 199 und II, 770 (1730).
O. U. 1414. It. des von Lewenstein Husern (neben dem Fronhof) also zwischen dem Arnsburger- und Fronhof. Boedb.
O. U. 1454. Huss und Hofe mit — genant *zum Eckhofe* gelegen *by dem Fronhofe* uff der Ecken gein dem *Arnsburger Hofe* und Peter Husechin über an Herrn Heinrich Sturtzysen.
S. G. P. 1372. Henne der Knecht in dem Fronhofe.
 — 1383. Der Fronenhof 1397 1405.
 — 1415. Ulin im Fronhofe. —
Freyhof, Orths Anmerk. 3 Fortsetzung. S. 136.
Von der Bedeutung des Wortes Fronhof siehe *Lennep*, von der Leyhe zu Landsiedel p. 310. Des hiesigen Fronhofs Umfang ist sehr bedeutend. Er stiess gegen Morgen an die Stadtmauer beim Wollgraben, gegen Norden an das Predigerkloster, gegen Abend an das Kompostell und den Hof des Klosters Arnsburg, und gegen Mittag an den Brückhof.
Lersn. II. 705 (1620).
Wurde 1820 von der Administration für 47,000 fl. verkauft.
¹⁴³) S. G. P. 1392. Die Herren in dem Arnspurger Hofe.
S. G. P. 1399. Herr Erwin Arnspurger thut einen Kommer uff das H. genannt der Arnspurger Hof wegen 10 Mark jährl. Gülte und 3 Mark versessnen Zins, den die Herren von Arnspurg darauf haben. F.

Arnspurger Bogen. Er hat zwei Eingänge und gleichet nach seiner inneren Einrichtung zwei Häusern, wesswegen er auch doppelt bezeichnet wurde.[144]) Er gehörte dem Kloster Arnspurg in der Wetterau, welches von Cuno von Münzenberg 1174 gestiftet wurde und schon 1191 einen Hof in Frankfurt besass, den Kaiser Heinrich VI. damals von dem beschwerlichen Atzungsrechte seiner Hofdiener befreite und ihnen befahl, denselben nicht mehr zu belästigen. *Gud.* in Cod. dipl. T. III. p. 1074. Dieser Hof erhielt im Jahre 1223 einen ansehnlichen Zuwachs, indem damals die beiden Eheleute und hiesigen Bürger Baldemar und Cristantia ihr nicht weit von der Brücke neu erbautes Haus, sammt dem ganzen Hofe, der dazu gehörte, den Arnspurgern zum Troste ihrer und ihrer Eltern Seelen vermachten. *v. Lersner* im II. Th. II. B. S. 199. [Cod. dipl. 40.] Ich vermuthe, dass dieses Haus zwischen dem Klosterhofe und dem Arnspurger Bogen gestanden hat, wo nunmehr Lit. A. No. 43 steht, und dass der Hof, so dazu gehörte, eben der freie Platz innerhalb des Bogens gewesen ist, weil die Arnspurger denselben immer noch als ihr Eigenthum zu behaupten suchten. (S. oben unter der Ueberschrift: Arnspurger Hof, S. 113.) Vielleicht war dieses Haus auch das nämliche, von welchem jährlich zwischen den zwei Frauentagen ein Achtel Korn an die Vikarie der h. Maria erster Stiftung abgegeben werden musste. „j octale Siliginis (heisst es in dem *Baldem.* Vikariebuch vom XIV. Jahrhundert Vic. I.) de curia et habitatione monasterii Arnsburg sitis in antiquo opido superiore parte, vico dicto Fronhofisgazze latere meridionali." In einer Urkunde von 1208 bei *Gud.* l. c. T. I. p. 726 wird das Ganze Curia monachorum de Arnisburg und in einem Schenkungsbriefe von 1348 in L. T. f. 130 Curia Abbatis et conventus monasterii in Arnspurg genannt.

Er wurde gemeiniglich von einem Klostergeistlichen als

---

[144]) Ueber dem Eingang stand, in Stein gehauen:
DoMUs. ArensbUrgICa. frankCofVetI.
Ueber der Kapelle:
CapeLLA. sanCtI. IaCobI. CoMpostaLLensIs. In. CVrIa.
ArensbVrgensI.

Amtmann verwaltet; wie dann schon in einem Dokument von 1303 Fr. Wernherus et Fr. Fridericus Procuratores curiarum Monasteriorum de Arnsburg et de Schonowe in Frankenfurt vorkommen. *Gud.* l. c. T. III. p. 15. Nebst dem geistlichen Verwalter befanden sich vormals auch noch andere Klostergeistliche darin, die vermuthlich den Gottesdienst in der Kapelle für die häufig ankommenden Pilgrime versahen. Ich bemerke dieses aus dem Z. B. von 1499, wo es S. 87 (73) heist: „ij marce den. de domo curia fratrum de arnsburg jn qua habitant quatuor sacerdotes". Der Abt Antonius Antoni verschaffte dem Hofe ein schöneres Ansehen, indem er 1717 den grossen Hauptbau gegen dem Kompostell über und folgends auch die übrigen Bäue alle von Stein und in gleicher Höhe neu aufführte. Die Zimmer über der Kapelle liess er für sich und seine Nachfolger einrichten. Dass der Hof unter die Freihöfe der Stadt gehörte, bezeugt Dr. *Orth* in seinen Anmerk. über die Frankf. Reform. in der III. Forts. S. 136. Und zur Erhaltung der Freiheit für den Hof und das Kloster musste ein zeitlicher P. Amtmann auf Neujahrstag dem H. Stadtschultheiss . . . . . .

S. Jacobs Kapelle.

Was es einstens für eine Beschaffenheit mit dieser Kapelle hatte, ist vorher beim Kompostell schon gesagt worden. Die Zeit ihrer ersten Gründung bleibt uns gänzlich verborgen, und wir sind daher berechtigt zu glauben, dass sie sehr alt sein müsse.

In dem S. G. P. von 1481 wird sie die S. Jacobskirche genannt (s. Lit. A. No. 58), die vermuthlich grösser war, als die im Jahre 1717 neu erbaute Kapelle. Sie steht dicht neben dem Fronhofe, und hat von der Gasse einen Eingang. An den Sonn- und Feiertagen wurde bei offener Thüre Messe darin gelesen, und am Festtage des h. Jacobus wurden nach der Predigt und den Messen die Reliquien von ihm zum Küssen gegeben. Seit der Aufhebung des Klosters im Jahre 1802 hörte der Gottesdienst in der Kapelle auf, und sie wird nun von der Administration als ein Gewölb vermiethet.

Zusatz de capella S. Jacobi in curia Arnsburgensi.

Anno 1228. — cives nostri, monachi curiae Arnsburg. ab exactionibus bonorum hic sitorum, à scabinis eximuntur. Annal. R. Fr. (*Müller* Beschr. S. 67.)

Anno 1228. Das Kloster Arnsburg wird 1228 sammt seinen Brüdern in das Bürgerrecht angenommen etc. [cfr. Cod. 53] Zur Recognition solcher Befreiungen gibt das Kloster alle neu Jahr jedem Schöff einen Kreutz-Käss sampt . . . . dem Schultheisen aber ein Paar Stiefel. . . . (Ex Mspt. *Rühl*.)

Anno 1228 wurde von Schultheisen und Schöffen den Arnspurgern, der Jungfrau Maria zu Ehren, der Zoll von ihren Wagen und Gütern nachgelassen. [Cod. dipl. 52]

Ad annum 1303. *Guden.* cod. diplom. III. 15. —

Anno 1455 standen am Gewölb 2 Wappen (siehe mein Epitphbch. pag. 110.) (Ex libr. Dr. Wunderer).

Anno 1455 oder um diese Zeit soll die Arnsburger Kapelle ihren Anfang bekommen haben, welches daraus gemuthmasst wird, weil gedachte Jahrzahl in einem alten Crucifix gefunden worden. Die Kapelle liegt gerade gegen dem Kompostell, vorhin Compt-Huss (Kump-Ferber-Haus) genannt, über. (Ex Mspt. P. Cunibert. S. 110.)

Anno 1471 geben die Arnspurger dem Schultheisen Tuch laut altem Herkommen post Walburg. (Ex Mspt. Rühl.)

Anno 1474 dienet das Kloster der Stat mit 4 Pferden und einem Wagen wider die Niederländer, wie es auch im Römerzug Kaiser Friderici geleisst. (Ibid.)

Anno 1507 dient es abermal mit 2 Pferden und $^1/_2$ Wagen, die Kron zu Rom zu holen für König Maximilian. Auch 1516 mit soviel Pferden. (Ibid.)

Anno 1633, den 19. Nov. auf Dienstag schrieb der Reichskanzler Oxenst. an den Rath, sie mögten Herrn Grafen Philipp. Reinhard von Solms alle hinter sich habende documenta wegen des Klosters Arnspurg so er ihm im Namen der Crone Schweden geschenkt hätte. folgen lassen. Welches auch geschah. Die Unterschrift lautete: Datum in unserer Hofstatt zu Sachsenhausen (so zuvor noch keinmal geschehen). (Annal. R. Fr.)

Anno 1803 wurde die Jacobs-Kapelle von der Administration der geistlichen Güter als ein Gewölb, jährlich für 120 fl. Miethzins versteigert.

Alles obenerwähnte ist zu vergleichen mit *Lersner* I. 532 (ao. 1342) II. 130, II. II, 198.

Vgl. auch *Orth's* Anmerkungen 3. Fortsetzung S. 178 und *dessen* Zusätze S. 207. Jahr 1228. Litterae apostolicae commissoriales de non turbandis monasterio et abbate Arnsburg. ao. 1226. Lat. K. IIII, 51. (In Elench. 490.) (S. Barth. Stifts-Archiv.)

[Die Befreiung vom Atzungs- oder Herbergsrecht ist 1228 von König Heinrich ertheilt. Cod. dipl. 52.]

Am Judenbrückchen.

Die Gegend, wo man von der Predigergasse nach der Judengasse geht, war in der Mitte des XIV. Jahrhunderts noch keine Gasse; *Baldemar* würde sonst, da er die vicos impertransibiles der Predigergasse beschreibt, auch dieser gedacht haben, und nicht haben sagen können: „predicatorum vnus, Fronhofisgazze:" Sie war damals noch ein geschlossener Hof, der inwendig mit mehreren Gebäuden besetzt war und der Hundemetzelerhof genannt wurde (s. oben S. 121). Das Anniversarienbuch des hiesigen Predigerklosters von 1421 f. 9 liefert uns in nachgesetzter Stelle einen hinlänglichen Beweis, dass der Hof damals schon geöffnet war: „in festo Michaelis xix grossen von dem ortshuschyn of dem hundemetzeler hoffe". Wo sich ein Ort- oder Eckhäuschen befand, da konnte auch kein Zusammenhang der Häuser mehr sein und das Vorwort of oder auf kann nur auf Gassen und offene Plätze, nicht aber auf geschlossene Höfe anwendbar sein. Statt auf dem Hundemetzelerhofe kam nachmals die abgekürzte Benennung auf dem Hundhofe oder auf dem Hundhöfchen auf, und für diese auch die Hundsgasse, indem das S. G. P. von 1437 eines Hauses „in der Hundisgasse byn Predigern" erwähnet. Um der neuen Judengasse beim Wollgraben einen Ausgang nach der Predigergasse zu verschaffen, liess der Rath im Jahre 1461 die alte Stadtmauer hinter dem Hundemetzelerhofe durchbrechen und eine kleine Brücke über den Wollgraben oder vielmehr den Gänsegraben verfertigen. *v. Lersner* II. Th. S. 814. Deswegen beschrieb auch schon das Z. R. des Kaplans der hiesigen Peterskirche von 1476 in Lat. R. No. 27 ein Haus dieser Gegend: „in der prediergassen —, wan man vnder die iuden geet". Um die nämliche Zeit scheinen auch schon die Benennungen: am Judenbrücklein und am Judenpförtchen aufgekommen zu sein, die sich anfänglich nur auf die hintere Gegend neben der Goldgrube, wo sich die Gasse verenget, einschränkten, nachmals aber auch der vorderen und breiteren Gegend zu Theil wurden und endlich die Abschaffung des älteren Namens des Hundhofs oder der Hundsgasse bewirkten. Die ehemaligen Stiftshäuser zur hinteren Scheuer in der Predigergasse werden in der Z. R. von 1581 ex opposito Pontis Judaeorum, und in einer Urkunde von 1538 „gegen dem Huntshoeffgen vnd dem Judenbrucklein vber" beschrieben. Auch wird noch in dem Z. R. von 1636 des Bäckers Johann Jacob Lentz an dem Juden-Pförtlein gedacht. Obschon der Gänsegraben längst ausgefüllet wurde, und folglich auch die Brücke aufhörte, so behielt doch die Gasse den Namen „Am Judenbrücklein" immer noch bei.[145])

Häuser auf der mitternächtigen Seite.

Lit. A. N. 19. Gehört nunmehr zum Ecke an der Predigergasse.
Lit. A. No. 20.
Lit. A. No. 21.
Lit. A. No. 22.
Lit. A. No. 23. *Goldgrube.* Das vorstehende Eck, welches hinten neben dem Judenthore auf die alte Stadtmauer stösst.

Auf der mittägigen Seite.

Lit. A. No. 24. wider der Stadtmauer.
Lit. A. No. 25.
Lit. A. No. 26. *Hundshof.* Ein Backhaus, welches den veralteten Namen der Gasse im Andenken erhält.[146])
L. A. No. 27. neben dem Ecke der Predigergasse.

---

[145]) S. G. P. 1457. H. im Stompengesschin by der Rodenbatstobe (scheint diese Strasse vor deren Eröffnung 1461 zu betreffen).
S. G. P. 1457. Das Stompengeschin hintern Predigern.
O. U. 1534. H. — bei dem *Judenbrücklein* stosst hinden uf den *Schelmenhof* etc.
[146]) Hundhöfchen 1538 Cens. Praes.

Ellenbogengässchen.

Ist die schmale Winkelgasse, durch die man aus der Predigergasse geht. Sie hat im XIV. Jahrhundert von einer Anwohnerin Ysalda, von der unten bei einem Hause Meldung geschieht, die Ysaldengasse geheissen. Nach dem Zeugnisse eines Anniversarienbuchs unserer Kirche fiel das Jahrgedächtniss einer Ysalda auf den 19. Nov., und diese möchte vielleicht die nämliche gewesen sein, welche den Namen der Gasse veranlasste. Ein solcher weiblicher Name erscheint nur gar selten, und ich erinnere mich nicht, irgend wo anders als in Fischer's Isenburgischem Geschlechtsregister eine Ysalda gefunden zu haben, die in der Mitte des XIII. Jahrhunderts an Bruno von Braunschweig vermählt war. Aber auch schon in der Mitte des XIV. Jahrhunderts, wo wir die Ysaldengasse kaum hatten kennen gelernt, erscheint für sie die Winkelmanszgasse. Ein Gültbrief von 1357, wovon eine Abschrift in L. Test. f. 187 zu finden ist, verbürgt diesen Namen; indem darin ein Zinshaus, in der Hachenbergergasse gelegen, beschrieben wird: „in acie platee, que dicitur Wynckelmaisz." Ja selbst das Zinsbuch des *Baldemar*, welches noch um ein Jahr älter, als vorige Urkunde ist, bemerkt f. 1.: „viij. ₰ hll. de domo sita in paruo vico dicto Winkelmas apud predicatores." Es währte aber nicht lang, so änderte die Gasse schon wieder ihren Namen. Das S. G. P. von 1404 spricht schon von einem Hause „in dem Elenbogen gelegen"; obschon das nämliche Protokoll von 1405 noch eines Hauses „byn Predigern in deme Winckelmaas" gedenkt. In dem Zinsbuche von 1405, f. 14, ist auch zu lesen:

„iiij ₰ hll. de una habitatione jn dem Elenbogen seu wynckelmasse" und ebendaselbst f. 17 erscheint das Gässchen ohne Namen „in vico predicatorum viculus parvus angularis", neben auf dem Rande aber steht: Elenbogen. Wir können hieraus abnehmen, dass das Ellenbogengässchen damals dem Namen nach erst in seinem Entstehen war.[147]) Das Haus Ellenbogen

---

[147]) O. U. 1393. H. Hof und Gesess — gelegin by den Predigern in dem Gessechin daz man nennet der *Elenbogen* etc.

hinten in der Ecke des Gässchens veranlasste den Namen. *Baldemar* setzte in seinem Liber redituum vorn in der Beschreibung der Strassen dieses Gässchen unter die vicos transitus der Fahr- und Predigergasse, da sie doch nur ein vicus transitus der Prediger- und Hachenbergergasse ist; dies geschah aber aus einem blossen Versehen, und er verbesserte den Fehler wieder, da er in seinem Zinsbuche f. 11 Ysaldengasse, die nun das Ellenbogengässchen heisst, für den vicum transitus der Prediger- und Hachenbergergasse angibt, wie uns folgender Auszug belehren wird:

„Tres obuli de quatuor domibus contiguis (quondam vna domus dicta der Sperwern. vid. ibid. f. 18.) sitis duabus in vico angulari transitus vicorum predicatorum et Hachinbergisgazze, dicto Ysaldingazze latere occidentali, duabus transitus vicorum predicatorum et fargazze vico dicto Hachinbergisgazze latere septentrionali, jnfra vicos Ysaldingazze et fargazze predictos, in acie respiciente orientem et meridiem vici angularis prenotati." Wenn demnach in Zinsbüchern oder anderswo der vicus quintus transitus inter vicos Praedicatorum et Fargasse vorkömmt, so darf keine andere als die Nonnengasse verstanden werden. Die oben gedachten 4 Häuser, welche vorher ein Haus ausmachten, sind nun mit der goldnen Zange in der Fahrgasse auch wieder in ein Haus vereinigt.

Häuser auf der mitternächtigen Seite.

Lit. A. No. 67. *Ellenbogen*, vorher das Haus der Ysalda. Steht hinten in der Ecke.[146]) [Vgl. oben S. 148.]

O. U. 1468 Orthuss gelegen in der *breiden Prediger Gassen* uff dem Ort des Ellenbogen Gesschins etc. F.

1809 den 9. Jänner wurde das Eck am Ellenbogengässchen von der G. G. Administration um 6505 fl. verkauft.

[146]) O. U. 1405. Hauss im Ellenbogen, gelegen hinden an Heinze Stormen Huss.

St. R. de 1495. It iij alby für ij floss, als man für das Huss im *ellenbogen* gelegcht hait.

O. U. 1600. Huss zum Ellenbogen hinter den Predigern. F.

„iiij den de domo dicte Ysalde, sita in antiquo opido Frank. superiore parte, vico dicto Ysaldinsgazze latere septentrionali jn angulo." L. V. B. Saec. XIV. sub vic. XVIII.

„4½ ₰ de domo zum Elenbogenn dicta sita in angulo vici winckelmas." R. C. de 1586. fol. 1.

1495. Quinta post omnium Sanctorum beschloss der Rath, dass die Buhlerin im Ellenbogen hinter den Predigern ausziehen sollte. *v. Lersner* II. Th. S. 687.

Auf der mittägigen Seite.

Lit. A. No. 68. gehört nunmehr zu No. 75 in der Predigergasse.

Auf der Morgenseite.

Lit. A. No. 69. Das Eck im Gässchen. Auf der Abendseite sind nur Hinterhäuser.

Arnspurgergasse.

Unter diesem nunmehr ganz unbekannten Namen wurde im XIV. und XV. Jahrhundert die Gasse verstanden, die sich von der Fahrgasse gegen der Mehlwage über bis zum Arnspurger Bogen erstreckt. Der Beweis liegt in der *Baldemar'*schen Beschreibung der Strassen von 1350, und in der Beschreibung eines Hauses „in vico Faregasze seu Fabrorum latere orientali infra vicos Arnspurgergasze et Schildergasze", welche aus dem Z R. von 1390 f. 67 genommen ist. Auch wird in dem Zinsbuche von 1450 f. 7 noch der Arnspurgergasse gedacht. Weil die kleinen zwischen der Fabr- und Predigergasse durchgehenden Gassen gar oft ihre Namen änderten, und man wohl vorsah, welche Unverständlichkeit sich mit der Zeit durch die geänderten Namen in die Zinsbücher einschleichen würde, so suchte man dem künftigen Uebel dadurch zu steuern, dass man solche Gassen nach der Ordnung, wie sie aufeinander folgten, von Mittag gegen Mitternacht zählte, und sie dann in den Zinsbüchern nach den ihnen zukommenden Zahlen beschrieb. Nach dieser Weise zu verfahren, war die Arnspurgergasse die erste, oder der vicus primus transitus inter vicos Predicatorum et Fargazze numerando a meridie. Doch wurden die letzten Worte: numerando a meridie nicht allemal beigefügt. Man sehe die Beschreibungen der Häuser Lit A. No. 161, 164 und 170. Das im Eingange der Gasse angeschlagene Blech zeigt keinen Namen an, sondern nur die Aufschrift: Hinter den Predigern. Woher diese ihren Ursprung genommen hat, darüber werde ich bei der Hachenbergergasse meine Meinung sagen.

Häuser auf der mittägigen Seite.

Lit. A. No. 55. Das Haus über dem Arnspurgerbogen. In der Beschreibung des folgenden Hauses wird es das Steinhaus des Herrn Johann Erkelmann genannt, der gewiss ein Mann von Bedeutung sein musste, indem ihm das Schöffengericht das Prädicat Herr ertheilte.

Lit. A. No. 56. Neben dem Eck Falkenstein. „das hus da der born inne stet, als man zu den Predigern gehet, zwischen dem Steinhuse das herr Jobann Erkelmann jetzt inne hat, vnd dem hus Falkenstein." S. G. P. von 1463.

Sollte der Brunnen, dessen hier gedacht wird, nicht zur Hälfte auf der Gasse gestanden haben, wie es bei mehreren Brunnen der Fall ist?

Häuser auf der mitternächtigen Seite.

Lit A. No. 57. *Sachsenstein.* Neben dem Ecke zum Segen Jacobs.

Lit. A. No. 58. *Mainzer Dom-Präsenzhaus.* Das Eck gegen dem Kompostell über. Seine ehemalige Beschaffenheit wird in dem Schöffengerichtsprot. von 1481 folgendermassen geschildert: „der alte baufellige fleken und hofestad by S. Jacobs Kirchen uf dem eke gen dem arensburger hofe dore, dem steinern ekhuse ubir, das etwan zum roten banen genant gewest ist." Es ist das Haus, welches die Rosenberger Einigung im Jahr

1611 durch einen Kauf an sich zu bringen suchte, aber hierzu die Bewilligung des Raths nicht erhalten konnte. *v. Lersner* II. Th. II. B. S. 202. Durch die Aufhebung des Domkapitels im Jahre 1802 fiel das Haus der Stadt oder vielmehr der geistlichen Güteradministration zu.

Schildergasse.

Diese Gasse hat sich längstens unseren Augen entzogen; wir müssen also vor allen Dingen darauf bedacht sein, den Ort ausfindig zu machen, wo sie ehemals durchgegangen ist.

Baldemar, da er die vicos transitus der Fahr- und Predigergasse beschrieb, setzte sie einerseits gegen der mittägigen Pforte des Predigerkirchhofs, andererseits der mitternächtigen Ostpforte des Pfarrkirchhofs gegenüber. Jene befand sich neben den englischen Fräulein, wo gegenwärtig das Komposteller Thor steht; diese ist nun der Eingang des Pfarreisens bei der Kannengiessergasse. Eine noch genauere Auskunft über ihre ehemalige Lage geben die Nachrichten vom Hause Nussbaum, welches in dem Z. R. von 1581 f. 3 beschrieben wird: „in acie parui vici pene ex opposito dem Lumpenborn", und in einem jüngeren von 1636 f. 3: „das zweyte Haus neben der Gersten". Wenn also der Nussbaum ein Eckhaus war, und das Haus zum Schilder, von welchem die Gasse den Namen erhielt und welches nachmals den Namen zur Gerste annahm, das andere Eck ausmachte (s. Lit. A. No. 159), so muss ohne Widerrede der Eingang der Schildergasse da gewesen sein, wo das schmale mit dem Nussbaum 1783 vereinigte Häuschen Lit. A. No. 158 gestanden ist. Die Verbauung der Gasse ereignete sich im Anfange des XVII. Jahrhunderts, denn in einem Gerichtsspruche von 1620 wird der hintere Theil bei der Predigergasse schon eine Almey genannt, und laut der gerichtlichen Aussage eines alten Hofbeständers hat der Karthäuser Prior Jonas Moeder dem Wirth zur Gerste Daniel Weyland, nachdem derselbe den grossen Bau gegen dem Predigergarten (dem ehemaligen Kirchhofe) über aufgeführt hatte, vergünstigt, das Gässchen zur Verhütung des gemeinen Unraths zu verschliessen. Ex Docum. Carth Mog. Von einem besonderen zwischen der Karthaus und dem Gerstenwirthe Günter geschlossenen Vergleiche in Betreff dieses Gässchens ist bei dem Karthäuserhofe Lit. A. No. 59 nachzusehen. Der Name Schillergasse, wie er in dem Zinsbuche von 1499 gefunden wird, muss als fehlerhaft betrachtet werden. Nach der bei der Arnspurgergasse gemachten Bemerkung war die Schildergasse der vicus secundus transitus inter vicos Praedicatorum et Fargasse. Folgender Auszug aus dem Zinsbuche des *Baldemar* von 1356 f. 3 soll zum Beweise dienen:

„vj sol. den. de domo Wolf Rasoris sita in vico dicto Fargazze, latere orientali in acie meridiem et occidentem respiciente vici parui transitus infra vicos predicatorum et Fargazzen, secundi a meridie versus septentrionem ex opposito quasi putei dicti Lumpenburnen."

Das hier beschriebene Haus ist der Nussbaum Lit. A. No. 157, der ehemals das Eck der Schildergasse ausmachte und dessen Besitzer die 6 β pf. oder 22 kr. 2 hllr. noch wirklich bis zur Aufhebung des Stifts entrichtete.

Gerstengässchen.

In der Mitte des XIV. Jahrhunderts war dieses Gässchen unter dem Namen der *Mengotsgasse* bekannt, der ihm nach alter Sitte von einem seiner Anwohner zu Theil wurde.[149] Derselbe wohnte in der Fahrgasse im Hause Lit. A. No. 156, das damals noch ein Eckhaus war und nach des Eigenthümers Namen domus Mengoti, sonst aber Selgenstadt genannt wurde. Den alten Namen der Gasse und ihrer Lage bestätigen das Bocksborn in der Fahrgasse und der Gerlieben Gotteshaus in der Predigergasse, indem das eine zwischen die Mengots- und Hachenberger-

---

[149] „in vico dicto Mengozgasz apud praedicatores lat. meridionali infra vicum fargasz et praedicatorum. Lib Vicar. de 1481. fol. 5. Im Jahr 1535 wurde das Haus noch verlehnt (i. e. Domus Vicariae St Annae).

gasse, das andere aber zwischen die Schilder- und Mengotsgasse gesetzt wird.

In der *Baldemar*'schen Beschreibung der Strassen wird auch ihre Lage einerseits gegen der mittägigen Westpforte des Predigerkirchhofs, andererseits gegen den Lumpenborn schräg über bestimmt. Für die Mengotsgasse kam nachmals im Volkstone das Mengesgässchen auf, dessen bei dem vorerwähnten Gotteshause unter dem Jahr 1581 gedacht wird. Aber schon lang vorher hatte man dieser Gasse den Namen der *Glockengasse* oder des *Glockengässchens*[150]) beigelegt, zumal in den Vikariebüchern von 1453 f. 35 und von 1481 f. 35, wo die Mengotsgasse noch vorkömmt, neben auf dem Rande die Worte „alias Glockengass" und wieder „alias Glockengesghin" zu lesen sind.

Gerlach Glock war 1371 Unterbaumeister der S. Bartholomäuskirche und er wohnte nach einer alten Nachricht bei den Predigern. Höchst wahrscheinlich veranlasste er als Anwohner die Veränderung des Namens. Im XVI. Jahrhundert wurde das Gasthaus zur Gerste in der Predigergasse erbaut, und weil dieses Eck am Gässchen war, so entstand dadurch in späterer Zeit der Name des *Gerstegässchens*, und das Glockengässchen kam endlich in Vergessenheit. Ohngefähr in den vierziger Jahren des letzt abgewichenen Jahrhunderts wurden die beiden Eingänge des Gässchens geschlossen. In dem vorderen Eingange steht nun das Spritzenhaus des ersten Quartiers; der hintere Eingang aber ist noch nicht verbaut und ihm stehen das Hinterhaus der Gerste und das Haus Lit. A. No. 60 zur Seite.

Ich habe bei der Arnspurgergasse eine besondere Bemerkung gemacht, und nach derselben war dieses Gässchen der vicus tertius transitus inter vicos Praedicatorum et Fargasse. S. Lit. A. No. 156 und beim folgenden Hause.

---

[150]) 1475. Zinsb. des h. Geistspitals. H in der Glockengassen.
S. P. 1490. Die Bekyneu im Glockengesschin.
O. U. 1493. Eckhuss uff dem Glockengesschin — stosst hind. gein den Predigern über etc.

Häuser auf der mittägigen Seite.

Vikariehaus S. Annae. War neben dem Eckhause Lit. A. No. 156 gelegen.

„Domus vicarie S. Annae sita in vico paruo transitus jnfra vicos fratrum predicatorum et Fargazze, tertio a meridie, opposito minori porte cemiterii fratrum eorundem, latere meridionali ciusdem parui vici, retro domum Mengoti dictam Selginstad, ex opposito Lumpinburnen." L. V. Saec. XIV. Sub vic. S. Annae.

„Sita in antiquo opido Frank. superiore parte vico dicto Mengozgazze latere meridionali, contigua versus orientem domui dicte Selginstad." L. V. B. Saec. XIV.

In dem Vikariebuche von 1481 f. 35 steht mit neuerer Hand eingeschrieben:

„viij ₰ den. de domo sita in der Mengoszgasze latere meridionali quasi in medio, que domus quondam erat domus vicarie Sancte Anne. 1503 dedit censum Hans Gerst, et 1525—1527 Peter Gerst, 1527 et seq. Relicta, 1548 Hans Gerst."

Dieser brachte um die nämliche Zeit das Haus mit den folgenden und auch noch andern kleinen Häusern an sich, und errichtete das Gasthaus in der Predigergasse, dem er seinen Namen beilegte, das aber nachmals in die Fargasse versetzt wurde. S. Lit. A. No. 159.

Das *Vikariehaus S. Matthiae.* Stand mit dem folgenden unter einem Dache.

„Pars media domus parue sita jn antiquo opido Frank. superiore parte vico dicto Mengozgazze latere meridionali jnfra domum vicarie Sancte Anne Ecclesie Sancti Bartholomei et domum Beginarum dictam der Gerlybin godishus" L. V. B. Saec. XIV. sub vic. S. Matthiae.

Vikariehaus S. Bonifacii.

„Pars media domus parve vico Mengozgazze." Ibid. sub vic. S. Bonifacii.

Hachenbergergasse.

Unter dieser nun ganz veralteten Benennung wurde die Gasse verstanden, durch die man von der Fahrgasse gegen dem goldnen Löwen über nach der Predigerkirche geht. Sie führte von den Häusern Hachenberg im XIV., XIV. und auch noch im XVI. Jahrhundert diesen Namen. Der Name Hohenbergergasse, wie er in dem Z. B. von 1538 S. 2 geschrieben wird, ist demnach als fehlerhaft anzusehen. Dass man sie zuweilen auch die *Predigergasse* nannte, beweist nachgesetzte Stelle, die ich aus dem Zinsregister der ehemaligen Katharinenkapelle auf der Brücke von 1477 f. 3 in Lat. R. No. 11 genommen habe:

„xiiij ß pfennig macht j pfd. iij h. de duabus domibus sitis in der predigergaszen ex vno latere habentibus domum acialem zu dem Engel ex alia Hen von Cronberg weber, respicientibus ad meridiem."

Die beiden Häuser standen zwischen dem Engel in der Fahrgasse und dem Ecke am Ellenbogengässchen. Alle diese Häuser sind nun mit der goldnen Zange in der Fahrgasse vereinigt. Nicht selten verschweigen die alten Handschriften den Namen der Gasse, aber alsdann wurde sie durch die Anzeige ihrer Lage kenntlich gemacht. Ich will einige Beispiele anführen. In einer Urkunde des hiesigen Officials von 1355 in L. T. f. 152 wird sie namenlos nur mit den wenigen Worten angezeigt: „vicus prope portam cymitherii fratrum predicatorum". Die Pforte gegen der Gasse über, wo man zur Predigerkirche geht, war damals die Kirchhofpforte. Laut dem Inhalte eines Zinsbriefs von 1357 l. c. f. 187 verkiefen Ulrich Meilwer und Guda an Gerlach Glocke Werkmeister (oder Unterfabrikmeister) der S. B. Kirche eine Mark leichter Pfennig jährlichen Zinses von einem Hause „in platea directe transeunte de domo que dicitur zu dem Amelunge (anitzo zum goldnen Löwen) versus claustrum predicatorum". Auch befindet sich in L. r. S. f. 56 ein Gültbrief über einen halben Gulden Geldes von einem Hause, gelegen „am ecke gegen dem prediger Closter als man vnder die schmidde geet zu dem grabborne zu." Dass die

Redensart „unter den Schmieden" ehemals die Fahrgasse anzeigte, und dass der Grabborn beim goldnen Löwen gestanden hat, ist anderswo schon angemerkt worden.[151] [oben S. 9. 105.]

Das am Eingange sowohl dieser als der Arnspurgergasse angeschlagene Blech führt statt des Namens die Aufschrift: Hinter den Predigern, und woher dieses? Das Kloster liegt am Ende der alten Stadt wider der Stadtmauer und in Betracht dessen muss es einem Jeden wunderbar vorkommen, wenn er Gegenden, die sich eigentlich vor dem Kloster befinden, *hinter den Predigern* nennen hört. Wie diese Redensart entstanden ist, hierüber will ich nun meine Meinung äussern. Das Predigerkloster hatte in älteren Zeiten zwei Pforten, die eine neben dem Kloster Rosenberg ist noch vorhanden, die andere aber befand sich in der Mauer, wo nun die sogenannten Predigerhäuser stehen. Diese abgekommene Pforte hiess die hintere Predigerpforte (porta posterior claustri praedicatorum), wie uns die Beschreibung eines Hauses (domus Bavarorum) in der Predigergasse belehrt, und was abwärts von dieser Pforte lag, nannte man: Hinter der Predigerpforte, oder kürzer: Hinter den Predigern, welche Benennung mit der Zeit auch den angrenzenden kleinen Gassen zu Theil wurde. Zuletzt muss ich noch bemerken, dass die Hachenbergergasse den vicum quartum transitus inter vicos Praedicatorum et Fargasse ausmachte.[152]) Die Häuser Lit. A.

---

[151]) O. U. 1355. (Census) de domo et ejusdem fundo inhabitatis eorundem (Udalrici dicti *Milwer* et Gudae) sitis infra muros antiquos ejusdem oppidi, in vico prope portam cymitherii fratrum predicatorum ibidem ad occidentem respicientem, in latere septentrionali seu ex opposito fossati oppidum ibidem transeuntis in acie secunda porta ab eodem etc. confer. *Würdtwein* Dioec. mog. II. 586.

S. P. 1407. H. uff dem Graborn by den Predigern gelegen.

Mspt. XVII. Saec. *Frauenhaus zu Limpurg* bei den Predigern.

Lt. St. R. de 1537 hatte Junker Philips Weyss von Fuerbach ein Haus und eine Neubaute *by den Predigern*.

[152]) O. U. 1357. (Census) de duabus domibus contiguis et earum fundis sitis in antiquo opido Fr. superiori parte, vico transitus inter vicos predicatorum et fabrorum seu Fargasze quarto a meridie, latere septemtrionali in acie respicente orientem et meridiem vici ibidem angularis etc. conf. *Würdtwein*. Dioec. mog. II. 583.

No. 130 in der Fahrgasse und das vorher erwähnte Haus (Domus Bavarorum) bezeugen es. Man sehe auch die Bemerkung bei der Arnspurgergasse.

Häuser auf der mittägigen Seite.

Lit. A. No. 62. *Holzstube. Herrgottsstube.* Das Eck auf der Andaue gegen der Predigerkirche über. War im Anfange des XVI. Jahrhunderts ein wüster Hausplatz; denn in einer gerichtlichen Urkunde von 1508 fer. 3 post Reminiscere heisst es: „Nachdem das orthuss geyn dem Prediger Closter vber alhie by uns neben vnser stete wassergraben, das dan gantz verwustet vnd niddergefallen", L. r. S. f. 43, und ebendaselbst f. 56 befindet sich auch noch eine andere Urkunde von 1513 Fer. 2 post Dionysii, worin es heist: „Vff dem orthuse geyn dem prediger closter vber alhie by vns vber vnser stat wassergraben." und laut der Ueberschrift dieser Urkunde baute Anselm Edinger Wagenmeister in dem nämlichen Jahre das Haus wieder auf und gab einen halben Gulden Grundzins davon.

Jacob Heller, ein hiesiger Patrizier und Schöff, der 1522 am 27. Jänner starb, stiftete nachmals in dieser Behausung eine Stube mit zwei Kammern, welche von Allerheiligen bis Cathedra Petri (22. Febr.) eingeheizt wurden, damit die armen Leute sich den Winter über bei Tage darin wärmen konnten.[153]) *v. Lersner* II., 212. *Jacquin* Chron. Ms T. I. p. 321.

It iij solid. hall. legauit Petrus Kystener et Katharina, coniuges, de domo sita in antiquo oppido Frankf. superiori parte, vico Hachinburgergassen, latere meridionali, super fossatum, quos Jungo Zauwerer dat. Reg. cens. fabr.

[153]) Herrgottsstube in der Predigergasse. Jacobus Heller patricius et scabinus, singularis pauperum benefactor et ultimus familiae suae († 2. Jan. 1522) una cum coniuge sua Catharina de Melem ao. 1509 condidit domum, in eaque vaporarium grande, in quo pauperes hyemis injuriam diurnam propellerent, publicum suis sumptibus instruxit, e regione parvae portae Praedicatorum. Ex annal R. F. Cfr. *Florian* 266. — Wird das Eckhaus an dem Kloster sein, darin ao. 1685 der Uhrmacher Martini wohnte; denn über dessen Thüre stehet das Wappen der Heller und Melem. Ex. Ms. Rühl.

Vermuthlich hing in der Stube ein Crucifix, von dem sie den Namen der Herrgottsstube erhielt, der noch wirklich dem Hause eigen ist.

Bei dem anstossenden Hause Lit. A. No. 61 kömmt auch der Name Holzstube vor, weil vielleicht das für den Tag zum Heizen nöthige Holz darin aufbehalten wurde. In einem Verzeichnisse abgelegter Zinsen von ungefähr 1562 I. No. 33 ist zu lesen: „22 ₰ von der hergottsstoben, apud praedicatores, Bernhart Kuehorn, Petri et Pauli." Ob dieser Patrizier als Besitzer des Hauses, oder vielleicht als ernannter Testamentarius der Heller'schen Stiftung den Zins abgelegt hat, kann nicht gesagt werden.

Im Jahre 1803 am 18. Nov. Morgens nach 9 Uhr stürzte der vordere Theil des Hauses ein, weil das Gewölb der Andaue, worauf die Brandmauer ruhte, eingefallen war. Zum Glücke hatten die meisten Personen noch zu rechter Zeit das Haus verlassen und den übrigen im hinteren Theile des Hauses wurde ihre Rettung mit Hülfe einer hohen Feuerleiter verschafft. 1805 wurden das Haus und die beiden Brandmauern wieder von Grund aus neu aufgebaut.

Lit. A No. 63. Gab der Präsenz auf Johannis Enthauptung 7 kr. 2 kllr. Grundzins.

Lit. A. No. 64. *Kleine goldne Zang.* S. Frankf. Intellig.-Bl. von 1791 No. 90.

Lit. A. No. 65. *Kleines Träppchen*, wie es aus einem Kaufbriefe des vorigen Hauses zu ersehen ist.[154])

Lit. A. No. 66. *Kleiner hölzerner Gaul.* Nach der Aussage des Eigenthümers hat sich vor Zeiten ein Thor da befunden, welches zu dem hölzernen Gaul Lit. A. No. 149 in der Fahrgasse gehörte.

Klein Hachenburg. Wurde wahrscheinlich mit dem Ecke Hachenberg, das nun Roseneck heisst, vereinigt. „Das H. Klein

---

154) O. U. 1546. H. uff der *Drappen* genannt in der Fargassen bei dem Predigerkloster gelegen.
1591 H. *zum Trappen.*

hachenburg in der Fargasse uf dem orte zur rechten hand als man zu den Predigern geet." S. G. P. von 1431.

Auf der mitternächtigen Seite.

I.
Zwischen der Fahrgasse und dem Ellenbogengässchen.

Dass sich zwischen den beiden Gassen ehemals 4 Häuser mit Einschlusse der Ecken befanden, beweist die bei der Hachenbergergasse aus einem Zinsregister von 1477 angeführte Stelle. Sie wurden in den folgenden Zeiten alle mit der goldnen Zange in der Fahrgasse vereinigt.

Sperber. Scheint das Eck am Ellenbogengässchen in dieser Gegend gewesen zu sein.

„Hus zum Sperber byn Predigern uf dem Ek als man in den Elnbogen get." S. G. P. von 1479 und 1480.[155])

II.
Zwischen dem Ellenbogengässchen und der Predigergasse.

Lit. A. No. 70. *Zum Weinberg*, eine Fussherberge, vorher *Hachenberg* oder Hachenburg. Das Eck am Ellenbogengässchen. Es änderte 179. seinen Namen, als es die Gerechtigkeit einer Fussherberge erhielt. Das Haus zahlte jährlich auf den 1. Mai 3 fl. 15 kr. Grundzins an unsere Präsenz.

---

[155]) O. U. 1284. domus sita juxta predicatores ex opposito Agnetis domus dicte *Sparwerer* etc. conf. *Würdtwein* Dioec. mog. II. 537.

G. Br. 1361. H. zum Sperber by den Predigern.

O. U. 1420. H. und G. zum *Sperber* in der Gassen by den Predigern — uff der Ecken des Gesschins genant in der *bruche* etc.

G. Br. de 1427. H. *zum Sperwer* in der Gassen by den Predigern — uff der Ecken des Gessechins genannt an der Bruche.

O. U. 1438. H. und Gesess — in der Predigergassen genant zum *Sperwer* an dem Orte etc.

O. U. 1584 H. — *zum Sperber* genant in der Predigergassen — stosst hinten an ein Gass *Elnbogen* genant.

Mspt. XVII. sec. H. *zum Sperber* auf dem Eck des Ziehbrunnen, genannt *Elnbogen* bei den Predigern.

„Item 3 fl. 6 ₰ de domo in acie vici Winkelmass respiciente meridiem et occidentem dicta Hachenburg." R. C. de 1581. f. 1.

Lit. A. No. 71   Neben dem Ecke der Predigergasse [156])

Löwenplätzchen.

Hat seinen Namen von dem gegenüberstehenden und im Jahre 1598 erbauten Gasthause zum goldnen Löwen oder auch von seinem Brunnen erhalten. Man hört es zuweilen das Plätzchen bei der Sanduhr, bei der goldnen Zange, unterm Reifenberg und gegen dem goldnen Löwen über, ja auch das goldne Löwenplätzchen nennen; das Alterthum aber legte ihm ganz andere Namen bei. In der *Baldemar*'schen Beschreibung der Strassen von 1350 wird es als die einzige Sackgasse der Schmiedgasse „vf der Swines Mystin"[157]) (*auf der Schweins Misten*) und in dem Zinsbuche von 1390 f. 77 „planum Swines myst" genannt. Ebendaselbst f. 114 wird nebst dem Namen auch noch seine Lage angezeigt: „platea dicta uff der Swines Mysten in vico Faregaszen latere orientali". Noch älter scheint mir die Benennung *auf der Bruche* oder *in der Bruche* zu sein, für die wir anitzo auf der Brücke oder ohne Abkürzung in der Brückengasse schreiben würden.[158]) Das S. G. P. von 1398 spricht von

---

[156]) Wfrkl. Zb. von 1480. *Fargasse und by den Predigern Zwei* H. under eim Dach gelegen in der *Hachinbergergasse* nahe by dem grossen Predigerdore uff der Syten gein der Mitternacht zu, zuschen zwein EckH. der ist eins gelegen gen dem *Grabborn* ober, und das ander EckH. liegt an dem *Winkmassgessgin* das man nu nennet in dem *Elebogen*.

Albrecht auf der Hofstatt vermachte schon 1322 einen Zins „von des smides hus gein deme hachinberger ubir bi deme graben."

[157]) S. G. P 1398. H. uf der *Schweinsmisten* in der fargasse gelegen

[158]) 1390. in vico fargazze prope fontem Grabinborn ex opposito vici dicte *bruche*.

B. Z. B. 1409. H. und Gesesse in *dem Tempel* (Tümpel) das man nu nennet in der *Bruch*, gein dem Graborn über nebin Heintzen von

Löwenplätzchen. 177

dem Hause der Kelsterbächer, dass es in der bruche gelegen sei. In dem Zinsbuche von 1452 heisst die Gegend Off der bruche, und in einem Notariatsinstrument über die Schenkung des Can Bernhard Gross von 1502 in L r. S. f. 63 die Bruchengasse. Ferner liest man in dem Z. R. von 1513 f. 24 in der bruche ex opposito dem Grabinborne, und wieder in einem andern von 1527 f. 6 planum uff der bruch ex opposito Grabborn. Die hier und da vorkommende Schreibart uf dem bruch oder uf dem brüche ist fehlerhaft, indem hier das Geschlechtswort dem Hauptworte einen ganz andern Sinn beilegt, der sich mit der älteren Geschichte der Gegend nicht verträgt und dem selbst die Chronik im II. Th. S. 8 widerspricht, wo sie beim Jahre 1595 die Gegend auf der Brücke nennt. Beide Namen kommen in den Zinsbüchern öfters vereinigt vor. So heisst es z. B in dem Z. B. von 1460 f. 5 „in plano dicto Swynes myst vel uff der bruch", in dem Z B. von 1481 f. 24 „platea dicta Swynetz myst seu uff der bruch" und in einem von 1527 f. 5 „planum Swein mist vel auff der bruch."

Es hat also das Plätzchen in älteren Zeiten gewöhnlich auf der Schweinsmiste, oder auf der Bruch und auch die Bruchengasse geheissen. Woher die erste Benennung entstanden sein möge, lässt sich leicht errathen; desto mehr Nachdenken aber

---

Egelsbach, und ist dasselbe Huss nu abegebrochen, — als das (geschah weil) want iss selber fallen wollte.

S. G. P. 1438. H. und Gesess uf dem Bruch by den Predigern.
— 1454. H. gelegen in der Bruch 1463.
G. Br. 1455. Orthus an der bruche.
S. G. P. 1461. H. unter den Smydden uf dem Orte, als man uf die Bruche will geen.
S. G. P. 1483. Orthus gelegen uf der Bruch.
Z. B. de 1510. H. uf dem *bruch* by den Predigern. Hus auf dem Bruch.
O. U. 1541 H. uf der Bruch gelegen.
— 1559. H. samt Garten hinten dran, in der Fahrgasse, stosst hinten auf die *Bruch.*
Lt. St. R. de 1592. Gestattung eines Schmiedrechts in der Fahrgassen *vff der Bruech.*

erfordert die andere; dass die Alten Bruch für Brück oder Brücke schrieben, ist jedem Kenner der alten Sprache bekannt[159]), und dass in der alten Vorzeit eine Brücke in dieser Gegend gestanden hat, ist um so weniger zu bezweifeln, als es gewiss ist, dass nicht weit davon auch ein Steg befindlich war, über den man von der Fahrgasse nach der Predigergasse ging, wo er dem Stegborn seinen Namen mittheilte. Wo sich aber eine Brücke und ein Steg befanden, da lässt sich auch ein Graben oder Wasser denken. Ich bin daher der Meinung, dass der Elkenbach, der noch im XIV. Jahrhundert das Klapperfeld benetzte, auch über diese Gegend floss, und sich in der Hachenbergergasse gegen dem Ellenbogengässchen über, wo man noch wirklich eine Oeffnung wahrnimmt, in den Stadtgraben warf. Der gegen Osten sich wendende Theil dieses Winkelgässchens scheint mir der Weg von der Brücke zur Predigergasse gewesen zu sein und sich erst nach der Zeit, als die Brücke abgekommen war, so sehr verengt zu haben. Obschon der Lauf des Baches durch den neuen Stadtgraben neben der Bornheimerpforte um's Jahr 876 von dieser Gegend abgeschnitten wurde, so behielt man doch den alten Bachgraben noch lange Zeit bei, weil er das Wasser und vielleicht auch den Unrath der zu beiden Seiten erbauten Häuser aufnahm und nach der grossen Andaue brachte. Es ist dieses zwar eine blosse Vermuthung, die aber doch nicht ganz ohne Gründe ist. Eine solche Einrichtung war zur Zeit, wo man noch nichts vom Pflastern der Strassen wusste, das einzige Mittel, die Fahr- und Predigergasse wenigstens auf einer Seite ganz trocken und gangbar zu erhalten. Wahrscheinlich wurde erst hernach, als das Gassenpflaster aufgekommen war, der kleine Graben ausgefüllt und zum Theil überbaut, zum

---

[159]) Herr *Battonn* sel. irrt sehr, wenn er die beiden Benennungen *Bruch* und *Brücke* für eins und dasselbe hält. *Bruch* heisst in allen Urkunden des Mittelalters eine morastige oder sumpfige Gegend. Der Lauf des Elkenbachs und unterirdische Quellen veranlassten demnach einen solchen sumpfigen Fleck, der als Strassenplatz den Namen auf der Bruche erhielt, welche Beschaffenheit auch der nahgelegene *Steg*, von dem der Brunnen den Namen Stegborn bekam, unterstützt. F.

Theil aber bildete er sich in kleine Gassen, unter welche das weisse Sterngässchen, das Gässchen bei der Sanduhr hinten auf dem Löwenplätzchen und der eine Theil des Ellenbogengässchens zu rechnen sind.

Ausser den vorher erwähnten Namen legte das Alterthum dem Plätzchen auch noch andere Namen bei, die aber, wie es scheint, nicht allgemein angenommen waren, oder nur kurze Zeit dauerten, indem ich sie in keinem der stiftischen Zinsbücher fand. In dem Anniversarienbuche des hiesigen Predigerklosters von 1421 f. 20 heisst das Plätzchen die *Wagemennengasse*. Ein halbes Pfund Wachs, das jährlich auf den Palmsonntag dem Kloster gegeben wurde, veranlasste in diesem Buche folgende Bemerkung:

„in festo Palmarum j libra cere super domo quondam Ludovici de Erhartshusen sita in der Wagemennengazze" und über die Worte super domo setzte eine neuere Hand: in der bruck. Dass sich schon im XIV. Jahrhundert Anwohner dieser Gegend fanden, die sich Wagemann schrieben, bezeugt das *Baldemar*'sche Vikariebuch bei der Vikarie der h. Dorothea mit nachstehenden Worten: ij lib. cum j sol. hall. de domo Else dicte Wagemennen sita in antiquo opido Frank. superiore parte platea dicta Swines myst latere orientali." Vielleicht war diese Elsa oder Elisabeth die nämliche Person, von der das Plätzchen auf einige Zeit den Namen erhielt. Eine gleiche Beschaffenheit, wie mit dem vorigen Namen, hat es auch mit der Benennung *unter den Kistnern* gehabt. Das S. G. P. von 1395 gedenkt schon eines Hauses „unter den Kistenern in der Fargasze" und in einer Handschrift des XV. Jahrhunderts lautet die Beschreibung eines Hauses: „in der Fargasze unter den Kistnern gein dem Graborn ubir". Noch mehr entscheidet die Beschreibung des Hauses Kelsterbach, da es auf dem Plätzchen selbst gelegen ist. Man nannte die Gegend von den Kistnern oder Schreinern, die da wohnten, oder vielleicht auch, weil sie in Messzeiten ihre Kisten auf dem Plätzchen feilboten, unter den Kistnern, oder, was einerlei ist, die Kistnergasse. Zuweilen wird dieses Plätzchen namenlos angezeigt, wo es alsdann aus der Beschreibung seiner Lage kenntlich wird. So wird z. B. in dem *Baldemar*'schen

Verzeichnisse der Fabrikzinsen in Liv. Ser. V. No. 43 ein Haus „jn deme Sagke (in der Sackgasse) ex opposito Graburne" beschrieben, welcher Beschreibung aber eine etwas neuere Hand den Namen Swines mysten beifügte. Und in dessen Z. B. von 1356 f. 2 ist zu lesen: Planum parvum ex opposito Graburnen, wo wieder eine andere Hand hinzusetzte: latere orientali vici Fargazze, infra vicos quartum et quintum transitus, inter eundem vicum et predicatorum etc. Zum Schlusse will ich noch bemerken, dass sich auf der mitternächtigen Seite des Plätzchens zwei Sackgässchen befinden: das eine nächst bei der Fahrgasse, das andere hinten bei der Sanduhr. Nebst diesen ziehet auch noch ein schmales Gässchen, die Almei genannt, zwischen den zwei nördlichen Eckhäusern durch bis zum König von England hin, der in dasselbe einen Ausgang hat.

Häuser auf der Abendseite.

Lit. A. No. 135. Steht hinter den Häusern der Fahrgasse in dem kleinen Sackgässchen.

Der *Geisenhaus*. „das husichen in der Bruche hinten an dem backhus genannt der Geusenbus." S. G. P. von 1409.

Auf der mitternächtigen Seite.

Lit. A. No. 136. Das doppelte Eck zwischen dem Sackgässchen und der Almei. Es war vor Zeiten ein Backhaus, wie wir aus der Beschreibung des folgenden Hauses abnehmen, und kömmt auch schon in dem S. G. P. von 1404 „das Backhus in dem bruch" vor.[160])

Lit. A. No. 137. Das doppelte Eck zwischen der Almei und dem Sackgässchen bei der Sanduhr. Gehörte im XVI. Jahrhundert der Hutmacherzunft. In einem Zinsbuch des hiesigen Liebfrauenstifts von eben gedachter Zeit ist zu lesen:

---

[160]) Haus in der Fahrgasse A. No. 136 *zur Hutmacherstub* genannt Intbl. 1812 No. 55

„Item j marca vj ₰ cedunt pentecostes de domo noua sita vff der Bruche latere septentrionali tangente a retro curiam domus der Kawerzane contigua domui pistoriae latere occidentali, et est domus acialis vici non pertransibilis orientem et meridiem respiciens, et pertinet ad Salve. Dant Confectores pileorum das Hudtmacherhandwerk."

Auch empfing unsere Präsenz jährlich auf Martini 30 kr.

Lit. A. No. 138. Steht im Gässchen auf der Abendseite, zwischen dem Vorigen und der Sanduhr.

Lit. A. No. 139. Die *Sanduhr*. Das Thor hinten im Gässchen.

Lit. A. No. 140. *Zur Sanduhr*. Steht im Hofe, wo sich auch das folgende Haus befindet.

Lit. A. No. 141. *Zur Sanduhr*. Dass die 3 Häuser alle einen Namen führen, ist bekannt, und auch aus dem hiesigen Intelligenzblatt von 1802 No. 9 und 11 zu ersehen. Sie scheinen ehemals ein Haus gewesen zu sein. 1663 am 21. Jänner wurde die Sanduhr bei einem im Krachbein ausgebrochenen Brande sehr beschädigt. *v. Lersner* I. 543.

Auf der Ostseite.

Lit. A. No. 142. Neben der Sanduhr.[161])

Lit. A. No. 143. Gab der Präsenz auf Martini 2 fl. 15 kr. Grundzins.

Lit. A. No. 144. Zahlte der Präsenz ebenfalls auf Johannis Enthauptung 25 kr.

Lit. A. No. 145. Zahlte eben dahin an dem nämlichen Tage 22 kr. 2 h.

Lit A. No. 146. Im Ecke neben der goldnen Zange.

Kelsterbach. Seine Lage kann nicht genau bestimmt werden.[162])

---

[161]) O. U. 1627. Behausung hinder den Predigern — stosst hinten uff die *Sanduhr* etc. F.

[162]) 1320. Conradus Kelderbechere (in diese Gegend gehörig) Beedb. Von ihm scheint das Haus den Namen erhalten zu haben.

S. G. P. 1402. H. Kelsterbach unter den Smyden 1404.

— 1427. H. Kelsterbach *auf dem Bruche*.

„der Kelsterbecher hus in der bruche gelegen." S. G. P. von 1398 und 99.

„Hus Kelsterbach unter den Kistenern." S G. P. von 1402.

„Kelsterbecher sita in antiquo oppido Frank. superiore parte vico dicto fargasz platea dicta uff der Schwinsmisten." L. C. de 1413. f 20.

„Hus Kelsterbach in der Fargasse untern Smiden." S. G. P. von 1415. Oft wurden für die Nebengassen die Hauptgassen gesetzt, und dieses war auch hier der Fall; die Worte in der Fahrgasse untern Schmieden aber sollten eben so viel sagen, als in dem Theile der Fahrgasse, den man unter den Schmieden oder die Schmiedgasse heisst.

„Kelsterbach in plano dicto Swynesmyst vel uff der bruch." R. C. de 1460. f. 5.

Haus der Ida Godeboldin. „iiij sol. den. de domo Ida dictae Godeboldin, sita in vico impertransibili vici Fargasze dicto Swinesmyst, latere orientali, ex opposito introitus dicti vici." L r. B. de 1350. f. 61. Die Stelle wurde aber später in das Buch eingetragen.

Löwenbrunnen.

Steht in der Mitte des Löwenplätzchens. Er wurde 1598 statt des beim goldnen Löwen gestandenen Graborns gesetzt, und weil das Brunnengestell oben mit zwei aufrecht stehenden Löwen geziert wurde, so erhielt er dadurch den Namen des Löwenbrunnens. (*v. Lersner* II, 8.) Im Jahre 1781 wurde das alte Brunnengestell abgenommen, und statt dessen ein von Stein zierlich gehauener Pumpenstock aufgestellt. Herr Dr. *Behrends* hat in seinem gelehrten Werke: Der Einwohner in Frankfurt etc. gezeigt, dass dieser Brunnen unter allen der schwerste und folglich auch der schlechteste ist; indem ein Schoppenmaass

---

Insatzbrief de 1425. H. Kelsterbach uff der Bruche gelegen.

O. U. 1490. H. — unter den Smidden gelegen, genannt klein *Kelsterbach.*

O. U. 1520. H. — unter den Smidden gelegen genant *klein Kelsterbach* zwish. N. u. N. stoisst hinten uf den *Haner Hoff* etc. (???)

seines Wassers 6916½ Gran wiegt, darin das Gewicht der fremden Theile 18½ Gran beträgt. Er besteht S. 183 sogar darauf, dass die Einwohner sich des beständigen Trunks aus einigen der schwersten Brunnen, besonders aus jenem bei der goldenen Zange enthalten sollten. Er nannte ihn S. 166 auch den Brunnen beim goldnen Löwen.

Auf dem Stege.

Eine nunmehr ganz unbekannte Gegend der Fahrgasse, deren genauere Entdeckung wir einzig den stiftischen Urkunden und Zinsbüchern zu verdanken haben.[163]) In einer solchen Urkunde von 1345 in Lat. C. II. ☉ No. 6 ist die Rede von einem jährlichen Zins, der auf zwei Häusern „Super duabus domibus contiguis, sitis vffe dem Stege, ex opposito curie Sancti Johannis infra muros Frank." haften sollte.

Baldemar hat auch in seinem L. r. von 1350 f. 55 einen Zins mit folgenden Worten eingeschrieben:

iij sol. den. de domo — sita in antiquo opido Frank. superiore parte, vico fabrorum seu Fargazze dicto, latere orientali infra vicos quintum et quartum transitus vicorum predicatorum et Fargazze iam not. Hachinberger et Volradisgazze nuncupatos, loco dicto vf me Stege, ex opposito vico Snargazze dicto seu textorum."

Und in einem Zinsbuche von 1370 l. c. No. 31 A. liest man: „zwene Schillingen hellir geltes uff eyme huse vnd gesesze genant vff deme Stege, gein Sancte Johans herren vbir an der Kauwerzenen gelegen in der Fargaszen". Diese Auszüge werden uns von der Wahrheit vollkommen überzeugen, dass ehemals eine Gegend der Fargasse auf dem Stege geheissen hat

---

[163]) 1320 Frisze uffme Stege (hicher gehörig) Beedb.
O. U. 1505. H. und Gesess — uff der Bruch gelegen genant *zur Stegen* etc. F.

und dass sie gegen S. Johann und der Schnurgasse über, zwischen dem König von England und dem Kauwerzan aufgesucht werden muss. Wenn nun laut des letzten Auszugs die zwei Schillinge von dem Hause neben Kauwerzan gegeben wurden, und dasselbe auf dem Stege genannt wird, auch das Haus Krachbein, jetzo der König von England, in einer Urkunde von 1403 in medio domorum Herburdi Richtirs, et deme hohenstege, und in einem Instrument: zuschen Herburd richters hus vnd ane demo hoenstege beschrieben wird, so muss es der Platz zwischen dem König von England und dem Kauwerzan gewesen sein, der ehemals auf dem Stege hiess, und auf dem nun die drei Häuser Lit. A. No. 124, 125 und 126 stehen. Daselbst ging in weiter entferntem Alterthume ein Steg über den Graben des Elkenbachs nach der Predigergasse, wo er einem Brunnen seinen Namen mittheilte. Man sehe meine bei dem Löwenplätzchen gemachte Bemerkung. Der Steg aber war in der Mitte des XIV. Jahrhunderts schon nicht mehr vorhanden und die Gegend war auch schon überbaut, sonst würde *Baldemar* in seiner Beschreibung der Strassen derselben auf irgend eine Art gedacht haben, und ungeachtet sich alles so sehr geändert hatte, so wurde doch die Gegend durch mehrere Jahrhunderte noch auf oder an dem Stege genannt. *Philipp Schurg*, ein Chorherr unserer Kirche († 1611), meldet in seinen Collectaneis von Frankfurt, die ich selbst besitze, im I. Tom. S. 251, dass 1505 am Feiertage nach dem Fronleichnamstage Jacob am Stege der Wagemeister gestorben sei. Und die *Lersner*'sche Chronik setzt beim J. 1531 einen Peter am Stege in die Reihe ihrer Bürgermeister. Ein anderer Jacob am Stege war der erste, der zur Zeit der bürgerlichen Unruhen 1613 eine Vorstellung an den Rath unterschrieb. Sollen diese Personen nicht Anwohner der obigen Gegend gewesen sein? [164])

---

[164]) Siehe zur Berichtigung meine Collectaneen zur viel neueren Familie: *am Steg*. F.

Nonnengasse.

Schon im XIII. Jahrhundert befand sich hier ein ritterbürtiges Geschlecht, die Volraden von Selgenstadt genannt. Man durchgehe das Verzeichniss der hiesigen Stadtschultheissen und man wird verschiedene von diesem Geschlechte unter denselben finden. Ihr Hof stand auf dem Ecke dieser Gasse, und er brachte ihr frühzeitig den Namen der *Volradsgasse* zuwegen. Die Beweise hierüber sind in der *Baldemar'*schen Beschreibung und bei den Häusern in der Fahr- und Predigergasse nachzusuchen. In späteren Zeiten wurde der Name Volradsgasse öfters so sehr verunstaltet, dass er sich kaum mehr ähnlich sah. In dem Z. B. von 1423 und 1428 wird sie die *Floradsgass* und in einem jüngern von 1499 f. 7 die *Walradesgasse* geschrieben. Man muss auch die fehlerhaften Namen bemerken, damit sie, wo sie auch immer vorkommen, nicht als ächte und eigene Namen anderer Gassen betrachtet werden möchten. Für die Volradsgasse kam nachmals die *Stumpfengasse* auf, und jene verlor sich durch diese nach und nach aus dem Andenken der Leute. In dem Zinsbuche der Stiftskirche SS. Mariae et Georgii von 1412 f. 6 wird schon das Haus zum Scherer in der Fahrgasse Lit. H. No. 38 ex opposito der Stumpengassen beschrieben, und spätere Zeugnisse dieses Namens sind bei dem Eckhause Lit. A. No. 108 und unten bei dem Hause zur Milden zu finden. Aber ein solcher Name passte gar nicht auf die Volradsgasse, da sie an beiden Enden immer geöffnet war. Eine Stumpfengasse hiess eigentlich diejenige, welche nur einen Eingang, aber keinen Ausgang hatte, und diese war das weisse Sterngässchen, von dem als einer eigentlichen Stumpfengasse die Benennung auf die Volradsgasse übertragen wurde, obschon sie nach dem Sinne des Worts derselben nicht angehören konnte. In dem Z. B. von 1450 f. 7 wird die Gasse namenlos „vicus paruus quo itur ad curiam Schelmenhoff" bemerkt, und ich erinnere mich, irgendwo das *Schelmengässchen* gelesen zu haben, aber zu einer Zeit, wo ich noch nicht daran gedacht, Nachrichten über die Strassen und Häuser von Frankfurt zu sammeln.

Eine Veränderung zieht gemeiniglich die andere nach sich. Der in der Predigergasse gegenüber gestandene Schelmenhof wurde 1613 das Eigenthum der Rosenberger Einigung, und diese schuf ihn in ein Kloster um. Von der Zeit an nahm die Gasse von ihren neuen Nachbarinnen den noch fortwährenden Namen der Nonnengasse an; doch lässt sich zuweilen auch die Stumpfengasse für sie noch hören. Die bei der Arnspurgergasse gemachte Bemerkung findet auch hier ihre Anwendung. Nach derselben war die Volradsgasse der vicus quintus transitus inter vicos Praedicatorum et Fargasse. *Baldemar* widerspricht zwar dieser Behauptung, indem er in seiner Beschreibung der Strassen bei den vicis transitus dieser Gegend sagt: Sextus Volradisgazze a curia dicta Schelmenhof etc., allein es war ein Versehen von ihm, dass er die Ysaldengasse (itzo das Ellenbogengässchen) mit unter die vicos transitus der Fahr- und Predigergasse zählte, die doch nur ein vicus transitus der Prediger- und Hachenbergergasse ist. Ich habe den Fehler bei diesem Gässchen schon gerügt; doch will ich zum Ueberflusse aus des *Baldemar's* eigenem Zinsbuche von 1356 f. 2 noch eine Stelle anführen, woraus erwiesen wird, dass er den Fehler nachher selbst noch erkannt und verbessert hat: „j marca den. de domo sita latere orientali (vici Fargasse) jnfra vicos *quintum* et quartum transitus inter vicos predicatorum et Fargazze numerando a meridie prope curiam Volradi Sculteti ex opposito vici Snargazzen." Hier nennt er die Volradsgasse nicht mehr den vicum sextum, sondern den vicum quintum transitus, und ähnliche Beispiele hiervon werden noch bei den Häusern in der Fahr- und Predigergasse wahrzunehmen sein.

Häuser auf der mitternächtigen Seite.

Lit. A. No. 109.

Lit. A. No. 110. *Leidermann.* Gab der Präsenz auf Martini 1 fl. 30 kr. Grundzins.

Auf der mittägigen Seite.

Lit A. No. 111. Das Eck am weissen Sterngässchen Eingangs linker Hand.
Lit. A. No. 116. Das andere Eck gegen vorigem über.
Lit. A. No. 117. Gehört nun zu No. 118 in der Fahrgasse.
Zur alten Milden. „das hus alden Mylden in dem Geschin, als man us der Fargasse gen der Schelmen hofe get." S. G. P. von 1428. Auf ähnliche Art lauten drei Insatzbriefe von dem Jahre 1429, 1430 und 1433.
„Hus zur alden Mylden in der Stompengasse." S. G. P. von 1479.

Weisses Sterngässchen.

Ein zwischen der Fahr- und Predigergasse gelegenes Gässchen, das auf der mittägigen Seite der Nonnengasse seinen Eingang hat und sich hinten beim König von England schliesst. Ich fand von ihm im Alterthume keinen eigenen Namen. Man nannte es nur die *Stumpfengasse*, welche Benennung aber einer jeden andern Gasse von gleicher Beschaffenheit zukam. Es war daher nöthig, dieselbe mit einem Zusatze zu begleiten, der über ihre Lage deutlich entschied. Auf solche Weise werden in dem Z. B. von 1405 f. 5 zwei Häuser angezeigt „inter vicos predicatorum et Fargasz vici impertransibilis Stompengasse". In dem S. G. P. von 1439 heisst es: „die Stompengasse hinden am Krachbein" und in einem andern von 1457 „das Stompengeschin hintern Predigern". Auch habe ich es das Stumpfengässchen hinterm Helm in der Fahrgasse und von der vorliegenden Nonnengasse auch schon das Nonnengässchen nennen gehört.[165] Erst im letzt abgewichenen Jahrhundert hat es vom Gasthause zum weissen Stern den Namen angenommen. In dem Frankf.

---

[165] S. G. P. 1466. H. in der Stumpengasse hinten am Krachbein. 1461. F.

Intelligenzbl. von 1749 No. 64 wird bereits die Anzeige von einem Hause hinter den Predigern in dem weissen Sterngässlein gemacht und eben daselbst No. 92 heisst es in der weissen Sterngasse hinter dem König von England.

Häuser auf der Morgenseite.

Lit. A. No. 112.
Lit. A. No. 113.
Lit. A. No. 114.
Lit. A. No. 115. Gasthaus *zum weissen Stern*. Steht hinten in der Ecke neben dem König von England, der daselbst eine Thüre in das Gässchen hat. Vergl.:

O. U. 1588. H. zum *weissen Stern* genant — in der *Stumpfengassen* hinter dem *guldn Helm* neben dem *Krachbein* — stost hinten uff ein Allmey etc.

Frankf. Nchr-Bltt. de 1804. No. 54. Gasthaus zum weissen Stern in der Nonnengasse Lit. A. No. 115.

Auf der Abendseite.

Die Häuser vom König von England bis zum Ecke Lit. A. No. 116 sind nicht bezeichnet, weil sie alle Hinterhäuser von der Fahrgasse sind.

Plätzchen bei der rothen Badstube,
oder das rothe Badstubenplätzchen.

Es war in älteren Zeiten etwas ganz gewöhnliches, den kleinen Gassen die Namen von bekannten Häusern beizulegen, und auf solche Weise erhielt dieses Plätzchen den Namen der rothen Badstubengasse, der nachmals in die *Rothegasse* abgekürzt wurde. Dieser war in der Mitte des XIV. Jahrhunderts ganz gemein, und jenen fand ich nur noch in einem Gültbriefe der Karthaus bei Mainz vom Jahre 1368. Der sonst ganz ungewöhnliche Namen Ratengasse, wie er beim Hause Lit. A.

No. 7 gefunden wird, rührte von der hiesigen Art zu reden her, die bei der niedrigen Volksklasse noch nicht ganz aufgehört hat, das O mit dem A zu verwechseln. In dem Z. B. von 1390 f. 94 wird diese Gasse beschrieben: „vicus sextus a meridie seu ultimo (ultimus) versus septentrionem transitus inter vicos predicatorum et Fargaszen". Aehnliche Beschreibungen liefern der Rebstockhof Lit. A. No. 3 und das Haus zur hintern Scheuer nach Lit. A. No. 94 in der Predigergasse.

Es war demnach ein Versehen des *Baldemar*, dass er die Rothengasse als den vicum septimum beschrieb. Ich habe bei dem Ellenbogengässchen und der Nonnengasse hierüber weitläufiger gesprochen. Wenn sonst der vicus ultimus ohne weiters vorkömmt, wie es beim Hause Lit. A. No. 7 der Fall ist, so muss der sonst gewöhnliche Zusatz: transitus inter vicos Praedicatorum et Fargasse darunter verstanden werden. Wie es aber gekommen ist, dass man die Gassen der Gegend auf solche Art zu zählen und zu beschreiben gewohnt war, hierüber ist schon bei der Arnspurgergasse meine Bemerkung gemacht worden.

Häuser auf der mitternächtigen Seite.

Lit. A. No. 12.

Lit. A. No. 13. Dieses Haus machte im XIV. und noch im Anfange des XV. Jahrhunderts mit dem vorigen ein Haus aus, in welchem sich eine Oelmühle befand:

„iiij sol den. de domo Bertoldi oleatoris sita jn — vico Rodin gazze latere septentrionali, contigua versus orientem domui site jn acie respiciente meridiem et occidentem vici Rodin gazze prenotati." L. V. B. Saec. XIV. vic. IV.

„das hus keltir und gesess gelegen by rodebadestoben da man oley pfleget inne zu slahen." S. G. P. von 1408.[166])

---

[166]) 1820 Bertoldus oleator (hieher gehörig) Beedb. F.

O. U. 1432. H. und Gesesse — genant *Fryenberg* daz vor Zyden ein Oley Mole gewest sy, gelegen in der Fargassen an dem Ort by dem Oleyborn etc.

Die 4 Schilling Pfennig Grundzins wurden der Präsenz noch vor der Aufhebung des Stifts entrichtet, die ehemals zur Vikarie S. Jacobi maj. gehörten.

Auf der Morgenseite.

Lit. A. No. 14. *Rothe Badstube.* Aestuarium Roden. Macht bei der Predigergasse ein vorstehendes Eck. Das Haus war schon in der Mitte des XIV. Jahrhunderts, was es noch wirklich ist, eine Badstube, wie theils die Benennung des Plätzchens, theils die Beschreibung der zwei Stiftshäuser in der Predigergasse von 1356 „juxta estuarium Rodin batstube" und anderer mehr bezeugen.[167]) Die Anlegung und der so allgemeine Ge-

---

O. U. 1433. H. und Gesesse — genant *Fryenberg* daz vor zyden ein Olemole gewest sy, gelegen in der Fargassen innewendig der inner Bornheimer Porten, by dem Oleyborn uff dem Orthe an der Smyden die etzwann Erphen Kopperschmydts seelig gewest sy etc.

O. U. 1467. Backhuss — in der Fahrgasse zushen Hannsen Odenwälder und Slycher Schuwemacher gein dem Oleiborn uber, genannt *Böing*.

L. C. cap. S. S. O. de 1475 xvij hll. gelegen uff dem orthhuss by dem Olantsborne in der Fahrgasse gen Falkenberg über und dem Huss ist genannt *Friburg* etc.

[167]) O. U. 1297 estuarium in *atrio* situm. (Ob nicht in die Neugasse gehörig? —)

1320. Henricus de Constantia (hieher gehörig) Beedb.

O. U. 1378. H. by Rodinbadestoben, daz neiste an dem thorhuse, ane eynes.

S. G. P. 1388. Die *rode* Badstoben. 1396. 1397. 1399. 1402. 1409. 1412. 1438. 1467. 1477.

B. Z. B. 1409. H. by der roden Badstoben, das etzwann was Wernhers uff dem Heyssensteine.

Ibid. Die Rodebatstobe gibt vier Schilling heller geldis als die dann kommen sin von Wernhers wegen von Ortbenberg genannt uff dem Heissinsteine.

St. R. de 1410. Einnahme für gebackene Steine, Schefirsteine, Spise und Kalg, als man vz der Stedte Buwe geluhen hatte zur roden Badstoben.

brauch der Bäder war eine Folge der Bekanntschaft der nördlichen Länder mit dem gelobten Lande und dessen Krankheiten. Ja die Achtung für die Bäder stieg endlich so hoch, dass es gleichsam zur Etiquette wurde, die Gäste nach gehaltenen grossen Gastmahlen ins Bad zu führen So findet man von einem ehemaligen Scholaster des S. Barthol.-Stifts, Johann Recke, aufgezeichnet, dass er bei Gelegenheit seiner Jubelfeier im Jahre 1410 nicht allein das ganze Stift, sondern auch mehrere Personen vom Rathe zur Mahlzeit eingeladen. Zuletzt führte er seine Gäste ins Schweiss- und Wasserbad in der Borngasse und that ihnen, wie die Worte des Mspts. lauten, gütlich.

Es wird vielleicht nicht unangenehm zu lesen sein, wenn ich noch einige Nachrichten mittheile, woraus der allgemeine Gebrauch der Bäder noch weiter erhellet.[168]) Aus dem Dreieicher

---

St. R. de 1410 und ward die Beed abgeschlagen redelich, als von der Badestoben wegen, als sie wuste gelegen hatte.

St. R. de 1410. It. 68 Pfd. 9 ß 6 Hllr. han wir vss gebin zum Buwe zur Rodenbatstoben, als der Rat vnd die Dutschenherrn die gebuwet han nach Antzal als der Rat von der Brucken wegen 4 ß vnd die Dutchenherrn 6 ß wochentlich daruff hen.

G. Br. 1455. die roden bad stobben in der predigergazsen.

O. U. 1456 H. genannt *Hoenloch* by der Roden Badstoben zushen Herrmann zum Riesen Hoff und etc.

St. R. de 1460. (Es brannte erst by der Rodenbadstoben — dann zu Sassenhusin, endlich später im Rebstocke zu Frankf.)

O. U. 1489. H. zu dem *cleyn Hogeloch* genannt gelegen neben der Rodinbadstoben uff eyner und N. anderseits.

O. U. 1492. H. genannt *Hoeloch* by der Roden Batstoben gelegen neben loy Joisten Hoff, stosst hinden gein unser Stadt Muren etc.

O. U. 1527. H. und Gesess in der Predigergassen, by der Roden Badstoben *Holoch* genannt etc.

O. U. 1549. Scheuer samt einem Speicher hinten dran — bei der rothen Badstuben neben N. gelegen stosst hint uff den *Hirschgraben* etc.

Lt. St. R. de 1570. Bader in der roten Badstoben.

[168]) S. G. P. 1339. Hermannus Baderknecht.

S. G. P. 1340. Gilzeradus balneator.

— 1361. eine Badstube.

— 1393. Else Lewen Beddern. 1394. Gele Else Lewen Gespiele. 1399 Gele Bedern.

Plätzchen bei der rothen Badstube.

Wildbanns-Weisthume von 1336 ist zu ersehen, dass der hiesige Stadtschultheiss die Jäger des Fauts von Münzenberg, wenn sie ihm in der Messe den Hirsch überbrachten, ins Bad führen sollte. S. Beschreibung der Hanau-Münzenb. Lande im Urk.-Buche S. 71. Wenn die Fastnachtslustbarkeiten der hiesigen adeligen Geschlechter, wie sie Bernhard *Rohrbach* 1466 beschrieb, vorüber waren, speisten die Gesellen auf Montag nach Invocavit ohne Frauenzimmer auf der Stube, und gingen darauf ins Bad zur weissen Badstube. *v. Lersner* II, 218. In einer hiesigen Rathsverordnung, über welcher das Jahr 1468 steht und worin man dem übermässigen Spielen Ziel und Maass zu setzen suchte, wird unter anderm erlaubt, um die Bezahlung des Bades zu spielen. Es heisst in der Verordnung: „Item drii ader mer Spyele vnd nit darvnder mit eym andern vmb eyn mosze wins adir eyn orten ader vmb betzalung des bates ader eyn fladen ader eyn gans ader cynen cappunen ader eyn felthune ader anders desglichen nit ubir vier englisch spielen". Ex lib. cens. Capellae S. Petri Saec. XV. f. 65 in Lat. R. No. 28. Winrich Monis specificirte seine im Jahre 1453 gehabte Ausgaben, und darunter befinden sich 26 hllr., die er den Zimmerleuten und Glabern zu vertrinken und zu verbaden schenkte. *v. Lersner* I, 511. Und 1493 schenkte man den Steindeckern bei der Bedachung der Stadtmauer xx Heller zum Badgeld. Ex Regist. aedilit.

Aber gleichwie die durch die Kreuzzüge aus dem Orient zu uns gebrachten Krankheiten die Bäder allenthalben veranlassten, so brachte auch wieder eine andere Krankheit dieselben in Abgang. Die Franzosen brachten zu Ende des XV. Jahrhunderts bei ihrem Einfall in die Lombardei die venerische

---

Bei der 1387 zu den Predigern hier schwörenden Gemeinde befanden sich 29 Bader.

S. G. P. 1415. Johannes balneator (scheint ein Geschlechtsname).

— 1424. Herr Friedrich Priester, der Mantel und Hosen in der Badstube verloren, ca. Schepper. Letzterer muss diese bezahlen, weil er sie jenem abgezogen, und auf den Ring geschlagen (aufgehängt) hatte.

S. G. P. 1472. Die Brüderschaft der Beider.

Krankheit nach Italien, von da sic sich seitwärts von den Alpen her nach Deutschland und die Donau hinab verbreitete. Conrad Schellig, ein Arzt, der 1494 lebte, warnte wegen der Ansteckung vor Schwitzen und warmen Bädern, und man vermuthet daher, dass von dieser Zeit an Baden und Schröpfen wieder in Abnahme gekommen seien. S. *Henssler's* Geschichte der Lustseuche im I. Bd. Es scheint übrigens, dass die rothe Badstube ehemals zu den öffentlichen Gebäuden der Stadt gehörte, indem Jacob Medenbach Schulmeister 1543 beim Rathe ansuchte, ihm dieselbe zur Haltung der Schule einzuräumen. S. *v. Lersner* II. Th. II. Bd. S. 108. Die rothe Badstube hörte 1809 auf und wurde die Gerechtigkeit anderwärts hin verlegt.

Auf der mittägigen Seite.

Zwischen den beiden Eckhäusern der Fahr- und Predigergasse steht ein Haus, das nun zum goldnen Schiff gehört, und vormals ein eigenes Haus, wahrscheinlich unter dem Namen eines der folgenden, ausmachte.

Vechenheim, und abgekürzt: *Vechen.*[169])

„Hus und Gesess genant Fechenheim by der rodebadestuben." S. G. P. von 1438 und 1446.

„21½ ß de domo Vechen juxta fontem Olenborn." R. C. de 1563. f. 8.

Schilderey. „vij ß de fundo domus dicta Schilderej bej der roden badt Stoben." R. C. Antonit. in Höchst, Saec. XV.

---

[169]) O. U. 1400. OrtH. gen der Rodenbadestoben ubir zwishen dem H. da Heile Sacktreger innewohnet und dem H. genannt *Fechenheim.*

S. G. P. 1426. H. *Fechenheim* in der Fargasse.

O. U. 1431. H. genannt *Fechenheim* by der Rodenbadstoben und dem Borne gelegen.

O. U. H. genannt *Fechenheym* gein dem *Alantsborn* uber zushen N. und N.

O. U. 1553. H. zur rothen Rosen neben dem *Bockshorn* uff einer und N. uff der andern Seiten gelegen, stosst hinten uff die Behausung *Fechenheim.*

Oelbrunnen.

Dieser sehr alte Brunnen ist anfänglich wider der rothen Badstube beim Eingange der Predigergasse gestanden und hat daher auch von ihr der rothe Badstubenborn geheissen, den man in der Zeitfolge in den *Rothenborn* abkürzte.

Um seinen ersten Standort zu beweisen, müssen wir die Handschrift des *Baldemar* von 1350 zu Hülfe nehmen. Derselbe beschreibt die Predigergasse unter dem Namen der Stegborngasse „a curia Arnsburg ad putcum dictum Rodin burnen" und das Plätzchen bei der rothen Badstube unter dem Namen der Rothengasse „a puteo dicto Rodin burnen ad oppositum quasi vici Sancti Anthonii". Wie unrichtig wären nicht diese Beschreibungen, wenn sich damals schon der Brunnen in der Mitte des Plätzchens befunden hätte. Ja, dass der Brunnen nicht gleich in die Mitte gesetzt wurde, ist ein Umstand, der meine Meinung von der Elkenbach, dass sie ehmals über dieses Plätzchen geflossen sei, einigermassen begünstigt. (S. bei dem Löwenplätzchen.) Um welche Zeit sich die Versetzung des Brunnens ereignete, wissen wir nicht. Indessen ging noch im XIV. Jahrhundert mit seinem Namen eine Veränderung vor. In dem Z. B. von 1390 f. 71 kömmt bereits der Fons oliatorum (oder oleatorum, wie er in den folgenden geschrieben wird) in vico Rodengasze vor, wiewohl sich auch der ältere Name noch hundert und mehrere Jahre in solchen Büchern erhielt. Die Veranlassung dieses Namens geben die Nachrichten vom Hause Lit. A. No. 13 auf dem Plätzchen zu erkennen, von dem Bertoldus oleator um die Mitte des XIV. Jahrhunderts einen Grundzins an unser Stift entrichtete, und worin sich 1408 noch eine Oelmühle befand. Oleator hiess auf deutsch Olenschlager; mithin hiess der Brunnen anfänglich der Olenschlagerborn, aus dem nachmals der abgekürzte Name *Olenborn* entstand, der in alten Handschriften am gewöhnlichsten vorkömmt. Für diesen erscheint 1433 beim Engelthalergässchen und 1442 beim Hause Lit. H. No. 29 der Oleyborn. Ein ganz unächter Name ist der Alantzborn, wie er 1477 beim Hause Lit. H. No. 30 und im

S. G. P. von 1485 geschrieben wurde.[170]) Im Volkstone habe ich ihn öfters den Olensbrunnen und auch den Alansbrunnen nennen gehört. Er war wie alle anderen ein offener Ziehbrunnen, dessen Gestell oben mit drei von Stein ausgehauenen Oliven geziert war, eine Frucht, aus der man Oel presst, und die gewiss eine Anspielung auf den Namen des Brunnens sein sollte. Im Jahre 17.. wurde das alte Brunnengestell abgenommen und der Brunnen bei gleicher Erde gedeckt, der neue Pumpenstock aber näher gegen die Fahrgasse hin gesetzt. Die Brunnennachbarn, in dem irrigen Wahne, dass ihr Alans- oder Olensbrunnen ursprünglich von einer Gattung Birnen, die man Olansbirnen nennt, seinen Namen erhalten habe, liessen nun eine weibliche Figur von Stein oben auf den Brunnenstock setzen, die den Vorübergehenden ein Körbchen mit Birnen zeigt, und ihnen auf solche Art den Namen des Brunnens andeuten soll.

Fetzengässchen.

Ein Stumpfengässchen der Fahrgasse, das unter dem Hause Lit. A. No. 3 schräg gegen der Töngesgasse über seinen Eingang hat und ursprünglich aus dem Rebstockhofe entstanden ist. Das letzere ist aus den Nachrichten von gedachtem Hause abzunehmen.

Es wird auch das an das Gässchen stossende Haus Weisseburg in dem S. G. P. von 1437 zwischen Lindenfels und dem Höfchen beschrieben. In einer Handschrift unsers Archivs von 1524, welche den Titel Registrum Magistri locationum führt,

---

[170]) Z. B. des h. Geistspitals. 1475. Backhus gen dem Olantsborne ubir.

O. U. 1477. Orthuss gelegen in der Farengassen an dem Ecke des Gessechins als man hinten in den Engelter Hoffe get an N. N. gein dem *Alantborn* über etc.

habe ich zum erstenmal das Fetzengesslin entdeckt.[171]) Ich glaube, dass dieser Name durch einen seiner ehemaligen Anwohner entstanden ist. Wenigstens fand ich in dem Anniversarienbuche der hiesigen Predigerkirche von 1491 f. 9 einen Joannes Fetze eingeschrieben, woraus erhellet, dass hiesige Einwohner einen solchen Namen führten. Man hörte vor nicht gar langer Zeit das Gässchen noch mit seinem alten Namen nennen; weil aber pöbelhafte Menschen sich zuweilen erlaubten, denselben auf eine grobe und ärgerliche Art zu verhunzen, so waren die Nachbarn darauf bedacht, dem Gässchen einen anderen Namen zu verschaffen, und auf solche Weise entstand das *Fettgässchen*. Ich habe die Nachrichten aus dem Munde eines Mannes vernommen, der ehemals in dem Gässchen wohnte. Das Fettgässchen zeigt sich in dem hiesigen Intell.-Bl. von 1779 No. 1 und No. 78, wo eines Hauses „der Töngesgasse gegenüber, unter dem Bogen zum Fettgässchen genannt" gedacht wird. Inzwischen waren auch noch andere Namen, das *Neunergässchen* und das *Batzengässchen* aufgekommen, die aber wenig bekannt und nur von kurzer Dauer mögen gewesen sein. Der erste Namen rührte vermuthlich von einem Mitgliede des Neuneramtes her, das im Gässchen oder nahe dabei wohnte.

Häuser auf der mitternächtigen Seite.

Lit. A. No. 4. Gehörte ehemals dem S. Barthol.-Stifte und wurde 1572 von demselben verkauft. In dem Z. B. von 1581 f. 10 ist zu lesen:

„j fl. de domuncula sita im fetzgäslein latere septentrionali olim Ecclesiae propria, sed anno 72 (1572) vendita Hanss Wilhelm Kammacher".

Dieser Gulden wurde jährlich auf den 22. Juli von der Präsenz erhoben.

Lit. A. No. 5.

---

[171]) St. R. de 1491. It. iij fl. v ß ddt. meister mertin Buxmeister von einer Husung im *fetzengessechin*. F.

Lit. A. No. 6.[172])
Auf der mittägigen Seite stehen nur Hinterbaue.

Töngesgasse.

Unsere Nachrichten reichen nicht so weit, dass wir einen ältern Namen als diesen ausfindig machen konnten. Doch, wenn es hier nichts ungewöhnliches war, den Gassen die Namen von ihren Brunnen beizulegen, so möchte auch die Töngesgasse in frühern Zeiten die Greifenborngasse genannt worden sein. Dass der heutige Name durch die Antoniter entstanden ist, welche sich im Jahre 1326 hier ansiedelten, ist eine so bekannte Sache, dass sie keines besondern Beweises bedarf.[173]) Nur ist zu be-

---

[172]) O. U. 1530. 2 H. — aneinander in der *Fetzenn Gassen* zum *Rebstock* genant neben N. und einem Haus zu St. Bartholmai gehörig anderseits.
G. Br. 1641. II. bei der Bornheimer Pforten im *Pfitzergässlein* stosst hinten an die alte Stadtmauer.

[173]) Die *Töngesgasse* entstand aus dem Communicationsweg innerhalb der Stadtmauer der ersten Erweiterung der Stadt, da ihre nördliche Seite lauter Häuser aufzählt, die an diese Stadtmauer stossen. Der Communicationsweg führte von der Bornheimer Pforte, dem damaligen Stadtthore, nach dem Rossebühel, als dem hauptsächlichen Platze, der in der ersten Erweiterung der Stadt lag.
Der älteste Namen derselben, der ihr vor Gründung des Antoniter-Klosters gegeben ward, lässt sich durchaus nicht bestimmen. Mir ist unbekannt, auf welchem Grund die Vermuthung des Herrn Verfassers *Battonn* selig beruhe, dass diese Strasse früher die Sandburnengasse geheissen. Für die Existenz dieses Sandbrunnens, der von der eingegangenen Nebenstrasse, die Sandgasse genannt, seinen Namen erhalten haben müsste, und also auch an derselben gelegen gewesen wäre, bringt der Herr Verfasser nirgends einen Beweis vor.
In dem Beedbuch de 1320 kommen vor: It. Anthunenses. Darauf folgt: It. curia Volvelini. (Wie es scheint nach der Fahrgasse hin.)
Laut Brgrbch. de 13^{12}/$_{53}$. Conradus de Erlebach, miles procuravit ^{1}/$_2$ marcam (cautionis) super domo sua in vico St. Anthonii. (Fit ciuis ad ann. 1338.) F.

merken, dass der Name auf mancherlei Art geschrieben wurde; man schrieb im XIV. Jahrhundert Anthonier gaszin, Sancte Anthonis geszin, vicus Sancti Anthonii, platea beati Anthonii, Sant Anthonies gaszen, im XV. Anthonius gasse, Sant Antonier gasse, Thonies gasse, im XVI. Thoniges Gass, Antonitergass und im XVII. Thoniss Gass, Thonnesgass und Töngesgass. Man sollte also nicht Döngesgasse, noch weniger Dingesgasse schreiben. Alle die verschiedenen Schreibarten des Namens erscheinen auch in andern Jahrhunderten als sie hier bemerkt sind; doch nicht so häufig. Es hat jede Regel ihre Ausnahme.[174])

Häuser auf der mitternächtigen Seite.

I.

Zwischen der Fahrgasse und der Hasengasse.

Lit. H. No. 162. Neben dem Ecke der Fahrgasse.

Lit. H. No. 163. *Zum grünen Baumgarten.* War das Eck an der längst abgegangenen Sandgasse. 1430 kief Jacob von Stralnberg das Haus „zum grunen Baumgarten in der Tongesgass" für 150 fl. Aus dem v. Holzh. Archiv. Das Haus hat ein Thor in das Windfanggässchen.

---

[174]) O. U. 1379 u. 1489. H. in S. Antonius Gassen, genannt des alten *Faides* Hof von Ursel, stosst hinten uff der Stadt Ring Muren.

S. G. P. 1459. H. in S. Antoniusgasse hinten uf der Stede Muren stossend.

Im Stadt-Allmendenbuche de 1521 werden verschiedene Allmeien erwähnt in der Töngesgasse, die auf den Hirschgraben stossen. Die nördliche Seite der Töngesgasse stiess auf die Stadtmauer, oder nach deren Niederreissung auf den ausser derselben befindlichen Stadtgraben, den sogenannten alten Hirschgraben. An diese Stadtmauer wurden die Häuser dieser Strassenseite einzeln angebaut. Der leere Raum zwischen denselben, der sich immer verengte, bildete die Allmenden, die später ganz zugebaut wurden. F.

Lit. H. No. 164. *Kleine Baumgarten.* Dieses Haus wurde an die Stelle der ehemaligen Sandgasse gesetzt, wovon der hintere Theil zu dem folgenden Hause gezogen wurde.[175])

Lit. II. No. 165. *Buchenau* vorher *Schildeck.* War das Eck der ehemaligen Sandgasse. Seine Geschichte wird sich aus den folgenden Nachrichten erläutern lassen.

Baugarten. „iiij Pfd. iiij ß hll. de domo¦dicta Baugarten sita in antiquo opido superiore parte vici Sancti Anthonii jnfra vicum Santgasz et ecclesiam Sancti Anthonii" R. C. de 1428. f. 33.

„Domus dicta Baugarten in vico Sancti Anthonii infra vicum Fargasz et ecclesiam Sancti Anthonii latere septentrionali." R. C. de 1452. f. 12.

Hier wird das Haus mit Uebergehung der kleinen Gasse zwischen die Fahrgasse und die Antoniter-Kirche gesetzt, und dadurch der Zweifel benommen, ob die Sandgasse nicht die Ortweinsgasse möchte gewesen sein, die sich zwischen besagter Kirche und der Hasengasse befand. Ich vermuthe, dass die Gegend zwischen dem Kloster und der Sandgasse zuerst ein Garten gewesen ist, der nachmals zur Aufbewahrung verschiedener Baumaterialien diente, und deswegen der Baugarten genannt wurde, von welchem auch das dahin erbaute Haus den Namen annahm. S. Sandgasse in der Töngesgasse.[176])

---

[175]) O. U. 1455. 2 H. an einander genant *zum grünen Baum* in S. Anthoniusgassen.

O. U. 1477. H. *Rosenberg* in S. Anthonisgassen.

Im Anfang des 18. Jahrhunderts stand an der Stelle des jetzigen Eysischen und Schlosserschen Hauses in der Töngesgassen ein einziges Haus, worin die kaiserliche Post bereits sich 1697 befand, und das gewöhnlich *die alte Post* genannt wurde. Dieses Haus wurde durch den grossen Brand im ersten Viertel des 18. Jahrhunderts eingeäschert und auf die Brandstätte wurden 2 Häuser gesetzt, wie sie noch jetzo stehen.

[176]) G. Br. 1428. census — super domibus curia et orto olim ad Magistrum Hermannum de Orba spectantibus, vulgariter *zu din Bamgarten* appellata et stabulis ex opposita in vico S. Antonii.

O. U. 1430. H. zum grünen Baumgarten in der Thöngesgasse.

— 1486. H. Hoff und Gesesse genant zum *grünen Baumgarten* gelegen inne S. Anthoniusgassen by der Bornheimer Porten, zushen N und dem Thongeshoffe, stosse hinden gein unserer Stedte Muren zu etc.

Bernhof. In dem Z. B. der Kirche SS. Mariae et Georgii von 1412. f. 37. wird ein Zinshaus beschrieben: „in vico Sancti Anthonii iuxta curiam Bernhoff ex opposito quasi curie dominarum de Engeltale." Und in Lib. Testament. f. 195 ein Haus: „contigua versus orientem curie dicte vulgariter der Bernhoff vico Sancti Anthonii latere septentrionali ex opposito domus zu Bedelher." Das Haus neben dem Bernhof, so einmal schräg gegen dem Engelthalerhof, das andermal gerade gegen dem Bedelher über beschrieben wird, konnte kein anderes Haus als das Schildeck sein, ich vermuthe daher, dass der Baugarten von einem seiner nachmaligen Besitzer, der Berno oder Bernard hiess, der Bernhof genannt wurde.[177])

Schildeck. „iij β eynen cappen von deme huse Schiltegke an Sant anthonius hoffe uff eyner siten, uf der andern siten der grune baumgarte." R. C. Capellae S. Petri de 1471. f. 18. in Lat. R. No. 28.

„j Marck facit ij (1½) fl. de domo sita in vico Sancti Anthonii ante curiam Dominorum Sancti Anthonii dicta Schylteckh ex opposito der Lyntheymer gassen." R. C. S. Leonardi de 1536.

Diese Auszüge beweisen, dass 1471 und noch 1536 die Häuser zwischen den Antonitern und der Sandgasse alle unter dem Namen Schildeck mit einander vereinigt waren. Aber der Merian'sche Grundriss von Frankfurt von 1682 zeigt, dass Schildeck damals schon in 3 Häuser getheilt war, an deren Stelle nun wieder zwei stehen.[178])

Buchenau. „Hus Buchenawe by S. Anthoniuskirchen uf dem ort der Santgassen neben dem Gotshus." S. G. P. v. 1481.

Nach der Vertheilung Schildecks in mehrere Häuser änderte das Ort- oder Eckhaus seinen Namen in Buchenau, der von

---

[177]) Lib. Cens. S. Barth. 1368. Curia der Beren hoff sita in antiquo opido Francf. super parvo vico St. Anthonii latere septentrionali.

G. Br. 1455. Flecken zuschen S. Anthonius Kirchen und dem H. genant Schildecke

[178]) S. G. P. 1339. Domus Schildecke.

S. G. P. 1370. H. Schildecken. 1371.

G. Br. 1455. H. Schildecke gen der lintheymergazsen in S. Anthoniusgasze.

dem andern Ecke nicht kann verstanden werden, weil dasselbe schon 1430 zum grünen Baumgarten hiess, und nach der Aussage des Eigenthümers noch diesen Namen führt. [179])

Lit. H. No. 166. *Baugarten. Bernhof. Schildeck.* S. vorher. Fleck bei den Antonitern. Der Platz, wo ehemals ein Haus stand, wurde Fleck genannt. „Item dij anthonier xij ₰ von einem fleck zwischen ir Kirchen vnd dem husz Schildeck." R. C. Capellae S. Petri de 1471. f. 4. in Lat. R. No. 8½.

Vermuthlich war dieser Fleck der Platz, den die Antoniter 1610 an den Barbierer Andreas Hessberger verkiefen; s. in Lat. A. ☉ No. 7. [180])

Lit. H. No. 167. *Kapuziner-Kloster*, vorher, *Antoniter-Hof*, *Antoniter-Kloster* und *Töngeshof*. [181])

Im Testament des Johannis de Bethlehem von 1323 wird dieser Hof Curia fratrum Sancti Anthonii in Frankenfort, und auch Domus Sancti Anthonii in Frankenfort genannt. L. T. f. 87. Das Portatile Baldemari von 1356 nennt ihn Monasterium Sancti Anthonii, und eine andere Handschrift vom XIV. Jahrhundert Claustrum fratrum ordinis Sancti Anthonii. In einer Urkunde von 1563 heisst er Curia Dominorum S. Antonii in Hoest. Im XVI. Jahrhundert fingen die Namen Tängeshof und Töngeshof an bekannt zu werden.

---

[179]) 1400 kaufen Joh. v. Buchen, Grede ux. ein H. alhier von Wigand v. Wezlar und nennen es *Buchenau*. Notiz aus Z. Jungens notaminibus.

O. U. 1481. H. — genant *Buchenauwe*, 'gelegen by St. Anthonier Kirchen uff dem Ort der *Santgassen* neben einem Gotteshuss etc.

O. U. 1527. H. — in der Dongen Gassen gelegen genant *Buchenauwe* neben N. uff einer und der Regenbogen Gottshus uff der andern Syten stoss hinden uff den *Slossel* und neben der Stoyngassen etc. F.

[180]) G. Br. 1467. H. in S. Antoniusgasse zuschen den herren zu S. Antonius und dem H. zum Baumgarten.

O. U. 1610 Georg v. Lysskirchen der Antoniterhäuser zu Rosstorf und Hoest Praeceptor.

[181]) B. Z. B. 1409. Der Herren Hoff zu Sanct Anthonius und gab Her Hug der Meister zu Roistorff vnd gebit itzund Her Lamprecht von Dryn Meister (ibid den Zinss).

Lt. St. R. de 1603 Färber im Antoniterhoffe wegen 2 Kesseln zalt concess etc. 16 fl.

Der Antoniter-Orden nahm von einem Adelichen in Frankreich, Namens Gaston, im Jahre 1095 seinen Ursprung. Krankenpflege und die Aufnahme ankommender Fremden machten sein erstes Institut aus. Die Brüder zeichneten sich gleich Anfangs durch eine eigene Kleidung aus; ihr Thun und Lassen aber hing noch nicht von der Vorschrift einer geistlichen Ordensregel ab. Erst 1218 unter Papst Honorius III. unterwarfen sie ihren freien Willen den geistlichen Gelübden, bekannten sich zur Regel des h. Augustins und führten bald darauf auch den Chorgesang in ihrer Kirche ein, ohne im übrigen von ihrem ersten Institut abzuweichen. *Holstenii* Codex Regul. monast. T. V. p. 119. Der Orden breitete sich nachmals in andere Länder aus, und seine wohlthätigen Bemühungen für die leidende Menschheit veranlassten auch hier im Jahre 1236 seine Aufnahme, wo ihm Bertold Bresto und Gertrud, Eheleute, einen bei der Breunigsheimerpforte an der Stadtmauer gelegenen Hof zum Heile ihrer Seelen schenkten [Cod. dipl. 62.], aus dem nachmals das Kloster, die Kirche, und gewiss auch ein Spital entstanden, von dem wir aber nichts mehr wissen. Die Chronik meldet nichts von einem Kloster. Sie spricht nur vom Antoniter-Hofe, und sagt, man finde nicht, dass ihn die Antoniter jemals selbst bewohnt haben. Allein die Benennungen Monasterium und Claustrum überzeugen uns eines ganz Andern. Hatte ja auch ein Clericus Johannes de Bethlehem schon 1323 ein Jahrgedächtniss gestiftet, das von ihnen hier in ihrem Gotteshause sollte gehalten werden. L. Test. Und in einer Urkunde von 1404 erscheint Bruder Lamprecht Meister zu S. Antonius zu Frankfurt. *Gudenus* in Cod. diplomat. T. V. p. 965.

Auch hat *Joann Gross* im I. Tom. seiner Miszellanien von Frankfurt, den ich selbst besitze, bemerkt, dass bei einer im Jahr ... gehaltenen grossen Procession die Antoniter nach ihrem Range hinter den Predigern gingen.

Ob die Antoniter 1236 schon hier angekommen sind, und damals auch schon das Bürgerrecht erhalten haben, getraue ich mir nicht zu behaupten.[182] Es hat sehr viele Wahrschein-

---

[182] [Doch vgl. jetzt die Urkunde in Cod. dipl. 62, aus welcher hervorgeht, dass schon 1236 die Antoniter concives geworden sind.]

lichkeit, dass beides erst 1287 geschehen ist, wo sie als Bürger jährlich 10 köllnische Schilling zum Brückenbaue zu geben versprechen mussten. Es wäre zu wünschen, dass uns die Chronik im I. Th. 2. B. S. 128 die ganze Urkunde vor Augen gelegt hätte, anstatt, dass sie uns mit den blossen Namen derjenigen, so dieselben unterschrieben und besiegelten, bekannt machte.[183]) Die ersten Ankömmlinge des Ordens waren Söhne des Convents zu Rossdorf, bei Hanau, und das hiesige Kloster stand jederzeit unter dem Präceptor zu Rossdorf. Unter Papst Eugenius IV. erhielten die Rossdorfer Antoniter, weil sie in einem schlechten und offenen Flecken wohnten, die Erlaubniss, sich nach Frankfurt zu begeben; der Erzbischof Theodorich von Mainz aber, da diese Erlaubniss ohne sein Wissen erwirkt worden war, wiess ihnen 1435 den Albaniter Hof zu Höchst zu ihrem künftigen Aufenthaltsort an, wo sie ungeachtet ihrer Ortsveränderung den vorigen Titel Praeceptor und Convent zu Rossdorf immer noch beibehielten.

Im Jahre 1440 wurde dem hiesigen Kloster vergünstigt, einen Abtritt und ein Sommerhaus an und auf die Stadtmauer zu bauen, auch zwei Thüren und einen Kendel darauf zu setzen und durchzubrechen; dagegen versprachen Hugo von Schönberg Praeceptor und Convent zu Rossdorf, alles wieder abzuschaffen, sobald es über kurz oder lang dem Rath gefiele.

Von einem alten Gebrauche der hiesigen Patrizier, am Fastnacht Dienstag paarweis in den Töngeshof zu ziehen, und daselbst drei Tänze zu halten, wobei ihnen Lebkuchen und anderes mehr gereicht wurden, ist in der Chronik II. 217 und 218 nachzusehen. Das Wenige, was ich sonst vom XV. Jahrhundert noch aufgezeichnet fand, war zu unbedeutend, als dass es verdiente, hier bemerkt zu werden.

Das klösterliche Leben unterbrach Luthers Reformation; denn als sich im Jahre 1525 ein Tumult gegen den Magistrat und die Geistlichkeit erhob, wobei sich die Sachsenhäuser und die hiesigen Gärtner im Töngeshofe zu versammeln pflegten,

---

[183]) [Die Urkunde von 1287 ist jetzt abgedruckt in dem Cod. dipl. 228. Die Antoniter werden darin denuo in concives aufgenommen.]

wichen die Antoniter von hier zu ihren Ordensbrüdern nach
Höchst, und überliessen das Kloster der Obsorge eines Schaffners, der vermuthlich damals ein Weltlicher, in der Zeitfolge
aber ein Geistlicher war, der mit einigen wieder zurückge-
kehrten Ordensbrüdern an Sonn- und Feiertagen den öffentlichen Gottesdienst mit Messelesen und Predigen forthielt, und
täglich Morgens, Mittags und Abends das Ave Maria läutete.
Weil indessen das Kloster zu Höchst mit so vielen Schulden
beladen wurde, dass es sich ausser Stand gesetzt sah, den zu
Hebung des hiesigen Gottesdienstes erforderlichen Aufwand
ferner zu bestreiten, so hoben sie denselben mit Schliessung der
Kirche eine Zeitlang auf, und vermietheten den Hof auf 12 Jahre
an einen Bürger.

Um sich in einer so drückenden Lage einigermassen zu
helfen, sollte der Hof 1611 an den Grafen von Hanau vertauscht werden; weil aber die Einwilligung des Magistrats
hierzu nicht erfolgte, so wurde dessen Verkauf beschlossen.
Die ersten Käufer waren die Jesuiten, die aber von dem Kaufe
wieder abgingen. Nachmals wurde mit dem Magistrat unterhandelt, während der Zeit die Kapuziner in's Spiel kamen, und
1626 am 7. December Kirche und Kloster mit aller Zubehör
käuflich an sich brachten; wobei sich jedoch die Antoniter einen
Platz zu einer bequemen Wohnung, die auf Kosten der Käufer
erbaut werden sollte, vorbehielten, wohin sie in Kriegs- und
andern Nothfällen ihre Zuflucht nehmen könnten.

Die Fortsetzung der Klostergeschichte unter den Kapuzinern.

Die Geschichte der hiesigen Kapuziner nimmt eigentlich
mit dem Jahre 1612 ihren Anfang, wo Kaiser Matthias durch
ein Rescript vom 17. Juli dem Magistrat dieselben zur Aufnahme empfahl. Nach diesem beruhte die Sache auf sich, bis
Kaiser Ferdinand II. durch ein neues Rescript vom 12. October
1623 befahl, diese Ordensleute in die Stadt aufzunehmen, und
ihnen einen Platz zu einem Kloster einzuräumen. Zu gleicher
Zeit ging auch ein kaiserl. Schreiben an den Kurfürsten von

Mainz ab, zur Beförderung dieser Angelegenheit alles Mögliche beizutragen.

Am 12. April 1624 entschuldigte sich der Magistrat bei S. K. M. in Betreff ihrer Annahme und stellte vor, dass die Katholiken mit Welt- und Klostergeistlichen hinlänglich versehen wären, und durch die Annahme der Kapuziner den übrigen Armen die Almosen entzogen würden. Im Jahre 1626 nahm der Commenthur Freiherr Ulrich von Wolkenstein die Kapuziner in's deutsche Haus auf, wo sie von ihm ihre Verpflegung erhielten, und in der nahe gelegenen Kapelle, nicht ohne Widerspruch des Magistrats, ihren Gottesdienst verrichteten. Weil indessen der Magistrat dem kaiserl. Befehle noch keine Folge leistete, so suchte man in dem Erkaufe des Antoniterklosters ein dienliches Mittel zu finden, wodurch die Väter vigore transactionis passav. et pacis religiosae in die Stadt gebracht werden könnten. Sie kiefen demnach am 7. December 1626 mit Hülfe des Grafen von Tylli besagtes Kloster, und erwirkten hierüber vom Papst, und durch besondere Verwendung der Kurfürsten von Mainz und Trier und des Kommenthurs im deutschen Hause auch vom Kaiser die Bestätigung.

Am 8. Januar 1627 verlangte der Kaiser abermals sie aufzunehmen, und am 28. Januar erschien ein neues Rescript, worin nun ihre Aufnahme bei Vermeidung der allerhöchsten Ungnade und Strafe befohlen wurde. Im Jahre darauf 1628 erneuerte der Kaiser nochmals den Befehl und übertrug zu gleicher Zeit dem Kurfürsten von Mainz die Commission, durch Subdelegirte die Kapuziner in das Convent und die Kirche der Antoniter feierlich einzusetzen. Hierauf führte der Freiherr von Frankenstein als kaiserl. Subdelegatus die Kapuziner am 23. April 1628 in die Antoniter-Kirche, ohne dem Magistrat vorher etwas davon angezeigt zu haben, und ertheilte ihnen in Gegenwart der kurfürstlichen Räthe und anderer Personen feierlichen Besitz von der Kirche und dem Kloster mit aller Zugehör. Während dessen fanden sich die magistratischen Deputirten ein und protestirten auf alle mögliche Art gegen eine solche Handlung; der Herr von Frankenstein aber zeigte ihnen das kaiserl. Commissorium vor, und heftete eine kaiserl. Sauvegarde an die Kirchthüre.

Von dieser Zeit an blieben die Kapuziner in ruhigem Besitze der Kirche und des Klosters, bis sie 1633 am 13/23. Juni wieder daraus verjagt wurden. Es war damals die Stadt von den Schweden besetzt, und bei dieser Gelegenheit wurden die Kapuziner, 7 an der Zahl, mit Soldaten in ein Schiff gebracht und nach Höchst geführt. Man verfertigte damals einen Kupferstich, worauf ihre gewaltsame Abführung mit Soldaten vorgestellt wurde.

Noch in dem nämlichen Jahre erfolgte ein kaiserl. Rescript, welches den Befehl zu ihrer Restitution enthielt, und sich auf die Reichs-Constitution und den Prager Frieden begründete, aber ohne Wirkung blieb. Im Jahre 1336 schrieb der Kurfürst von Mainz an den Kaiser, und suchte um die Restitution der Kapuziner an. Auch überreichten dieselben I. K. M. zu Regensburg hierum ihre allerunterthänigste Bittschrift, und da sich eben damals ein Syndicus der Stadt Frankfurt mit zwei Deputirten allda befand, so erboten sich zwar dieselben, die Kapuziner wieder aufzunehmen, aber nicht mit einer solchen Feierlichkeit, wie es S. M. verlangten, ehe und bevor sie nicht von der Einwilligung des ganzen Raths wären verständigt worden.

Noch in dem ebengedachten Jahre setzte der Magistrat auf ein nachdrückliches Vorschreiben des Kurfürsten Anselm Casimir von Mainz die Antoniter in ihr ehemaliges Kloster wieder ein, und glaubte dadurch der Kapuziner los zu werden; er behielt jedoch einen Theil des Hofs, den er zum Zahlamt bestimmte, der aber durch den westphälischen Frieden 1648 auch wieder an die Antoniter abgegeben werden musste. Im Jahre 1637 verpfändeten die Antoniter ihren Hof an den Fürsten von Löwenstein, bis sie ihn 1716 wieder einlösten. Indessen standen die Kapuziner von ihrem Gesuche keineswegs ab, der Kaiser überliess also 1637 ihre Angelegenheit seinem Hofgericht, welches zu Gunsten ihrer sprach; worauf der Kaiser nachdrücklichst befahl, die Kapuziner gemäss dem Prager Friedensinstrument wieder aufzunehmen, und zugleich Commissarios pro executione ernannte.

Was hierauf erfolgte, fand ich nicht aufgezeichnet. Vielleicht gebot der Drang der Zeit einen Stillstand, der erst 1654 durch ein neues kaiserl. Restitutionsrescript unterbrochen wurde, das aber wegen dem erfolgten Ableben des Kaisers zurückblieb.

Am 21. Jänner 1674 schrieb der Kurfürst Lothar Friedrich von Mainz an das Kapitel des S. Barthol.-Stifts, damit es den Kapuzinern ein Haus möchte zukommen lassen. Vid. Protoc. capituli p. 73. Dieselben hatten schon unter seinem Vorfahrer, dem Kurfürsten Johann Philipp, um das Stiftskelterhaus in der Stelzengasse angesucht, und suchten nun am 27. November genannten Jahres von neuem darum an; das Kapitel aber stellte ihnen die Unmöglichkeit vor, ein solches Haus zu entbehren, und kein anderes wäre da, das ihnen dienen könnte. Ex protoc. Capituli.

Im März 1702 wurde unter hoher Autorität des Kurfürsten Lotharius Franz zu Mainz und durch des erzbischöfl. Vicariats Bemühungen die zwischen den Kapuzinern und Antonitern in Betreff des Hofs und eines Theils des Kaufschillings bisher obgewalteten Streitigkeiten also gütlich beigelegt und verglichen, dass die Antoniter den Kapuzinern für ihren gänzlichen Abstand 12,000 fl. baar bezahlten, und dieselben sich hierauf alles Anspruchs auf den Hof begaben.

Im Jahre 1712 liess der Kaiser abermal ein Rescript zu Gunsten der Kapuziner ergehen. Auch der Kurfürst von der Pfalz und der Deutschordensmeister schrieben an den Magistrat für ihre Annahme; ja der Kurfürst auch noch besonders an die Herren Backhausen und Barkhausen, und man suchte die Sache nach hin und her gewechselten Schriften durch eine gütliche Uebereinkunft vor einer zu dem Ende ernannten Commission beizulegen, die aber zuletzt doch in einen förmlichen Process gezogen wurde; worauf denn am 17. Mai 1719 ein kaiserl. Urtheil erfolgte, worin dem Magistrat befohlen wurde, die Kapuziner der rheinischen Provinz in den Antoniterhof und die Kirche einzulassen, und denselben gleich andern hier wohnenden Klostergeistlichen den Schutz zu geben; sonst aber diesem Urtheil in Zeit 2 Monat bei Strafe 10 Mark löthigen Golds die schuldige Folge zu leisten. Der Magistrat, der schon vorher in den Jahren 1717 und 1718 von den Universitäten zu Halle und Tübingen rechtliche Gutachten eingeholt hatte, wandte sich damit an das Corpus Evangelicorum. Ja selbst die Antoniter, über das kaiserl. Urtheil unzufrieden, suchten bei dem Kurfürsten von Mainz Hülfe. Da indessen die Kirche und der Hof am 26. Juni 1719 abgebrannt waren, so liessen die Kapuziner die Sache auf sich beruhen.

Im Jahre 1722 wurde der Antoniterhof abermal von den Kapuzinern zu Mainz, allwo sich die Antoniter Deputirten gegenwärtig befanden, um 17,000 fl. erkauft, welcher Kauf vom päpstlichen Stuhle und dem Kaiser bestätigt wurde. Am 8. März 1723 Morgens um 5 Uhr übergab der Praeceptor der Antoniter zu Höchst den Kapuzinern den Hof mit der Kirche in Beisein der vornehmsten Stiftsgeistlichen und einiger katholischen Bürger. Der Kapuziner waren 6, die sogleich anfingen zu läuten und Messe zu lesen. Da aber die alten Klostergebäude der Antoniter durch den grossen Brand im Jahre 1719 in Schutt verwandelt waren, so sahen sich die Kapuziner genöthigt, ein neues Kloster zu bauen, das sie auch mit Hülfe milder Beiträge zur Vollkommenheit brachten. Sie besassen es bis zum Friedensschlusse von [Lüneville 1801], der alle Stifter und Klöster in Deutschland aufhob. Gemäss demselben nahm der Magistrat im October 1802 Besitz von dem Kloster, schloss ihre Kirche, und kleidete die Kapuziner, .. an der Zahl, als Weltgeistliche. Ein Jeder erhielt eine jährliche Pension, der P. Quardian .. fl., die Patres über 60 Jahre .. fl., die unter 60 Jahre .. fl. und die Brüder .. fl. Im Jahre 1803 wurde das Kloster sammt der Kirche, deren Flächengehalt ungefähr auf 31,200 Quadratschuhe berechnet wurde (s. Frankf. Intell.-Bl. von 1803 No. 48), von der Administration auf den Abbruch und zum Behufe anderer zu erbauender Wohnungen öffentlich verkauft. Der Handelsmann Herr Mayer erhielt beide für 80,000 fl. Nebst diesen wurde auch noch ein Platz an Herrn Eisen um 4000 fl. verkauft (s. Lit. H. No. 166). Kirche und Kloster wurden auch bald darauf niedergerissen und ihr Platz wurde zu zwei darauf zu erbauenden Häusern getheilt.[184])

---

[184]) [Vgl. *der Antoniterhof in Frankfurt, von G. E. Steitz*, in dem Archiv für Frankf. Geschichte und Kunst 1854, Heft 6. S. 114.]

Das S. Barthol.-Stift hatte ehemals auf dem Antoniter-Hofe einige Grundzinsen stehen, nämlich 2 fl. 10 β 3 H. auf Martini und 2 Achtel Korn zwischen den zwei Marientägen fällig. Da aber die Antoniter 1610 einen Platz oder Garten ohne Bewilligung der Grundherrn an Andreas Hessberger, und 1628 auch das Kloster an die Kapuziner frei und unbeschwert verkauft hatten, erhielt das Stift von dieser Zeit an keine Zinsen mehr. Durch einen im Jahre 1645 am 3. Juli geschlossenen Vergleich, den der Erzbischof Anselm Casimir am 10. October bestätigte, wurde endlich das Stift zufrieden gestellt, indem ihm 14 Achtel Korn, und 7 fl. 1 H. an Geld geliefert, und zwei ewige Grundzinsen abgetreten wurden: nämlich einer von 4 fl. 30 kr. auf Martini vom Hause zum Rad in Sachsenhausen gegen den drei Rindern über, und der andere von 1 fl. 30 kr. auf Lätare von einer Behausung in der Schnurgasse zum alten Firnenberg, nunmehr zum goldnen Weinfass genannt. Ex. Docum. in Lat. A. ☞ No. 7.

Antoniter- nachmals Kapuziner-Kirche.

Das Jahr ihrer Erbauung wird nirgendswo gefunden; es lässt sich aber doch vermuthen, dass die Antoniter gleich nach ihrer Aufnahme im Jahre 1287 den ersten Stein dazu gelegt haben. Sie wurde dem h. Antonius geweihet. Legt man den *Merian*'schen Grundriss von hiesiger Stadt vor Augen, so sieht man, dass diese Kirche nach der Vorschrift der alten Satzungen von Westen gegen Osten erbauet war, und man ging, weil sie nicht ganz vorne bei der Strasse stand, unter einer Halle in dieselbe. Dieser Halle wird in einem Notariats-Instrument von 1471 über die Erbverleihung eines Hauses gedacht; indem gleich Anfangs darin gemeldet wird, dass die Erbverleih geschehen sei: „vnder der halle vor Sante Anthonius Kirchen zu Franckinfurt" und schliesst: „Hec acta sunt Anno dni M.C.C.C.C.L.XX. primo — in portico ecclesie Sancti Anthonii prenotate." Warum diese und andere dergleichen Handlungen vor Zeiten auch auf den Kirchhöfen, in den Kreuzgängen, ja selbst in den Kirchen vorgenommen wurden, davon werde ich noch anderswo zu reden

Gelegenheit finden. Bei dem grossen Brande im Jahre 1719 am 26. Juni ging diese Kirche mit den alten Klostergebäuden völlig zu Grunde. Die Antoniter stellten zwar die Kirche zur Haltung des Gottesdienstes und auch etwas von Gebäulichkeiten zur Wohnung wieder her, verkiefen aber dieselben 1722 mit aller Zugehör den Kapuzinern, die im folgenden Jahre am 8. März davon Besitz nahmen. Die seraphischen Väter liessen die alte Kirche niederreissen, und eine neue erbauen, die aber eine andere Stellung von Süden gegen Norden und ihren Eingang unmittelbar von der Strasse erhielt. Zu dieser neuen Kirche legte P. Hilarion 1724 den ersten Stein. Ms. P. *Gunibert* p. 236. Am 8. September 1725 wurde der erste Gottesdienst darin gehalten. Mit welcher Feierlichkeit derselbe begleitet gewesen, meldet die *Lersn.* Chronik im II. Th. II. Bd. S. 197. Am 19. October 1727 wurde sie von dem Herrn von Gudenus, Weihbischof von Erfurt, eingeweihet. Die Feierlichkeit dauerte mit dem hohen Amt von Morgens 7 bis Nachmittags 1 Uhr, vid. l. c., wo auch Nachricht von dem im Jahre 1730 errichteten hohen Altar gegeben wird. Bei der Aufhebung des Klosters im October 1802 wurde die Kirche geschlossen, im folgenden Jahre mit dem Kloster verkauft, und 1804 musste sie eine gänzliche Zerstörung über sich ergehen lassen.

Antoniter-Kirchhof.

Das Antoniterkloster hatte in ältern Zeiten, wie jedes der übrigen Klöster, einen eigenen Kirchhof, wo Leute von allen Ständen ihre Ruhestätte fanden. Er war an der östlichen Seite des Klosters zwischen der Töngesgasse und der Stadtmauer gelegen; kam aber im Jahre 1525, als die Antoniter sich von hier wegbegaben, und das Kloster durch einen Schaffner verwalten liessen, wieder in Abgang. Der nun abgelebte Herr Hofrath *Rühl* besass ein historisches Manuscript, das vermuthlich ein Auszug aus den Zumjungischen Annalen war, und von den Antonitern sagte: Anno 1611 haben sie einen guten Theil von dem Kirchhofe, oder Garten, einem Barbierer, Andreas Hessberger genannt, übergeben, der ein schönes neues Haus darauf baute. Dieses Haus wurde nach dem Brande von 1719 mit dem neben gestandenen Hause vereinigt, es macht demnach die westliche Hälfte des Hauses Lit H. No. 166 den Theil des Kirchhofs aus, welcher dem A. Hessberger in oben gemeldetem Jahre überlassen wurde. Der übrige Kirchhof blieb ein freier Platz, bis im letzt abgewichenen Jahrhundert das Kapuziner-Kloster darauf zu stehen kam. Man sehe den *Merian*'schen Grundriss der Stadt.

Zusätze von den Antonitern.

Die Antoniter waren Clerici regulares, deren Orden in Frankreich im Jahre 1095 entstand, den Kranken in den Spitälern aufzuwarten.

Anno 1095 ordo de Vienna (Vienne en France) à Gasthone et Girondo nobilibus Viennensibus instituitur.

Anno 1287. Gyso de Franconofurt, Praeceptor.
Anno 1340. D. Wilhelmus, Praeceptor.
Anno 1352. Lampert von Duyn, Meister der Antoniter, zu Rossdorf.

Diese Praeceptoren waren mit Namen und ihren Wappen in der Conventstube zu finden.

Anno 1404. Bruder Lamprecht Meister zu S. Antonius zu Fr. *Guden* cod. dipl. V. 965.

1380 war bereits eine Kapelle beim Antoniterhof.

Da Rossdorf bei Hanau auch gelegen, so behielt sich der Graf von Hanau, als der Orden nach Frankfurt zog, vor, dass, wenn er etwa ein Pferd oder 2 zu kaufen zu ihnen gegen Frankfurt brächte, sie solche über Nacht beherbergen und denen nichts mehr denn Stroh und Heu geben sollten und dem Knecht ein Bett. Solches missbrauchte aber Hanau in der Folge etc.

Anno 1615 war im S. Antoniter-Kloster noch ein Schaffner, und wurde der Töngeshof genannt. Es ist noch wirklich S. Antonii Bildniss bei den Kapuzinern im Garten zu sehen, so vormalen über dem Thor gleich an dem Brunnen auf die Gasse zu gestanden hatte. Mspt. Cunibert, 175.

Anno 1627 in der 1ten Schrift de 8. Januar, worin der Kaiser den Rath um Wiedereinsetzung der Kapuziner angeht, heisst es: „*Wir begehren*" etc. Aber ab eodem den 28. Juni der Kaiser moderirend schon: „*Wir befehlen*" etc.

Anno 1629 den 23. April. Capuzinorum Provinciales per duos fratres literis ad Senatum directis cupiunt restitutionem Ecclesiae zun Barfüssern ex ipso die, cum ante annum Ecclesia St. Anthonii esset occupata, sed Senatus id recusavit. (Annal. R. F.)

Anno 1360. Dom. Oculi Capucinorum ordo cum ipsorum asseclis processionem instituit per plateas et ab ecclesia ab ipsis occupata, et plateas S. Antonii per viam Stein- und Borngassen ad basilicam Salvatoris nunc S. Barthol, res nova actusque supra centum annos hac in urbe non visus. Ibid.

Anno 1633 den 13. Juni sind durch ein Rathsdecret die Kapuziner, so 7 an der Zahl gewesen, wieder hinaus durch die Soldaten begleitet und bis nach Höchst, weil das Marktschiff schon hinweg, in einem besondern Schiff verbracht worden. Den Bescheid hat ihnen im Namen des Raths Herr Dr. Max Faust von Aschaffenburg angezeigt, welches als Magister de la Grange, franz. Ambassadeur, die Restitution oft und vielfältig verlangte, im Namen seines Principalen heftig aufgerückt worden.

Anno 1633 den 3. August hat Dr. Heinrich Tettelbach die erste lutherische Predigt in dieser Kirche gehalten.

Anno 1633 wurden die Kapuziner genöthigt, den Hof wieder zu verlassen (zu Fr.) und die Antoniter vom Rath unter gewissen Bedingungen wieder darin eingesetzt

Expulsis Capucinis Acatholici (1712) domum et ecclesiam pro suo exercitio usurpabant, domum enim praedicans Lutheranus inhabitabat et nolebat forte restituere Antonitis, nisi sub iniquis conditionibus.

Ad annum 1522 siehe *Lersner* T. I., p. 375.
— 1725 ibid II, 297 et seq.
Ueberhaupt von den Antonitern *Lersner* I. II. 128 u. II. II. 197.

Lit. H. No. 167 A. Ein noch unverbauter Platz vom ehemaligen Kapuzinerkloster.

Lit. H. No. 167 B. Das grosse steinerne Haus, wo zuvor die Kapuzinerkirche, die Klosterpforte, und ein Theil des Kreuzganges gestanden. Herr Mayer, der Käufer des Klosters, führte diesen schönen Bau im Jahre 180. auf.

Reil zwischen dem vorigen und dem folgenden Hause. Zur Zeit, wo die alte Antoniterkirche noch stand, befand sich in der Klostermauer neben dem Hause Lit. H. No. 168 eine Thüre, durch welche man über einen freien Platz nach der hinteren Kirchenthüre ging. Bei den nachmaligen Veränderungen durch die Kapuziner wurde der neu zu erbauenden Kirche ein anderer Platz angewiesen; sie konnte aber wegen Fensterrecht nicht an das gedachte Haus angebaut werden, und auf solche Weise entstand 1724 ein Reil, der vorn mit einer Thüre geschlossen wurde und zum Kloster gehörte. Um das Eigenthum anzuzeigen war das Wappen des Kapuzinerordens, zwei kreuzweise übereinander gelegte Arme, auf der oberen Thürschwelle ausgehauen, die nun nicht mehr zu sehen sind.[185])

Lit. H. No. 168. *Ortwins Haus.* Domus Ortwini zum Goldstein. War das Eck der eingegangenen Ortwinsgasse. Dass der Besitzer des Hauses Ortwin 1356 schon nicht mehr bei Leben war, ist aus einer Stelle beim folgenden Hause abzunehmen.

Lit. H. No. 169. *Scharfeneck,* vorher *Kleineck.* War das andere Eck der Ortwinsgasse.[186])

„Cleynecke sita in vico Sancti Anthonii latere septentrionali respiciente meridiem ex opposito domus dicte Ortwins selgen, versus occidentem seu montem beate Marie virginis." P. B. de 1356. f. 4.

Ich habe hier zu bemerken, dass diese Stelle von einer etwas neueren Hand in das Zinsbuch nachgetragen wurde; es bleibt daher ungewiss, ob Ortwin 1356 schon todt war oder nicht.

---

[185]) St. R. de 1498. It. 40 fl. hait gebin Conradt Schit vmb dass jme der rat sine muer an dem Gesslin by dem Ort an sant Anthonius Huss snoreschlicht, der Stadt zur Zerung (Zierde) vnd bequemlichen Gebruchung vergonnet hat zu buwen.

Stadt-Allmendenbuch de 1521. Allmey neben Conrat Scheiten Haus und anderseits die S. Töngus-Kirche, stösst uff den Hirschgraben Diesem Conrad Scheit, der 1517 starb, gehörte das Haus Scharfeneck. Siehe Scheit. F. 5.

NB. Diese Allmei ward stückweis in den Jahren 1489 und 1611 an die Besitzer des sogenannten Scheitenhauses verkauft. F.

[186]) O. U. 1483. Orthuss — genant *Cleyneck* gelegen by St. Thonges an dem Gessagen das zu Class Schyten Hof zu gee etc.

O. U. 1528. H. — in der Thongesgassen oben am Ort der Steyngassen neben dem Huss *Buchenau* und stosst hinten uff *Buchenau* ist genannt *CleynEcke.*

O. U. 1562. H. — in der *Thungesgassen Scharpfeneck* genannt neben dem *Thungeshoff* und einer Allmenden uff einer und auch einer Allmenden uff der andern Seiten gelegen, stosst hinten uff unsern Hirschgraben etc.

Lt. St. R. de 1570 zahlt Doctor Niclaus Burgkhardt von einem stuck am Hirschgraben hinter seiner Behausung Scharpfenegk — 3 fl.

O. U 1575. H Scharfeneck in der Töngesgasse.

„Domus acialis sita in vico Sancti Anthonii ex opposito domus dicte Hern Orthwyns zum Gultstein." R. C. de 1405. f. 27.

Anno 1380 kief unser Stift 9 β Heller jährlicher ewiger Gült um 8 Pfd. Heller von den Brüdern Reinhard, Henne, Contze und Peter von Bommersheim „in Sante Anthonijs gaszen vff dem huse vnd gesesze genand Cleyn Ecken, gegen hern Ortwins selgen buse vbir, gegen vnss frauwen berge." Ex orig. in Lat. A. II. No. 9.

„j fl. β β — de domo Klein Eck, nunc Scharpffen Eck per Doctorem Bernardum dicta latere septentrionali, ex opposito domus dictae Ortwins Seligen, nunc dess Schlichters hoff, et domui Beginarum etc." R. C. de 1581. f. 12.

Der Herr Doctor, welcher hier nach der Sitte der Zeit nur nach seinem Vornamen genannt wird, hiess ohne Zweifel Scharf, und er wollte als Besitzer des Hauses, dass dasselbe nach seinem Namen künftig Scharfeneck heissen sollte. Obschon 1581 die Ortwinsgasse schon verbauet war, und folglich die ältere Beschreibung, gegen dem Ortwinshause über, nicht mehr passte, so wurde sie dennoch beibehalten; zugleich aber auch eine andere Beschreibung, gegen dem Schlichtershofe (dem Trier'schen Plätzchen) und dem Beguinenhause (dem Ecke Lit. H. No. 148) über beigefügt.

Der ältere Name Kleineck lässt vermuthen, dass das Haus anfänglich nicht gross müsse gewesen sein; da es aber gegenwärtig mit dem Ortwinshause von gleicher Grösse ist, so scheint es durch die abgegangene Ortwinsgasse seine Vergrösserung erhalten zu haben.

Lit. H. No. 170. *Arheilgen (Allerheiligen).*[167])

---

[167]) G. Br. 1413. H. Keller und Gesesse in S. Antoniusgassen genant Arheilgen.

G. Br. 1455. H genannt *Arheilgen* in S. Anthonius gasze.

Ins. Br. de 1457. Bechtold May Wollenweber Eyle uxor han versaszt Henneh Slühter ir Besserung und Rechten eines Huses cum pertinentiis hinder sente Anthoniusgassen in der *Stoffelsgassen* gelegen neben alde hennen von Liederbach.

O. U. 1459. H. — gelegen in S. Anthoniig-Gassen in dem *Christofelusgessechin*, zushen einem Flecken der *zum alten Arheiliger* gehord und N.

„Hus an Arheiligen gen dem Sluchtershove ubir." S. G. P. von 1469.

„Hus Arheiligen in der Thongesgasse." Dasselbe von 1483. Lit. H. No. 171.

Lit. H. No. 172. *Frankfurter Adler-Apotheke.* Das Eck an der Hasengasse. Herr Danker, Materialist, errichtete im Jahre 17.. diese Apotheke. Damit er die Erlaubniss hierzu erhielt, verpflichtete er sich, den Spitälern die Arzneien unentgeldlich zu liefern.

II.
Zwischen der Hasengasse und dem Vinzenzplätzchen.

Lit. G. No. 33. *Haseneck* oder *zum Hasen.* Vorher *Isen* oder *Eiseneck* und auch *Giseneck.* Ein doppeltes Eck.[188])

S. G. P. 1468. H. *Arheiligen* in S. Anthoniusgassen, uff dem Ort der Gelnhusergassen.

O. U. 1469. H. — in S. Anthoniusgassen in dem *Christoffelus Gessechin* gelegen zuslich dem Flecken der zum alten Arheilgen gehore und N.

O. U. 1484. H. — gelegen in der Donges Gassen geh dem *Schluchtershofe* uber zuschen dem Huse *Arheiligen* und einem Gessechin an St. Anthonius Gehuse. F.

[?]) O. U. 1407. H. und G. in St. Anthoniusgassen gelegen genant *zum Giesen* da Conrad von Giessen vorzieten inne gewohet habe gein dem Sluchtershoff ubir etc.

O. U. 1432. H. — genant *Giessen Ecke* mit dem Hofe und Hinterhuse daran, hinden und vorn mit allem — gelegen in St. Anthonius Gassen an der Ecke der *Bingels Gassen* gein dem Schlechters Hofe uber an dem Eckhuse genant *Arheiligen* der geyn uber und dem Huse, do die Herzogynne inne wonet etc.

O. U. 1485. H. und Ges. *zum Hasen* mit einem nuwegebaten Huse derhinder — gelegen in der Thongesgassen uff dem Ortt, als man in der Aschaffenburger Hörri Hof gingt gein dem *Lintworm* ubir.

G. Br. 1487. H. genannt *zum Hasen* in S. Antoniusgassen uff dem Orte an dem Geschin als man in den Aschaffenburger Hof gehet.

O. U. 1542. H. — *Giesenneck* genant in der Anthoniusgasse neben dem Backhaus zum *Hasen* uff einer und einem gemeinen Gesslin uff der andern Seiten gelegen stosst hinten uff den Aschaffenburger Hoff etc.

„Drei Gulden von einem Eckhaus in der Thonngesgassen, gegen dem Trier'schen hoff uber. Vndt wirt das fürgenandt Eckhaus mit seinen rechten Namen *Eysen Eck* genandt." Z. B. der Kartaus bei Mainz vom XVI. Jahrhundert.

In einem andern Z. B. derselben von 1564 wird es Gisseneck geschrieben. Die Alten schrieben auch Iseneck statt Eiseneck, und daher war es ein leichtes, diesen Namen in Giseneck zu verändern. Noch ein bei dem Z. B. befindliches Mspt. sagt: Giseneck ist nachmals Haseneck genannt worden. In der Chronik II. 515 wird es beim Jahre 1616 zum Hasen genannt.

III.

Zwischen dem Vinzenzplätzchen und dem Scharfengässchen.

Lit. G. No. 30. *Lindwurm. Schönbornerhof.* Das Eck am Vinzenzplätzchen.[189])

„Hus zum Lintworm in S. Antoniusgassen." S. G. P. von 1405.

H. *zum Hasen* in der Töngesgass am Eck bei dem Aschaffenburger Hof. Mspt. XVII. Saec.

[189]) O. U. 1441. H. und Gesesse genant zum *Lintworme* gelegen in St. Anthonius Gassen zuschen Heinrich Rosenberger unserm Ratgesell und dem Aschaffenburger Hoffe etc.

S. G. P. 1450. H. zum *Lintworm* in S. Antoniusgasse. 1476 desgl.
— 1454. H. zum *Lintworm* in der Thongissgasse.

O. U. 1461. H. und Gesesse — vornen und hindon genant zum *Lintworm*, in S. Anthoniusgassen zushen des *Stifts zu Aschaffenburg Hofe* und dem Husse *zum Hasen* an einer Syten und dem Gessesse, do vormals Heinrich Rosenberger seel. inne wonete an der andern Syten, und hinten uff unserer Stedte Muren stossend.

St. R. de 1479. It. — xiiij fl. von Nikolaus Offsteiner versessener Zinse vom Huse genant *Giesenecke* in der Gisengasse gelegen, da inne etzwan Johannes Oldenclotze gewonet hat.

O. U. 1513. H. — genant der *Lintworm* in der Tongesgassen, neben dem Gesesse Rosenberg und dem Aschaffenburger Hoff, stoist binden uff unser Stedte Muren.

G. Br. 1529. H. in der Antboniergassen neben einem Geschin, da man in den Aschaffenburger Hof gehet, und dem Haus Rosenberg genant, stoist hinten auf den *Hirtzgraben*, genannt zum *Lintworme*.

„die herberge zum Lindworm in Frankfurt. L. c. 1429.

„Hus zum lintworm und Hus zum Regenbogen neben einander in S. Antoniusgassen an dem Geschin als man in den Aschaffenburger hof geet." L. c. 1480.

Dieser Hof ist ein Freihof (Dr. *Orth's* Zusätze zur Frankf. Reform S. 195) und haben die Grafen von Schönborn kraft Vertrags von 1661 wegen ihres Hauses die Zoll- und Rentenfreiheit, so viel sie zu ihrer Haushaltung bedürftig sind. *Orth's* Abhandlung von den Frankf. Messen S. 152. Der Kurfürst von Mainz Lotharius Franz von Schönborn hielt sich öfters in diesem Hofe auf. Jedesmal, wenn er hier ankam, liess er der Nachbarschaft seine Ankunft ansagen, und wenn die Nachbarn ihm ihre Besuche abstatteten, unterhielt er sich Stunden lang mit ihnen. Auch öfters, wenn er von Aschaffenburg zurückkehrte, schickte er einem jeden Nachbar ein Stück Wildpret ins Haus, daher sich manche bemühten, in die Nachbarschaft dieses menschenfreundlichen Fürsten zu kommen.

Ich habe dieses von mehreren alten Leuten, die damals lebten, erzählen gehört, und auch noch folgende Anekdote. Der Bäcker gegen dem Schönbornerhofe über äusserte dem Kurfürsten mehrmal den Wunsch, Mainz und das kurfürstliche Schloss zu sehen. Als nun einstens der Kurfürst den Bäcker mit seinem Backschurze unter der Hausthüre stehen sah, rief er ihn zu sich und sagte, dass er nun mit nach Mainz fahren und sein Schloss sehen sollte. Der Bäcker entschuldigte sich, dass er nicht angekleidet wäre, aber nichts half. Er wurde in die Kutsche gepackt und so nach Mainz gebracht. Am folgenden Tage liess ihn der Kurfürst ganz neu kleiden und zeigte ihm sein Schloss; er sah auch alles Merkwürdige in Mainz und wurde darauf wieder nach Frankfurt gefahren. Am 29. Nov. 1705 verschied Graf Johann Erwin von Schönborn, kaiserlicher Kämmerer etc. in dem hiesigen Hofe. Frankfurter Chron. I. Th. II. Bd. S. 45.

Regenbogen. Stand neben dem Lindwurm, s. vorher.[190])

---

[190]) S. G. P. 1482. H. zu dem *Regenbogen* in der Tongesgasse neben dem H. zum *Lindwurm*.

Ich vermuthe, dass der Schönbornerhof aus diesen beiden Häusern zusammengesetzt wurde.

Lit. G. No. 29.
Lit. G. No. 28.[191])

Kleine Bär, auch der *Hof zum Bären*. Kömmt bei dem jungen Bär als Nebenläger vor. „ij gulden de fundo domus zum kleynen bern neben Clas Scheidten." R. C. Ahtonit. in Hoechst. Saec. XV.

H. zum *Regenbogen* in der Thöngesgass am Antoniterhaus Mspt. XVII. Saec.

[Vgl. oben Note 179.]

[191]) Eines dieser beiden Häuser No. 28 und 29 muss das ehemalige Haus *Schaubenberg* (Schaum-, oder Schauenburg) sein, wahrscheinlichst No. 28.

O. U. de 1395. Hus, Hoff und Gesess — gelegen in St. Anthoniusgassen genannt *Schaumburg* zuschen des Jacobs und Catharinen von Bommersheim Gesess vff ein syten vnd uff der andern syten hinten an dem Gesess genannt der *Kerberhoff* vnd stoss vorn zu an Herrn Clawes Konygestein.

O. U. de 1395. H und Gesess genannt *Schaubenburg* in sanct Anthoniusgassen zu Frankfurt gelegen, an einer Seiten an Jacob von Bommersheim, auf der andern Seiten an Herrn Clawes von Königstein Schulmeister zu Unser Frawenberg zu Frankfurt und hinten an das Gesess zu *Karben* stossend.

O. U. de 1405. Haus *Schaumburg* in S. Anthonius-Gassen gelegen zwischen Jacob v. Bommersheim und Herrn Clawes von Kohnygesteyn, hinten an die Stadtmauer vnd den *Kerberhoff* stossend.

O. U. 1420. Gerichtsurtheil über einen Brunnen zwischen Elsen, Hennen Rosenbergs sel. Hausfrau und Heinrich Slechtbeckers Höffen, der auf ersterer (Elsens) Boden stand, das dieser erstern, Elsen, den Brunnen zuspricht. Else von Rosenberg ist, wie aus einer Urkunde de 1420 und 1422 erhellt, die Besitzerin der Häuser, die früher dem Jacob von Bommersheim gehört hatten. Alle diese Dokumente sind Währbriefe und Hausdokumente des Hauses *Schauenburg*, welches laut Urkunde de 1551 damals *zum rothen Bern* hiess.

O. U. de 1551 eine Quittung über Ablösung einer Gülte liegend auf dem Haus *zum rothen Bern* in der Anthoniergasse gelegen.

Anno 1712 gehörte das Haus *Schauenborg* dem Junker Herrn F. M. von Günderrode. F.

Das Antoniterkloster hob diesen Zins jährlich auf Martini vom Hause Lit. G. No. 27.

Junge Bär. „Hus zum jungen Bern in der Antoniusgaszen." S. G. P. von 1398. „zum Jungen Bern gelegen in Sant Antoniusgassen zuschen Hennen Liseman vnd dem Hofe zum Bern." J. B. von 1436. „zum jungen bern jn Sant Anthonius gassen gelegen zuschen lysemansbennen vnd dem cleynen bern." J. B. vor 1458. „Hus zum jungen bern neben dem kleinen bern in S. Antoniusgassen." S. G. P. von 1458 und 1467.

Bär. Alte Bär. „ij marcas (3 fl.) domus zum Beren vico S. Anthonii." L. C. Fabricae de 1350. Ser. V. No. 43. Ex libro censuali Cellerarii S. B. de 1380. It. in Frankford. Johannes Wyle xxx den. de curia ubi jam est fons et spectat ad domum zu dem berin quondam dicta zu dem rade. „j fl. 12 β Zinss de domo dicta zum Alten Bären, in der Töngesgass." R. C. S. Leonardi de 1644. Die beiden Zinsen, der erste der Fabrik S. B. auf Michaelis, der andere dem S. Leonhardsstift auf Martini fällig, wurden jährlich von dem Hause Lit. G. No. 27 erhoben.

Ich glaube, dass anfänglich nur *ein* Haus den Namen zum Bären führte, weil derselbe in dem Zinsbuche unserer Fabrik von 1350 noch ganz einfach, ohne Begleitung eines Beiwortes, erscheint. Vermuthlich hatte das Haus einen eigenen noch unbebauten Platz neben sich liegen, und als nachmals ein Haus darauf zu stehen kam, wurde dieses der junge und das andere der alte Bär genannt.[192]) Ich glaube auch, dass unter den Be-

---

[192]) S. G. P. 1398. H. *zum jungen Beren* in S. Antoniusgassen gelegen. d⁰ 1394.
S. G. P. 1402. H. bei dem *Bernhofe* gelegen.
— 1405. H. zwischen dem H. zum Bern und Schönebberg
— 1443. H. gen. dem Berne uf der Kruchengasse.
— 1444. H. zum *Bern* in der S. Antonius-Gassen.
— 1458. H. zum jungen Bern neben dem *cleynen Berne* in S. Antoniusgassen.
S. G. P. 1464. H. uff dem Ort der Krubrengasse gen dem H. zum Bern über. 1475 desgl.

nennungen alte und kleine Bär nur ein Haus müsse verstanden werden, das in späteren Zeiten mit dem jungen Bären vereinigt zu den zwei Bären genannt wurde. Die Vermuthung, dass der kleine Bär das grössere Haus war, gründet sich auf die vorher erwähnten Insatzbriefe von 1436 und 1458, darin derselbe einmal der Hof zum Bären genannt wird Hof aber zeigt schon ein grösseres Haus an. In den alten Zeiten, wo beinahe jedes Haus noch sein Schild hatte, war es möglich, dass an dem Hause zum alten Bären das Thier in einer kleineren Gestalt als an dem Nebenhause gemalt war und dadurch die Benennung zum kleinen Bären entstand.

Lit. G. No. 27. *Zu den zwei Bären*. Von der Vereinigung zweier Häuser und dem dadurch verursachten Namen, wie auch

---

S. G. P. 1467. H. zum jungen Bern in S. Antonius Gassen neben dem H. zum kleinen Bern.

S. G. P. 1467. H. Cleyn Bern in S. Antonius Gassen.

— 1474. H. zum kleinen Bern in S. Antoniusgasse gehörig Christen zum Bern sel. Erben.

O. U. 1412. H. der Kamguden, an Heintz von Lintheim sel. Gesessen gein dem Bern über.

O. U. 1434. H. — in St. Anthonius Gassen gein der Lintheimer Gassen über genant *zum alten Bern* zushen Herrn Clos Kongenstein Huss und ein Huse, das dem Orden zu St. Anthonius zugehört etc.

O. U. 1437. Husunge und Gesesse zum *jungen Bern* — gelegen in S. Antonius Gassen zushen N und dem *Hoffe zum Bern*.

O. U. 1439. H. gelegen in der St. Anthoniusgassen genant *zum cleynen Bern* zushen dem Gesesse zum *alten Bern* und Peter Kempfe.

O. U. 1445. H. und G. und 13 Pressen darinne, gelegen — genant zum *cleynen Berne* geleg in St. Anthonius Gassen zushen dem Gesesse zum *alten Berne* und dem Nuwenhofe etc

O. U. 1544. Behausung zum *cleinen Bern* genant in der Anthoniusgassen stosst hinten uff den *Hirtzgraben* etc.

Wfrkl. Z. B. von 1480. S. Anthonius Gasse. H. genant zu *dem jungen Bern* gelegen uf der Siten gen Mitternacht, zuschen dem H. *zu dem Bern* und dem *nuwen* Hoffe und gein der Kruchengasse vbir. F.

Reg. cons. Fabr. It. ij marcas den. legauerunt Sifridus et Ida coniuges dicti zur Landis cronen — de habitatione tota dicta sum Beren, sita in antiquo opido superiori parte vico S. Anthonij, latere septentrionali ex opposito vici dicti Cruchingasszen.

von den Grundzinsen, welche das Haus jährlich an die Fabrik der S. B. Kirche, an das S. Leonhardsstift und an die Antoniter in Höchst abgeben musste, ist vorher schon gemeldet worden.

Lit. G. No. 26. *Zum Neuenhof.*[193]) Gehörte im XVI. Jahrhundert dem Schreinerhandwerk, das seine Gastereien darin hielt Es gab dem hiesigen Liebfrauenstifte jährlich 4 fl. Grundzins, und theilt dessen Zinsbuch vom XVI. Jahrhundert hierüber folgende Nachricht mit:

„iij marcae vj *β* cedunt Martini de domo dicta zum Nuwenhoff latere septentrionali in der Thongessgussen contigua curiae dictae zum Jungen Bern. Dant opifices arcularii sive das schreinerhandtwerk, ibi namque sua symposia celebrant."

In dem neuesten Zinsbuche wird der Neuenhof gegen der französischen Krone über beschrieben. Dass derselbe auch schon in älteren Zeiten den Bären zum nächsten Nachbar hatte, beweist das Z. B. SS. Mariae et Ceorgii von 1412 f. 44, wo zwei auf der mittägigen Seite neben einander gelegene Häuser „in vico Sancti Anthonii ex opposito deme berne vnd deme nuwenhofe" beschrieben werden.

Lit. G. No. 25. *Zum Neuenhof* (zum Nuwenhofe 1356) war das Eck der Kothengasse.

„Curia Nuwenhoff dicta latere septentrionali." L. C. de 1452 f. 11 unter den Zinsen der Antonitergasse.

„ij gulden de fundo domus zum noiwenhoff in der Kotten gassen." R. C. Antonit. in Höchst Saec. XV. In ihrem Zinsregister von 1771 ist es mit Lit. G. No. 25 bezeichnet.

---

[193]) O. U. 1346. H. zu dem Nuvenhobe.
S. G. P. 1355. Handlin zu dem Nuwenhofe.
O. U. 1395. Gülte gelegen uff *dem nuwen hoiffe*. Diese Urkunde ist aus dem Hospitals-Archive, laut beiliegender Note von neuer Hand ist dies das Haus zum Neuenhof in der Töngesgasse.
S. G. P. 1396 H. zum Nuwenhofe.
Wfrkl. Z. B. von 1430. S Anthoniusgasse. H. und Stall genant *zu dem nuwen Hoffe* gelegen zuschen dem *jungen Bern* und dem *Kothengesschin* und ist dies H. gebnet uff das benant Geschin, und zucht auch hinder mit syn stellen uf die alte Statmuer.

Zur Kothe. War das andere Eck der Kothengasse, das nachmals mit dem Löwenberg vereinigt wurde. Bei den Salinen zeigt das Wort Kothe eine Salzpfanne an, sonst ist es von keinem Gebrauche mehr, obschon es im Alterthume noch verschiedene andere Bedeutungen, z B. einer Höhle, Hütte, Kiste und dergleichen hatte. S. *Wachter* Glossar. german. Dass hier eine angesehene Familie lebte, die sich Kothen schrieb, wird anderswo gezeigt werden.

„3 Pfd. 6 ß (2 fl. 45 kr.) de domo prope curiam Neuenhoff latere septentrionali modo dicta zur Köden (zur Kothe), modo domus denuo exstructa diciturque Lewenburg."

„Item 12 ß heller (30 kr.) de domo Lewenburg etc." L. C. de 1581. f. 12.

In dem Z. B. von 1586. f. 17. wird der nämliche Zins de domo zur Köten gegeben.

Lit. G. No. 24, *Löwenberg,* zuweilen *Löwenburg.*

„vnum octale siliginis cedit de et super domo Lewinberg et suis attinentiis, sitis in vico Sancti Anthonii contiguis domui Spangenberg." L. C. Eccl. SS. Mariae et Georgii de 1412.

„Hus Lewenberg neben dem hus Spangenberg in S. Anthoniusgasse, stost hinden gen der Stadt Hirtzgraben." S. G. P. von 1486.

Der Löwenberg zahlte jährlich 12 ß Grundzins, zu welchen noch 3 Pfd. 6 ß kamen, als das Haus zur Kothe mit ihm vereinigt wurde. Also zusammen 3 fl. 15 kr, welche unsere Präsenz auf Martini empfing. S. vorher. Anno 1725 und noch 1764 befand sich die kaiserl. Briefpost im Löwenberg, die nachmals auf die Zeil ins Haus Lit.... No.... verlegt wurde.[194]

---

[194] O. U. 1322—1326. H. zu lewinberg.
S. G. P. 1341. Hen Lewinberger.
O. U. 1342. H. zu Lewenberc.
S. G. P. 1354. Johann Lewinberg.
Anno 1357 in vigil. S. Thomae Johannes zum Löwenberg aedes duas sui nominis haud procul a monte B. M. V. in latere septentrionali vici S. Anthonii dotem altaris B. M. V. in ecclesia collegiata S. Leonhardi fundavit, quas inhabitavit (modo D. Carolus Brentano mercator).

„Domus Gotfridi de Dorfelden." Vermuthlich der Löwenberg. „v. sol. hall. praeter j. den. de domo Gotfridi de Dorveldin sita in vico Santi Anthonii, latere septentrionali, jnfra plateam Rossebohil, et vicum dictum Kothingazze, opposito domui zur guldin wagen." L. V. B. Saec. XIV. sub. vic. I.

Lit. G. No. 23. *Spangenberg.*[195]) Bekömmt in dem Zinsbuche des Liebfrauenstifts diesen Namen, welchen auch das folgende Haus führt. Ich glaube, dass beide Häuser vor Alters

O. U. 1435. H. und Hofchin genannt *Lewenberg* und vurziden genannt gewest sy *zum Ferkeln*, gelegen in der S. Antoniusgassen hart an dem Gesesse *Spangenberg* und stosse hinden gein uns Städte Muren und dazu ein cleyn Husschin gelegen hart am *Lewenberg*, als dasselbe Husschin und Lewenberg under eynen Dache liegen.

S. G. P. von 1486: *Lebenbergk*.

O. U. 1486. H. Hoffchin und Stallung genannt *Lewenberg* mit zweien Zinsshusern darneben — in der Dhonges Gassen gelegen zushen Gilbr. v. Hultzhusen, Schöffen zu einer, und der *Kötengassen* zur andern Syten, stosse hinden geyn uns. Stadt Hiertzgraben Muern zu etc.

O. U. 1491. H. genannt *Lewenberg* mit samptleinem Haus, das zu dem itz genannt Huss Lewenberg gemacht worden sey, — in der Thongisgassen gelegen neben dem Gesesse *Spangenberg* und N. stosst hinten gein unserer Stadt Muren — (auch anno eodem in dem S. G. Protocolle.)

Lt. St. R. de 1582 zahlt Noe du Fay, Bürger allhie für einen leeren Placken hinter seinem Hausse *Lewenberg* in der Tonges Gassen, hinten vff dem Hirschgraben stossend 28 Schu breit vnd 90 Schu lang 70 fl. Kaufgeld. — F.

[Fechtschule oder Brüderschaft zu St. Marcus im Löwenberg.]

[195]) O. U. 1360. H. an *Spanginberg* vorne an bis hinden an der Stadte Mure etc.

[1408. Herzog Stephan von Baiern bittet den Burgermeister um herberge, am liebsten *zun Spangen*. *Janssen* Reichscorr. I. 325.]

St. R. de 1410. It. 12 Hllr. von Hechin (Feuerhacken) zu furen an die ende, da sie hin gehoren, als iz gein *Spangenberg* über brannte.

O. U. 1481. H. und Gesesse forn und hinden, und was dazu gehort, genant *Spangenberg* by unserer Frauen Kirchen.

O. U. 1578. Eckbehausung *Spangenburg* genant — in der Thönges Gassen neben dem Haus *Lewenburg* gelegen, stosst hinten uff unser Hirschgraben etc.

ein Haus gewesen sind, indem in dem S. G. P. von 1384 „die Herberge zu Spangenberg" und in jenem von 1400 „der Spangenberger hof" vorkommen. Die Benennungen einer Herberge im damaligen Sinne und eines Hofes setzen gewiss einen grösseren Raum zum voraus, als nun jedes der beiden Häuser für sich allein einnimmt.

Das Liebfrauenstift empfing jährlich auf Johannis Enthauptung 2 fl. 9 *₰* Grundzins von diesem Hause. Auch das Predigerkloster hatte 1½ fl. ablösigen Zins auf einem Backhause auf dem Liebfrauenberge, genannt klein Spangenberg, liegen. *Jaquin* Chron. monast. Praed. Mspt. p. 206 Ob dieses oder das folgende Haus das Backhaus gewesen, lässt sich aus Mangel weiterer Nachrichten nicht entscheiden.

Lit. G. No. 22. *Spangenberg.* Das Eck am Scharfengässchen. Der Name wird in dem Frankf. Intellig.-Blatt von 1800 No. 103 und von 1804 No. 22 und 52 angegeben.

Vom Liebfrauenstifte wurden jährlich auf Lätare 9 fl. Grundzins erhoben.

Häuser auf der mittägigen Seite.

I.

Zwischen der Fahrgasse und der Lindheimergasse.

Lit. H. No. 161. *Windeck.*[196]) Das Eck der Fahrgasse. Die Zinsbücher nahmen dieses Haus immer unter die Häuser

---

[196]) O. U. 1322 — 1326. H. genant zu *Windegkin* in der Fargassin. (Auch 1478.)

O. U. 1333. domus dicta Wyndecken in der Vargassen gein Bornheimer porten etc.

S. P. 1399. H. Windecke an der Bornheimer Porten.

O. U. 1488. H. zu *dem alden Windecken* genant, gelegen by der innern Bornheimer Porten zushen *nuwen Windecken* und dem *Engeltaler Hofe* etc.

O. U. 1496. Eckhuss genant *Windeck* uff der Far und Töngesgassen gelegen.

der Fahrgasse auf; aber bei seiner Bezeichnung wurde es in die Töngesgasse gesetzt

„viij sol. den. de domo dicta Windcgke, sita in antiquo opido, superiore parte, vico Fargazze seu Fabrorum, latere occidentali jnfra vicos Snargazze et Sancti Anthonii in acie respiciente septentrionem et orientem capite vici Sancti Anthonii supradicti." L. r. B. de 1350. f. 61. Dieser Zins fiel zur Lampe über dem Taufstein.

Lit. H. No. 160.

Lit. H No. 159. *Engelthalerhof.*[197]) Curia dominarum de Engeltale. Curia monialium de Engeltal. Und in dem S. G. P. von 1341 der Engeltelerhobe in der Antoniergaszen. In dem Testament des Conrad Apothecarius wird eines Hauses gedacht „in platea beati Anthonii ex opposito curie vallis angelorum proprie dicte Engeltal." Das Z. R. von 1390 f. 64 liefert eine genauere Beschreibung seiner Lage: „Domus dominarum de Engeldal in vico Sancti Anthonii latere meridionali contigua pistrino sito in acie respiciente occidentem et septentrionem vici Lyntheymer gaszen." Der Hof wurde unter die Freihöfe der Stadt gezählt. Vergl. *Orth* Anmerk. zur Frankf. Reformation 3. Forts. S. 136. Bei dem grossen Brande im Jahre 1719 am 26. Januar wurde er gänzlich zu Grunde gerichtet; darauf wurde im folgenden Jahre ein neues und schöneres Gebäude ganz von Stein aufgeführt, über dessen Thüre die Schrift zu lesen ist: Admodum Reverenda Domina Juliana Schmidin fuldensis abbatissa in valle Angelorum in Wetteravia me vidit vetustam, fecit venustam, fato combustam ex cinere suscitavit. M.DCCXX⁰.

Auch ist oben über der Altan ein Engel mit einem offenen Buche mit folgender Schrift zu sehen:

---

[197]) 1320. Curia Angeltal (hieher gehörig) Beedb.
1321. Curia Engiltal (hieher gehörig) Beedb.
S. G. P. 1361. Der Engedeller Hof. 1372. 1398.
— 1368. Jetze in dem Engeldaler Hof.
O. U. 1400 verpfänden Abtissin und Convent des Klosters Engelthal grauwen Ordens iren Hoff — gelegen in St. Anthoniusgassen — gein Meister Herremann von Orbe über etc. F.

EX | DIVM
CINERE | ERIT
POST | FOR
INCEN | TIOR.

Das Kloster Engelthal, Bernardiner Ordens, lag in der Wetterau. Es erfuhr 1802 das allgemeine Schicksal aller Klöster in Deutschland, aufgehoben zu werden. Obschon das Kloster dem [jetzigen Grossherzogthume Hessen] zu Theil wurde, so fiel doch der hiesige Hof durch eine besondere Verfügung der Stadt zu. Herr Ziegler, bisheriger Verwalter des Hofs, kief denselben 18.. von der Administration für 37,000 fl.

Lit. H. No. 158. *Holländisch Eck*. Das Eck an der Lindheimergasse. Es war 1390 ein Backhaus, wie aus der Beschreibung des Engelthalerhofs zu ersehen ist. Es hat den Haupteingang und Numerum in der Lindheimergasse.

II.

Zwischen der Lindheimergasse und der Gelnhäusergasse.

Lit. H. No. 157. Domus *Markolfi de Lintheim*. Das andere Eck an der Lindheimergasse.[198])

„viij sol. Col. de domo Margkolfi de Lintheym nunc Gotzonis dicti Kerners sita jn vico Sancti Anthonii, latere meridionali, jnfra vicos Lyntheimer et Geylinhuser gazze, jn acie respiciente septentrionem et orientem vici Lyntheimer gazze iam notati, contigua domui Betlchem versus orientem." L. r. B. de 1350. f. 61. Dieser Zins gehörte zur Lampe in der Sakristei. Von dem Markolf von Lintheim ist bei der Lindheimergasse nachzusehen.

Lit. H. No. 156. *Goldne Helm*.[199]) „Gulden Helm contigua Betleher." L. C. de 1450. f. 11.

---

[198]) O. U. 1501. H. — genannt *Orten Ecke* in der Anthonier Gassen uff dem Orte der Lintheimer Gassen neben dem *guldenen Helme* gelegen etc. F.

[199]) O. U. 1398. H. z. Guldenhelm bei S. Antonius gelegen.
S. G. P. 1432. H. zum *gulden Helm* in S. Anthoniusgassen.

„zum gulden Helm in S. Anthonius gassen." Comput. Fabricae de 1506. Man sehe auch beim folgenden Hause 1452.

Das Eck des Markolf von Lindheim stiess 1350 noch wider das Haus Betlehem, es muss demnach der goldne Helm als ein abgerissener Theil von diesem oder dem nachstehenden Hause betrachtet werden.

Lit. H. No. 155. *Betlehem. Klein Betlehem.* Die ältesten Zinsbücher geben den Namen allemal am richtigsten an; folglich sind die Namen *Betheler*, Betbleher, Betelher und andere dergleichen als verderbte Namen anzusehen, die einen leicht auf die irrige Meinung bringen können, das Haus müsse zum Bettler heissen.[200])

O. U. 1447. H. gelegen uff dem Ort der Lintheimergassen an dem Gesesse *zum gulden Helme.*

O. U. 1447. H. z. *Guldenhelm.*

— 1448. H. und G. mit Hoffechin und Gertechin hinden und vorn — genannt zum *gulden Helme* gelegen in St. Anthonius Gassen zushen dem Gesesse *Bedelhere* und einem nuwen Orthus — das oben uff die Lyntheimer Gassen stosse.

S. G. P. 1448. H. zum Gulden Helm in der Lintheimergasse.

— 1485. H. in der Lintheimergasse, stosst hinden an das H. zum gulden Helm. (Der Gulden Helm scheint demnach 1448 ein Hinterhaus in die Lindheimergasse stossend gehabt zu haben, das nachher und zwar schon 1485 davon getrennt ward, denn es scheint dies das 1485 bemerkte Haus zu sein.)

O. U. 1498. H. in der Thonges Gassen zwushen dem *Betelher* und dem Huse *zum gulden Helme* stoiss hinden uff Klopels Hoffe etc.

Lt. St. R. de 1535 kommt das Gasthaus *zum goldnen Helm* vor als *Herberg* und Logis des Prädikanten Capitta von Strassburg als Schiedsrichter zwischen den hiesigen Prädikanten (ob hieher gehörig?). F.

[200]) S. G. P. 1386. Wolffechin zum Bedelher.

S. G. P. 1442. H. zum Betler by S. Antonius.

— 1448. Konne zum Betler.

— 1473. H. in der Gelnhusergasse stosst hinten uf das H. zum Bettelher.

O. U. 1479. H. — gelegen in der Donges Gassen gein dem Anthonier Hofe über uff der Ecken der Geilnhusergasse genannt *cleyn Bedelher* etc.

O. U. 1498. Orthuss oben an der Geylhuser Gassen gein dem Tonges-

„Betelher ex opposito muri S. Anthonii contigua aciali septentrionem et occidentem respicienti." L. C. de 1450. f. 10 et 11.

„j marca de domo dicta Betleher latere meridionali ex opposito muri Sancti Anthonii contigua domui dicte zum gulden helm." R. C. de 1452. f. 12.

„vij β de domo dicta Bethlehem — de domo contigua que etiam dicitur Betheler." R. C. de 1423. f. 27.

Lit. H. No. 154. *Engel. Goldne Engel.* Vorher *Betlehem*, auch gross Betlehem. Das Eck an der Gelnhäusergasse.[201])

vij sol. den. de domo dicta Betlehem sita jn antiquo opido Frank. superiore parte vico Sancti Anthonii latere meridionali jnfra vicos Lyntheymer et Geylinhuser gazze, jn acie respiciente occidentem et septentrionem vici Geylinhuser gazze prenotati." L. V. Saec. XIV.

„Grosse Bedelher gelegen gein sant Antonius vber vff der ecken oben vff der geilnhuser gassen neben an Cleinen Bedelher." S. G. P. von 1428.

„Sita — ex opposito curie Sancti Anthonii." L. C. de 1390. f. 64.

L. C. B. M. V. Saec. 16. j marca iiij β cedit Georgii de duabus domibus sitis in der Gelnhauser Gassen lat. orientali, contiguis domui aciali, à retro verum contiguis domui dicte zum grossen Bettelherre, habentibus fenestras in eiusdem domus curiam a retro respicientes, et pertinent modo ad domum dictam

---

Borne und dem Huss zum *wyssen Essel* über genannt zu dem *cleynen Bedelhere* neben dem Huss zum *alt Bettleher* etc. F.

Ins. Br. de 1428. *Grosse Bedelher* gelegen gein sant Antonius vber vff der ecken oben vff der geilhuser gassen neben an *cleinen Bedelher*.

L. C. B. M. V. Saec. 16. iij marca cedit Decollat. Joannis de domo aciali in der Thöngesgassen, dicta zum kleinen Bettelbeern, lat. merid.-occid. et sept. respiciente ex opposito fontis S. Anthonii, contigua domui dictae grossen Bettelherre.

[201]) O. U. 1586. H. in der Döngesgassen neben der *Herberig* zum *Gulden Engel* etc. stosst hinten uff eine Allmey etc.

Lt. St. R. de 1592 und 1594. Der Wirt zum guldnen Engel.

Lt. Stadt-Allmdb. de 1688. Allmend neben dem goldnen Engel in der Töngesgasse, hat den Ausgang in die Lindheimer Gasse. F.

zu gross. Bettelherre in der Thöngesgassen, contiguam domui dictae zum gulden Helm. Quidam hunc censum dantium, nomine Georg Seytz priores has domos antiquas abiecit, et in locum earundem construxit murum cum porta ampla, per quam ex platea dicta die Gelnhausser Gassen invehitur in curiam predictam domus zum grossen Bettelhere. Dat Kammer Elsse, Kammerer Hannssen relicta, quae domum zum grossen Bettelhere, ruinam minitantem, denuo ex fundamentis novam construxit anno 1562. Modo Dieterich Schuchhart maritus relictae, qui iam totum coniunctim possidet. Adjecit enim has aedes simul cum domo aciali dicta Klein Bettelhere domui suae novae, quae modo vocatur zum gulden Engel, dat modo relicta.

Das Haus änderte nachmals seinen Namen, und an demselben hing statt des Schildes ein vergoldeter Engel. Es war von der Zeit an ein berühmtes Gasthaus, wie denn schon 1548 Georg Dichtel als Wirth im Engel gefunden wird. Frankf. Chronik I. 382. Im Jahre 1784 kief Herr Bolongaro Crevenna Tabakshändler das Haus, und es hörte auf ein Gasthaus zu sein.

Die obigen 2 Mark oder 3 fl. wurden noch jährlich auf S. Anthonius Tag (17. Jänner) von unserer Präsenz erhoben; auch wurden der Fabrik vom Hinterhaus am 24. August 45 kr. bezahlt.

III.

Zwischen der Gelnhäusergasse und der Steingasse.

Lit. H. No. 153. *Weisser Esel*, vorher *Arheiligen*. Dieses war der abgekürzte Name von Allerheiligen.[202]

---

[202] O. U. 1447. Orthuss gelegen in S. Anthonius Gassen, oben an die Geilnhuser Gassen stossende, zwischen Gesesse *zum Russkolben* und Gyppeln von Offenbachs Husung.

St. R. de 1502. Baubesichtigung zweier Häuser zum weisen Esel.

O. U. 1519. 2 H. — unter einem Dach, in der Geylhusser Gassen neben *dem weisen Esel* uff eyner und N. anderseits.

O. U. 1536. Eckhaus — zum *weisen Esel* genannt in der Tonges Gassen gegen den *Tonges Bronnen* über etc.

„Hus Arheiligen in S. Antoniusgassen uf dem Orte (Ecke) der Gelnhuser gassen." S. G. P. von 1468.

„1 fl. 1½ β — de domo zum weissen Esel, sita latere meridionali in acie vici Gelnhausergass, septentrionem et orientem respiciens ex opposito curiae S. Anthonii." R. C. de 1581. f. 11.

Den Zins erhielt die Praesenz auf Martini mit 1 fl. 3 kr. 3 H. Lit. H. No. 152. *Weisser Esel.*

„xviij β de fundo domus zum weissen esel an dem orth als man gehet in die gelnhuser gassen uff der rechten hant ghen Sant Thonigs vbir." R. C. Antonit. in Hoechst Saec. XV.

„Hus zum Isal in S. Antonius gassen." S. G. P. von 1439.

In einem Frankf. Intell.-Bl. von 1790 kömmt auch der weisse Esel Lit. H. No. 152 vor. Im Jahre 1796 wurde dieses Haus zu dem Vorigen gezogen, zu welchem nun auch das Haus Lit. H. No. 115 in der Gelnhäusergasse gehört.

Lit. H. No. 151. *Wölfchen.* Das Eck an der Steingasse.[203]). In einem zerrissenen Zinsbuche vom XIV. Jahrhundert wird ein Haus in der Gelnhäusergasse beschrieben: „latere occidentali, jn angulo plani latere septentrionali, a retro contingens domum zu dem Wolfelin."

„Hus zum Wolfelin by S. Antoniusgassen." S. G. P. von 1397.

„Hus zum Wolfelin gen S. Antonius ubir uf dem orte der Gelnhusergassen." Sollte Steingassen heissen. S. G. P. von 1442.

In diesem Hause wohnte der berühmte Tabakshändler Herr Bolongaro, welcher den grossen Bau in der Emmerichstadt bei Höchst und das Lagerhaus auffuhrte, auch den Krahn daselbst machen liess und ein Vermögen von mehr als 2 Millionen hinterliess. Er liegt zu Höchst in der Antoniter-Kirche begraben.

---

[203]) O. U. 1341. by Sanct Antonien boiff zum Wolfeline.

S. G. P. 1450. H. oben an dem Orte der Gelnhusergasse an dem H. zum Wolfelin gen dem Borne über. (Dies Haus scheint ehemals auch das Eck der Gelnhäuser- sowie der Steingasse ausgemacht zu haben, ersteres aber davon abgerissen worden zu sein.)

S. G. P. 1451. H. zum Wolffelin in der Gelnhusergasse.

St. R. de 1468. Brand des Huses zum Wolfelin gein S. Anthonius über. F.

IV.

Zwischen der Steingasse und dem Trierischen Plätzchen.

Lit. H. No. 150. Das Eck an der Steingasse.[204]

Lit. H No. 149. *Stadt Hamburg*. Hat ein Nebenhaus in der Steingasse, das 1481 schon mit ihr verbunden war, wie aus folgender Stelle zu ersehen ist:

„Hus in S. Antonius und der Steyngasse neben dem Gotteshus vnd dem Hus zum Slossel." S. G. P. von 1481.

Das Gotteshaus ist das Eck am Trierischen Plätzchen, und der Schlüssel steht in der Steingasse. Sie war vor Zeiten ein Gasthaus, darin 1610 ein Ochs von ungewöhnlicher Grösse zu sehen war. Er mass 6½ Schuh in der Höhe, und 10 in der Länge, und wog 2025 Pfd. Frankf. Chron. II. 572. Nach dem grossen Brande im Jahre 1719 fiel am 26. November bei einem starken Winde die noch gestandene Mauer um, und beschädigte den Wirth sehr stark; das kleine Kind aber beschützte ein über die Wiege gefallener Balken gegen alle Beschädigung, l. c. S. 806. (786.)

Lit. H. No. 148. *Zum Reyiner* oder *Reyner*, auch zum Reyen und zum Rehen. Das Eck am Trierischen Plätzchen. Es war vor Zeiten ein Beguinenhaus, das gemeiniglich das *Gotteshaus zum Reyner* hiess, und in dem S. G. P. von 1384 „das Gotzhus vor dem Montzehof" genannt wird. Die Schwestern darin führten im XV. Jahrhundert den Namen der Beguinen auf dem Schlüchtershofe, wie ein altes Manuscript bezeugt. Wann und von wem sie gestiftet wurden, war nicht zu finden. Der Magistrat hob bald nach entstandener Reformation die Stiftung wieder auf, und schlug deren Gefälle zum gemeinen Kasten. Denn nach dem Jahre 1535 zahlten schon die Kastenherrn den Grundzins, der jährlich von dem Beguinenhause an unsere Praesenz entrichtet werden musste.

---

[204] O. U. 1482. Orthuss — genannt *Lutzelnberg* gelegen uff dem Ecke der Steyngassen uff beiden Syten neben dem Gehuse *Kuchenauwe* etc.

O. U. 1562. H. am Eck der Steingassen *Lutzelburg* genannt gegen dem Hauss zum *Wolflin* über etc. F.

„jx sol. den. cum dimidio denario de domo dicta zum Reyiner sita jn antiquo opido superiore parte vico Sancti Anthonii latere meridionali, jnfra vicum Steyngazze et plateam dictam Montzehofis plan, jn acie respiciente occidentem et septentrionem platee iam notate. Et sunt nunc due domus beginarum, Godis hus vulgariter nuncupate." L. V. B. Saec. XIV. sub vic. IV.

„zu dem Reyen domus beginarum sita latere meridionali vici Sancti Anthonii in platea seu plano retro curiam dictam Montze hoff latere eiusdem platee orientali in acie." R. C. de 1390. f. 53.

„zum Rehen, est domus beginarum contigua Sluchtershof versus occidentem." R. C. de 1450. fol. 12.

L. C. R. M. V. Saec. 16. j marca cedit Martini de novo domo aciali dicta zum Reyen vff dem Schluchtershoffe, lat. orientali occid. et septentr. respiciente quae nunc est domus Beguttarum, contigua domui vicariae ecclesiae nostrae videlicet S. Jacobi, dant die Kastenherrn.

„Zum Reyen bey dem Trierischen Hoff, acialis ex opposito der Hasen Gass." L. C. de 1636. f. 11.

Die 45 kr. Grundzins liess unsere Praesenz am 1. Mai aufheben. Sie wurden 1586 noch von den Kasten-Vorstehern (R. C. d. a. pag. 16.), nachmals aber von den bürgerlichen Eigenthümern des Hauses bis zur Aufhebung des Stifts bezahlt.[205])

V.

Zwischen dem Trierischen Plätzchen und der Graupengasse.

Schlüchtershof. War ein grosser aus 9 Häusern bestehender Hof, der die ganze westliche Seite des Trierischen Plätzchens

---

[205]) S. G. P. 1340. Gerhart zur Reygen.
S. G. P. 1372. H. in S. Antoniusgasse an dem Reyen gelegen.
O. U. 1428. H. obewendig dem Montzhofe, zuschen dem eckhuse, da inne die bekynen wonen genant *zum reihen* und dem nesten H. oben an Montzhofe.
O. U. 1530. Gotteshauss *zum Raien* genannt in der Tongesgassen uff dem *Schlichters Hoff* gelegen etc. F.

einnahm, und in der Töngesgasse bis über den Maulbeerhof reichte. Er ist zweifelsohne nach dem Namen einer Familie, die ihn eigenthümlich besass, also genannt worden. Noch in dem Zinsbuche von 1452 f. 14 findet man einen Peter Sluchter, der Häuser in der Lindheimergasse besass, und jährlich von denselben eine Mark an unsere Praesenz entrichtete. Der Hof wurde in der Zeitfolge unter mehrere Besitzer vertheilt, die neuen Häuser erhielten andere Namen, und nur ein einziges Haus auf dem Trierischen Plätzchen behielt den alten Namen bei.[205]

„j octale siliginis de curia et habitatione dicta Sluchterer hof, sitis jn antiquo Frank. superiore parte platea dicta Montzehofis Plan, latere meridionali (vici S. Antonii)." L. V. B. Saec. XIV. vic. ij.

„de novem domibus i ß den. yn dem Sluchters hoff, dat Wentzel Saltzmeser etc." L. C. de 1438.

„j octale siliginis de curia et habitatione domus der Sluchterhoff sitis in vico Sancti Anthonii latere meridionali — modo super tribus domibus et curia dicta Mulberhoff cum attinenciis." L. V. de 1481. f. 82.

Domus haec dicta Keldebecher retro Montzhoff, prius Lobers Kinder Hoff modo auf dem Schluchtershof in platea S. Anthonii penes domum angularem, in qua beguttae dicta zum Reiien habitabant, et spectabat ad Carthusianos Mog. estque

---

[205] Beedbuch 1320. dicta Sluctere (hieher gehörig).
Stadt-Beedbch. de 1362. Der *Sluchterer Hof*.
Bürgerb. de 1370. Huss Hoffe unde Gesesse gnand Sluchters Hoff gelegin in sant Anthonijs Gassen.
S. G. P. 1384. Der Schlüchterers Hof 1386.
— 1396. Die Huserchin uf dem Sluchters Hofe, *die der Karthuser sind*.
S. G. P. 1404. Der Slochters Hof.
— 1407 H. uf dem Slochtershofe an dem Montzhof gelegen. F.
Schlüchterhof gegen dem wilden Mann und trierischen Hofe über, jezt Farb zur *blauen Lilien*. Mspt. XVII. Saec. P. 280.
St. R. de 1517. Schlüchtershof betr. sieh beim Carmeliter-Kloster ad h. annum.

2da à sinistris ab ingressu Töngesgaszen versus Trierisch Plätzchen. Haec domus fuit prius praebendalis, postea fuit permutata pro domo zur guldenen Waag, ita ut domus illa aufm Slichtershoffe loco prioris fuerit deputata pro vicaria nostra tituli S. Jacobi, ad quam alias spectabat domus zur guldenen Waag, postquam posterior pars ejus ad nos ex cessione perveniret, modo est iterum praebendalis. Mspt. Cunib. pag. 152.

It. i ferto cedit Walpurgis de sex domibus et horto uff dem Schluchtershoffe retro in vico non pertransibili, lat occid. retro curiam dictam der Maulbeerhoff, modo facta sunt horrea et stabula adiuncta praedictae curiae. L. C. B. M. V. Saec. 16.

Vicaria S. Jacobi apostoli a Domina Berta de Idichenstein zur goldnen Waage genannt fundata 1364, habuit domum zur goldnen Waagen sed pro hoc domus alia ipsi assignabatur empta 1440 et sita auf dem Schlichtershoff in platea Tongesgassen, retro domum angularem beguinarum dictarum zum Reyen et supra domum dictam Müntzhoff, modo haec domus vocatur Heldeberger aufm Trierischen Plätzchen, quae antiquitus vocabatur Henne Lowers i. e. gerbers Kinder Hoff 1374. Ibid. Cunib. Mspt. p. 93.

Lit. G. No. 34. Das Backhaus und Eck am Trierischen Plätzchen.[207])

„Bakhus in S. Antoniusgassen gen dem Hus zum Hasen ubir." S. G. P. von 1457.

„dasz packhusz off dem ort desz Sluchtershoff ij β." R. C. Capellae S. Petri de 1471. f. 4 in lat R. No. 8½.

„bakhus in S. Antoniusgasse ufme eck des Sluchterhofes." S. G. P. von 1474.

Lit. G. No. 35. 1633 am 23. Jänner entstand ein Brand in diesem Hause. Frankf. Chron. I. 542.

---

[207]) G. Br. 1455 backhus uf dem ort an deme *Sluchtershofe*.
G. Br. 1504. H. uf dem Sluchtershof gen dem Lindwurm über.
St. R. 1547 wird dieses Backhaus auf dem Sluchtershof vom Rath verkauft.

Rendel. Vermuthlich das vorige Haus.[208]
„das hus Rendel in S. Antoniusgassen by Greiffenborn."
S. G. P. von 1408 und 1409.

„j marca den. de domo Demud Griffen dicta Rendell latere meridionali infra plateam dictam Sluchters et vicum dictum Cruchengassen circa fontem." R. C. de 1499. f. 11. (13.)
Lit. G. No. 36.
Domus vicariae S. Theobaldi in Ecclesia B. M. V. in Monte.

„Item ein halbe mark gelegen vff eym husze jn Sant Anthoniergassen gen dem lintwurm uber vnd gehert zu eyner vicarien zu vnser lieben frowen vff dem berg in Franckf., vnd ist die vicary genant vicaria beati Theobaldi." R. C. Capellae omnium Ss. de 1475 — 1533. f. 27. Das Zinsregister besass der Herr Reichshofrath von Senckenberg in Wien.

L. C. B. M. V. in M. Saeculi XVI. — de domo vicariae S. Theobaldi in der Thönges Gassen lat. merid. ex opposito domus dictae zum Lindwurm et habet fontem ante se.

Die Vikarie war längstens erloschen, und das Haus ist vermuthlich erst nach dem Brande im Jahre 1719 von dem Stifte abgekommen.
Lit. G. No. 37.
Lit. G. No. 38. *Kleine Maulbeerhof,* war vor ohngefähr 25 Jahren noch ein Backhaus. Die Praesenz empfing von demselben jährlich auf h. Drei König 4 fl. 30 kr. Grundzins. Am 26. October 1630 Abends 8 Uhr ging ein Feuer im Kleinen

---

[208] O. U. 1301. domus — contigua domui Domini *Johannis dicti de Rendele* in der *Snarrgassen* sita etc.

NB. Dieser Johannes de Rendele, ein Geistlicher aus dem Dorfe Rendel gebürtig, gab also diesem seinem Hause den Namen; ein neuer Beweis, dass viele Hausnamen von den Geburtsorten ihrer früheren Besitzer herzuleiten sind.

Wfrkl. Z. B. von 1480. Zwei H. Hof und Stalle und Zugehor gelegen hart by dem *Griffensborn* uf der Syten gen dem Mittage, und gein dem H. zu dem *Lintworm* über stost an das Vicarienhaus S. Theobalds Unser Lieb Frauen uf der Syten gen Nidergang der Sonnen.

O. U. 1542. H. genannt *zum Rendel* in der Tongisgassen neben einer Vicarien H. zu U. L. F. stiffte und N. (1521 desgleichen.) F.

Maulbeerhof aus, wodurch das oberste Stockwerk und Dach abbrannten.

Lit. G. No. 39. *Maulbeerhof.* Ein Gasthaus, zuvor *Maulbeerbaum* und in dem S. G. P. von 1397 der Mulberbaumhof.[209]

„das thorhus. dadurch man in den mulberhof us und inne wandert in S. Anthonius gassen." S. G. P. von 1457.

„Nativitatis Marie viij β hll. de domo dicta zum Mulberbaum sita latere meridionali quasi ex opposito domui dicte Lintworm." L. C. summae Missae de 1464.

„ij β Martini, olim de nouem domibus (s. Schluchtershof) modo de domo dicta zum Maulbirbaum in vico S. Antonii, latere meridionali, quasi ex opposito Linthworm" Comput. officii de 1563. f. 8. Ser. III. No. 11.

„j ferto cedit Walpurgis de sex domibus et horto vff dem Schluchtershofe retro in vico non pertransibili latere occidentali retro Curiam dictam der Maulbeerhoff, modo facta sunt horrea et stabula adjuncta praedictae Curiae." L. C. B. M. V. in M. Saec. XVI. Wirklich hat der Maulbeerhof ein Thor in erwähntes Gässchen, darüber die Schrift mit goldnen Buchstaben zu lesen ist: .... Im Jahre 1409 wurde der dritte Theil an den Maulbeerhof um 10 fl. verkauft. Frankf. Chronik II. 729. Der Eigenthümer des Hofs zahlte jährlich auf Martini an die Praesenz 1 fl. 30 kr. statt 2 Simmern Korn, so ehemals zur Vikarie S. Michaelis fielen. Dann wieder 23 kr. 8 h., so eben derselben

---

[209] S. G. P. 1439. H. zum *Mulberhove.*
S. G. P. 1449. H. zum *Mulbaum* in S. Antoniusgassen.
— 1457. ein *Thorhus* dadurch man in den Mulberhoff us und inne wandert in der Antoniusgasse gelegen.
S. G. P. 1462. Der Mulberhof in S. Antoniusgassen.
O. U. 1575. Behausung in der Thönges Gassen zum *Maulbeer Hof* genant stosst hinten uf den *Rohrbächer Hof.*
Bürgerbuch 1631. Fit civis N. N. Wirth im Maulbeerhofe. F.
L. C. B. M. V. Saec. 16. It. j marca iiij sol. ced. Decollat. Joannis de domo contigua domui zum Hering et Curiae dictae Maulbeerhoff in der Thönchesgassen, lat. merid. etc.

gehörten. Diese Zinsen rührten ursprünglich noch von dem vorher gemeldeten Schlüchtershof her.[210]

Fochtliebenhof. j marca den. de curia — dicta der Fochlybinhof sita in antiquo opido Frauk. superiore parte vico Sancti Anthonii, latere meridionali jnfra plateam dictam Montze hofis plan, et vicum dictum Cruchingazze." L. V. B. Saec. XIV. vic. S. Valentini.

„der Fotlieben Hoff sita in antiquo opido superiore parte vico Sancti Anthonii latere meridionali infra vicum Kruchingasze et plateam retro curiam Rudulfi." R. C. de 1390. f. 64. S. Trierisches Plätzchen.

„j marca den. de curia dicta Fochtlebenhoff latere meridionali ex opposito quasi dem Lintworm." R. C. de 1452. f. 11.

In dem *Baldemar*'schen Vikariebuche von der Mitte des XIV. Jahrhunderts kommen der Schlüchtershof und der Fochtliebenhof zugleich vor; sie waren also zwei ganz verschiedene Höfe, und nach den von ihnen mitgetheilten Nachrichten zu schliessen, war der Fochtliebenhof zwischen dem heutigen Maulbeerhof und der Graupengasse gelegen.

Er hatte mit dem Schlüchtershofe gleiches Schicksal.[211]

Lit. G. No. 40. *Häring.* Das Haus wird unter diesem Namen und Numero in dem Z. B. des Liebfraustifts bemerkt [212])

---

[210]) S. P. 1407. 1408. Der *Kaneguden Huss* gen den H. zum Bern in S. Antonius Gasse über.

1412. *Kamguten* H. an Heinz von Lintheim sel. Gesesse, gein dem Bern uber in der Antonius Gassen. F.

[211]) Beedbuch 1320. Curia der Vochtlibin (hieher gehörig).

O. U. 1587. Behausung zum *Maulbeerhoff* in der Töngesgassen neben N. einer und der Behausung zum *Fachenlehen* genant anderseits gelegen stosst hinten uff den *Rohrbücherhoff.* F.

[212]) S. P. 1394. H. zum Hering neben dem H. zum Mulberbaum gelegen.

G. Br. 1437. H. zum *Heringe* gein dem *grossen Bern* über.

S. P. 1479. H zum Hering in der Töngesgassen.

O. U. 1625. Behausung zum *kleinen Hering* genannt in der Döngesgassen neben N. einerseits und dem *Maulbeerhof* anderseits gelegen.

Kaufbrief von 1712. H. zum *kleinen Heringe* in der Töngesgasse neben dem Maulbeerhofe. F.

„Hus zum hering in der Thüngesgass." S. G. P. von 1480. Kömmt auch schon in dem Protokolle von 1438 vor.

„j marca vj β — de domo dicta zum Hering latere meridionali ex opposito Curiae dictae zum Bern." L. C. B. M. V. in M. Saec. XVI.

Lit. G. No. 41.

Lit. G. No. 42. *Bubeneck.* Das Eck an der Graupengasse.[213]

„Bubenecke in superiori parte der Cruchengasze." L. Annivers. Monast. Praedicat. de 1421. f. 8.

„v β hll. de domo dicta Bubeneck sita in vico Cruchingasz — in acie respiciente occidentem et septentrionem vici Cruchingasz." L. V. de 1453. f. 130.

VI.

Zwischen der Graupengasse und dem Liebfrauberg.

Lit. G. No. 43. *Goldne Stern,* vorher *Affenstein.* Das andere Eck an der Graupengasse.[214]

---

[213] S. G. P. 1339. Henckin Bobinecke, auch 1341.
S. G. P. 1869. H. Bubeneke in der Ecke in der Kruchengasse gelegen.
— 1383. H. Bubinecke.
— 1464. H. uff dem Ort der Kruchengasse gen dem H. zum Bern über.
S. G. P. 1469. H. *Bubenecke* uff dem Ecke in der Kruchengasse.
— 1481. H. Bubenecke in der Kruchengassen.
— 1484. H. Bubenecke in der Kruchengassen neben dem Eck gen S. Antoniusgasse gen dem Borne über. F.
[214] S. G. P. 1387. Henne z. A. 1388 Henne A. ihm gehört das H. z. Affenstein in der Kruchengasse. — 1389 Henne A. 1390—1392 Henige A. 1393. 98. 99. Heinze A. Spitalmeister zu Sassenh. 1400 Heinz A. — 1398 Mezchin A.
S. G. P. 1392. H. zum Affenstein gen dem H. zum Bern über. Auch 1426.
O. U. 1409. H. *Sternenberg* in S. Anthoniusgasse gein *Bommersheim* ubir ane ein Huss an der Ecken uff der Kruchingassen.
S. G. P. 1427. H. Affenstein in S. Antonius Gassen.
G. Br. 1438. H. in S. Anthoniusgassen uff dem Eck der Kruchengassen an Clasen dem Schneider und an dem H. genant *Affenstein*.

„Hus Affenstein in der Kruchengasse." S. G. P. von 1388.

„Hus zum Affenstein gen dem hus zum Bern uber." S. G. P. von 1392 und 1426.

„Affensteyn in acie vici Kruchengasze." R. C. de 1405.

„iij ß den. de domo Affensteyn sita in acie vici et est tertia domus à vico Cruchengasz versus montem beate Marie." L. C. de 1438. f. 28.

Aus dieser Stelle ist abzunehmen, dass der Affenstein in drei Häuser getheilt, und der Zins auf das dritte Haus gelegt wurde. Wahrscheinlich geschah es zur nämlichen Zeit, dass das Haus seinen alten Namen ablegte, und den neuen zum goldnen Stern annahm.

O. U. 1438. Eckhuss — in St. Anthoniusgassen uff dem Ecke der Kruchengassen an Clasen Einhus Snyder und an dem Husse genannt zum *Affensteyn*.

O. U. 1446. Eckhuss genannt *zum gulden Sterne* gelegen in der S. Anthoniusgassen, uf dem Ecke der *Cruchengasse* an dem Gesesse genant zum *Affenstein* gein dem Gesesse genant *zum Berne* über.

O. U. 1475. H. — in der Tonges Gassen genannt *Sternberg* gein dem *Beren* über zushen N. und dem Eckhuss uff der *Kruchengassen*.

S. P. 1475. H. *Sternberg* in S. Anthoniusgassen.

S. G. P. 1478. H. zum golden Sterne in S. Antoniusgassen.

S. P. 1480. H. *Sternberg* gen dem H. zum *Bern* uber in der Töngesgasse.

S. G. P. 1485. H. zum gulden Stern in der S. Antoniusgasse uf dem Ort der *Gisengasse* (?).

O. U. 1542. Eckhaus zum *goldnen Stern* genannt — und ein *leerer Fleck* hinten daran in der Anthonius Gassen — Eine Gülte auf diesem Haus wurde damals verkauft an Hans Steffen Schöffen als Verordneten über die Allmenden und leeren Flecken. etc.

St. R. 1551. H. zum *Stern* vnd das newe Haus hinden daran in der Krauchengassen oben am Eck der Tongesgasse gelegen.

O. U. 1551. H. — zum *Affenstein* genannt in der Thonius Gassen etc F.

Mspt. XVII. H. *Steinberg* (?) in der Thöngesgass am Eck der Kreuengengasse.

Reg. cens. Fabr. It. 6 solid. den. legauerunt Conradus et Hylla coniuges dicti zu Swarzinfels *de domo Hartmudi Schelin*, sita in antiquo opido F. super. parte, vico S. Anthonij latere meridionali infra vicos Cruchingassen et Zigilgassen, ex opposito curie dicte *Nuwehof*. Anno domini Mº CCCº LXVIº vigilia omnium Sanctorum Hartmudus Schele dat.

„zum Guldenstern gein dem aldem Bern uber das ein Eckhus sy uff der Kruchengaszen." S. G. P. von 1438.

„Hus zum gulden Stern uf dem Eck der S. Antonius und Kruchengasse gen dem hus zum Bern ubir." S. G. P. von 1485.

„Hus Sternberg gen dem hus zum Bern ubir in thongesgassen" dasselbe von 1480. Dieser Name scheint von einem Versehen herzurühren.

Die Praesenz liess von dem Ecke jährlich auf Margarethetag 26 kr. 1 h. Grundzins heben, der zuvor der Vikarie des h. Stephanus gehörte.

Lit. G. No. 44. *Affenstein.* Ein abgerissenes Stück vom Eckhause Affenstein. In dem Zinsbuche des Liebfraustifts, dem dieses Haus auf Christi Geburt 50 kr. Grundzins entrichtete, wird es mit den vorstehenden Buchstaben, Numero und Namen bemerkt.

Lit. G. No. 45. *Kleine Kümmelsack.* Machte ehemals einen Theil vom Eckhause Affenstein aus. Sein Name, Numero und Lage neben der französischen Krone sind mir aus dessen Kaufbriefe von 1775 bekannt geworden. Darin wird auch unter den Zinsen, womit das Haus belästigt ist, einer von 18 ₰ (45 kr.) an das S. Barth.-Stift angegeben, der vor Zeiten an die Vikarie S. Jodoci fiel, und nun von der Praesenz auf Martini erhoben wurde.

„j ferto iij ₰ cedunt Martini de domo dicta zum Kömmelsack latere meridionali in der Thongessgassen, ex opposito dem Newenhoff et quasi ex opposito domus dictae zum Bern." L. C. B. M. V. in M. Saec. XVI.

Lit. G. No. 46. *Kümmelsack.* Jetzt *französische Krone.*[215])

---

[215]) O. U. 1451 eyn Huss daz vormals zwei Gesesse gewest sin — gelegen in St. Anthonius Gassen das eyn genant sy *zum Kommelsacke* zushen dem Gesesse Nuwenburg und N.

G. Br. 1503. H. zum *Kemelsack* in der Dongesgassen stosst uf die Kruchengassen.

St. R. de 1594 und 1592. Der Wirt zur Krone. (? Ob hieher gehörig und ob nicht die alte Reichskrone in der Friedbergergasse?)

1616 im Bürgerbuche fit civis N. N. Wirth zur *französischen Crone.*

„zum Kimmelsack gelegen in Sant Anthonius gassen an dem gesesse Nuwenburg." S. G. P. von 1437.

„1 fl. 12 ß de domo dicta Kümmelsack in der Thöngesgass." L. Praes. et Calend. S. Leonardi de 1644. Das Leonhardsstift hob noch diesen Zins auf Martini und an dem nämlichen Tage empfing auch unsere Praesenz 45 kr., die ihr von der erloschenen Vikarie S. Jodoci zu Theil wurden; desgleichen die Fabrik auf Palmsonntag 22 kr. 2 h.

Lit. G. No. 47. Vermuthlich die *drei goldne Lilien*, vorher zum *Esel*.[216])

„zum Isal by Spangenberg gelegen." S. G. P. von 1433.

„zum Isal in Sant Antonius gassen gelegen an Brünheinzen" dasselbe von 1436.

Lit. G. No. 48. *Neuburg*.[217])

„j marca cedit Martini de domo dicta Newenburg in der Töngessgassen latere meridionali contigua domui dictae zum Isoyl quasi ex opposito vici non pertransibilis dicti Rottengassen." L. C. B. M. V. in M. Saec. XVI.

Das Liebfraustift empfing die halbe Mark oder 45 kr. noch vor seiner Aufhebung.

Goldne Wage.[218]) War 1364 ein Gasthaus, aus dem zwei Häuser entstanden, von welchen das vordere zur Vikarie des

---

St. R. de 1643 verungeltet wie schon mehrere Jahre früher der Wirth *zur französischen Crone* sein Zapfgetränk.

O. U. 1651. Behausung in der Töngesgass — stosst hinten an die *Herberg zur französischen Krone*.

[216]) S. G. P. 1341 Petrus zum Esel.

S. G. P. 1392. Heinze zum Üsel 1395.

O. U. 1432. H. — genant zum *Iserle* in sant Anthonisgassen etc. als gehörig dem Eigenthümer Heintze Israele (Iserle).

O. U. 1535. H *zum kleinen Esel* gen S. Anthoniuskirchen. S. vom Rhein. 10. 1. F.

[217]) S. G. P. 1355. Thiele zu Nuwenburg 1370 Diele zu Nuiwinberg.

O. U. 1517. H. und Gesess — in der Anthoniergassen zwuschen dem Gesess zum *Neuenburg* genant und N. gelegen. F.

[218]) Zins-Regist. Saec. XV. Domus zu der gulden Wagen in vico S. Anthonii latere meridionali infra vicos Krugengassen et Zegelngassen.

h. Jacobus im Liebfraustifte, das hintere zur Vikarie des h. Stephanus im Barthol.-Stifte gehörte. Die beiden Häuser wurden zuletzt Kanonikalhäuser des Liebfraustifts.

1336 verkiefen die beiden Eheleute Johann Pulhemmer und Kusa an Walter Schwartzenberger und Lukard für 150 Pfd. Heller „ir hus hof vnd gesesze alle zu male binden vnd vorn das da heiszet zu der guldin wagin vnd ist gelegin in Sante Anthonis gaszin." Ex lit. jud. in L. T. fol. 133.

Das Haus kam nachmals an die Berta oder Bertradis de Ibichenstein (Itzstein), die sich daher auch Berta zur gulden wagen schrieb. Sie machte im Jahre 1364 ihr Testament zu Gunsten des Liebfraustifts, und fängt dasselbe also an: „jch Berthrad von Ydichenstein Burgersse zu Franckf. geseszen da selbes in dem huse genant zu der guldenwagen." Darin wird auch noch gesagt, dass sie wohne „in hospicio dicto zu der gulden wagen" und neben auf dem Rande wird die Lage des Hauses apud Rossebohel bemerkt. L. F. fol iii. Sie stiftete in dem nämlichen Jahre die Vikarie des h. Jacobus in gedachtem Stifte, und wies dem Besitzer derselben den vordern Theil ihres Hauses zur Wohnung an. Ms. P. C. fol. 93. Den hintern Theil aber vermachte sie 1386 dem Bartholomäus-Stifte zur Vikarie des h. Stephanus. L. T. fol. 159.

1394. iij Kal. Junii bekannte Dytwinus Pellificis, Vicarius des Liebfraustifts, vor dem geistlichen Gerichte zu Mainz, dass er schuldig sei, von seinem Vikarie-Hause zu der guldenwagen jährlich auf Martini xv β Heller an die Vikarie S. Michaelis im Barthol.-Stifte zu bezahlen. Ex Ms. Weil indessen das Vikarie-Haus S. Stephan sehr baufällig geworden war, so wurde 1414 zwischen den beiden Stiftern die Uebereinkunft getroffen, dass der Vikarius des Liebfraustifts jährlich auf Michaelis eine Mark

---

L. C. B. M. V. Saec. XVI. — de domo praebendali in der Thöngesgassen lat. merid. dicta zu der gulden Wogen ex opposito domus Spangenberg, contigua domui dictae Weyssenaw.

L. C. B. M. V. Saec. XVI. — de domo praebendali in der Thöngesgasse dicta zu der gulden Wogen, contigua domui zum Isail (Esel) ex opposito domus dictae Lewenberg, lat. merid.

Pfennig (2 fl. 15 kr.) für den Platz an die Vikarie S. Stephani bezahlen sollte. L. V. B. Vic. XXXIII, wo jedoch diese Nachricht von einer neuern Hand eingeschrieben wurde. Das Kapitel des Liebfraustifts brachte nachmals das Vikariehaus durch einen Tausch an sich, indem es dem Vicarius sein auf dem Schluchtershofe (Trierischen Plätzchen) 1440 erkauftes Haus überliess, und die goldne Wage zu zwei Kanonikal- oder Praebend-Häusern einrichtete. Ms. P. C. l. c. Daher wurde auch schon in dem Vikariebuche von 1453 f. 19 bemerkt:

„modo sunt due domus nove canonicorum."

Lit. G. No. 49. Ein Kanonikalhaus des Liebfraustifts, s. Goldne Wage.

Lit. G. No. 50. Das andere Kanonikalhaus der goldnen Wage, welches der Herr Canonicus und geistliche Rath Ries noch besitzt.

Von beiden Häusern kommen in dem Ms. des P. Cunib. S. 151 folgende Beschreibungen vor, die er aus einer alten Handschrift seines Stifts gezogen hat:

„Domus ab ingressu montis a dextris tertia dicta zur guldenen waag penes domum dictam Weisenau — estque praebendalis, olim fuit domus ad vicariam S. Jacobi, sed permutata postea cum domo auf dem Trierschen Plätzchen." Das Haus ist nun nicht mehr das dritte vom Liebfrauberge, sondern das vierte, und das folgende das fünfte; woraus die Theilung der Weinrebe erhellet.

„Domus a dextris ibidem quarta priori adhaerens, fuit cum priori olim una domus partibus tamen divisa, ubi anterior pars spectabat ad nostram, posterior vero ad ecclesiam S. Bartholomaei pro aliqua vicaria, quae postea pars posterior per cessionem etiam ad nos pervenit anno 1414 estque praebendalis."

Lit. G. No. 51. *Weissenau*, vor Zeiten ein Backhaus.[219]

„iij marce cedunt paschae de domo pistoriae latere meri-

---

[219] G. Br. 1361. Backhus hinter der Weinreben ex opposito Spangenberg.

O. U. 1478. Backhuss genannt *klein Spangenberg* gelegen uff unserm U. L. F. Berge by dem Gesesse zu der Wynreben. F.

dionali contigua domui dictae zu der Weynreben ex opposito domus dictae Spangenberg. Et domus vocatur Weyssenaw." L. C. B. M. V. in M. Saec. XVI.

Die 3 Mark oder 4 fl. 30 kr. wurden vom Liebfraustifte auf Ostern noch erhoben. Dass das Haus im XIV. Jahrhundert noch zur Weinrebe gehörte, ist bei der goldnen Wage zu ersehen, welche damals der Weinrebe noch an der Seite stand.

Lit. G. No. 52. *Weinrebe.* „12 ₰ de domo zur Weinreben dicta — sita latere meridionali." R. C. de 15 . . p. 18.

Das Haus steht in dem Zinsbuche unter den Häusern der Töngesgasse, und die 30 kr. Grundzins fielen noch auf Martini an unsere Praesenz.

Lit. G. No. 53. *Weinrebe. Grosse Weinrebe.* Das Eck beim Liebfrauberge und im XV. Jahrhundert ein Gasthaus.[220]

Nicolaus Gobelius de Fridberg, der erste Dechant des Liebfraustifts, besass das Haus zur Weinrebe auf dem Liebfrauberge eigenthümlich; er verkief es aber 1363, und gab das erlöste Geld dem Liebfraustifte zur Verbesserung seiner Vikarie. Die 6 fl. Grundzins, so auf demselben hafteten, wurden nach eingegangener Vikarie der Praesenz zugewiesen. Ex Cod. Ms. dictae Eccles.

„die herberge zur winreben." S. G. P. von 1430.

„Hus zur winreben uf u. F. berg." Ibid. 1472.

iiij marce (6 fl.) de domo aciali cedunt pentecostes, latere meridionali, occidentem et septentrionem respiciente dicta zu der Weynreben, contigua domui dictae zu dem grossen Hirtz-

---

[220]) Alberts de area Zinsbuch kurz nach 1329. Domus dicta zu der Weinrebin ex opposito Spangenberg.

S. G. P. 1339. Henckin zur Winreben. — 1341 Gerwinns z. d. W. 1361 Henrice z. d. W. — 1368 Ylint z. d. W. — 1370 Elbrecht z. W. — 1372 Albert zur W. — 1392 Vir Lückelchen zur W. — 1393—1396 Conrad *Kip* zur W. — 1410 Kederin die Med zur W. wegen Geld, das Henne der Knecht zu W. hinder yrem *Jungherrn* hat.

O. U. 1388. Husunge und Gesesse — genant *die Wynrebe* gelegin uff U. L. Frauenberge an dem Gesesse genannt zum *Hirtzhorne* etc.

S G P. 1388. H. genannt die Winrebe uf U. L. Frauenberge.

horn, et ex opposito domus dictae zum Infall." L. C. B. M. V. in M. Saec. XVI.

Hasenbrunnen.

Hat im XIV. Jahrhundert der *Greifenborn* geheissen. Ein Notariats-Instrument von 1374 ist Bürge für diesen Namen; indem es bezeugt, dass 2 Pfd. Heller von einem Hause gegen dem Aschaffenburgerhofe über, beim Grifenborn gelegen, jährlich sollten gegeben werden. S. in Lat. F. IIII. No. 101. Auch befinden sich in den wenigen noch übrigen Blättern eines beinahe eben so alten Zinsbuchs folgende Stellen:

„Item j marca jn vico Sancti Anthonii by griffinburne. Item von funf husern vff grifen born neben dem Slochterhobe" etc.

Unter dem Schluchtershofe aber muss das Trierische Plätzchen verstanden werden.

Die Brunnen erhielten öfters ihre Namen von ihren Anwohnern, und dieses war auch hier der Fall. Eine Demud Griffe war ehemals die Besitzerin des Hauses Rendel beim Brunnen und sie, wenn es nicht schon ihres Namens Vorfahren waren, verschaffte demselben seinen Namen. Das Zinsbuch, welches der gedachten Demud erwähnet, ist zwar nicht gar alt, es ist vom Jahre 1499; aber es ist auch gewiss, dass die Namen der Personen, von welchen der Zins herrührte, öfters 100 und mehrere Jahre in den Zinsbüchern beibehalten wurden. Sie waren für sie, was sonst die Namen der Häuser waren. Der alte Name des Brunnens währte ohngefähr bis zum Anfange des XVIII. Jahrhunderts, wo das in der Nähe stehende Eckhaus zum Hasen ihm seinen Namen mittheilte.

1668 wurde der Brunnen über der Erde neu gebaut, gemalt, und mit einem vergoldeten Knopfe und Drachenköpfen (vielleicht Greifenköpfen) geziert.

1714 im Jänner fiel der Brunnen unten so sehr zusammen, dass sich kein Maurer getraute, denselben wieder auszubessern. Man sah sich also genöthigt, ihn von Grunde aus neu aufzubauen. Auf Bitten der Nachbarschaft wurden von Raths wegen die neuen Quatersteine frei an den Brunnen geliefert, der zu Ende August fertig wurde, und 369 fl. 7 kr. kostete.

Bei der am 26. Juni 1719 entstandenen grossen Feuersbrunst wurde der Brunnen sehr ruinirt, und da die Vermögensumstände der abgebrannten Nachbarn nicht erlaubten, denselben wiederherzustellen, so gab die Rechenei 100 fl. dazu, und liess Handreichungen thun, dass er 1721 am 18. November zum erstenmal wieder gefegt wurde. Die Kosten beliefen sich auf 96 fl. 25 kr.

1723 ertrank in dem Brunnen ein Bauersmann, Johann Haarth von Weisskirchen, der am 31. Jänner begraben wurde. Ex lib. paroch.

1734 am 2. Juli wurde der Brunnen wegen Mangel des Wassers unterfahren.

1742 wurde er aus gleicher Ursache tiefer gegraben.

1745 wurde er wegen vielmals hineingefallener Katzen und Ungeziefer mit einer Pumpe und einem Deckel versehen, welche 162 fl. 48 kr. Kosten verursachten.

Bis zum Jahre 1772 stand der Brunnen auf der mittägigen Seite der Töngesgasse und so nah wider dem Hause Lit. G. No. . , dass kaum ein Mensch dazwischen durchgehen könnte; aber noch in eben dem Jahre wurde das Brunnengestell abgebrochen, und schräg gegenüber auf dem Plätzchen nächst beim Hasen ein steinerner Pumpenstock aufgestellt, dessen bleierne Röhre unter der Gasse durch in den alten Brunnen geht. Die Kosten beliefen sich auf 901 ß 14 kr. Herr Hülke bezahlte damals 200 fl., damit das Brunnengestell von seinem Hause entfernt würde; und er gab auch noch 100 fl. für die Gerechtigkeit, eine Röhre für sein Haus in den Brunnen zu legen.

1793 wurde der Brunnen beinah 4 Schuhe tiefer gegraben. S. bei dem Vincenzplätzchen.[221])

Antoniterbrunnen.

Die älteste Nachricht von diesem Brunnen ist vom Jahre 1436. Er wurde damals reparirt, und das Stift trug wegen einem

---

[221]) Lt. St. R. de 1501. Einen Bau zu besichtigen by dem Lintwormenborne in der Anthoniergassen. F.

Hause in der Steingasse zu den Kosten bei; in dem Registro distribut. f. 496 wurde deswegen folgende Bemerkung gemacht: iiij ß hll. pro reformatione fontis apud S. Anthonium ex parte domus quondam dni Johis Hoffman yn der Steyngassen." Auch in dem L. V. von 1481 wird dessen gedacht; indem daselbst das Eckhaus an der Gelnhäusergasse beschrieben wird: ex opposito fontis Sancti Anthonii. Der Name Antoniterbrunnen kömmt in der Brunnenrolle bei dem Jahre 1582 und noch bei andern vor; sonst aber wird er daselbst der Brunnen am Töngeshof, der Thöngesbrunnen, Thönnigesbrunnen, Tongesbrunnen und auch Dingesbrunnen genannt.[222]) Er war, wie alle übrigen, ein offener Ziehbrunnen. 1604 wurde mit ihm eine starke Reparatur vorgenommen. 1684 wurde Johann Eck von der Nachbarschaft zum ersten Brunnenschultheiss erwählt.

1707 litt der Brunnen Mangel an Wasser und wurde desswegen 10 Schuhe tiefer gegraben. Die Kosten beliefen sich auf 93 fl. 58 kr.

1738 wurde eine bleierne Pumpe gemacht, die 199 fl. 30 kr. Kosten verursachte.

Der Brunnen, der bisher zur Hälfte in dem Kloster (der Klostermauer) gestanden hatte, wurde 1781 auf der Strasse bis zu ebener Erde abgetragen, und wider der Klostermauer wurde ein steinerner Pumpenstock aufgerichtet. Vgl. *Behrends* S. 166.

Sandgasse.

Baldemar hat auf der mitternächtigen Seite der Töngesgasse vier kleine hinten auf die Stadtmauer stossende Gassen bemerkt, es gab aber noch eine fünfte dieser Art, die den Namen der *Sandgasse* führte. Von dieser Wahrheit kann uns

---

[222]) St. R. de 1397. It ij Gulden vmb XV Bockenheimersteyne zu einem Ringe an Sant Anthongesborn.

O. U. 1500. H. — gelegen by dem *Doniches Born* über stosst hinten an den *wysen Esel* und etc.

das Zinsbuch von 1413 S. 27 überzeugen, worin nachgesetzte Stelle zu lesen ist: iiij *ß* de domo Clarae Sacciferi sita in antiquo opido superiore parte vici S. Anthonii infra vicum Santgasz et ecclesiam S. Anthonii." Einen Beweis für ihr Dasein finden wir auch noch bei dem Hause Baugarten in der Töngesgasse. Aber es möchte leicht jemand auf den Gedanken gerathen, die Sandgasse müsse eine von den oben erwähnten vier Gassen gewesen sein, und sie habe in der Zeitfolge nur ihren Namen geändert. Der Zweifel wird dadurch gehoben, dass *Baldemar* seine vier Gassen einzig in den Zwischenraum der Liebfraukirche und der Antoniterkirche einschränket; die Sandgasse aber sich zwischen der Antoniterkirche und der Fahrgasse befand, indem das Haus Baugarten einmal infra vicum Santgasz et ecclesiam Sancti Anthonii und das anderemal mit Uebergehung der kleinern Gasse infra vicum Fargasz et ecclesiam S. Anthonii beschrieben wird. Sie war also eine ganz andere Gasse, die zu den Zeiten des *Baldemar* noch nicht existirte, und folglich auch von ihm nicht bemerkt werden konnte. Wie diese Gasse entstanden ist und woher sie ihren Namen erhalten hat, lässt sich mit Gewissheit nicht sagen, wohl aber vermuthen.

Die Gegend zwischen dem Hause Lit. H. No 162 und dem Antoniterkloster war ehemals ein Garten, der hinten bis an die Stadtmauer reichte, und vielleicht zu den öffentlichen Stadtgütern gehörte. Ein Theil davon wurde endlich zu einem Magazin von Baumaterialien angelegt, wodurch der Name Baugarten entstand; der andere Theil aber, weil er noch Garten blieb, wurde zum Unterschied der grüne Baugarten, und späterhin der grüne Baumgarten genannt. Die Häuser, die nachmals vorne bei der Töngesgasse erbauet wurden, nahmen die Namen ihrer Gärten an, und da, wo die Einfahrt zu dem Baugarten war, entstand eine Gasse, die vermuthlich von dem öftern Ein- und Ausfahren der Baumaterialien, sonderlich des Sandes, den Namen der Sandgasse erhielt. Sie befand sich schräg gegen der Lindheimergasse über, zwischen Schildeck und dem grünen Baumgarten, wo gegenwärtig das Haus Lit. H. No. 164 steht, und sie ist auf dem *Merian*'schen Grundrisse von Frankfurt vom Jahre 168. noch sichtbar; jedoch ist ihr Eingang mit einem Thore und einer kleinen Mauer darüber verschlossen.[223])

Ortwinsgasse.

Hat sich gleich der Vorigen unsern Augen entzogen, und nur *Baldemar* hat ihren Namen von der Vergessenheit noch gerettet. Nach seiner Beschreibung war sie eine von den 4 kleinen Stumpfgassen, welche in der Töngesgasse zwischen der Liebfraukirche und der Antoniterkirche ihre Eingänge hatten, und sich hinten bei der Stadtmauer endigten. Sie lag zwischen dem Antoniterkloster und der Hasengasse, und das Haus des Ortwin zum Goldstein, von dem sie in der Mitte des XIV. Jahrhunderts den Namen trug, machte ihr östliches Eck aus. S. Lit. H. No. 168 u. 169. Aber der Name Ortwinsgasse war nicht der einzige. Man nannte sie auch das *heilige Geistgässchen*. Woher? weiss ich nicht. Vielleicht hatte das Antoniter Kloster eine dem h. Geist geweihte Kapelle in der Nähe stehen. Als Hartmann Wonderlich im J. 1371 am 22. Oct. sein Haus dem Hartmud von Kunhen Vicarius zu S. Nicolaus um 4 Pfd. H. jährlichen Zinses erblich überliess, wurde ein Instrument hierüber aufgesetzt, dessen Abschrift in L. T. fol. 183 zu finden ist. In derselben heisst es: „Sin hus daz gelegen ist by sante Anthonie vnd ein gerthechin an dem huse stozt an die alden muer der Stede Franckinf. in eym cleinen geszgen daz genant ist des heilgen geistes geszcchin." In einem andern Instrument von 1383 eben daselbst f. 184 wird bezeugt, dass jährlich 3 Pfd. H. fielen „von dem huse vnd gesesze daz do gelegen ist in des heiligen geistes geszechin by Sant Anthonius" und laut dem hiesigen Insatzbuche verkief Contze von Halle Weber 1433 die Besserung und Recht „eins huses vnd gertchins — gelegen jn dem geschin neben Sant Anthonius an dem huse daz her

---

[223]) xviij den. de curia et domo Waltheri Sutoris nunc parte curie claustri St. Anthonii a porta eiusdem curie versus orientem et de domo contigua versus orientem sita in vico St. Anthonii latere septentrionali, infra vicos Fargassen et jnst. (? institutorum) orientalem, dictum Ortwinsgasze vici St. Anthonii prenotati. Lib. R. B. de 1350. f. 11.

Johan Drunckel zugehoret." Dieser war Vicarius des Stifts S. B. Noch im XV. Jahrhundert finden wir auch diesen Namen wieder abgeändert; indem sie in nachgesetzter Stelle das *kleine S. Thoniges Gässchen* genannt wird: „iiij Pfd. viij β — von dreyen heusern quondam dicte Schnepstein, gelegen gen dem kleynen Sant Thoniges gessgen vbir" R. C. Antonit. in Hoechst Saec. XV.

Eine andere Stelle in dem nämlichen Z. R. lautet: „iij β de domo gnant Schepsteyns, das eckhausz neben buchenowe, als man ghet in die stein gassen ghen Sant Toniges vbir." Beide Stellen sprechen von einem und dem nämlichen Hause; indem bei jeder als Bewohner der Doctor Geradtwol angemerkt wird, und die letzte mit der ersten verbunden entscheidet vorzüglich über die Lage der kleinen Töngesgasse, dass sie keine andere als die vorher genannte Ortwinsgasse gewesen ist. Sie war nach der beim Hause Scharfeneck Lit. H. No. 169 gemachten Bemerkung 1581 schon erbauet. Namenlos wird sie in dem S. G. P. von 1399 „das kleine gessichin hinter S. Antonius Kirchen" und unten bei dem Vikariehause S. Margareta „parvus viculus proximior Sancti Anthonii versus occidentem" beschrieben.

Häuser auf der Morgenseite.

„Hus hinder S. Antonius Marstalle am ende" S. G. P. von 1453. Das Haus stand hinten bei der Stadtmauer.[224])

Auf der Abendseite.

Domus vicariae S. Margaretae in Capella S. Nicolai.

„Sita in vico Sancti Anthonii latere septentrionali in parvo viculo proximiore Sancti Anthonii versus occidentem in angulo

---

[224]) Die Antoniter hatten ihr Kloster in Rossdorf zur Haupt-Niederlassung, von wo sich stets einige Geistliche hier aufhielten. Die öftere Hin- und Herreisen machten einen Pferdestall nothwendig, der hier erwähnt wird.

Zinsb. d. H. Geistspitals 1475. 21 β 7 Heller geben die Herren zu *Sanct Anthonius* von ihrem *Marstalle*.

— modo predicta domus vendita, et locata est Nicolao Schid (circa 1468) commoranti zu Frauwindorlyn annuatim pro iiij florenis" etc. L. V. de 1481. f. 107.

Eine neuere Hand setzte noch hinzu: „Modo vicarius habet domum pro habitatione sitam in acie des Glokken gesghins quasi in opposito parye porte cimiterii predicatorum respiciente orientem et meridiem. 1476. 77."

Der Vicarius S. Margaretae hatte seinen Altar in der S. Nicolauskirche, musste aber in unserer Kirche dem Chor wie jeder andere Vicarius beiwohnen. Seine Wohnung war von der Kirche zu weit entfernt, und das Kapitel wiess ihm deswegen eine etwas näher gelegene an, und verkief das Haus gegen einen jährlichen Zins von 3½ fl., die an die Praesenz fielen.

Das Haus des Contze von Halle, wovon vorher bei der Ortwinsgasse Meldung geschah, lag neben dem Vikariehause.

Hasengasse.

Diese hat in der Mitte des XIV. Jahrhunderts die *Aschaffenburgergasse* geheissen; denn Baldemar beschreibt die Aschaffinburgisgazze ex opposito platee retro Curiam Munze hof; der Münzhof aber war kein anderer, als der Trierische Hof.[225]) Das S. Peter und Alexander Stift zu Aschaffenburg besass in der Nähe einen Hof, der noch der Aschaffenburgerhof heisst, und da er ein Thor nach dieser Gasse hat, den Namen veranlasste. In dem Baldemar'schen Vikariebuche, das

---

[225]) O. U. 1355 (census) de duabus domibus contiguis et eorum fundis sub uno tecto sitis infra muros antiquos opidi Fr. — in vico parvo, qui pertransiri non potest, a muro ejusdem oppidi ad plateam St. Anthonii ex opposito quasi curie Domini Rudolfi de Sassenhusen militis descendente in latere ejusdem parvi vici orientali quasi in medio sed plus ad murum ex opposito der *Schluchternhof* dicto etc. Conf. *Würdtwein* Dioec. Mog. II. 589.

etwa 10 bis 20 Jahre jünger, als seine Beschreibung der Strassen sein mag, wird sie einmal die *Petersgasse*, und das andere mal die Meister Petersgasse genannt. Hier sind die Beweise: „j marca den. de habitatione dicti Grife pellificis, sita in — vico Sancti Anthonii, latere septentrionali jnfra vicos dictos Ortwines et *Petersgazze* opposito domui beginarum dicte zum Reyen" l. c. Vic. B. M. V. II institut. „Item pars media ½ marce den. de duabus domibus contiguis sitis antiquo opido Frank. superiore parte *vico dicto Meyster Peters* gazze latere orientali quasi in medio, sed plus ad murum opidi prenotati" l. c. vic. S. Matthiae.

Gewiss rührten diese Benennungen von einem ihrer Anwohner her. Was aber das Prädicat Meister hier sagen wolle, steht zu errathen. Es gab Meister der freien Künste, Meistersänger, Meister der Handwerker und auch Syndici der Stadt wurden Meister genannt. Es sei nun, wie es wolle: der Meister Peter muss in jedem Betracht ein bedeutender Mann gewesen sein, weil man der Gasse seinen Namen beilegte.

Für die Meister Petersgasse kam nachmals die *Bengelsgasse* auf.[226]) Wir finden sie schon in dem S. G. P. von 1411, wo ein Haus „in der Bengelsgasse gen dem Slochtershofe ubir" beschrieben wird. Das nämliche Protocoll von 1447 beschreibt auch ein Haus: „gelegen in der bengelsgassen zuschen der Stede Fr. muren vnd dem gemeynen gessechin dos. vnd stosse hinden an den Aschaffenburger hoffe." Das gemeine Gässchen,

---

[226]) S. G. P. 1445. H. in S. Antonius Gasse uf dem Bengelsgesschin gen dem Slüchtershofe uber.

S. G. P. 1445. Das Bengelsgeschin. — 1448 Cleschin in der Bengelsgasse.

St. R. de 1461. (Es brannte in der Bingelsgasse.)

S. G. P. 1463. H. in der Bengelsgasse 1464—65.

Zinsb. d. H. Geistspitals unter der Rubrik S. Anthonius Gassen. 1475 H. in der Bengelsgasse by der Muren. Ibid. H. in der Bengelsgass by S. Antoniusgasse.

O. U. 1600. Eckbehausung — in der *Hasengassen* neben dem *Aschaffenburgerhoff* stosst hinden uff eine gemeinen Gassen.

dessen hier gedacht wird, ist das kleine Stumpfegässchen der Hasengasse, in welchem das Aschaffenburger Hofthor steht.

In dem Vikariebuche von 1481 f. 101 wird ein Zinshaus bemerkt: „jn vico Bengelsgasz inpertransibili jn vico Sancti Anthonii ex oposito Sluchters hoff." Sie war also damals noch eine Stumpfgasse; aber im J. 1590 wurde die alte Stadtmauer in der Gegend niedergerissen, und die Bengelsgasse, sonst auch Bingelsgasse genannt, mit der neuen und breitern in eben dem Jahre von der Zeil her angelegten Strasse vereinigt. Chron. I. 25.

Beide Gassen, die alte und die neue, nahmen nun vom Hause zum Hasen den gemeinschaftlichen Namen der Hasengasse an und die mitgetheilten Nachrichten geben zu erkennen, warum die Gasse nicht von gleicher Breite ist, der engere Theil gehört zur alten Stadt, und der breitere zur neuen. Von ihren namenlosen Beschreibungen sind folgende vorzüglich zu bemerken: „vicus parvus descendens a muro opidi ad vicum Sti. Anthonii ex opposito platee retro curiam Henrici Sculteti." P. B. de 1356. f. 4.

„vicus parvus qui pertransiri non potest a muro eiusdem opidi ad plateam Sancti Anthonii ex opposito quasi curie domini Rudolfi de Sassenhusen militis descendens." Aus einem Gültbrief von 1355 in L. T. f. 152. (Vergl. Not. 225.) Von dem Henrichs und Rudolfs Hofe ist bei dem Trierischen Plätzchen nachzusehen.

„ein gertechin by der stede alten Ringmuren by dem Sluchtershofe in dem Gessechin gelegen hinter Bengels Huse." S. G. P. von 1408.[227])

„in der kleinen gaszen ex opposito curie dicti Sluchterer an der rinkmure" L. Annivers. des Pred.-Klosters von 1421. f. 3.

Häuser auf der Abendseite.

Lit. H. No. 173. *Zum Hasen.* Das Eck neben dem kl. Sackgässchen, hinter dem Eck der Töngesgasse.[228])

---

[227]) Ob dieser Bengel nicht eine Person mit dem Meister Peter S. 236 gewesen?

[228]) P. P. 1445. H. in S. Anthoniusgaszen uf dem Bengelgesschin gein dem Sluchtirhoffe ubir.

Lit. H. No. 174. Das andere Eck bei dem Gässchen.
Lit H. No. 175. Das vorstehende Eck und letzte Haus der alten Stadt.

Zum h. Antonius. Scheint mir das Eck zum Hasen gewesen zu sein.[229]

„jx β hllr. de recompenso de domo S. Anthonii ex opposito dem Sluchtershoffe (in) vico impertransibili." R. C. de 1438. f. 9. „Duos florinos et duos solidos de duabus domibus jn der Bingelssgassen ex opposito Conradi Schit prope Sanctum Anthonium retro tangentibus curiam Achaffenburgensem." Ex Instrum. donat. B. Gross. Schol. S. Steph. Mog. de 1502 in L. r. S. f. 62.

Auf der Morgenseite.

Lit. H. No. 176. Gehört nun zur Adler-Apotheke, dem Eck der Töngesgasse.
Lit. H. No. 177. Wurde 1806 neu gebaut.
Lit. H. No. 178. *Zum kleinen Gänsgraben.*

Das von Reineckische Haus, dessen Hof und Garten schon zur neuen Stadt gehören. Sein Name erhält den ausgefüllten alten Stadtgraben im Andenken.

Stiftshaus. Unserem Stifte fielen jährlich 1 fl. 12 β Grundzins von einer Behausung in der Bengelsgasse hart an der Stadt-Mauer gelegen; weil dessen Eigenthümerin Anna Schirss Armuthshalber den Zins nicht mehr bezahlen konnte, überliess sie 1532 dem Stift das Haus gerichtlich.

S. G. P. 1458. Drei Huser in der Bengelsgassen an unsrer Stede Muren, stossende uf den Aschaffenburger Hof.

O. U. 1482. H. und Hindergehuse genannt *zum Haasen* inne der Thongesgassen gelegen gein dem *Lintworm* über neben N. stosse hinden uff den *Aschaffenburger Hoff*. F.

[229] *S. Antonius Haus* in der Antonigasse am Gässlein des Aschaffenburger Hofes am H. zum Regenbogen, Mpt. XVII. Saec.

Vinzenzplätzchen.

Ein in der hiesigen Geschichte merkwürdiger Ort, wo ehemals das Haus des *Vinzenz Fettmilch*, eines Bürgers und Lebkuchenbäckers, gestanden, der während der bürgerlichen Unruhen, die mit dem Jahre 1612 ihren Anfang nahmen, die Hauptrolle spielte. Er musste deswegen am 28. Februar (9. März) 1616 sein Leben auf dem Blutgerüste lassen, und sein Haus wurde zu gleicher Zeit durch die dazu bestellten Zimmerleute niedergerissen. Auf solche Weise entstand das Plätzchen, das laut des kaiserlichen Befehls nie wieder sollte verbauet werden, und im folgenden Jahre am 22. August wurde in der Mitte des Plätzchens eine Schandsäule mit deutscher und lateinischer Inschrift zum Andenken des bestraften Aufruhrs aufgestellt. Die Inschriften sind in der Chronik und in Schudt's jüdischen Merkwürdigkeiten II. Th. S. 59 abgedruckt.[230]) Nach dem grossen Brande von 1719 wurde die Schandsäule am 28. Juni beim Einsturz einer Mauer in drei Stücke zerschmettert, die nachmals in das Zeughaus auf der Zeil gebracht wurden, und von der Zeit an war nur noch das Postament davon zu sehen. Aber auch dieses hätte sich beinahe aus unsern Augen verloren. Ein Herr von Ohlenschlager liess 1772 im April dasselbe ganz wegbrechen, und die neue Pumpensäule des Hasenbrunnens sollte künftig dessen Platz einnehmen; allein ein dumpfes Murren, vorzüglich unter den Juden, erregte gewisse Besorgnisse, die so mächtig wirkten, dass das Postament, wie es in der Nacht hinweg geschafft wurde, auch in der Nacht wieder an seinen vorigen Ort zu stehen kam; der Pumpensäule aber wurde ihr Platz neben dem Hasen angewiesen. Der Name Vinzenzplätzchen, dessen ich mich zur Ueberschrift bediente, gründet sich auf die Aussage eines alten Mannes, der im Ilmstädter Hofe wohnte, und in seinem 94. Lebensjahre sanft in

---

[230]) In der lateinischen Inschrift der Vinzenz Fettmilch'schen Säule ist bei *Lersner* I. 394. col. 2. das Wort Tribunus in Tribubus zu verbessern, und infamen zu infamem desgleichen.

eine bessere Welt überging. Dieser redliche Alte versicherte mich noch kurz vor seinem Hinscheiden, dass ihm das Vinzenzplätzchen von Kindesbeinen an wäre bekannt gewesen, und dass er es auch nicht anders zu nennen wüsste. Seine Worte verdienten bei mir vollen Glauben, da noch heut zu Tage ein Acker bei der Hanauer Dammstrasse, wo das eine Viertel von Vinzenz Fettmilch's Körper an einem Schnappgalgen aufgehangen war, das Vinzenz-Viertel genannt wird. Die Geschichte des erregten Aufruhrs und seiner Bestrafung ist im I. Theile der *v. Lersner*'schen Chronik S 392 und im II. Th. S. 513 zu lesen; aber man vermisst darin noch Manches, was doch in der 1616 gedruckten Relation von der Hinrichtung der Frankfurter Aechter und ihrer Anhänger gesagt wird. Da diese Relation von der grössten Seltenheit ist, so wird es den Freunden der hiesigen Geschichte nicht unangenehm sein, wenn ich aus derselben verschiedene Ereignisse, welche die Chronik verschweigt, in möglichster Kürze hier vortrage.

Ehe man zur Execution schritt, wurde der ältere Bürgermeister Herr Nicolaus Greif zu den Herrn Subdelegirten berufen, und ihm auferlegt, dem Thomas Olü Wüllenweber, und Conrad Erhard Krämer in ihrem Namen anzuzeigen, dass sie sich sogleich von dem Gerüste, worauf sich die Rathspersonen befanden, entfernen und der Rathsstelle enthalten sollten. Worauf sie auch mit dem Degen unter dem Arme sich davon machten. Sie wurden beschuldigt, den Aufrührern Geld zugeschossen, und dadurch ihre Rathsstellen erhalten zu haben. Die drei Aechter, Vinzenz Fettmilch, Lebkuchenbäcker, Conrad Schoppen, Schneider, und Conrad Gerngross, Schreiner, wurden zuerst hingerichtet. Dem Conrad Gerngross blieb der Kopf bei dem Streiche noch an der Haut hangen und wurde mit dem Schwerte vollends abgeschnitten. Hierauf trat ein fremder Scharfrichter an die Stelle des vorigen, und vollzog an den noch übrigen 4 Personen das Todesurtheil. Diese waren Georg Eberle von Sachsenhausen, Rothbart genannt, ein Seidenknecht, an dem ein gleiches Urtheil, wie an Gerngross, vollzogen wurde, Hermann Geyss, Schneider, Stephan Wolf, Seiler, und Adolph Cantor, der sich sehr trotzig bezeigte, sein Verbrechen läugnete, und unter andern sagte, er habe nicht gestohlen, wie der und der, und nannte etliche mit Namen.

Nachstehende Personen mussten eine Urphede schwören und versprechen, das Mainzische und Hessische Land und das Frankfurter Gebiet lebenslänglich zu meiden. Sie wurden hierauf vom Henker gebunden, mit Ruthen zum Galgenthore hinaus gestrichen: Peter Mutschier, Vorsinger, von dem man sagte, dass er zu Höchst wäre katholisch geworden, Liepold Stauch, Weinschenk, Caspar Eckolt, Höcker, Adam Ofengiesser, ein lediger Gesell, Johann Müller, Posamentirer, Hans Schmidlein, Schreiner, Gerhard Kürschner, Garkoch, Stephan Hofmann, ein lediger Schneider und Heinrich Bruder, Schneider. Noch andere wurden blos des Landes verwiesen, und mussten vorher angeloben, es nie wieder zu betreten. Solche waren: Ulrich Rhenisch, Kannengiesser, Abraham Umbach, Petschierstecher, Michael Franz, Schneider, Johann Schweick, Windenmacher, Hans Caspar Hahn, Kürschnergesell, Jacob Nestler, Franz Thomas, Philipp Lautern, Moritz Dietzel von Schwarzenbach.

Nach diesem wurde der Bürgerschaft befohlen, sich mit den Juden wegen des erlittenen Schadens innerhalb 3 Monaten zu vergleichen, und nach wieder eingeführten Juden wurde auf dem Rossmarkte Hartmann Geisselbachs Verbrechen abgelesen und er sammt Hab und Gut in die Acht erklärt. Man wusste nicht, wo er sich aufhielt, und die Achtserklärung wurde an den Römer angeschlagen. Endlich wurden auch noch die Verbrechen von 4 Personen, die flüchtig waren, abgelesen, und ihnen der drei Herrschaften Gebiet auf immer verboten. Diese waren Johann Halbayer, Buchdrucker, Jokann Sauer, Buchdrucker, Adam Stimmel, der als weltlicher Richter wegen verschiedener Verbrechen abgesetzt war, und Gerhard von Dürn, Wirth zur Kanne in Sachsenhausen.

Zuletzt wurden noch die Namen von 225 Personen verlesen, die sich theils zum Ausschuss wider die Obrigkeit hatten gebrauchen lassen, theils Geld hergeschossen hatten. Ihnen wurde zur Strafe auferlegt, 15,000 fl. an den kaiserl. Fiscus, und die Hälfte der Commissionskosten zu bezahlen. Nach diesem wurden alle Zünfte und Gesellschaften (mit Ausnahme der alt

Limburger, Frauensteiner und Libertiner oder Freigesellschafter) ganz aufgehoben, weil sie bei ihren Zusammenkünften allerlei böse Rath- und Anschläge geschmiedet hatten. Sie mussten auch die Strafe, wie die vorigen erlegen.

Nach zwei Uhr hat man die vier Köpfe auf die eisernen Spitzen am Brückenthurme gesteckt, und die sechs Körper unterm Galgen begraben; Fettmilchs Körper aber wurde daselbst geviertheilt, und nachmals gegen die vier Welttheile bei den Landstrassen aufgehangen.

Häuser.

Lit. G. No. 32. Das Eck hinten auf dem Plätzchen, zum Aschaffenburgerhof gehörig.

Lit. G. No. 31. *Aschaffenburgerhof*.[231]) Gehörte dem Stift S. Peter und Alexander zu Aschaffenburg, das ihn von der Freigebigkeit eines seiner Chorherrn, des Theodor Fritz im Jahre .... erhielt. *Gudenus* Cod. diplom. T. II. p. 346. Anno 1339 in vigilia Walburgis (30. April) gestattete der Magistrat dem Probste Conrad, hinten eine Thüre zu brechen, die vermuthlich das Thor im Gässchen in der Hasengasse ist. 1802 gingen dieser Hof und das Eckhaus an die Stadt über, weil ihr durch die besondere Begünstigung des französischen Kaisers auch alle Häuser der auswärtigen Stifter und Klöster zu Theile wurden.

---

[231]) Hanmanns von Holzhausen Gültbuch von 1348. H. vor der Aschaffenburger hobe in S. Antoniusgazsen.

B. Z. B. 1409. Der Herren Hoff von Aschaffenburg der do lyt tzushen Sanct Anthonyus und des Vodes Hoff von Vrsele.

O. U. 1438. Der Catherin Herzogen Husse in St. Anthoniusgassen uff dem Ecke als man in den Aschaffenburger Hoff gen neben und gein den Lintborn uber etc.

O. U. 1477. F. b. pt. Vite et Modesti verkaufen Stephan Anhalt Dechant und Capitel des Stifts S. Petri et Alexandri zu Aschaffenburg eine Gülte auf ihren Hof allhier genannt der *Aschaffenburger Hof*.

Lt. St. R. de 1622 gehörte dieser (Aschaffenburger) Hof nach dem Stifte zu Aschaffenburg.

Aschaffenburgergässchen.

Wir dürfen diesen Namen nicht mit der Aschaffenburgergasse verwechseln, die nun die Hasengasse heisst. Der Aschaffenburgerhof hatte zwischen dem Lindwurm und dem Hause des berüchtigten Vinzenz Fettmilch in der Töngesgasse seinen Eingang; da aber des Fettmilchs Behausung im Jahre 1616 niedergerissen wurde, und ein offener Platz blieb, so hörte auch der Gang nach dem Aschaffenburgerhof in so weit auf, dass nur noch ein kleines Gässchen davon übrig blieb, welches die Leute nun das Aschaffenburgergässchen nennen.

Kothengasse.

War eine von den vier Stumpfegassen, welche nach der Beschreibung des *Baldemar* von 1350 in der Töngesgasse „ex opposito medio inter vicum Cruchingazze et plateam Rossebohil" d. h. gegen der Mitte zwischen der Graupengasse und dem Liebfrauenberge über ihren Eingang hatte. Sie erhielt ihren Namen von dem Eckhause zur Kothe, das nachmals mit dem Löwenberg vereiniget wurde. S. Lit. G. No. 24 und 25, wo auch Nachricht vom Hause zur Kothe gegeben wird.[232]

---

[232] Kotengasslein retro chorum nostrae ecclesiae (B. M. V.) Mpt. Cunib. Domus 1ma immediate muro ecclesiae adhaerens in via non pertransibili, spectabat ad vicariam S. Valentini pro primissario, qui fuit simul subcantor. Ibid. p. 152.

O. U. 1422. H. in der Kotengasse, da vor ziden ein Fladenbecker inne gewonet.

O. U. 1429. Flecken und Hofreide gelegen in der Kottengasse, der da stosset vf die eine Seiten hinten an den Stall der zugehörig ist dem H. das man nennt zu dem *Nuwenhofe*.

Wfrkl. Z. B. von 1480. *S. Anthoniusgasse.* H. und Hof gehört zu der Vicarie der Frumesse der Kirchen Unserliebfrauen, und ist gelegen

Häuser.

Vikariehaus S. Nicolai im Liebfraustifte.
„j marca j ferto viij β. Cedunt Walpurgis et Martini de noua domo vicariae videlicet S. Nicolai in der Kötengassen, — dat D. Nicolaus Leonhardi possessor vicariae." L. C. B. M. V. in M.

Lilie. „Hus zur Lilgen in der Kotengasse." S. G. P. von 1404. [233])

Backhaus. „der Fladenbecker in der Kotengassen." S. G. P. von 1422. Ohne Zweifel war eines von den Eckhäusern das Backhaus gewesen.

Scharfengässchen.

Ist das letzte Gässchen der Töngesgasse nächst beim Liebfrauberge gelegen. Es ist ein Stumpf- und Winkelgässchen zugleich; indem es sich hinter dem Eckhause zum Infall nach dem Chore der Liebfraukirche wendet, und von demselben geschlossen wird. Es hat 1350 die Ertmarisgasse, oder nach unserer Art zu reden, die *Ertmarsgasse* geheissen, wie *Baldemar*

---

in dem *Kothengesschin* uf der Siten gen Nidergang der Sonnen zu aller hinderst des Geschins, und stosst mit dem Hoff an die Stadtmuer.

S. Anthoniusgasse Stall der ist VII Ele lang ongewendig, und ist gericht ober gelegen dem Vicarien H. nebst vorgeschrieben und zuschen den steln zu dem *nuwen Hoffe* ibid.

L. C. B. M. V. in M. Saec. XVI. — de domo Elss Kuchen; modo est domus primissariae vicariae ecclesiae nostrae, videlicet St. Nicolai, sita in der Thöngesgassen in parvo vico non pertransibili dicto Köttengassen retro apud murum oppidi.

Anno 1412. Decanus et Capitulum S. B. — elocant — ein Huss und Gesesse mit seiner Zugehorde vnd Begreffe gelegen in S. Anthonius Gassen vff dem Orthe der Kotengassen gein vnser Frauwen-Kirchen hiewert und horet uff die andern Seitin an dem nuwen hoffe vnd gein dem Huse genant zum Ysel über.

[233]) S. G. P. 1392. H. zur Lilien.

in seiner Beschreibung der Strassen bezeugt. Der Name Ertmar erscheint äusserst selten, und da in dem schon oft erwähnten Seelenbuche unserer Kirche VII. Kal. Februarii einer Lucard gedacht wird, die mit einem Ertmar verehelicht war, so hat man wohl Ursache zu vermuthen, dass er als Anwohner der Gasse auch der Stifter ihres Namens gewesen ist. Aber bald nach der Mitte des XIV. Jahrhunderts kam die Ertmarsgasse wieder in Abgang; indem ihr in dem *Baldemar*'schen Vikariebuche die *Infallsgasse* schon an der Seite steht. Man liest daselbst bei der Vikarie S. Nicolai:

xviij den. cum j pullo de area ecclesie montis Marie, sita — jn platea dicta Rosse bohil latere septentrionali jnfra vicos videlicet Ertmaris seu Invallis gasze et Dividentem." Gar oft wurden die kleineren Gassen nach dem Namen ihrer Eckhäuser benannt, welches auch hier bei der Infallsgasse der Fall war. Als ich im Jahre 1760 hierher zu wohnen kam, war das Scharfengässchen schon bekannt. Sein Name rührte von einem Anwohner her, der Scharf hiess, und im Hause Spangenberg einen starken Weinzapf trieb. Der gegenwärtige Besitzer des Hauses setzt gleich dem Vorigen die Wirthschaft fort, und man fängt wirklich an, das Gässchen auch nach seinem Namen das *Hoffingergässchen* zu nennen.[234]

In alten Handschriften findet man zuweilen namenlose Beschreibungen des Gässchens. Z. B. „vicus non pertransibilis retro ecclesiam, viculus impertransibilis retro Spangenberg, vicus parvus proximus ecclesie Montis Marie."

Häuser auf der mitternächtigen Seite.

Domus vicariae S. Nicolai, dicta in Kemnata, vulgo zur steinern Kammer, pro primissario. M. Cunibert f. 91.[235]

---

[234] Auch wahrscheinlich *Brunnengässchen* lt. Mpt. eccl. S. Leonhardi de 1517,
Ob auch *Stoffelsgass* lt. Z. B. S. Barth. de 1457?

[235] Modo est domus 2da in vico non pertransibili retro ecclesiam in platea dicta Kotengässlein retro Spangenberg, dicta domus Wollenstatt,

Catharina von Wanebach, eine geborne von Hohenhaus, vermachte dem Liebfraustifte im Jahre 1313 ihre steinerne Kammer (Caminatam) unten im Hause auf dem Liebfrauberge, legte jedoch demselben die Verbindlichkeit auf, ernstlich zu sorgen, damit aus solcher eine Kapelle gemacht würde. Ueber der Kapelle sollten die Herrn ihr Kapitelhaus, und über demselben ihre Fruchtspeicher haben. Sie stiftete zu gleicher Zeit auch eine Frühmesse, die nachmals in diese Kapelle verlegt werden sollte. Wäre es aber, dass der Rath hierin seine Einwilligung nicht gäbe, so sollte das Stift die steinerne Kammer und den Garten zum Nutzen der Kirche verwenden. Ex ejus Testam. Ich bin der Meinung, dass das zwischen dem Chore und der Sakristei stehende Gebäude, an dessen Gewölbe die Wappen von Wanebach und von Hohenhaus zu sehen sind, und über welchen sich bisher auch die Kapitelstube befand, die vorgedachte Kemnate ist. Sei es auch, dass sie wirklich eine Kapelle war, woran ich fast nicht zweifele, so hörte doch der öffentliche Gottesdienst darin auf, als ihr Eingang durch den im Jahre 1503 angefangenen Chorbau geschlossen wurde. Das in der Nähe gestandene Vikariehaus S. Nicolai kam zweifels-

---

quae modo est domus campanatoris (olim primissarii a Cath. de Wanebach fundati). Mpt. testam. C. d. W. fol. 91.

Domus 2da primam immediate sequens olim ad vicar. S. Nicolai pro campanatore, quam prius inhabitavit Dominus Gilbericus de Holzhausen. Haec domus olim fuit dicta domus Wollenstadt et prius non erat domus, sed locus vacuus, qui anno 1566 in domum erectus, postquam anno 1543 capitulum a magistratu licentiam obtinuit, fundus vero semper erat ecclesiae nostrae proprius, licentia verum eo impetrata fuit, ut ecclesia possit domum super aedificare, sed inferius nullum cubiculum ponere, sed solum scalam ad superius eundum, ut inferius semper via ad fontem libera maneat; fons iste in hac domo est speciali cratere vulgo Brunnenkasten circumductus, habens infra specialem januam ad fontem, januam, cratrem et canalem semper magistratus suis sumptibus conservare debet, et cum janua exterior ad id non pertineat, hinc neque magistratus aquilam Francf. eidem affigere potest, bene autem ad januam crateris, cum fons ad eum pertineat. Hanc domum ad huc retinet campanator ecclesiae. Mpt. Cunib. fol. 152.

ohne damals auch ab, und dessen Besitzer wurde ein Haus in der Kothengasse zur Wohnung angewiesen.

Willstadt. Gegen Ende des XV. Jahrhunderts war Gilbrecht von Holzhausen der Besitzer des Hauses. Die Annalen der Stadt Frankfurt melden, dass Frau Katharina Froschin, die Wittwe Gilbrechts von Holzhausen, vieles zum neuen Chorbau gestiftet habe, und dessen zum Andenken sei ihr und ihres Mannes Wappen in der Mitte des Chors aufgehangen worden. Es ist daher nicht daran zu zweifeln, dass das Stift zu selbiger Zeit das Haus von ihr erhalten hat, wovon ein Theil zum Chore oder zur Sakristei verwendet wurde, auf den noch übrigen Platz aber die zwei folgenden Vikariehäuser zu stehen kamen.

Lit. G. No. 19. Domus vicariae S. Valentini in ecclesia b. M. V. Auch Domus Subcustodiae. Das Haus steht in der Ecke wider der Kirche.

„— de domo Subcustodis, videlicet S. Valentini in parvo vico non pertransibili prope Spangenberg, retro chorum ecclesiae nostrae et retro domum zum Innfall." L. C. B. M. V. in M. Saec. XVI.

„Domus 1ma immediate muro ecclesiae adhaerens in via non pertransibili spectabat ad vicariam S. Valentini pro primissario, qui fuit simul Subcustos." M. P. Cunibert. fol. 152. In den letzten Zeiten wurde das Haus von dem noch einzigen Stiftsvicarius bewohnt. Der letzte Besitzer Hr. Vicarius Atz starb 179. , und sein Nachfolger Hr. Vicarius Pappert stand durch einen Vergleich vom Hause ab.

Lit. G. No. 20. *Willstadt*, des Liebfrauglöckners Wohnung.

„2 marce cedebant primo de nova domo dicta Wulnstadt contigua Subcustodiae et domui Spangenberg." L. C. B. M. V. in M. Saec. XVI.

Das *Cunibert'*sche Ms. hat in der Beschreibung dieses Häuschens S. 91 und 152 verworrene und zum Theil unrichtige Nachrichten mitgetheilt. Nach denselben war es der Platz, wo die Kemnate der Katharina von Wanebach gestanden, die zu einer Kapelle eingerichtet werden sollte. Allein erwägen wir, dass mit dieser Kemnate auch noch ein Garten verbunden war, und beide weit mehr Platz erforderten, als der sehr enge

Raum der beiden hinten auf die Stadtmauer stossenden Häuschen darbietet, so werden wir uns von dem Ungrunde der gegebenen Nachricht leicht überzeugen. Dass Gilbrecht von Holzhausen der Besitzer des Hauses Willstadt gewesen, ist wohl zu glauben; aber dass er als einer der ersten Patrizier ein so eingeschränktes und abgelegenes Plätzchen zu seinem Wohnort sollte gewählet haben, ist kaum zu vermuthen. Nach vollendetem Chorbaue kam an die Stelle des vorher niedergerissenen Hauses Willstadt das Vikariehaus S. Valentini zu stehen; ein Theil aber blieb noch unbebauet liegen. Obschon Grund und Boden dem Stift gehörte, so wollte doch der Rath wegen des Brunnens lange nicht zugeben, dass ein Haus darauf erbauet würde. Die Erlaubniss wurde nicht eher als 1543 bewirket, und zugleich mit dem Bedinge verbunden, unten kein Zimmer, sondern nur eine Stiege zu machen, damit der Eingang zum Brunnen ganz frei bliebe. Nach dieser Vorschrift wurde das Haus im Jahre 1566 erbauet, und nachmals zur Wohnung des Glöckners bestimmt. Die kleine Thür führte zur Wohnung, die grössere zum Brunnen; beide aber gehörten dem Stifte, und nur die hintere am Brunnenkasten dem Rathe. Ms. P. Cunibert p. 152.

Lit. G. No. 21. *Spangenberg.* Man sehe beim vorigen Hause.[236])

„j *ß* den. et j pullus de domo Spangenberg sita in parvo vico latere septentrionali propriore montis Sancte Marie versus orientem etc." R. C. de 1452. f. 12.

Der Eigenthümer des Hauses, Namens Scharf, riss hinten mit Bewilligung des Raths im Jahre 1765 die alte Stadtmauer nieder, und baute den grossen Saal, der nachmals der Scharfesaal hiess, und nun auch schon der Hoffingersche Saal genannt wird. In demselben wurden lange Zeit die grossen Winter-Konzerte gehalten, und in Messzeiten war immer viel Merkwürdiges darin zu sehen.

---

[236]) G. Br. 1416. H. gelegen by Spangenberg in dem Geschin, und stost hinden an Radeheim.

Röhrbrunnen im Scharfengässchen.

Sein Wasser wird von der Friedberger Warte hergeleitet, und hat an dem Stiftshäuschen Lit. G. No. 20 seinen Ausfluss. Der Brunnenkasten hinter demselben wider der Stadtmauer und die Röhren wurden immer auf Kosten des Raths unterhalten. Ms. P. Cunibert f. 152.

Lindheimergasse.

Markolf von Lindheim, der am Ende des XIII. und im Anfange des XIV. Jahrhunderts lebte, indem er sich im Jahre 1302 in der Zahl der Schöffen befand, war vermuthlich der Mann, von dem die Gasse ihren Namen erhielt.[237] Er wohnte

---

[237] O. U. 1357. H. und Gesesse gelegin am *Lintheimer Dore* an Lintheimer Gassen etc.
O. U. 1363. H. und Gesesse an *Lintheimer Dore* etc.
— 1374. 2 H. und Gesesse gelegin aneynander uff dem Orthe an dem Lindheimer Thore etc.
S. G. P. 1388. H. by S. Anthon uf der Lintheimer Gasse.
Beedbuch. 1394. (Lintheimer Gasse) It. Metze uff dem Porthusse.
S. G. P. 1396. Die Lintheimergasse.
— 1406. Flecken in der Lintheimer Gasse hinten am H. zum alden Eber.
Lt. St. R. de 1530 verkauft der Rath (die Stadt) einen leeren Flecken gegen S. Johann vber als man in die Lyntheimer Gassen geht, vmb 25 fl. — lang 33 Sch. u. breit 12 Sch
Reg. cens. Fabr. It. ij sol. hall. — de domo, sita in antiquo opido superiori parte vico Lyntheimer gaszen, latere orientali ex opposito porte des Reyndilshofis.
Frfr. Chron. II. 135.
Dass die Lindheimer Gasse von Markolf v. Lintheim den Namen erhalten, erweisst eine allhier ao. 1305 ausgestellte Urkunde, worin es heisst:
„Item de domibus, quas Henricus Ulnere in vico Marcolfi de Lintheim possidet et tenet etc."

oben im Ecke Lit. H. No. 157 bei der Töngesgasse, das in dem L. r. B. von 1350 noch „Domus Margkolfi de Lintheym" genannt wird, obschon sein damaliger Besitzer einen ganz andern Namen führte. Als Sifrid von Ostheim Canonicus unserer Kirche 1420 fer. 2. post Laurentii dem Kapitel die gewöhnliche Bürgschaft leistete, befand sich unter den Bürgen auch ein „Mengotz von Lyntheim burger zu Franckinfort", der vielleicht Markolfs Abkömmling war. Auf der östlichen Seite dieser Gasse befindet sich ein kurzes Stumpfgässchen, von dem sich nie ein Name entdecken liess, und das die Nachbarn nur das Stumpfengässchen zu nennen wissen, welches aber kein eigentlicher Name ist. In den Zinsbüchern kömmt auf eine gleiche Art der vicus inpertransibilis vici Lintheimergasse vor und in dem L. T. f. 191. finden wir einen schiedsrichterlichen Ausspruch über gewisse Zinsen und andere Gefälle vom Jahre 1410, worin einer dieser Zinsen beschrieben wird: „in der *twergeszchin* (in dem Zwerchgässchen) vnden in der lintheymergaszen." Wahrscheinlich ist dieses Gässchen aus dem Reinekins Hofe entstanden, von dem ich unten noch reden werde.

Am 9. October 1711 widerfuhr der Gasse bei einem im goldnen Sterne in der Fahrgasse entstandenen Brande das Unglück, dass ihre Gebäude vom Sterne bis an das Stumpfengässchen alle abbrannten. Noch grösser war das Unglück bei dem Brande im Jahre 1719, wo die ganze Gasse bis nur auf einige Häuser ein Raub der Flammen wurde.

Unter den Schöffen als Zeugen dieser Urkunde befindet sich *selbst Marcolfus de Linttheim*. Conf. *Kuchenbecker* analecta Hass. coll. 7. pag. 302. XXVIII. [Cod. 365.]

Die Stelle der Urkunde von 1357 beweisst, dass die Lindheimer Gasse aus dem Hofe des Markolf von Lindheim entstand; dieses Thor aber war der Haupteingang in jenen alten Hof. Dieser Hof hatte ohne Zweifel gleich andern ähnlichen Höfen ein Porthauss nach der Töngesgasse als den Haupteingang. Unter Porthaus aber wird ein Thorweg verstanden, worunter sich das Thor befindet und über welchem ein Bau aufgeführt ist, der den Hof nach der Strasse zu schliesst. Wie weit dieser Hof nach der Schnurgasse hin sich erstreckt, sieh *Trierischerhof*. F.

Häuser auf der Abendseite.

Das Eck s. Lit. H. No. 157 in der Töngesgasse.

Lit. H. No. 127.[238])

Lit. H. No. 128, soll *zur Glocke* heissen. Ein Gewölb, wovor der Brunnen einen Hegestein (Abweisstein?) hat.

Lit. H. No. 129. *Kleine Kohle*. Sonst *Kachler* und auch Kohler.

"Walburgis 16 β de domo Kachler dicta." Diese Stelle ist in dem Z. R. von 1563 S. 73 unter der Rubrik: Lindheimergasse, zu lesen, und der Zins wurde noch unserer Praesenz am 1. Mai gegeben. An dem nämlichen Tage empfing auch das Liebfraustift 1 fl. 20 kr. und in seinem Z. B. wird das Haus zum Kohler genannt.

Lit. H. No. 130. *Kachler*. Dieser Name wird dem Hause in dem Z. B. des Liebfraustifts beigelegt, das von demselben jährlich auf Peter und Paul 1 fl. erhielt. An eben diesem Tage hatte auch unsere Praesenz 30 kr. zu empfangen.

Lit. H. No. 131.

Lit. H. No. 132. Gab der Praesenz auf Johannes Enthauptung 15 kr. Grundzins.

Lit. H. No. 133. Ein vorstehendes Eck.

Lit. H. No. 134.

Lit. H. No. 135. Das Haus, an welchem der Brunnen steht.

Lit. H. No. 136.

Lit. H. No. 137.

Das Eck s. Lit. H. No. 50. in der Schnurgasse.

Häuser auf der Morgenseite.

Drei Häuser, welche dem Barthol.-Stifte [239]) gehörten, und bei dem grossen Brande im Jahre 1719 zu Grunde gingen. Die Brandplätze wurden verkauft, und zu dem Freiecke Lit. H. No. 49. in der Schnurgasse gezogen.

---

[238]) G. Br. 1452. H. in der Lintheymer Gassen. Hart hinten an das Gesesse zum *Gulden Helm* stossend.

[239]) 2 Häuser unter einem Dache 1516. Lib. cens. Praesent. S. Barthol. p. 4.

Zwiebel. War das Eck am kleinen Gässchen neben den vorigen, und auch ein Stiftshaus. Der Platz wurde nach dem Brande verkauft, aber seit der Zeit nicht wieder verbauet.

„Stzwebel domus vici impertransibilis in der Lynthemmer gasz." R. C. de 1405. f. 5.

„xxx *ß* hll. de domo dicta zwobel latere orientali in acie vici inpertransibilis occidentem et septentrionem respiciente, cellarium habens." R. C. de 1460. f. 13.

Stiftshaus, hinten im Gässchen neben der Zwiebel. Es hatte mit dieser gleiches Schicksal. Beide Plätze liegen noch wüst, und dienen nun dem Bierbrauer in der Gelnhäusergasse zu einem Holzlager. Man sehe die im Jahre 1719 herausgegebene Beschreibung des grossen Brands summt der Kupfertafel, worauf alle Plätze der abgebrannten Häuser mit Zahlen bezeichnet, und ihre Besitzer namhaft gemacht sind. Daselbst wird man die ehemaligen Stiftshäuser in eben der Ordnung finden, wie ich sie hier angegeben habe.

Das Stift verlor bei dem Brande 18 Häuser, und verkief die gedachten 5 Häuser mit noch einigen andern, um aus dem erlösten Gelde die übrigen wieder aufzubauen.

Reinekinshof. 1377 kief Johann Stocker vicarius S. B. von den beiden Eheleuten Arnold Wile und Demut ein Häuschen, das in dem über den Kauf errichteten Instrumente also beschrieben wird:

„ein husechin gelegen in der lintheymergasze in Reynekines hofe an luckin hockin vnd an zwybolchin" L. T. f. 188.

Der Reinekinshof war ein geschlossener Hof, der aus einigen kleinen Häusern bestand. Er wurde nachmals geöffnet, und auf solche Weise entstand das kleine Stumpfegässchen, wovon ich bei der Lindheimergasse bereits Meldung gethan habe. Der Name Zwybolchin hat ohne Zweifel seinen Bezug auf das nachmalige Eck zur Zwiebel. S. vorher.

Lit. H. No. 138. Vermuthlich *Störchlein.* [240]) Liegt hinten in der Ecke auf der mitternächtigen Seite des Sackgässchens.

---

[240]) O. U. 1640. Behausung zum *kleinen Storck* gnt. in der Lindheimer Gassen — stosst hinten uff die Behausung zum *gulden Fass.* F.

„j ferto ij ß cedunt Martini de domo Störcklin in der Lintheymer gassen latere orientali retro circa domum ecclesiam nostrae. Anno etc. 69. (1569.)

Lit. H. No. 139. Das Eck am Gässchen Eingangs linker Hand.

Lit. H. No. 140.

Lit. H. No. 141. *Schwert.* Gehörte dem Liebfraustifte, und wird noch von dessen Unterglöckner bewohnt. In dem Zinsbuche des Stifts vom XVI. Jahrhundert werden zu Ende die Häuser bemerkt, welche gegen jährliche Zinsen vermiethet waren, und unter denselben befindet sich auch das Haus zum Schwerte, von dem es heisst:

„Item ij marce cedunt Maria Magdalenae de domo inferiori dicta zu dem Schwerdt in der Lindheimergassen."

Zur Glocke. War ein Liebfraustiftshaus neben dem Vorigen, dessen Platz nach dem Brande von 1719 verkauft wurde. In dem vorher bemerkten Zinsbuche heisst es nach dem Hause zum Schwerte: „Item ij marce cedunt Mariae Magdalenae de domo zu der Glocken in der Lintheimer Gassen praedictae domui contigua."

„Domus ab ingressu Thöngesgassen a sinistris posita dicta zum Schwerdt, est que ad huc inaedificata ob incendium magnum passum ao. 1719."

„Domus priori adhaerens et sequens a sinistris dicta zur Glocken, est modo ad huc inaedificata." Mpt. Cunib. p. 153.

Zur Krone. War auch ein Haus des Liebfraustifts, das in dem erwähnten Zinsbuche neben das vorige als ein Miethhaus gesetzt wurde: „ij marce cedunt Mariae Magdalenae de domo superiori vocata zu der Kronen in der Lintheimergassen." Das Haus wurde besage einer Randnote gegen ein anderes in dem Gremserhöfchen vertauscht. P. Cuniberts Ms. gibt S. 153 von dem Hause folgende Beschreibung: „Domus ab ingressu Töngesgass a sinistris posita, dicta zur Cronen retro domum zum Stern" und da nun das Haus zum goldnen Sterne in der Fahrgasse ein Thor in die Lindheimergasse hat, so glaube ich, dass dasselbe der Ort ist, wo vorher die Krone stand.

Das hintere Thor vom goldnen Sterne in der Fahrgasse. Ueber demselben ist ein vergoldeter Stern zu sehen.

Lit. H. No. 142. Scheint mir das Liebfraustiftshaus gewesen zu sein, von welchem das kurz vorher gedachte Zinsbuch bei den vermietheten Häusern sagt: „Item ij marce nunc cedunt Pentecostes de nova domo, in der Linteymergassen, latere orientali, a retro contigua curiae domus dictae Falckenbergk." Dieses Haus steht neben dem goldnen Sterne in der Fahrgasse.

Lit. H. No. 143. Ein schmales Häuschen, so der Praesenz des S. B. Stifts gehörte. Es wurde 1750 neu erbauet.

Lit. H. No. 144. Das Eck s. Lit. H. No. 158. in der Töngesgasse.

Brunnen in der Lindheimergasse.

Das S. G. P. von 1463 gibt das älteste Zeugniss von seinem Dasein; indem es ein Haus „in der lintheimergasse in dem winkel by dem borne" beschreibt. Ich vermuthe, dass hier durch den Winkel ein enges Plätzchen, welches den Brunnen umgab, verstanden wurde. Das Haus hinter dem Brunnen, jetzt mit Lit. H. No. 135 bezeichnet, wurde nachmals so weit vorgerücket, dass es über den Brunnen zu stehen kam. Durch die Länge der Zeit war der Brunnen ganz baufällig geworden, und da noch keine Brunnenrolle bestand, so veranlasste sein neuer Bau anfänglich unter den Nachbarn allerlei Misshelligkeiten. Mit demselben wurde 1626 im August der Anfang gemacht, und der Rath verehrte die Steine dazu. Auch wurden im folgenden Jahre am 2. Juli, als er das erstemal gefegt wurde, die ersten Brunnenmeister gewählt. 1666 liessen Georg Meyer, Gastwirth zum Stern, und Meister Albinus Gerber einen oben und unten mit Silber beschlagenen Stab auf eigene Kosten verfertigen, und verehrten ihn dem Brunnenschultheissen, den er und seine Nachfolger im Amte tragen sollten. 1719 wurde der Brunnen beim Brande völlig ruinirt. Den 4. April 1725 beschloss die Nachbarschaft, nachdem sie ihre Häuser wieder aufgebauet hatte, auch den Brunnen wieder herzustellen. Die

Kosten beliefen sich auf 117 fl. 34 kr., wozu die Rechnei 75 fl. gab. Im Jahre 1775 musste der verfallene Brunnen auf obrigkeitlichen Befehl reparirt werden. Er war bisher ein offener Ziehbrunnen, erhielt aber nun eine Pumpe. Die Kosten betrugen in allem 233 fl. 57 kr., zu deren Tilgung die Nachbarschaft von der Rechnei 50 fl. erhielt. Der Name Lindheimerbrunnen kömmt in der Brunnenrolle einzig bei dem Jahre 1806 vor.

Gelnhäusergasse.

Der Ursprung ihres Namens rührt von einer Familie her, die vermuthlich lange Zeit ihren Wohnsitz darin hatte.[241] Es war Sitte der alten Vorzeit, dass Familien, die von ihrem Geburtsorte auswanderten, sich öfters von demselben in der Fremde den Namen beilegten. Wahrscheinlich hatte es mit der hiesigen Familie der Gelhäuser die nämliche Beschaffenheit. Von der Gudela, der Gelhäuser Tochter und Besitzerin mehrerer Häuser in gedachter Gasse, zeugen die Testamente des Albrechts auf der Hofstatt von 1322, und der Catharina von

---

[241] In dem Beedbuche de 1320 kommt vor „It. Monasterium in Marienburnen," worauf unmittelbar folgen: It. Gerlacus in der Geilhusern Hus (von Bommersheim) und It. dicta Geelhusern; beide Häuser liegen der Reihefolge nach in der Gelnhäusergasse von der Schnurgasse aus.

1349. Geilnhuszern gaszin.

S. G. P. 1362. Die Gelnhüsirgassen 1393.

— 1421. Die Geilnhuser Gasse.

— 1432. H. in der Gelnhausergasse und das andere dahinter in der Steingasse.

O. U. 1464. 2 Huser — gelegen oben in der Gelnhuser Gassen — genannt zum *alten Bornflecken* etc.

O. U. 1513. H. und Gesess — in der Gelnhusser Gassen gelegen — stoisst hinden auf Conradt zum Jungen Schoffen, und genannt zum *alten Bornflecken*.

Mpt. XVII. Saec. H. zum *alten Bornfleck* in der Gelnhuser Gasse bei S. Antoni.

Wanebach von 1333. In dem ersten ist zu lesen: „Auch hat er gesatzt nun Schill. Koltz die do gibit Gudele der Geylnhusern dochter von dem huse daz da cz *dem gelnhuser hus* horte." L. T. f. 84. In dem andern heisst es: „item darnach setze ich an demselben stifft zu unser Frauenberg — 6 *β* d. gelts, die gibt der Gelenhaüser dochter von ihrem hauss bei S. Antonius, und dieselbe gibt mir 5½ *β* h. von einem hauss, dass etwan war eines beckers in der Gelenhaüsser gass, item diselbe Gelenhäuser dochter, die gibt 18 *β* h. und 2 huhner von einem hauss bei S. Antonius." Ex Copia Test.

Ich füge diesen beiden Zeugnissen noch ein drittes aus dem Zinsbuche des Liebfraustifts vom XVI. Jahrhundert bei: „Item ij marce iiij pulli cedunt Martini de tribus domibus in der Gelnhäusergassen quae quondam fuerunt filiae der Gelnheusern latere orientali ex opposito fontis et domus vicariae ecclesiae S. Barth. videlicet S. Egidii." Aus diesen Auszügen ist zu ersehen, dass die Gudela von Gelnhausen wenigstens 3 Häuser auf der östlichen Seite dieser Gasse besass, und sie scheint die einzige Erbin der elterlichen Verlassenschaft gewesen zu sein. Ob Peter von Gelnhausen, der im Jahre 1407 in die Gesellschaft von Frauenstein aufgenommen wurde, und Balthasar von Gelnhausen, 1510 Sänger des S. Barthol.-Stifts, von Gudelas Vorältern abstammten, weiss man nicht. Beide schrieben sich zuweilen von ihrem Wobnhause (vermuthlich unter der neuen Krämen) Peter und Balthasar zur Schmitten.

Häuser auf der Abendseite.

Das Eck. S. Lit. H. No. 52 in der Schnurgasse.

Lit. H. No. 100. *Zum kleinen Christophels.*

O. U. 1579. Eckbehausung — bei dem Bronnen, *zum kleinen Christoph* genannt.

Lit. H. No. 101. *Stadt Eisenach*, ein Gasthaus. S. Frf. Intell.-Bl. von 1798 No. 51. Hat hinten im kleinen Gässchen nach der Steingasse einen Ausgang.[242]

---

[242] *Grosser Christopfel* modo *Stadt Eisenach*. Hinter dem Christopfel der Kürsner Zunftstube, welche mit der Stadt Eisenach verbauet wurde.

Lit. H. No. 102.
Lit. H. No. 103.
Lit. H. No. 104. Domus vicariae S. Aegidii.
„Sita in antiquo opido Frank. superiore parte vico dicto Geylinhuser gazze latere occidentali, quasi in medio, contigua versus meridiem domui vicarie Sancte Katharine ecclesie Sancti Bartholomei." L. V. Saec. XIV. sub vic XIX.

„Sita in antiquo opido in vico dicto Geylnhusser gasz latere occidentali quasi in medio habens fontem in domo, cuius medietas spectat ad vicum tangentem a retro domum vicarie Sancti Andree." L. vic. de 1481. f. 29.

Das Haus, woran sich der Brunnen befindet, war also ein Vikariehaus des Barthol.-Stifts. Es wurde durch den grossen Brand im Jahre 1719 zu Grunde gerichtet und darauf verkauft; es gab aber der Praesenz noch jährlich auf Martini 1 fl. Grundzins.

Lit. H. No. 105. Domus vicariae S. Catharinae „Sita in vico Geylinhuser gazze latere occidentali contigua domui vicarie Sancti Egydii versus septentrionem." P. B. Saec. XIV. f. 5.

Das Haus hatte mit dem vorigen gleiches Schicksal. Beide werden auf dem in Kupfer gestochenen Brandplatze von 1719 als neben einander stehende, und dem Barthol.-Stifte gehörige Häuser bemerkt.

Lit. H. No. 106. *Handschuh*, zuvor *Heintzschuchsheim*.[243]

„zweyer husere hart an eyn vnd vnder eym dache gelegen in der geilnhuser gassen gnt Heintzschuchsheim zuschen hern Clasz Gerstungen vnd Cuntzen von Monthabur." S. G. P. von 1427.

Der Nachbar Nicolaus Gerstungen, sonst Nicolaus Kolbe genannt, war Besitzer der Vikarie S. Catharinae, und folglich auch ihres Hauses. Dass vor Zeiten zwei Häuser da gestanden haben, sagt auch das Zinsbuch des Liebfraustifts, an welches vom Hause Handschuh jährlich auf Pfingsten 30 kr. bezahlt wurden.

---

[243] G. Br. 1501. H. zum *Henzschuch* in der Geilnhuser Gassen. F.

„Hus zum Hentschuwer gen dem huse zur Peffermolen ubir" S. G. P. von 1405.

Vermuthlich das nämliche Haus, und sollte vielleicht zum Hantschuchsheimer heissen. Die alten Namen litten mit der Zeit so manche Veränderungen, dass man öfters ihren Sinn nicht genau zu bestimmen wusste.²⁴⁴)

Lit. H. No. 107. *Pfuleck.* Das doppelte Eck am Gelnhäuserplätzchen. ²⁴⁵)

„iiij. sol. den de domo Conradi Pulers sita jn — vico dicto Geylinhuser gazze, latere occidentali, jnfra domum vicarie Sante Katharine et plateam parvam ibidem jn acie respiciente septentrionem et orientem." L. V. Saec. XIV. Vic. IV.

„10 β heller de domo Pfueln Eck latere occidentali in acie plani meridionali orientem et septentrionem respiciente." R. C. de 1581. f. 14. Das Haus heisst noch Pfuleck, und entrichtete auch noch auf Martini den 10 β (25 kr.) an unsere Praesenz.

Lit H. No. 111. *Kleine Weideneck.* ²⁴⁶)

Das andere Eck am Gelnhäuserplätzchen gegen dem Pfuleck über. Gab auf Martini der Vikarie S.S. Mathiae et Bonifacii 37 kr. 2 h. Grundzins.

Lit. H. No. 112. *Zum Wölfchen,* S. Frf. Intell.-Bl. von 1806

---

²⁴⁴) O. U. 1536. H. der *Rosengart* genant — in der Gelnhäuser Gassen neben einem Vikarie Haus auch zu S. Bartholmes gehörig uff einer und der Behausung zum *Handschue* uff der andern Syten gelegen.

O. U. 1565. H. — in der Geilnhcuser Gassen zum *Handschuch* genant neben dem Herrn Peter Geltnern unserm *Predikanten* uff einer und Johann Stumpfen Mauwerer uff der andern Seiten gelegen stosst hinten uff ein Hauss den **Pfaffen** zu S. Bartholomäus zuständig. etc.

Mehr wegen dem Hause *Rosengarten* siehe bei Lit. H. No. 90.

²⁴⁵) Eckhaus — zum *Pfuhleck* genannt in der Gelnhuser Gassen — stosst hinten uff eine Almei. etc.

²⁴⁶) Wfrkl. Z. B. von 1480. *Geilnhuser Gasze,* Eckhaus und Hofchin gelegen an dem *Pleynchin* und uff ein Site gen Nidergang der Sonnen und die ander Siten gen Mittag und dem *Pleynchin.*

Wfrkl. Z. B. von 1480. *Geylnhusergasze.* H. gelegen uf der Siten gen Uffgang der Sonnen gein dem Pleynchin und Johann Comens obengeschrieben ober. (S. p. 266.)

No. 67. Auch *Zum alten Brunnen.* Ein vorstehendes Eck. Zahlte an die Vikarie S. Annae auf Martini 1 fl. 30 kr. Grundzins.
    Lit. H. No. 113.
    Lit. H. No. 114. Von diesem Hause wurden der Praesenz auf den 1. Mai 45 kr. Grundzins gegeben.
    Lit. H. No. 115. wurde zum folgenden Ecke gezogen. Das Eck. S. Lit. H. No. 153. in der Töngesgasse.

Häuser auf der Morgenseite.

    Das Eck S. Lit. H. No. 154 in der Töngesgasse.
    Lit. H. No. 116. *Verkehrte Welt.* So soll es nach der Aussage mehrerer Leute heissen. Ueber der Hausthüre steht ein verkehrter Stiefel ausgehauen.
    Lit. H. No. 117. *Kleine Engel.* S. Frf. Intell.-Bl. von 1765. No. XIX.
    Lit. H. No. 118. (Hinterhaus von Bolongaro.)
    Lit. H. No. 119.
    Lit. H. No. 120.
    Lit. H. No. 121.
    Lit. H. No. 122.
    Lit. H. No. 123.
    Lit. H. No. 124.
    Lit. H. No. 125. Ein Brauhaus, welches hinten auf die Lindheimergasse stösst.
    Lit. H. No. 126. *Greis.* Von diesem Hause erhielt die Praesenz auf Johannis Enthauptung 1 fl. 15 kr. 3 d. Grundzins.
    Das Eck S. Lit. H. No. 51. in der Schnurgasse.

Häuser unbekannter Lage.

    Pfeffermühle.[245]) „Hus genannt die Pfeffermolen in der Gelnhuser Gasse." S. G. P. von 1405.

---

[247]) Beedbuch de 1326. Curia zu der Pfeffermulen (in dieser Gegend gelegen).
    S. G. P. 1462. H. zur Pfeffermolen in der Gelnhusergasse, muss Lit. H. No. 119 oder 120 sein, wenn es dem Handschuher gegenüberliegt.
    O. U. 1501. H. — gelegen in der Gelnhuser Gassen, genannt *Bubeneck* zwushen der *Pfeffer Molen* und *Schaldenberg.* F.

1467 gaben Reinhard von Rumpenheim und Else seine Frau dem Predigerkloster 30 fl., um jährlich nach Martini für sie ein Jahrgezeit zu halten; das dann von diesem Gelde einen Zins auf der Pfeffermühle in der Gelnhäusergasse kief. *Jacquin* Chr. Ms. T. I. p. 187.

Hegheim oder *Hegheimer*.[248]
„Hus Hageheim in der Geilnhuser gassen." S. G. P. von 1396. Desgl. 1470.

„Hegheym sita latere occidentali." L. C. de 1390. f. 35. bei den Zinsen der Gelnhäusergasse.

„vj. sol. hl. super curia zum hegeheymer in der geilnhuser gasze." L. Annivers. monast. Praedicat. de 1421. f. 7.

Paulinerhof. In einem Kaufbriefe über 1 Simmern Oel ewiger Gült von 1359 wird das Haus, so dieselbe jährlich entrichten sollte, beschrieben: „in der Geilnhusir gaszen mit namen gein der Paulynerhoff vber." Ex lit. in archiv. S. Leonardi.

Offenbach.[249] „Ofenbach gelegen in der Geilnhuser gassen — vnd stosse der garthe gein Sant Johs Kirchen uber." J. B.

---

[248] 1320. It. domicelle de Hegeheim (hieher gehörig) Beedb. G. Br. 1366. H. *Hegeheym* in der Geilnhusergazzen.

S. G. P. 1386 Hof und Gesezse zu Hegeheim, das Johannes von Rückingen ist. (Rückingen 2. 1.)

Insatzbrief de 1431. H. *Hegeheim* gelegen in der Geilnhusergassen. S. G. P. 1432. H. *Hegeheim* in der Gelnhausergasse 1434. 1470. 1474.

— 1465. H. in der Geilnhusergassen an der *Montz* dem H. gen *Hegeheym* über.

O. U. 1470. H. Hoffe und Gesess, hinden und vornen — genant *Hegeheym* gelegen in der Geilnhuser Gassen zushen des Stifts zu S. Barthol. Zinshüsern und Wendel Hegelstein.

H. *Ehenheim* in der Gelnhäuser Gass gen dem H. *Offenbach* über. Mpt. XVII. Sacc.

H. *Offenbach* in der Gelnhäuser Gass gegen dem H. *Ehenheim* ibid.
[249] Mpt. XVII Sacc. H. Offenbach in der Gelnhauser Gasse gen dem H. Ehenheime.

O. U. 1431. H. — in der Geilnhuser Gassen gelegen genant *Ofenbach* hinden und vorn mit Garthen, Hofe etc. — stosset der Garten gegen St. Johanns Kirchen über etc.

O. U. 1451. H. und G. genant *Ofenbach* gelegen in der Faregassen von 1430 Eben daselbst von 1432 heisst es von dem nämlichen Hause: „vnd stosse der garten unden gein Sant Johan uber an der linthemer gassen." Es wird auch ein Haus beschrieben: zwischen Ofenbach und dem Orthuse derselben Gasse gegen S. Joh. Kirche über.

Zu der Schluchtern. 1349 vermachten Alheid und Gudula von Friedberg, Schwestern zum Altar S. Joh. Evangel. in der Pfarre j marck den. colon. „supra domum dictam in vulgari der Sluchteren in vico dicto geilnhuszen gaszin sitam." L. T. f. 127.

Münze, Alte Münze.[250]) „Hus in der Geilnhuser gasz hinter der alten Montze." S. G. P. von 1479.

„die montze in der Geilnhuser gassen" S. G. P. von 1464.

„Hus in der Gelnhusergassen an der Montze gen dem Hus Hegeheym ubir." Idem von 1465.

Gelnhäuserbrunnen.

Obschon die Gelnhäusergasse mit zwei Brunnen versehen ist, so hat doch nur einer von ihnen wegen der bekannten Güte

---

gein St. Johanns Kirche uber zushen der Geilhuser- und der Lintheimer- gassen etc.

O. U. 1467. Husunge und Gesesse genant zum *Haienstein* — gelegen in der Geilnhuser Gassen zushen dem Gesesse Offenbach und N. und stosse hinten in die *Lyntheimer* Gassen.

O. U. 1469. H. gelegen in der Geilnhusser Gassen genant zum *Hanenstein* gein *Hegeheim* über zush. der alten *Montze* und N.

O. U. 1488. H. genant *Offenbach* in der Gelnhuser Gassen geleg, stoist hinden uff die Lyntheimer Gassen ziege hinder Petern von Florsheim Husschin bis uff die Snorrgasse mit seinem steinen Stocke gein S. Johannes Kirche über etc. F.

[250]) S. G. P. 1460. H. in der Lintheymer Gasse an der *Montz.* (Dies Haus muss also von hinten auf die Münze gestossen haben, woraus folgt, dass die Münze auf der östlichen Seite der Häuser in der Gelnhäuser- gasse lag.)

S. G. P. 1460. H. unten uf der Lintheymer Gasse gen der Montz ubir neben an dem Huse zum heiligen Kreutz.

S. G. P. 1464. Die Montze in der Gelnhuser Gassen.

St. R. de 1474. Es brannte in der Montze by sant Johann. F.

S. G. P. 1479. H. in der Geilnhusergasse hinter der alten Montze.

seines Wassers und des starken Zuspruchs vorzugsweise den Namen des Geilhäuserbrunnens erhalten. Er steht nächst bei der Schnurgasse, und zur Hälfte in dem Eckhause Lit. H. No. 52. In der Brunnenrolle findet man von ihm keinen besondern Namen; er wird daselbst nur bei den J. 1627 und 1659 in Vergleichung des andern Brunnens der unterste Brunnen in der Gelnhäusergasse genannt. Die Chronik erwähnt im II. Thl. S. 8 beim J. 1425 eines Borns in der Gelnbäusergasse; ob aber dieser oder der folgende gemeint sei, lässt sich ohne weitere Nachrichten nicht entscheiden. Doch, wenn es wahr ist, dass der folgende Brunnen damals noch ein eigenthümlicher Brunnen des Vikariehauses S. Aegidii gewesen ist, so muss die Chronik nicht diesen, sondern den öffentlichen Brunnen verstanden haben, von dem bisher die Rede war. Er war 1731 noch ein Ziehbrunnen; erhielt aber nachmals eine Pumpe.

Der oberste Brunnen in der Gelnhäusergasse, sonst der Mittelbrunnen genannt.

Dieser Brunnen befindet sich fast in der Mitte der Gelnhäusergasse unter dem ehemaligen Vikarichause S. Aegidii Lit. H. No. 104. Sein hohes Alter bezeugt eine Urkunde vom J. 1322 in Lat. A. C. No. 2, darin dem Bewohner des Vikariehauses S. Andreae in der Steingasse vergünstiget wurde, durch einen besonders angelegten Gang und eine in der Wand gebrochene Thüre das Wasser an diesem Brunnen zu holen. Auf diesen Gang deutet der vicus tangens a retro domum vicaria S. Andreae, der in der Beschreibung des Vikarichauses S. Aegidii von 1481 bemerkt wird.[251]) Aus einem Notariats-Instrument in Lat. A. O. No. 1. ist auch zu ersehen, dass das Kapitel S. Barthol. der Nachbarschaft im J. 1585 erlaubte, sich des Brunnens zu bedienen, doch mit dem Vorbehalte seines Eigenthumsrechts, und nur so lange, als es ihm gefiele. Dagegen

---

[251]) It. jn die S. Laurentij dedi de domo in der Gelnbussgass, quam jnhabitat peter Mompach, i β v hall. „*vor grundtbawe*" (Fundamentbau) *am Born*. Registr. Camerarii Praesentiar. S. Barthol. 1526.

erboten sich die Nachbarn, den Brunnen auf ihre alleinige Kosten zu fegen, auch die Rolle, Seil und Eimer zu unterhalten.
'Ob diese Gefälligkeit in der Zeitfolge immer erkannt, und nicht mit Anspruch auf gemeinschaftliches Eigenthum belohnt wurde, will ich dahin gestellt sein lassen. Weil der Antoniterbrunnen in der Töngesgasse gerade gegen der Gelnhäusergasse über steht, und also die drei Brunnen sozusagen in einer Linie stehen, so pflegen die Nachbarn diesen Brunnen den Mittelbrunnen zu nennen, unter welcher Benennung er auch in der Brunnenrolle beim J. 1703 schon vorkömmt. Er erhielt 1750 statt der hölzernen Pumpe eine bleierne, die in allem 105 fl. 58 kr. Kosten verursachte. Im J. 1767 beliefen sich die Baukosten ohngefähr auf 130 fl

Gelnhäuserplätzchen.

Man trifft auf der Abendseite der Gelnhäusergasse ein kleines Plätzchen an, das sich gegen Mittag hin in ein schmales Stumpfgässchen enget.[252] Ich vermuthe, dass sich in längst abgewichenen Zeiten eine Wede oder ein Pful in derselben Gegend befand, und die hinter den beiden Ecken stehenden Häuser nahmen zuletzt seine Stelle ein. Der Name Pfuleck, welchen das Eck am Plätzchen Lit. H. No. 107 führt, und der Name seines Bewohners, den man im XIV. Jahrhundert Conrad Puler

---

[252] S. G. P. 1468. H. in der Gelnhusergasse uf dem Planchin.
S. G. P. 1470. H. in der Gelnhusergasse uf dem Playnchin.
O. U. 1480. H. gelegen in der Gelnhusser Gasse vff eynem Ort an dem gemeynen Plan etc.
Auf der Abendseite dieser Gasse befindet ein kleines Plätzchen, welches in der Rechnung officii dominorum vom Jahre 1563. S. 8. erwähnt wird bei der Beschreibung eines Hauses: „Sita latere occidentali circa planitiem parvam et est tertia domus versus S. Antonium."
Ein kleines hinten geschlossenes Gässchen, gegen dem Ecke am Plätzchen (versus orient. et meridiem) über, sieh die in Kupfer gebrachte Vorstellung der im Jahr 1719 verbrannten Häuser.

(Conrad am Pul) nannte, werden meine Vermuthung rechtfertigen. Aus der Geschichte der Weden in der neuen Stadt nun logisch zu schliessen, möchte das Plätzchen anfänglich auf dem Pfule geheissen haben. ²⁵³)

Häuser.

Lit. H. No. 108. *Wineck*, selten *Weineck*.

In dem Z. R. von 1581 f. 14. kömmt die fehlerhafte Benennung Windeck vor. Das Haus steht hinten in der Ecke des Gässchens, linker Hand, wenn man vom Plätzchen hineingeht. Es gab unserer Praesenz jährlich auf den 1. Mai 27 kr. 2 h. Grundzins.

„Wyneck latere occidentali in plano anguli meridionalis contigua versus septentrionem domui vicarie ecclesie Sancti Johis evangeliste vico Steingasz." So wird es in dem Z. B. von 1452 f. 14 unter den Zinsen der Gelnhäusergasse beschrieben.²⁵⁴)

Lit. H. No. 109. steht auf der Abendseite gegen dem vorigen über. ²⁵⁵)

Lit. H. No. 110. In der Ecke neben dem kleinen Weidenecke.

---

²⁵³) So richtig die Bemerkung des Herrn *Battonn* sel. ist, dass hier ehemals ein Pfuhl oder Wede gestanden, ebenso gewiss ist es, dass die Gelnhäussergasse oder der Hof derer von Gelnhausen, aus dem diese Strasse vermuthlich entstanden, ehemals nur bis an diesen Pfuhl hin sich erstreckt habe (sieh das weitere *beim Trierischen Hof*). F.

²⁵⁴) O. U. 1483. H. und Hoffchin — genannt *Wyneck* gelegen uff dem Plane in der Geilnhauser Gassen etc.

O. U. 1615. Behausung — in der Gelnhäusergasse zum *Wineck* genannt. etc.

²⁵⁵) Wfrkl. Z. B. von 1480. *Geylnhusergasze*. H. gelegen uf dem *Pleynchin* uff der Siten gen Niedergang der Sonnen neben dem *H. Wynecken*, stosst hinten am *Mylbers Huse* gibt Johann *Comers* zu der Kann.

Steingasse.

Der Gebrauch, die Gassen mit Steinen zu pflastern, kam in Deutschland weit später als in andern Ländern auf; und hier wurde das erste Steinpflaster, wie ich glaube, nicht früher, als in der ersten Hälfte des XIV. Jahrhunderts angelegt. Die damit versehenen Gassen hiessen Steinwege oder Steingassen, und diejenige, so zuerst damit versehen wurde, behielt vorzugsweise diesen Namen bei. Daher kömmt es auch, dass man noch in den meisten Städten Steinstrassen, Steingassen oder Steinwege antrifft. Aus diesem können wir den Schluss machen, dass unsere Steingasse, die nach dem Zeugnisse des *Baldemar* schon 1350 diesen Namen führte, die erste gepflasterte Gasse der Stadt war.[256] Auf der Morgenseite dieser Gasse findet sich

---

[256] Stadt Beedbuch de 1362. Item *zwey Gotshus* an einander zu der Kannen (der Reihefolge nach in der Steingassen gelegen).

Beedbuch de 1378. Hier heissen diese 2 Gottshusser also: Item das Gotshuss zu Reygen. Item das ander Gotshus zu Reygen.

Beedbuch 1394. It. (in der Steingasse zu Ende der westlichen Seite oben an der Döngesgassen) das Gotzhuss zum Reien. It. das andere.

S. G. P. 1397. H. in der Steingassen.

O. U. 1403. — de domo *Kongenstein* in vico Steingasze.

B. Z. B. 1409. Hoffichin in der steinen gassen by Conrad Linunges Wonunge, do er vortziden jnne wonete.

S. G. P. 1421. Die Steinengassen.

— 1428. H. in der Steingasse hart am Montzhoffe gen dem Rosengarten uber.

O. U. 1468 OrtH. und G. gelegen in der steynen gassen neben dem Plane zushen einem Vicarie Haus S. Barthol. und N.

O. U. 1475. H. in der Steynengassen genant das *Lenungshöfchin*.

— 1493. H. — in der Steingassen gelegen, genannt *zum Kempfen* — stosst hinten — neben dem Pleinchyn.

St. R. de 1539 — ein Haus gelegen in der Steyngassen neben dem trierischen Hofe vff einer, vnd Clas Guffer Barchenwebern, stoisst hinden uff ein Vicarien Huss, dem Stift zu S. Barthelme gehörig, wird vom Rathe verkauft.

O. U. 1553. H. — in der Steingassen zum *Kembten* genannt — stosst hinten uff die Kürschner Zunfftstuben.

ein kleines Plätzchen, das wahrscheinlich in ältern Zeiten sich rückwärts weiter erstreckte; weil es in folgender Stelle vicus parvus genannt wird: „xviij. *β* hll. ad letanias quadragesimales legavit Hartmudus dictus Gertener de domo in via lapidea in vico parvo versus orientem." Registr. distribut. de 1397. f. 54.

Es hiess in den nachmaligen Zeiten *Entenplan*, wie das Z. R. von 1563 bezeugt, wo S. 11 unter der Rubrik Steingasse zu lesen ist: „18 *β* de domo et stabulo auf dem Enden Plan sita" und wieder: 12 *β* de domo ex opposito plani." Die 18 *β* oder 45 kr. wurden noch bei der Aufhebung des Stifts vom Hause Lit. II. No. 81 auf besagtem Plätzchen bezahlt.[257])

Häuser auf der Morgenseite.

Das Eck S. Lit. H. No. 55. in der Schnurgasse.

Domus vicariae S. Jacobi II institutionis im S. B. Stifte genannt *Kempfenstein*.

Dieses Haus liegt zwischen den beiden Ecken der Schnurgasse und dem Plätzchen und ist nicht bezeichnet, weil es zu dem Ecke Lit. H. No. 55 gehört. Es wird in dem Vikariebuche des *Baldemar* vom XIV. Jahrhundert, doch von einer neuern Hand, beschrieben: „Domus vicarie S. Jacobi — dicta Kempenstein sita in vico Steingasze latere orientali contigua versus septentrionem domui Catherine Liedirbechern, et est penultima domus versus meridiem a vico Snargasze".

O. U. 1568. H. in der Steingasse stösst hinten auf der Kürschner Zunftstuben.

Mpt. XVII. Saec. H. *zum Wolf* in der Steingasse.

Ueber den Namen Steingasse sieh *trierischer Hof*. F.

[257]) St. R. de 1522 — Haus in der steyngassen verkauft von Hanns von Harheym (einem Bäcker) an den S. Peters Pfarrer Johann Rew, belegen neben Heinrich Offenloch gegen der Schnorrgassen vnd neben dem tryerschen Hoiff gegen der Anthonjer Gassen (ehemals Clas Scheller das fragliche Haus gehörig).

O. U. 1541. H. und Stall - in der Staingassen am *Entenplan* gelegen etc.

Auch über diesen *Entenplan* sieh *Trierische Hof*. F.

Lit. H. No. 80. Das mittägige Eck am Plätzchen.

Lit. H. No. 81. Das Haus auf dem Plätzchen, von welchem unsere Praesenz auf Martini 45 kr. Grundzins hob.

Lit. H. No. 82. Das mitternächtige Eck am Plätzchen, welches auch der Praesenz auf Martini 22 kr. 2 h. entrichtete. *Meyenreis.* Vermuthlich das vorige Haus; denn in einem Zinsbriefe von 1399 wird ein Haus beschrieben: „in der Steingaszen vff der Ecken an dem plenchin", und dabei wird noch bemerkt, dass es vor Zeiten Meyenrys geheissen habe. S. Lat. C. II. ɔ. No. 31. C.

Lit. H. No. 83. Domus vicariae S. Johannis Baptistae. Das Haus brannte 1719 ab und wurde von der Praesenz 1752 wieder aufgebaut.

„Domus vicarie S. Johannis Baptiste ex opposito curie Montzhoff." L. V. de 1452 f. 15. Eben daselbst wird bemerkt, dass das Haus vormals zur Vikarie B. Mariae V. I institutionis, oder der h. Cosmas und Damian gehört habe.

„Sita in vico Steyngassen latere orientali, jnfra vicum Snorgassen et domum vicarie Sancti Andree." L. V. de 1481. f. 15. Das Haus wurde am 24 Sept. 1804 von der Administration verkauft.

Lit. H. No. 84. Domus vicariae S. Materni. Das andere Eck am Gässchen. 1470 erhielt der Besitzer dieser Vikarie Nicolaus Gressmann für sich und seine Nachfolger ein Haus, das in der darüber ausgefertigten Urkunde folgendermassen beschrieben wird: „Solich husz vnd gesesze gelegen in der stat Franckenfort jn der strassen genant die Steingassen zuschen den husern, der eins gehort zu Sant Andrees vnd das ander zu Sant Johans baptisten vicarien des obgenannten Stiffts vnd stosszet hinden an die gerttingin die da gehorent zu vnser presentze husern die gelegen synt jn der gelnhusergassen." L. r. S. p. 31. Das Haus wurde von der Praesenz gleich dem vorigen 1752 wieder erbaut [258]) und 1804 von der Administration verkauft.

---

[258]) Das Hinterhaus von der Stadt Eisenach No. 101. schliesst das Gässchen.

Lit. H. No. 85. Domus vicariae S. Andreae. „Due domus contigue vicariarum Sanctorum Andree apostoli et Sancti Egidii abbatis sito in antiquo opido Franck. superiore parte, quarum vna videlicet vicarie Sancti Andree, vico Steynengaszen latere orientali quasi in medio, altera videlicet vicarie Sancti Egidii vico Geilnhuser gasze latere occidentali similiter quasi in medio, sed ambe proprius der Snargaszen." L. C. de 1390. f. 86.

„Domus vicarie Sancti Andree sita in antiquo opido Frangf. vico dicto Steynengassen latere orientali in medio vici ex opposito curie dicte Muntzhoff." L. V. de 1481. f. 1.

Nach dem Brande von 1719 wurde der Brandplatz von unserem Stifte verkauft; jedoch wurden der Praesenz jährlich auf Martini noch 30 kr. Grundzins davon bezahlt.

Lit. H. No. 86. Das Haus gehörte dem S. Barthol. Stifte; wurde aber 1322 erblich abgegeben. Lat M. IV. No. 38.

Lit. H. No. 87. Auch dieses Haus war ein Eigenthum des gedachten Stifts. Es wurde nach dem grossen Brande verkauft.[259] Man sehe den in Kupfer gestochenen Brandplatz sammt der Beschreibung.

Lit. H. No. 88. Ein Praesenz-Haus des S. B. Stifts, wo sich ehemals der Garten des folgenden Vikariehauses befand. Von dem dabei befindlichen Brunnen ist am Ende nachzusehen. Das Haus wurde 1803 von der Administration verkauft.

Lit. H. No. 89. Domus vicariae S. Joannis Evangelistae primae institutionis. „Sita in vico Steynengazze latere orientali infra vicum S. Anthonii et domum vicarie S. Andree, quasi in medio." P. B. de 1356. f. 6.

„Sita in antiquo opido Frangf. in vico Steynengasz latere orientali habens ortum (hortum) et fontem medium in orto et medium in vico predicto." L. V. de 1453. f. 44.

Sifrid von Erlebach vermachte dieses Haus der Vikarie, dessen Besitzer er war, mit dem Vorbehalte, dass seine Nachfolger jährlich zu seinem Jahrgedächtnisse zwei pfündige Wachskerzen stellen, und solche nochmals auf dem Altare S. Joannis

---

[259] O. U. 1536. H. — *Osterich* genannt in der Steingassen zwishen zweien Vicariehäussern zu S. Barthelm gehörig gelegen.

Evang. vollends verbrennen sollten L. V. B. Saec. XIV. Sub. vic. VI.

Aus dem Hause und Garten enstanden, nachdem die Vikarie erloschen war, ums J. 1674 drei Häuser, die von der Praesenz vermiethet wurden, wie aus dem Stiftsprotocolle von 1675 abzunehmen ist. Bei dem Brande im J. 1719 wurden auch diese drei Häuser eingeäschert, und bei ihrer Wiedererbauung im J. 1739 liess das Stift das eine Haus wieder eingehen. Ex Protoc.

Lit. H. No. 90. *Rosengarten.*[260])

„Rosengarten in vico Steingazzen." P. B de 1356. f. 6.

„zum Rosengarten in vico Steingazzen latere orientali contigua domui vicarie Sti Joh. Evang. versus meridiem occidentem respiciens." L. de 1390. f. 36.

Die Praesenz empfing von diesem Hause auf Martini 22 kr. 2 hll. Grundzins, die sonst zur Vikarie S. Joh. Evang. erster Stiftung fielen.

Das Eck S. Lit. H. No. 151. in der Töngesgasse.

Häuser auf der Abendseite.

Das Eck. S. Lit. H. No. 150. in der Töngesgasse.

Lit. H. No. 91. Das Haus zur Stadt Hamburg gehörig. S. Lit. H. No. 149. in der Töngesgasse.

Lit. H. No. 92. *Schlüssel.* Jetzo 2 Schlüssel. Ueber der Hausthüre sind zwei übers Kreuz ausgehauene Schlüssel zu sehen.

---

[260]) S. G. P. 1338. H. in dem Rosingarten (ob hierher gehörig?).

O. U. 1366. H. in der Steyngasse an dem Wolfeline an der Muren.

S. G. P. 1428. H. in der Steingasse hart am Montzhofe, gen dem Rosengarten über.

S. G. P. 1432. H. in der Steynengasse gen dem Rosengarten über.

Zinsbuch S. Barthol. de 1452. fol. 15. De domo zum Rosengarten et Osterich in vico Gelnhuser Gaszen.

O. U. 1497. *Steyngasse.* H. gelegen uf der Siten gen Uffgang der Sonnen zuschen dem H. *zum Wulffelin* und eim Vicarien H. S. Johanns der ersten Stiftunge S. Bartholom. und gein dem H. *zum Slussel* vber.

„j gulden auri xviij β vel xxi turnos de fundo domus zum Sloissel in der Steingassen." R. C. Antonit. in Höchst Saec. XV.

Auch wird das vorgedachte zur Stadt Hamburg gehörende Haus in dem S. G. P. von 1841 neben dem Hus zum Slossel beschrieben.[261]

Lit. H. No. 93. *Schlüssel. Unterer Schlüssel*. In der Chronik I. 543 wird beim J. 1638 das folgende Haus neben den Schlüssel gesetzt, und in einem Feiltragszettel vom J. 1741 kömmt die Behausung zum untern Schlüssel in der Steingasse vor.

Lit. H. No. 94. *Gottwalts*. „6 β heller — de domo Gottwalts in der Steingassen latere occidentali superiori parte vici, ex opposito domus vicariae S. Jois. Euang. I^a institut." R. C. de 1581. f. 15.

In dem Zinsbuche von 1636. f. 15. steht neben auf dem Rande: domus combusta. Der unglückliche Tag, wo das Haus durchs Feuer litt, war der 20. März 1638. Frf. Chr. L. 543. Das Haus steht gegen dem Brunnen über, und gab unserer Praesenz auf Johannis Bapt. 16 kr. 2 h. Grundzins.[262].

Lit. H. No. 95.
Lit. H. No. 96.[263]
Lit. H. No. 97. *Wilde Frau*. Gab der Praesenz auf Ostern 11 kr., die sonst der Vikarie des h. Cosmas und Damian gehörten.

Münzhof. S. Trierische Hof.

---

[261] O. U. 1510. H. — genant zum *Slossel* in der Steingassen gelegen neben Doktor Heinrich *Gratvols* sel. Erben und N. stosst hinden an den *Trussenhoff*. F.

[262] O. U. 1541. 2 Häuser — Gotwalts genannt aneinander in der Steingassen neben dem Haus zum *Schlüssel* uff einer und N anderseits; stosst hinten uff den *trierischen Hof* etc.

Mpt. XVII. Saec. H. *Gotzwallt* in der Steingass.

[263] S. G. P. 1468. H. in der Steingassen hinten an den Montzhof stossend.

S. G. P. 1484 H. in der Steynen Gassen neben dem Montzhofe.

O. U. 1487. das nuwe Hus zu St. Christophel genannt by S. Anthonius gelegen.

O. U. 1550. H. — in der Steingassen zum *Christophel* genant neben dem Haus zur *Bettziechen* uff einer und dem Haus zur *wilden Frauen* genant uff der ander Seit stosst hinten uff den Trierischen Hof etc.

„Domus lapidea curie dicte Munzehof in vico Steynen gazze latere occidentali." L. r. B. de 1350. f. 11. Seit dem grossen Brande von 1719 war nichts weiter mehr als eine alte verfallene Mauer zu sehen, die erst vor einigen Jahren wieder reparirt wurde, und dabei manche Veränderungen erhielt.
Lit. H. No. 98.
Lit. H. No. 99. War ein Haus des S. B. Stifts, das ehemals der Glöckner bewohnte. Es brannte 1719 ab, und der Brandplatz wurde verkauft.
Das Eck. S. Lit. H. 56. in der Schnurgasse.
Koteneck. „Hus Kotenecke in der Steinengasse." S. G. P. von 1400. H. in der Steinengasse an Kotenecke gelegen. Ibid. Welches Eckhaus diesen Namen führte, weiss ich nicht zu sagen.

Brunnen in der Steingasse.

Die älteste Nachricht von diesem Brunnen ist vom J. 1453. Wir finden sie bei dem ehemaligen Vikarienhause S. Johannis Evang. Lit. H. No. 88., wo gemeldet wird, dass der Brunnen zur Hälfte in dem Garten und zur Hälfte auf der Gasse stehe. [264]. Er wurde 1718 gebohrt, und das Stift zahlte die halben Kosten, wie aus der Brunnenrolle zu ersehen ist. Bei dem am 26. Juni 1719 entstandenen Brande wurde der Brunnen bis oben überschüttet, und erst 1723 am 22. Juni wieder aufger.umt und gefegt. In den Jahren 1779 und 1780 wurde der Brunnen, da er Mangel an Wasser hatte, tiefer gegraben. Auch wurde damals eine Pumpe in eine Nische gesetzt. Das Stift liess diese Veränderung um so lieber zu, als durch das Wasserziehen in der Stube und durch die beständige Ausdünstung des Brunnens der Boden und die Fensterrahmen immer die Feuchtigkeit an sich zogen und verfaulten.

O. S. 1612. H. — in der Gelnhusergassen neben der Behausung zum *grossen Christoffel* genant — stosst hinten uff der Kürschner Zunftstuben.
[264] St. R. de 1398. It. — vmb xij Stucke grosser styne zu dem Borne in der Steingassen.

Trierisches Plätzchen.

Auf der mittägigen Seite der Töngesgasse gegen der Hasengasse über befindet sich eine offene Gegend, die von dem anstossenden Trierischen Hofe diesen Namen führt, der man aber in ältern Zeiten noch andere Namen beilegte. In den Ueberbleibseln eines 500 Jahr alten Zinsregisters entdeckte ich zuerst den Rudolphs-Plan „planum Rudulfi in vico Sancti Antonii." Wer dieser Rudolph gewesen, wird weiter unten zu vernehmen sein. Zur Veränderung des Namens gab nochmals der auf das Plätzchen stossende Münzhof (nun der Trierische Hof) die Gelegenheit; indem man dasselbe von ihm schon in der Mitte des XIV. Jahrhunderts den Münzhof-Plan nannte.

Baldemar in seiner Beschreibung der Strassen von 1350 ist Bürge für diesen Namen; denn er sagt: „Platea retro curiam Munze hof dictus Munze hofis plan." Auch bestätigt ihn das Zinsbuch von 1390. f. 77., wo ein Haus beschrieben wird: „in vico Sancti Anthonii latere meridionali infra plateam dictam Montzhofis plane et vicum dictum Cruchingasze retro puteum ibidem." Ehe sich noch das XIV. Jahrhundert seinem Ende näherte, kam auch schon die Benennung *auf dem Schluchtershofe* auf, welche der gegen der Hasengasse über gestandene Hof gleichen Namens veranlasste. Das älteste Zeugniss hierüber ist bei dem Eckhause zum Reyhen, Lit. H. No. 148, zu finden, das in dem Z. B. von 1390. f. 76. „in acie uff dez Sluchterers hofe etc." beschrieben wird. Und in dem Z. B. von 1399 heisst es: „uff dem Sluchters hove hinder dem Muntzhove." Man nannte zuweilen diese Gegend auch den Schluchters-Plan, die Schluchtersgasse, auf dem Schlochtershof, oder dem Schlichtershof u. s. w., welche verschiedene Benennungen man alle in den Zinsbüchern bis fast ans Ende des XVI. Jahrhunderts antrifft.[265] Da endlich das Eck zum Schluchtershofe in andere

---

[265] Beedbuch de 1320. It. dicta Slutere (darauf folgt:) It. curia domini decani de Moxstatt.

Hände kam, niedergerissen, und in mehrere Häuser getheilt wurde, die andere Namen erhielten, so verlor das Plätzchen nach und nach seinen Namen wieder, und ward am Ende des XVI. oder zu Anfang des XVII. Jahrhunderts von dem Trierischen Hofe das Trierische Hofplätzchen, und zuletzt abgekürzt das *Trierische Plätzchen* genannt.

Aber öfters wurde auch nur die Lage des Plätzchens mit Verschweigung seines Namens angezeigt.

Auf solche Weise wird in einem Gültbriefe von 1333 in L. T. f. 129., laut welchem Heilmann Haldenberger und Lysa eine Mark ewiger Gült verkiefen, ein Haus beschrieben: „in der Anthonier gaszin hinder hern Rudolfes hove von Sassenhusen." Der Rudolf war damals der Besitzer des Trierischen Hofs. In dem Zinsbuche von 1356 f. 4. wird es durch folgende Beschreibung kenntlich gemacht: „Platea retro curiam Henrici Sculteti latere meridionali vici S. Anthonii." Und in dem Universarien-Buche Ser. II. No. 6 ist beim 21. März zu lesen: „in platea Sancti Anthonii in parvo vico retro curiam quondam domini Heinrici Sculteti." In dem Z. R. von 1390. f. 53. heisst es: platea seu planum retro curiam dictam Montzehoff." Und eben daselbst f. 64. „Platea retro curiam Rudulfi." Beide, Rudolph und der Stadtschultheiss Heinrich waren Ritter von Sachsenhausen, die ehemals den Trierischen Hof besassen.[265a]) Man sehe die Stammtafel dieses alten ritterbürtigen Geschlechts, welche ich dem Kleeischen Hofe zu Sachsenhausen beigefügt habe, und dann die Nachricht vom Trierischen Hofe. Zu den namenlosen Beschreibungen der neueren Zeit gehören das Plätzchen in der Töngesgasse, das Plätzchen am Trierischen Hofe und das Plätzchen gegen der Hasengasse über.[266])

Beedbuch de 1321. Hier heisst letzteres Haus dagegen: It. curia domini decani Phil. prope monetam. (Ob dieser letztere Hof nicht der Augsburger Hof? wahrscheinlichst)

G. Br. 1455. H. uff dem Sluchtershofe in S Anthoniusgazsen.

[265a]) [Doch s. Archiv für Frankf. Gesch. und Kunst VI, 71.]

[266]) H. in dem heil. Geist Gesschin stost an den Montzgarten. S. P. P. 1450.

Häuser auf der Morgenseite.

Lit. H. No. 146. *Listiges hus* 1399. S. beim folgenden Hause. Es steht in der Ecke neben dem Trierischen Hofe.[267]).

Lit. H. No. 147. Haldenberg oder Heldenberg. Gehörte dem Liebfraustifte, und wurde nach dessen Aufhebung von der Administration 1803 verkauft.

Anno 1333 fer. VI. post Laetare verkiefen Heilmann Haldenberger und Lyse dem Heilmann von Rendele, Lower (Rothgerber) zu Sachsenhausen, und Metzen erblich eine Mark Gelds ewiger Gült für 19 Mark Pfennig „uf irme hus das da heiszit Haldenberg in der Anthonier gaszin hinder hern Rudolfes hove von Sassenhusen da etwan die haller müntze jnne was." L. T. f. 129. [Cod. 523.] In den folgenden Zeiten hiess das Haus der Lower's Kinder Hof, und kam an die beiden Stifter S. Bartholomaei und unserer lieben Frau, die es im J. 1399 auf Maria Himmelfahrt den beiden Eheleuten Johann von Geilnhusen und Heidendrut gegen 5½ fl. jährlichen Zins erblich abtraten. In der hierüber ausgefertigten Urkunde heisst es: „ein hus genant Heldenberg mit aller siner zugehorde hinden vnd vorne gelegen zu Franckinf. in Sant Anthonies gaszen uff dem Sluchters hove hinder dem Muntzhove uff der Siten als die sonne uffget, vnd sint uff der selben siten numme dan dru husere, eins genannt der Reye uff der Ecken Sant Anthonies gaszen, daz ander genant Listiges hus, vnd ruret an den Muntzhoff binden, und ist dis hus zuschen den zweyn gelegen." Vid. l. c.[268])

---

[267]) Beedbuch 1354. Zum lystigen Huss ane. —
O. U. 1360. Der Listegen Huss gelegen an den Wygeln Kirchen. (U. L. F. Kirche.)
Wfrkl. Z. B. von 1480. *S. Anthoniusgasse* H. und Hof, ist uf dem *Slochters Hof* gelegen uff der Siten gen Ufgang der Sonnen und stoist oben hart an den *Drierischem Hoffe* den man neunet den *Montzehoffe*.

[268]) G. Br. 1428. H. obewendig dem Montzehofe zushen dem eckhuse da inne die bekinen wonen genant *zum Reihen* und dem nesten H. oben am Monzhofe. S. P. 1384. *Das Gotzhuss* vor dem *Montzehove* 1402. Die Begkynen des *Gottshuses* vor dem *Montzehove*. (1425. 1437) Suster Agnes im Gotteshusse vor dem Montzhofe. 1479. Hert *Stralenbergs Gottshuss* by dem Montzhofe.

Dieses Haus gehörte nachmals der Kartaus bei Mainz, die es 1440 dem Liebfraustifte überliess. Bei demselben war es anfänglich ein Praebendhaus; wurde aber gegen das Vikariehaus zur goldenen Wage in der Töngesgasse vertauscht, und war von der Zeit an das Vikariehaus S. Jacobi, bis es wieder nach erloschener Vikarie zur Praebende gezogen wurde. Ms. P. *Cunibert* p. 152.

Das Eck. S. H. 48. in der Töngesgasse.

Häuser auf der mittägigen Seite.

Grosse Trierische Hof. Ein vorstehendes Eck. S. in der Trierischen Gasse.

Kleine Trierische Hof. Neben vorigem. S. im Geistgässchen.

Häuser auf der Abendseite.

Lit. G. No. 88. *Blaue Lilie.* Vorher vermuthlich *Kornpfeife*. Das Eck und die Färberei hinten am Gässchen.[269]

„2 fl. de domo aciali dicta zur Kornpfeiffen am platz dess Trierschen hoffs." L. C. de 1644.

Lit. G. No 89.

Lit. G. No. 90.

Lit. G. No. 91. *Kleiner Schluchtershof.*

Ein vorstehendes Eck, welches den Namen von dem in mehrere Häuser getheilten Schluchtershofe beibehalten hat. Die Praesenz empfing von demselben jährlich auf den 1. Mai 45 kr. Grundzins. Am 30. Jänner 1633 gieng auf dem Trierschen Plätzchen hinter des Bäckers Hause Morgens zwischen 7 und 8 Uhr durch heisse Asche, welche die Magd auf die Bühne getragen hatte, ein Feuer aus, wodurch das Dach abbrannte. C. *Kitsch* im 3. Bd. S. 2.

---

[269] B. Z. B. 1409. H. das do steet hart an dem Montzhofe als man zur rechten Hand zum Montzhoffe geet — war etzwann des Herrn Conrad Starkeradt.

Dass die Kartaus bei Mainz vormals einige kleine Häuser in der Gegend besass, bezeugt das S. G. P. von 1396, wo es heisst: „die Huserchin uf dem Sluchtershofe die der Carthuser sind."

Einchengasse (Ännchengasse).

Ist die kleine Gasse hinter dem Trierischen Hofe, wo man nach dem Augspurger Hofe geht. Derselben gedenket das S. G. P. von 1404 mit den Worten: „die Enchen gasse hinden an dem Mulbirhof." Das Wort Enchen, da es hier mit einem grossen Anfangsbuchstaben geschrieben wird, scheint mir den Namen einer Person anzuzeigen, die ehemals in der Gasse wohnte, und Anna oder Aennchen hiess.

Häuser.

Kleine Trierische Hof. S. in dem Geistgässchen.

Lit. H. No. 145. *Wilder Mann.* Vor Zeiten die Schriftgiesserei. Das Liebfraustift, welches auf Philippi und Jacobi 9 β Grundzins von dem Hause erhielt, gibt in seinem Zinsbuche von demselben folgende Nachricht: „von etlichen Hüusern aufm Schluchter höffgen der wilde Mann genand gegen der Ferberey dem Eckhauss über, olim die Schriftgieserey." Die Häuser, deren hier gedacht wird, sind nun in einem Gebäude vereiniget. [270]).

Lit. G. No. 87. *Wilder Mann.* War vor einigen Jahren noch ein Gasthaus.[271]) Dieses und das vorige Haus sind Theile

---

[270] St. Allmdbch. de 1688. Allmend in der Antonitergasse neben dem trierischen Hofe einerseits, anderseits die Schriftgieserei, zieht bis an die heil. Geistgasse, hat unten und oben ein Thor, wo man durchfahren kann.

[271] O. U. 1398 verpfändet Conrad genannt Deschinmochir für sich und die gebrudere gemeynlich die zu Frankfurt wonen, die man nennet *die armen Brudere* — ir Husung Hof Garthen und Gesess gelegen in

des ehemaligen Begardenhofes, von welchem ich bei dem Wildenmannsgässchen ein Mehreres reden werde. Nach der Aufhebung der Begardsbrüder überliess der Magistrat ums J. 1530 einem ausgesprungenen Mönche, dem Guardian des hiesigen Barfüsserklosters, einen Theil der Gebäulichkeiten, der Wirthschaft darin trieb, und das Haus „zum wilden Mann" nannte. Ex l. jur. Canon. Wie wild es noch vor wenigen Jahren darin zuging, ist der ganzen Stadt bekannt.

Augspurgerhof. Das Haus über dem Bogen. S. im Augspurgerhofe.

Das hintere Thor am Maulbeerhof neben dem vorigen auf der Abendseite. Ueber dem Bogen steht mit grossen Buchstaben . . . . . .

Graupengasse.

So wird der Name auf dem angeschlagenen Bleche gelesen; in dem Volkstone aber wird gemeiniglich Graubengasse dafür gehört.[272]) Beide Namen sind unrichtig; indem die Gasse

---

des *Raben Gesschin* zuschen dem *Montzhoffe* und *Grede Entzten Hoffe* und dartzu ir Huss — gelegen an dem Pfarre Kirchhoffe da zu dysser Zyt inne wonet. etc.

St. R. de 1401 komen die Beckarter-Brüder vor.

O. U. 1574. Behausung — in der Schnurgassen *zum wilden Mann* genant neben dem *Rohrbacher Hoff* uff einer, und dem *Trierischen Hoff* uff der ander Seiten gelegen, stosst hinten mit dem Ausgang uff den *Schluchtershoff* etc. War damals 1574 schon ein Wirthshaus.

Mpt. XVII. Saec. H. zum *wilden Mann* am Augsburger Hof, ist 1658 ein Wirthshaus

[272]) Beedbuch 1320. It. Heilo gener dicti Cruchen (hieher gehörig). Beedbuch 1320. It. Johannes Cruche (ibid.).

O. U. 1357 (census) de duabus domibus retro contiguis et earum fundis sitis in antiquo opido Franckford, superiori parte, una in vico dicto *Cruchingasse* latere occidentali infra domus Vicariarum St. Dorothee et decem millium Martirum ecclesie Sancti Bartholomei prenotate,

Graupengasse.

ursprünglich ihren Namen vom Hause zum Kruge oder vom Krugenhöfchen erhalten hat, und deswegen in den ältesten Zinsbüchern die Cruchingazze, Cruchengasse, Kruchengasz, Krugkengasse und Cruckengasz geschrieben wurde, weil die Alten Cruch oder Kruch und auch Cruck statt Krug schrieben. Durch die Länge der Zeit arteten die ächten Namen in unächte aus, die meistens so verdorben sind, dass sich der wahre ursprüngliche Name gar nicht mehr daraus erkennen lässt. Ich will sie alle, wie sie mir sowohl in den Zinsbüchern als in der Brunnenrolle von 1527 bis 1737 vorgekommen sind, nach der Ordnung ihres Alters hier bemerken: Crauchengasse, Cräuckingass, Grauengasse, Kräuchengass, Grauchgass, Grauchergass und Grabengass.

Am 17. Sept. 1706 Nachts zwischen 12 und 1 Uhr entstand ein Brand in dieser Gasse, wodurch 4 Häuser ganz eingeäschert und mehrere beschädigt wurden. Frf. Chron. II. 777. Dieser Brand steht auch in der Brunnenrolle bemerkt.

---

alia in vico dicto Gysengasze latere orientali infra domus Vicarie S. Marie virginis dicte ecclesie et vicarie capelle pontis opidi F. etc Conf. *Würdtwein* Dioec. mog. II. 583.

S. G. P. 1368. H. in der Cruchingasse 1370.

O. U. 1394. H. Hoff, Ramen — genand *Wollensteders Gesesse* gelegen in der Kruchgassen unden an N. etc.

S. G. P. 1398. Die Cruchengasse. 1435 die Kruchengasse. 1473. H. in der Cruchengasse.

B. Z. B. 1409. H. gein Herman *Horinge* uber in der Kruchingassen, als vortzyden Richwin von Bergen etc. — waz.

O. U. S. P. 1465. H zur *Smynken* in der Kruchengassen.

O. U. 1484. H. genannt *Helfenberg*, gelegen inne der Kruchengassen, zwish. N. u. N.

O. U. 1565. H. — in der Krauchen Gassen, zum *Krauchenloch* genant — stosst uff den Rorbecher Hoff.

O. U. 1596. H. in der Krauchengasse stosst hinten uf den Maulbeerhof.

Reg. cens. Fabr. It. Solid. colon. legavit Gobele Kruche de domo apud horreum Wigelonis de Wanebach sita. — Albertus dat.

Reg. cens Fabr. It. Elyzabeth begina legavit et donavit — domum suam sitam ex opposito Gobelonis dicti Kruche, fabrice eccles. S. B.

Domus in platea Krauengasse, cfr. Not. 285.

Häuser auf der Morgenseite.

I.

Zwischen der Schnurgasse und dem Andreasgässchen.

Das Eck. S. Lit. G. No. 81. in der Schnurgasse.
Lit. G. No 102. *Zur Rebe.* Sollte vielleicht *Zum Raben* heissen; indem es 1629 vom Eckhause zum jungen Raben abgerissen wurde; wie das Z. B. des Liebfraustifts angemerkt hat, dem es jährlich 2 fl. 2 β 6 h. Grundzins reichte.[273])
Lit. G. No. 103. *Rothe Kreutz.*[274]) 1579.
Lit. G. No. 104. Musste jährlich auf Martini 1 fl. 45 kr. an die Vikarie S.S. Mathiae et Bonifacii im S. B. Stifte abgeben.[275])

---

[273]) S. G. P. 1399. H. zur *Reben* hinten an dem H. *zum Raben* in der Cruchengasse (hies also schon damals so und war von dem Haus zum Raben getrennt).
St. R. de 1551. — Haus *zum Stern* vnd das newe Haws hinden daran jn der Krauchengassen oben am Eck der Tongesgassen gelegen.
O. U. 1626. Behausung *zur Reben* genannt in der Krauchengassen neben N. einer und dem *Rothen Kreuz* anderseits gelegen, stosse hinden an das Haus *gross Kaisersberg*.
L. C. B. M. V. Saec. 16. xix β colon. facit i¹/₂ marc. iij β cdt. Jac. de domo Gotfridi et est pistorium dictum zu der Rebin in der Schnorgassen, et est domus acialis der Krauchengassen lat. sept. sita, mer. et occid. respiciens, ex opposito domus zum jungen Zan et ex opposito der Nuwengassen.
Ebenda. — It. j marca cedit letare de domo dicta *zum roden Kreuz* in der Krauchengassen letare orientali quasi contigua domui dictae *zur Reben.*
[274]) Wfrkl. Z. B. von 1480. *Kruchengasse.* H. genant zu *dem roden Creutze* gelegen uf der Siten gen Ufgang der Sonnen hart neben dem *Eckhus zu dem Raben*.
O. U. 1539. Behausung — zum rothen *Kreutz* genant in der Kruchengassen neben N. auf einer und N. auf der andern Siten, stosst hinten auf die Rohrbacher (Wichshauser) Gass etc.
Mpt. XVII. Saec. H. *zum rothen Creuz* in der Krugengass.
[275]) O. U. 1460. H. und Hofchin genant *Seligenstatt* gelegen in der Kruchengassen etc.

Lit. G. No. 105. Ein vorstehendes Eck.

Lit. G. No. 106. *Kaiser.* Führt im Z. B. des Liebfraustifts diesen Namen.

Lit. G. No. 107.

Lit. G. No. 108. *Zum hohen Zaun.*[276])

„2 fl. 18 ß Decollat. Jois et 1 fl. 16 ß Martini legatum Dni Bernardi Gross canonici huius de domo sita latere orientali in vico Krauchengassen dicte zum hohen Zaun, ex opposito domus Vicariae S. Dorotheae." R. C. de 1581. f. 15. Von vorgedachten Zinsen empfing unsere Praesenz nur noch 2 fl. auf Martini.

Lit. G. No. 109. *Zum neuen Hause.* Ehemals zum *Kommelbecher.*[277])

Lit G. No. 110.

Lit G. No. 111.

Lit. G. No. 112. Gab der Praesenz auf Martini 1 fl. 7 kr. 2 h. Grundzins.

Lit. G. No. 113. Auch von diesem Haus erhielt die Praesenz auf Joh. Enthauptung eben so viel Zins.

Lit. G. No. 114. Das Eck vom Andreasgässchen, zahlte der Praesenz auf Joh. Bapt. 1 fl. 20 kr. Dieser Grundzins fiel ehemals auf S. Albans Tag an das Officium Summae Missae, wie aus folgender Stelle erhellet: „Albani xvj tornos (j lib. xii ß hll.) de domo aciali meridionali vici Cruchinhofgin."[278])

Krugenhöfchen. S. Andreasgässchen.

O. U. 1484. H. *genant Seligenstatt* inne der Kruchengasse gelegen zwishen dem *rothen Kreutze* und N.

[276]) O. U. 1591. Behausung *zum Hohen Zaun* genant in der Krauchen-Gassen stosst hinten uff den *Rohrbacher Hoff.*

[277]) Beedbuch 1320. It. Dilo Komelbechere (hieher gehörig).

[278]) S. G. P. 1404. H. in der Cruchengasse hinten an dem Mulbeerhofe.

Wfrkl. Z. B. von 1480. *Kruchengasze.* H. das etwan zugehort hat Reyneckin *Radheimer* gelegen uf der Siten gen Ufgang der Sonnen, gein dem *Born* ober, der mitten in der gassen stect.

O. U. 1521. H. und Gesess — zum *Gryffen* genant in der Kruchengassen gelegen neben N. uff eyner und einem Gesschin das *Kruchenloch* genant uff der andern Syten gelegen.

II.

Zwischen dem Andreasgässchen und der Töngesgasse.

Lit. G. No. 116. Das andere Eck am Andreasgässchen.
Lit. G. No. 117. *Häring.* Also im Z. B des Liebfraustiftes.[279])
Lit. G. No. 118.
Lit. G. No. 119.
Lit. G. No. 120. *Wittwenstein.*[280])
„j fl. 12 β de domo in der Grauchengass dicta Wittwenstein. L. Praesent. S. Leonardi de 1644.
Das Eck. S. Lit. G. 42. in der Töngesgasse.[281])

Häuser auf der Abendseite.

Das Eck. S. Lit. G. 43. in der Töngesgasse.
Lit. G. No 121. Hatte auf Margaretha 8 kr. 3 h. nebst 2 Kapaunen an unsere Praesenz abzugeben, die vorher zur Vikarie S. Stephani gehörten [282])
Lit. G. No. 122.
Lit. G. No. 123. *Weisse Scheide.* Das Zinsbuch des Liebfraustifts hat angemerkt, dass dieses und das folgende Haus vormals ein Haus gewesen sind.

---

[279]) O. U. 1449. H. *zum Heringe* in der Cruchengassen etc.
O. U. 1461. H. und Gesess — genant *zum Heringen* gelegen in der Krauchengasse zushen dem Kruchengesschin und N.
O. U. 1582. H. zum *Häring* in der Krauchengasse neben dem Haus zum Kameelthier einer und einer Allmende anderseits, stosst hinten auf den Maulbeerhof. 1568 d⁰.
[280]) O. U. 1448. H. Hoff und Stall — genannt *Wydchinsteyn* gelegen in der Cruchengassen zush. N. N. N.
O. U. 1463. H. Hoff und Hindergesess — gelegen oben in der Kruchengassen, genannt *Wilthensteyn* und stosse hinten uff den Mulbeerhoff. (Hat ein *Wappen;* ob nicht der Wittgenstein?)
[281]) S. G. P. 1453 H. uff dem Ort der Cruchengasse gen dem H. zum Bern über 1482.
[282]) O. U. 1420. H. und Gesess in der Kruchengassen, als man zu S. Antoni hin geen will gein Bubeneck über.

Lit. G. No. 124. *Weisse Scheide.* S. vorher. Das Haus gab der Praesenz auf Martini 17 kr. 1 h. und dann 8 kr. 3 h. für einen Kapaunen.
Lit. G. No. 125. Von ihm erhielt die Praesenz auf Martini 1 fl. 21 kr. 2 h.
Lit. G. No. 126. *Zur Viole.* 1636. Bezahlte der Praesenz auf Martini 2 fl. 15 kr., die ehemals der Chor-Vikarie gereicht wurden. [283])
Lit G. No. 127.
Lit G. No. 128. Domus vicariae S. Theobaldi in ecclesia B. M. V. in Monte. „xxx den. de domo vicarie montis Marie per Albertum uff der Hovestat jnstauratorem, sita jn antiquo Frank. superiore parte vico dicto Cruchingazze, latere occidentali, contigua versus meridiem domui Sancte Christine per eundem Albertum jnstaurate." L. V. B. Saec. XIV. Sub vic. X. millium Mart.

Albert auf der Hofstatt war also der Stifter zweier Vikarien, die vermuthlich demselben auch ihre Häuser zu verdanken hatten. Die Stiftungen ereigneten sich im ersten Viertheile des XIV. Jahrhunderts.

Nach eingegangener Vikarie fiel das Haus der Praebend anheim. [284])

Lit. G. No. 129. Domus vicariae S. Christinae in ecclesia S. Bartholomaei, nachmals der Vikarie S. Huperti im Liebfraustifte.

---

[283]) O. U. 1596. H. *zur Viole* — in der Krauchengasse — stosst hinten uff die Sengerie zu U. L. Fr. Kirchen.

[284]) O. U. 1400. Hof — gelegen in der Cruchengassen an der Albrechten Gottshus und N. etc.

O. U. 1469. H. und Flecken und Garten in der Kruchengassen zushen dem H. Hellferich Stumpen und dem Borne und hinden vff die Gysengasse stossende gein der *Sengerey* über.

Reg. cens. Fabr. It. j marca den. legavit Heinricus Kuneheim de domo dicti Wollinstedter sita in vico Cruchingassen prope domum vicarie Alberti uf der Hovestad.

1576 kaufte das U. L. Fr. Stift dies Haus vom Bartholm.-Stift. (*Battonn* bemerkt jedoch hiezu: scheint fehlerhaft zu sein. Ob das Haus oder die Nachricht? F.)

„Sita in antiquo opido Frank. superiore parte vico dicto Cruchingazze latere oocidentali jnfra domus vicarie decem M. Mart. jn ecclesia Sancti Bartholomei et vicarie montis Marie Frank. per Albertum dictum uff der Hovestat opidanum jbidem jnstaurate." L. V. B. Saec. XIV.

Anno 1576 verkief das Bartholomaeus-Stift das Haus dem Liebfraustifte für 150 fl.; wobei letzteres noch 1 fl. Grundzins im Schildergässchen schwinden liess. Es wurde von der Zeit an das Vikariehaus S. Huperti, und als nachmals die Vikarie einging, ein Praebend-Haus. Ms. P. *Cunibert.* f. 153.[285])

Lit. G. No. 130. *Schnepfenstein.*[286])

Domus vicariae S.S. decem millium Martyrum in ecclesia S. Bartholomaei.

„Sita in antiquo opido Frank. superiore parte vico Cruchingazze, latere occidentali contigua versus septentrionem domui vicarie Sancte Christine prenotate." L. V. B. Saec. XIV.

„Schneppenstein sita in der Kruchengaszen." L. Annivers. mon. Praed. de 1421. f. 7.

---

[285]) Domus in platea Krauengasze est illa domus, quae sita est in medio areae retro hortum cantoris versus Krauengasse; haec domus pertinebat ad vicariam nostram tituli S. Huperti et fuit primitus propria vicaria tit. S. Christinae in eccl. S. Barth. Sed empta ab ea ao. 1576 pro 150 fl., sed ecclesia nostra ultro ei etiam remittit 1 fl. annui census de domo im Schillergesslein, habet servitutem aquae ductus per domum suam a vicino, sed ista janua in ejus area debet de nocte claudi et nonnisi in necessitate est vicino aperienda et est praebendalis. Mpt. Cunib. pag. 153

Domus 2da priorem à dextris ab ingressu Thöngesgassen sequens, ei immediate adhaerens, est nimirum retro hortum cantoris versus Krauengassen, pertinens ad vicariam tituli S. Theobaldi — estque praebendalis. Ibid.

[286]) O. U. 1416. H. u. G. genant *Sneppenstein* in der Kruchengassen gelegen — an der Hofestadt oben gen Jacob Weiber Huss ubir etc.

O. U. 1611. Behausung in der Krauchengassen zum *Schnepstein* genannt — bei dem *Pfingstbronnen* neben N. einer und einem H. unserm Fraunstifft gehörig andererseits gelegen stosst hinten uff die *Sengerei.*

Mpt. XVII. Saec. H. *Schneppenstein* in der Krauchengass.

Eben mit diesem Namen und dem obigen Numero wird es in dem Z. B. des Liebfraustifts bemerkt, welchem es 1 fl. 30 kr. Grundzins zu entrichten hatte. Wann und wie dieses Haus vom Barthol.-Stifte abgekommen ist, habe ich nie gefunden.

Lit. G No. 131. Das Haus, wo der Brunnen steht. S. unten beim Brunnen.

Lit. G. No. 132.

Lit. G. No. 133. Domus vicariae S. Dorotheae in eccl. S. Bartholomaei. [267])

„Sita jn antiquo opido Frank. superiore parte vico dicto Cruchingazze latere occidentali jnfra domus vicarie Alberti vff der Hovestat et vicum Snargazze seu Textorum." L. V. B. Saec. XIV.

Das Haus wurde nach der Mitte des XVI. Jahrhunderts vom Kapitel gegen einen jährlichen Zins von 3 fl. 9 β, oder 3 fl. 22 kr. 2 h. erblich überlassen, welcher auch noch auf Martini, statt auf Cathedra Petri, entrichtet wurde. L C. de 1586. p. 22.

Lit. G. No. 134 War ein Liebfraustifts-Haus, welches 1805 von der Administration verkauft wurde. Von demselben hob unsere Praesenz auf Martini (Cathedra Petri) 30 kr. Grundzins.

Lit. G. No. 135. Auch dieses gab der Praesenz auf Cathedra Petri 30 kr.

Lit. G. No. 136. [268])

Lit. G. No. 137.

Das Eck. S. Lit. G. No. 80. in der Schnurgasse.

---

[267]) Reg. cens. Fabr. It. 1 libr. hallens. legavit Reinkinus Cerdo et Elysabet soror sua — de domo sita in antiquo opido F. superiori parte, vico Cruchingasse latere occidentali infra domus Vicarie St. Dorothee ecclesie S. Barth. Fr. et Alberti uf der Hofestatt. (Die Vikarie S. Dorothea wurde 1340 gestiftet, siehe *Würdtwein* dioec. Mog. II., 562.)

[268]) Wfrkl. Z. B. von 1480. *Kruchengasze.* H. und Hofchin gelegen uf der Siten gen Nidergang der Sonnen, und ist das dritte gein der Snoregazzen zu von dem Vicarien H. S. *Dorothee* in der Pfarre gelegen.

Brunnen in der Graupengasse.

Die erste Nachricht von diesem Brunnen fanden wir in einer Urkunde des hiesigen Insatzbuches vom J. 1440, worin ein Haus „in der Kruchengaszen gein dem born ubir," der Gegenstand einer gerichtlichen Verhandlung wurde.[269]) Im Jahr 1706 litt der Brunnen Mangel an Wasser, und war dabei im Fundament sehr schadhaft. Er wurde also 7 Schuh tiefer gegraben, und rings herum eben so hoch mit Kreuzsteinen belegt. Die Rechnei trug 36 fl. 34^1/$_2$ kr. zu den Kosten bei; auch wurde damals ein Dach über dem Brunnen gemacht, welches 18 fl. 3 kr. kostete. Schon 1739 war der Brunnen abermals baufällig geworden. Er erhielt einen neuen Rost, und 8 Schuh hoch wurden die Kreuzsteine wieder gesetzt. Zur nämlichen Zeit wurde auch statt der hölzernen Pumpe eine bleierne gemacht. Das Pfund Blei kostete damals 9 kr., und die Kosten für den Pumpenmacher und Maurer beliefen sich auf 140 fl. 13 kr. Weil der Brunnen die Gasse allzusehr versperrte, so wurden 1767 die Brunnenschalen abgenommen, und in das Haus Lit. G. No. 131 wurde eine Nische gebrochen, in welche die Pumpe zu stehen kam. Der Besitzer des Hauses, welcher dieses durchaus nicht zugeben wollte, fing einen Process darüber an, und appellirte endlich an das höchste Reichsgericht; aber der Process machte ihn zum armen Manne, und Verdruss raubte ihm das Leben. Ich habe diese Nachrichten theils aus der Brunnenrolle entlehnt, theils rühren sie von der mündlichen Aussage glaubhafter Leute her.

Andreasgässchen

oder *Graupenhöfchen*. Ein sehr enges auf der östlichen Seite der Graupengasse zwischen den Häusern Lit. G. No. 114 und

---

[269]) S. G. P. 1410. H. zum *Kommelbecher* uff der Kruchengassen gen dem *Born* über. F.

116 gelegenes Stumpfgässchen, das sich hinten zu einem kleinen Höfchen bildet. Der erste Name erscheint auf dem von Kenkel in Kupfer gestochenen Brandplatze von 1719; der andere wird aus dem Munde seiner Nachbarn gehört. Zu Anfang des XV. Jahrhunderts ward ihm der Name *Cruchenhöfchen*[290]) beigelegt, wie aus nachgesetzter Stelle zu ersehen ist:

„Item duo solidi den. cedunt in vico dicto Cruchen gassen de et super domo fundo et tota habitatione sitis dextro latere intrando vicum Sancti Antonii contiguis parve curie dicte Cruchenhoffigin superiori parte." L. C. S.S. M. et G. de 1412. f. 34.

Ich vermuthe, dass sich anfänglich ein Hof in der Gegend befand, der zum Kruge hiess, der aber nachmals durch neu aufgeführte Gebäude sehr verkleinert, das Krugenhöfchen genannt wurde, und das vorn erbaute Eck Lit. G. No. 114 liess kaum noch das schmale Gässchen übrig, um hinten in das Höfchen gehen zu können. Folgende Auszüge werden über dasjenige, was ich bereits gesagt habe, noch einiges Licht verbreiten: „Decollationis ii fl. modo xvj tornos (j lib. xij β hll.) de prima ac 2^a domibus jn Cruchinhofgin, et locata est dicto Fulkelschin hereditarie."

„Albani xvj tornos de domo aciali meridionali vici Cruchinhofgin." L. C. Summae Missae de 1464.

Die gemeine Volkssprache änderte mit der Zeit das Cruchenhöfchen in das Kraupenhöfchen und diesem Beispiele folgten auch die Zinsbücher der neuern Zeiten.

Häuser.

Lit. G. No. 115. Eingangs linker Hand gelegen zahlte auf Martini der Vikarie S.S. Mathiae et Bonifacii im S. Barthol.-Stifte 10 β oder 25 kr. Grundzins.

---

[290]) S. G. P. 1402. Vier Huser im Cruchenhof und Gassen.

S. G. P. 1404. Fünf Huser in dem Cruchenhofchin in der Cruchengasse.

O. U. 1447. Vornen zu gein dem Cruchen Hofchin ubir.

Die übrigen Gebäude des Höfchens sind nun mit den anstossenden Häusern vereinigt. Den Schluss macht das Hinterhaus No. 100 vom Augspurger Hofe.

Ziegelgasse.

Das von Holzhausische Archiv bewahrt noch eine Notiz vom J. 1238 auf, darin es heist: „Saturnini et aliorum in anniversario Conradi dicti de Clobelauch Scabini fertonem de curia Gotfridi de Eschersheim in der Zigergasse." Der Hof des Gottfried oder Götz von Eschersheim war das nachmalige Scholasteriehöfchen im Eingange der Ziegelgasse, wovon ich noch besonders sprechen werde. In dem Anniversarienbuche unserer Kirche Ser. II. No. 6 wird am Ende unter den Zinsen, die an den Festtagen im Chore ausgetheilt wurden, am Tage des h. Bartholomäus untern andern auch folgender Zins bemerkt: „Item curia Ysindrudis in der zigirgasze VIII sol. den. quos dat Derbewaszer, modo Soror M. Johis Wedirhane." Der Magister Johann Wedirhane war schon 1335 vicarius und zugleich Kindermeister (Schulmeister) des S. Barthol.-Stifts. Ferner wird in einem Gültbriefe von 1310 feria VI post Cantate ein Zinshaus beschrieben: „in capite vici nuncapati ziggergasze." Das Haus gab 8 β den. colon. auf Palmarum zur Vikarie S. Dorotheae. Hier haben wir Beweise genug, dass die Gasse, von der hier die Rede ist, nach ihrem wahren Namen die Zigergasse geheissen hat.[291]. Ziger (Zigerus) oder Zeger war ein Name der grauen

---

[291] Urk. des hies. Carmeliterklosters 1309. Domus et area sita in vico qui dicitur *Zigelgassen* [richtiger Zegelgassen, vgl. Cod. 387, woselbst diese Urkunde abgedruckt ist].
[O. U. 1310. Zigergasse, Cod. 387.]
O. U. 1322—1326. H. in der Zegilgassin.
S. G. P. 1340. Die Zygelgassen. 1397.
O. U. 1373. H. und Gesess gelegin in der Ziegelgassin an des *Aptes Hoffe von Slüchter* etc.

Vorzeit. In einer Schenkungs-Urkunde vom J. 779 in *Schannat* Corpore Tradit. Fuldens. p. 32. No. LXI. kömmt unter den darin namhaft gemachten Mancipien auch ein Zeger vor. Die Gasse hat also nach dem Beispiele der meisten kleinern Gassen von einem ihrer Anwohner, Namens Ziger, ihre Benennung erhalten. In der *Baldemar*'schen Beschreibung der Strassen von 1350 zeigt sich schon der veränderte Name Zygilgazze, der in den Zinsbüchern des XV. Jahrhunderts öfters auch Zegelgasz, Czegelgasz und Czigellgasse geschrieben wird. [292]

Häuser auf der Morgenseite.

I.

Zwischen der Schnurgasse und dem Gremserhöfchen.

Das Eck. S. Lit. G. No. 72 in der Schnurgasse.
Lit. G. No. 163. Hat hinten in der Bockgasse ein Haus ohne Nummer und einen Durchgang.
Lit G No. 164. *Kleine eiserne Hut.* [293]
L. C. B. M. V. in Monte Saec. XVI. — de domo quondam Johannis Frauentörlins, contigua domui zum grünen Schilt in der Ziegelgassen ex alia latere verum contigua domui dicta zum Isernhuth.

S. G. P. 1400. H. in der Ziegelgasse mit der Hofstad daran.
Beedbuch 1414. It. das Porthus. It. die Schulmeisterei. It. die Sengerei (in der Ziegelgasse etc. so geht es die Strasse mit Häusern hinunter und auf der andern Seite wieder herauf bis zur Dechanei incl.).
Zum Porthaus. Diese Strasse war also durch ein Porthaus nach dem jetzigen Liebfrauenberge hin geschlossen, ein sicherer Beweis, dass sie aus einem Hofe entstand, der sich in eine Strasse verwandelte, wie dies auch oben bei der Lintheimer Gasse der Fall war. F.

[292] Die erste Spur der Pflästerung der Zygelgassen ergibt sich in der St. R. de 1350, wo der darin wohnende Johannes Wundarzet die Wegemacher mit 3 Pfd. bezahlt und wieder ersetzt erhalten hat. F.

[293] O. U. 1484. H. *zum jsern Hutt*, uff dem Orth der Ziegelgassen etc. — sodann uff dem Gesesse darneben uff daz Orth der Gisengasse etc.

Lit. G. No. 165. *Zehen tausend Märtyrer.* Das Haus trägt noch diesen Namen von einer Vikarie im Liebfraustifte, der es ehemals gehörte. „Domus vicariae decem millium Martyrum in platea Zigelgasz ab ingressu Schnurgasz a dextris ex opposito magnae portae domus Capituli vendita a 1362." Ms. P. *Cunibert.* f. 93 et 151. Statt vendita sollte es hier empta heissen; denn laut einer Bemerkung in dem Liebfraustiftischen Zinsbuche vom XVI. Jahrhundert wurde das Haus erst 1602 einem Bürger Mathias Demar verkauft.

Lit. G. No. 166. *Grünes Schild.*

Lit. G. No. 167. *Grünes Schild.* In der Brunnenrolle von 1744 das neue grüne Schild. Eine Fussherberge.[294])

„Domus Anshelmi clerici dicti Grundele, sita in vico Ziegelgasz latere orientali proprius vico Snorgasz contigua domui zum Grünenschilde." L. V. de 1453. f. 16.

„Hus zum grunschild in der ziegelgass gen des Kostershus z. u. L. F. ubir." S. G. P. von 1482. Der Koster war der Canonicus des Liebfraustifts, der das Amt eines Custos bekleidete. Unsere Praesenz erhielt von dem Hause auf Martini 11 kr. 2 h. Grundzins, die vorher der Vikarie der h. Cosmas und Damian eigen waren.

Lit. G. No. 168. *Vogelgesang,* auch kleiner Vogelgesang.[295]) S. Br.-Rolle von 1744 u. Frf. Intell.-Blatt von 1804. Nr. 35.

[294]) S. G. P. 1451. Der Wirth zum grünen Schilde.
G. Br. 1484. H. zum *grunen Schild* in der Ziegelgassen.
O. U. 1533. H. zum *grunen Schilt* genant in der Zigelgassen neben N. uff einer und einem Haus U. L. F. Stifft by uns zugehörigt uff der andern Syten gelegen etc.
Mpt. XVII. Saec. H. zum *grünen Schild* in der Ziegelgass. F.
[295]) Wfrkl. Z. B. von 1480. *Ziegelgasze.* H. gelegen uf der Siten gen Ufgang der Sonnen neben dem H. *zu dem grunen Schilt* goin U. L. Frauen zu und nahe dem alten Capitelhus zu U. L. Frauen vber.
O. U. 1480. H. und Gesesse in der Ziegelgassen gelegen zushen dem *grunen Schilt* und der *Sonnen.*
O. U. 1570 H. — in der Ziegelgasse *zum kleinen Vogelsyesang* genant neben N einer und der Behausung zum *grunen Schild* anderseits, stosst hinten auch uff das Haus zum *grunen Schild.*
Mpt. XVII. Saec. H. zum *kleinen Vogelsang* in der Ziegelgass.

Lit. G. No. 169. *Sonne. Goldne Sonne.*
"½ marca de domo dicta zu der Sonnen jn vico zygel gassen contigua dem gulden mon." R. C. S. Leonardi de 1536.

"21 ß — de domibus modo conjunctis dictis zur Sohnnen, in vico Zigelgassen latere orientali ex opposito domus dictae Capitelhauss, nunc aedibus Decanatus ecclesiae B. Virginis." L. C. de 1581. f. 23.

Die 21 ß oder 52 kr. 2 h. wurden unserer Praesenz auf Martini noch gegeben.

Lit. G. No. 170. *Mond. Goldne Mond.*[296]) Eine Fussherberge. "zum gulden mone gelegen in der ziegelgassz." J. B. von 1440. Kömmt auch schon in L. C. Ss. M. et G. f. 3 von 1412 vor.

Lit. G. No. 171. Das Haus neben und über dem Bogen des Gremserhöfchens.[297])

II.

Zwischen dem Gremserhöfchen und dem Scholasteriehöfchen.

Lit. G. No. 60. Steht neben dem Bogen des Gremserhöfchens und macht hinter demselben ein vorstehendes Eck am Scholasteriehöfchen.[298])

Lit. G. No. 59. Das neben und über dem Bogen des Scholasteriehöfchens stehende Haus.

---

[296] Wfrkl. Z. B. ven 1480. *Ziegelgasse.* H. genant zu dem *gulden Mone* gelegen uf der Siten gen Ufgang der Sonnen, neben *Deben* Wonunge und dem Hindersten gen der Dechenie zu U. L. Frauen uber.

[297] G. Br. 1459. H. und Porthus als man in den Gremszer hof gehet in der Ziegelgassen an dem gulden Mane gelegen.

[298] G. Br. 1342. Drei H. und ein Stall in der Zigelgassen gen des Dechens hove uf dem berge.

Gltbrf. de 1435. H. zur *Blumen* gelegen in der Ziegelgassen zusben dem Schulmeister des Stifts Z. U. L. F. und Fritzen Schnider gein der Dechany zu U. L. F. vorgenannt ubir.

Z. B. de 1435. Zur Blumen.
— 1436. Sängerei.
St. R. de 1592 und 1594. Der Wirt zur weisen Blumen (?)

Curia Gotfridi de Eschersheim. Der Hof des Götz von Eschersheim. Laut einer Nachricht im Holzhausischen Archiv wurde schon 1238 der vierte Theil einer Mark de curia Gotfridi de Eschersheim in der Zigergasse zum Jahrgedächtnisse des Schöffen Conrad von Clobelauch gegeben, wie ich schon vorher bei der Ziegelgasse bemerkt habe. Catharina von Wanebach kief nachmals diesen Hof von Gotfried oder Götz von Eschersheim, der vermutblich ein Enkel des vorigen war, und vermachte ihn 1333 dem Liebfraustifte. S. Scholasteriehöfchen.

Häuser auf der Abendseite.

Das Eck. S. Dechanei auf dem Liebfrauberge.
Lit. G. No. 172. Ein Liebfraustiftshaus.
Lit. G. No. 173. Ein Liebfraustiftshaus.
Lit. G. No. 174. War ein Liebfraustiftshaus, das 1804 von der Administration verkauft wurde.
Lit. G. No. 175. Das *Kapitelhaus*.[299]) Das alte Kapitelhaus mit der grossen Pforte. Dieses Haus wurde ums J. 1385 von dem Sänger des Liebfraustifts Johann Rodelewe gekauft, und es kam vermuthlich 1386, als er starb, durch ein Vermächtniss an gedachtes Stift. Es soll seine Benennung von den ehemals darin gehaltenen Kapitular-Versammlungen erhalten haben. Dieses und das benachbarte Haus haben hinten in das geschlossene Saalmannsgässchen Thüren, und wenn ihre heimlichen Gemächer gefegt wurden, war der Magistrat verbunden, das Gässchen neben dem Grimmvogel in der Nacht aufzuschliessen, und die Fuhren durchgehen zu lassen. Ex Ms. P. *Cunibert*. f. 150. und aus mündlichen Nachrichten. Das Haus wurde 1804 am 5. Sept. von der Administration verkauft.

---

[299]) In dem Stadtbeedbuch de 1362 wird in der Ziegelgasse 3—4 Häuser von der *Dechanie* des *Dutzen Hofs* erwähnt, welches wahrscheinlich dasselbe Haus. Zwischen diesem und der Dechanei kommt *Meister Johanns Hof* vor. Laut Bürgerbuchs de 1312/53 ad annum 1331: lt. Henckenius dictus *Dutz* de Fulda (fit civis). F.

L. C. B. M. V. i. M. Saec. XVI. — de domo praebendali dicta zum Kapitelhaus lat. occid. in der Ziegelgassen ex opp. dem grünen Schilt.

Lit. G. No. 176. Ein Liebfraustiftshaus, welches die Administration am 10. Oct. 1804 verkief.

Lit. G. No. 177. *Böhmische Kugel.* Ein Praebend-Haus des Liebfraustifts.

„Domus priorem (das alte Kapitelhaus) sequens a dextris sexta et posita infra superiorem partem domus in viam zigelgass tendentem, dicta zur Böhmischen Kugel, estque praebendalis." Ms. P. *Cunibert.* p. 150.

Lit. G. No. 178. *Schwarzes Kreutz.* Ein Praebend-Haus des Liebfraustifts.

„Domus priorem sequens et a dextris ecclesiae nostrae penultima, dicta olim zum schwarzen Kreutz, estque praebendalis." Ms. cit. p. 150. Die Häuser G. No. 177 und 178 wurden verkauft anno 1805. Frf. Int-Blatt von 1805. No. 9.

Lit. G. No. 179. Ein Liebfraustiftshaus.

„Domus a dextris ibidem ultima neben dem Eckhaus dicta *Rosencrantz.*" Ms. l. c.

Das Eck. S. Lit. G. No. 71. in der Schnurgasse.[300])

Scholasteriehöfchen.

War der obere Bogen beim Eingange der Ziegelgasse gegen dem Ecke der Dechanei über, wo ehemals der Hof des Götz von Eschersheim gestanden hat. S. in der Ziegelgasse. Catharina von Wanebach kief diesen Hof, und vermachte ihn 1333 dem Liebfraustifte, damit die zwei Prälaten, der Scholaster und Sänger, künftig ihre Wohnungen darin haben sollten. Sie vermachte auch in dem nämlichen Jahre 300 Pfund Heller, um dieselben gehörig zuzurichten. Von der Zeit an, wo der Hof von den beiden Prälaten bewohnt wurde, erhielt er von dem Scholaster, als dem vornehmern, den Namen. In dem S. G. P. von 1382 heisst er: „des Schulmeisters hof in der ziegelgasze."

---

[300]) O. U. 1576. Behausung am Eck der Ziegelgassen gegen dem Haus zum *Isernhut uber* neben dem Haus *Cleberg* gelegen, stosst hinten uff ein U. L F. Stiftshaus etc. F.

In den damaligen Zeiten hatten die Scholaster die Direction über die bei den Stiftern angestellten Schulen, und man nannte sie deswegen Schulmeister; die ihnen untergeordneten Lehrer aber Kindermeister. In dem Liebfraustifts-Protocoll von 1611 wird er das Scholasteriehöfchen genannt, und dieser Name blieb ihm bis auf unsere Tage. Doch wird er in der Brunnenrolle von 1716 auch mit den Worten: „Unterm geistlichen Bogen" angezeigt; und die Beschreibungen:
„Arcus, quo ad Scholasteriae et Cantoriae curias itur,"
„Superior arcus non pertransibilis vici zigelgass,"
„Arcus ex opposito aciei curiae Decanatus."
wie sie in verschiedenen Handschriften gefunden werden, zeigen alle dieses Höfchen an.

Am Bogen befand sich in alten Zeiten ein Thor, das Nachts geschlossen wurde. Seit dem grossen Brande im J. 1719 aber, wo das Feuer auch in dieser Gegend seine Verheerungen anrichtete, blieb das Höfchen ganz offen. Ms P. *Cunibert.* f. 149.

Erst wenige Jahre vor der Aufhebung des Stifts liessen die beiden Prälaten, um nächtlichen Unfug in demselben zu verhüten, wieder ein Thor von Latten an den Bogen machen. Als Herr Sänger Lind am 12. März 1805 mit Tod abgegangen war, suchte die Administration die Sängerei zu verkaufen, und der Nachbar im Hirschhorn auf dem Liebfrauberg Hr. . . . . bezeigte grosse Lust, wenn er zugleich auch die Scholasterie erhalten könnte. Es wurde also mit Herrn Scholaster Marx unterhandelt und demselben das Haus über dem Bogen zur Wohnung überlassen. Hierauf wurden die beiden Häuser sammt ihren Höfen und Gärten, welche einen Flächeninhalt von ohngefähr 9574 Quadratschuh ausmachten, nebst dem bis vorn an die Ziegelgasse hinziehenden Höfchen am 19. Aug. 1805 öffentlich an den Meistbietenden verkauft. Vgl. Frf. Intell.-Bl. vom g. J. No. 65. Herr . . . . im Hirschhorn auf dem Liebfrauberg war der Käufer, der bald darauf alles niederreissen liess, und hinten ein ansehnliches unten mit Gewölben versehenes Wohngebäude aufführte Der Bogen erhielt nun auch ein ordentliches Thor, durch welches der Besitzer des Hauses Lit. G. No. 58 noch zur Zeit das Ein- und Ausgangsrecht erhielt.

Häuser des ehemaligen Scholasteriehöfchens.

Lit. G. No. 56. Die *Scholasterie*.[301] Sie stand hinten im Höfchen, Eingangs linker Hand. „Curia Scholasteriae in arcu vel via non pertransibili è regione domus seu curiae decanalis, et quidem in ingressu hujus arcus à sinistris posita. Ms. P. *Cunibert* p. 148. Die Geschichte dieses und des folgenden Hauses ist bei dem Scholasteriehöfchen nachzusehen.

Lit. G. No. 57. Die *Sängerei*. War das Thor in der Mitte des Höfchens. „Curia Cantoriae in eodem arcu sita in medio arcus posita." Vid. l. c.

Lit. G. No. 58. Domus vicariae S. Crucis, nachmals ein Praebend-Haus des Liebfraustifts, welches gegenwärtig von Herrn Canonicus Sebert bewohnt wird, und hinten in die Bockgasse einen Ausgang hat. Es war im Höfchen Eingangs rechter Hand gelegen.

„½ marca de domo vicariae S. Crucis sita latere orientali (vici zigelgasse) in vico parvulo contingens domum Cantorie montis Marie et est domus vicarie montis Marie." R. C. de 1538. f. 21.

Lit. G. No. 59. Das *Pforthaus*. Wurde also genannt, weil es über der Pforte des Höfchens stand,[302] und da der Platz

---

[301] O. U. 1341 verkauft U. L. F.-Stift eine Gülte, welches Geld „das Stift gekeret — hat zu dem buwe unser Schulmeisterie und zu dem huse das zu der Gemeinheit horit das man myde buwet in dem hobe der etzwanne den Wigeln waz hinder dem Dechen.

[302] Curia Scholasteriae in arcu vel via non pertransibili è regione domus seu curiae decanalis et quidem in ingressu hujus arcus a sinistris posita etc.

Curia Cantoriae est in eodem arcu sita, in medio arcus posita. Mpt. Cunib. fol. 148.

Domus dicta antiquitus *Porthaus* ex opposito Curiae decanalis super arcum, quo ad Scholasteriae et Cautoriae curias itur, posita et spectat ad Scholasticum et Cantorem privatim; olim erat hic arcus speciali porta clausus de nocte, unde nimirum ambo Scholasticus et Cantor praetendunt solum jus super isto arcu. In incendio illo magno 1719 fuit elocata ad annos cleri. D. Caesar (ad 80 annos), census inter Scolasticum et cantorem divisus.

einstens zum Hof des Götz von Eschersheim gehörte, welchen die Catharina von Wanebach dem Scholaster und Sänger zu Wohnungen vermachte, so gehörte auch dieses Haus denselben allein, und sie theilten den Miethzins gemeinschaftlich unter sich. Es hatte seinen Eingang im Scholasteriehöfchen; bei der mit demselben vorgenommenen Veränderung aber wurde die Thüre daselbst zugemauert und das Haus hat nun im Gremserhöfchen seinen Eingang. Der Hr. Geistl. Rath und Scholaster Marx ist gegenwärtig der Besitzer desselben. S. Scholasterie.

Gremserhöfchen.

Ist zwischen der Ziegelgasse und der Bockgasse gelegen, und war vor Zeiten durch das Vikariehaus S. Christophori hinten gegen den Landsberg über geschlossen. Auf dringendes Ansuchen überliess endlich das Liebfraustift dem Magistrat im J. 1627 das gedachte Vikariehaus, und durch Niederreissung desselben wurde der Bockgasse ein offener Weg durch das Höfchen nach der Ziegelgasse verschafft, der um so nöthiger war, als die Gassen der Gegend sehr eng, und die Häuser sehr in einander verbauet sind. S. unten beim Vikariehause S.

Domus in praedicto arcu à dextris ab ejus ingressu, immediate ad latus curiae cantoriae, dictae olim domus Vicariae tituli S. Crucis; modo est domus praebendalis.

Domus 2da ab ingressu Zigelgass in dictum arcum à sinistris fuit domus Vicariae tit. Salvatoris, Mariae et Johannis Evang. zum Christophel dicta.

Domus à dextris in eodem arcu ab ingressu Zigelgassen secundae olim domus vicariae S. Albini.

Domus quinta, dicta Capittellhauss mit der grossen Pforte (unter Herrn Mergenbaum) habet etiam exitum in angulo infra hanc domum posito; imo etiam habet jus evectionis per istum angulum per suam portam, et una pars domui annexa tendit in plateam Zigelgassen; altera pars est in area seu atrio inferius posita. Haec domus invenitur empta à R. D. Johann Rodelewe (vielleicht Cantor, qui ao. 1386 starb, ibid. fol. 150.) circa annum 1385. Mpt. Cunib. fol. 149.

Christophori. In dem S. G. P. von 1804 kömmt „der Gramssershof in der ziegelgassen uf dem orte gen U. F. Kirchen" vor. Das Ort oder Eck auf der Seite nach der Liebfraukirche kann kein anderes als das Eckhaus Lit. G. No. 60 Eingangs linker Hand gewesen sein. Aber da der Raum dieses Hauses damals, und schon längst vorher, durch das neben und hinten daran stossende Scholasteriehöfchen so sehr eingeschränkt war, dass man ihm den Namen eines Hofs nicht beilegen konnte, und es dennoch der Gramssershof genannt wurde, so erfordert dieser Umstand eine besondere Erläuterung, aus der sich zugleich die Geschichte des Höfchens wird erklären lassen. Ohne Zweifel machten die zwei in der Ziegelgasse neben dem Bogen stehenden Häuser in der ältern Vorzeit nur ein Gebäude aus, und dieses wurde mit seinem noch unverbauten Hofe nach dem Namen des Besitzers der Grämsershof und rücksichtlich mehrerer Personen auch der Grämserhof genannt. Bei der nachmaligen Theilung des Gebäudes behielt das neue Haus den alten Namen bei, welches hier bei mehreren Höfen der Fall war, und dem Hofplatze, weil er durch die neu aufgenommenen Häuser sehr verkleinert wurde, blieb der Namen: das Grämserhöfchen. In dem I. B. wird in einer Urkunde von 1445 eines Hauses „gelegen in der ziegelgasse, jm gremsser hoffechin" gedacht. Es befanden sich auch in noch späterer Zeit Personen hier, die sich Kremser und auch Gremser schrieben, von welchen Hans Kremser im J 1475 das Haus neben dem Luther in der Kannengiessergasse bewohnte, und dessen Abkömmlinge im J. 1525 Besitzer der beiden Häuser waren. L. V. de 1453. f. 62. Und nach dem Zeugnisse des Liebfraustiftischen Zinsbuchs vom XVI. Jahrhundert wohnte ums J. 1570 eine Gremserin auf der Vilbelergasse nächst beim Brunnen.[303]

---

[303]) Beedbuch 1320. It. de domo dicte Gramuszen (hieher gehörig).
Beedbuch 1322. It. curia dicte Gramuszern (hieher gehörig).
O. U. 1351. H. das ist gelegin in der Zygelgassen in des *Gramuzsers* Hobe.
S. G. P. 1384. H. zu dem *Grammisser* in der Ziegelgassen gelegen.
— 1406. H. in der Ziegelgasse uf dem *Gramssers Hof* uff dem Orte gein U. Frauenkirchen.

Ziegelgasse. 313

In der Brunnenrolle von 1603 wird das Grämserhöfchen der *Pfaffhof* genannt, weil die meisten Häuser darin dem Liebfraustifte gehörten. Zuweilen wird es ohne Namen, nur mit den Worten: Unter dem Bogen in der Ziegelgasse, oder unter dem Bogen beim Landsberg, angezeigt.

Häuser auf der Ostseite.

Domus vicariae S. Christophori et Salvatoris, sonst *zum Christophel* genannt. Dieses Haus stand zwischen den beiden Eckhäusern Lit. G. No. 154 und 158 gegen dem Landsberg über, und wurde 1627 von dem Liebfraustifte an den Magistrat für 500 fl. abgegeben, der solches niederreissen liess, und dadurch den freien Gang zwischen der Kornblumengasse und der Ziegelgasse herstellte. Das Ms. des P. *Cunibert* f. 155 giebt uns hierüber folgende Nachrichten: „Domus una fuit im Gremser höffgen penes plateam zigelgass, et haec fuerat posita in via prope Landsberg occludens plateam vel iter in plateam Kornblumengass, haec etiam vocabatur zum Christophel ad vicariam titulo S. Christophori et Salvatoris, prout literae dant— haec domus postea ad instantiam Magistratus, ut communis platea haberi possit, eidem gratificando pro 500 fl. vendita fuit 1627. Unde adhuc Magistratus desuper annue 20 fl. solvit ecclesiae praesentiis."

Auf der Nordseite.

Lit. G. No. 154. *Zum Christophel.* Das Eck gegen dem Landsberg über. War ein Praebend-Haus des Liebfraustifts;

S. G. P. 1413. H. im *Gramsshof.*
G. Br. 1419. H. in der zigelgasse im *Gremesser hofe* gen der Dechenei zu U. L. F. uber.
S. G. P. 1429. H. im *Gremsserhof* in der Ziegelgassen.
— 1445. Der Cremsser Hof in der Ziegelgassen.
— 1484. Das *Gremeizer Hofechin* in der Ziegelgassen.
— 1485. Das *Grometzer* Hofchin in der Ziegelgasse.
Vgl. *Lersner* II., 25 (1602).
Dagegen sieh meine Notamina zur Familie *Gramusser, Gramutzer.* F.

vorher aber das Vikariehaus Salvatoris, Mariae et Johannis Evangel. Vermuthlich waren dieses und das vorige Haus ursprünglich ein Haus gewesen, das nachmals in zwei Wohnungen abgetheilt wurde, und eine jede behielt den alten Namen zum Christophel bei.

„Domus secunda ab ingressu zigelgass in dictum arcum à sinistris fuit domus vicariae titulo Salvatoris, Mariae et Johis Ev. zum Christophel dicta." Ms. P. *Cunibert.* f. 149.

Lit.G. No. 155. Ein Praebend-Haus des Liebfraustifts, dessen letzter Besitzer Hr. Canon. Weinzierle war, der es gegen einen jährlichen Zins der Administration überliess und von hier weg zog.

Lit. G. No. 59. S. Pforthaus beim Scholasteriehöfchen.

Auf der Südseite.

Lit. G. No. 156.

Lit. G. No. 157. Domus vicariae S. Albini. Nachmals ein Praebend-Haus des Liebfraustifts, welches Hr. Canon. Merum besass, und 1808 gegen einen jährlichen Zins der Administration übergab. Es ist das schmale Häusschen neben der Bockgasse.

„Domus à dextris in eadem area ab ingressu zigelgass secunda, olim domus vicariae S. Albini." Ms. P. *Cunibert.* f. 149.

Domus vicariae S. Antonii im Liebfraustifte. In dessen Zinsbuch vom XVI. Jahrhundert ist unter den vermietheten Häusern zu lesen: iiij marca ji fertones vi ß cedunt de domo vicariae videlicet S. Antonii im Grämserhöfgen." Diese Stelle wurde aber nachmals ausgestrichen, und dabei bemerkt, dass das Haus 1576 dem Glöckner zur freien Wohnung übergeben worden. Vermuthlich ist das Haus nach dem grossen Brande im J. 1719 in andere Hände gekommen, oder es müsste vielleicht das Haus Lit. G. No. 155 gewesen sein, das nach erloschener Vikarie zuletzt noch ein Praebend-Haus wurde.

Register.

(Die Namen der Häuser sind mit *Cursivschrift* gedruckt.)

	Seite		Seite
A.		*Bär, alter*	219
Adler-Apotheke	215	„ *junger*	219
Adler, schwarzer	41	„ *kleiner*	218
Aennchengasse	292	„ *rother*	218
Affenstein	238	*Bären, zwei*	220
Alanzborn	194	Baldemar de Peterweil	153
Alte Post	199	Batzengässchen	196
Amelung	103	*Baugarten*	199. 248
Andaue im Arnsp. Hof	120	*Baum, grüner*	199
Andreasgässchen	301	*Baumgarten*	198
Antoniter (Hof, Kloster)	202. 211	Beguinen	138. 144. 231
Antoniterbrunnen	246	Bekarden	293
Antoniterkirche	209	Bengelgasse	252
Antoniterkirchhof	210	Bernhof	200. 218
Antoniter Marstall	250	*Betelher*	227
Antonius, z. h.	254	Bethlehem	227. 228
Arheiligen	214. 229	Beyer, Geschlecht	150
Arnspurgergasse	39. 49. 142. 165	*Blanckenberg*	17
Arnspurgerhof	113. 117. 157	*Blaue Bettzieche*	48
Aschaffenburger Gässchen	259	*Blume*	140. 306
Aschaffenburger Gasse	251	Blumenkrug	140
Aschaffenburgerhof	258	*Bock* (alter, weisser)	121
Auf dem Stege	183	*Böhmische Kugel*	308
B.		Bommersheim	37
		Bornheimerpforte	12. 100
Badstuben	191	*Boxshorn*	18. 41. 147
Bär	218	(gold.)	41

Register.

Bruche, auf der 176
Brückenau 54. 106
Brückeneck 62
Brückenfall 60
Brückhof 49. 54. 108
Brunnen, alter 275
Brunnen, kühler 40
Brunnen am König von England 100
   „ an der Judengasse . 102
   „ in der Graupengasse . 301
   „ in d. Lindheimergasse 270
   „ im Scharfengässchen. 265
   „ in der Steingasse . . 287
Brunnengässchen 261
Bubeneck 238. 275
Buchenau 199
Burgerreich 41

C.

Christofel 313
   „ grosser 287
   „ kleiner 272
Christofsgässchen 214
Cleeberg 90. 308
Cruchengasse 294

D.

Dalheim 57
Deutschherrenhof 154
Diamant, spitzer 62
Dominikanerkloster 125
Domus Bawarorum 150
   „ dominae de Hornawe . 151
   „ pauperum 150
Dornbusch 95
Dürer, Gemälde in der Prediger-
   Kirche 131
Dutzen-Hof 307

E.

Eber 46. 142
Eckhof 157

Ehenheim 276
Eichhorn 86
Einchengasse 282
Einhorn (auch goldnes) . . 121
Eisenach, Stadt 272
Eisenwage 54
Elkenbach 178
Ellenbogen 164
Ellenbogengässchen . . 148. 163
Engel 228
   „ goldner 228
   „ kleiner 275
   „ weisser 79
Engelthalergässchen . 84. 98. 102
Engelthaler Hof 225
Englische Fräulein 136
Entenplan 282
Erlenbach 15. 74
Ermengardis 59. 64. 65
Ertmarsgasse 260
Eschersheim, curia Gotfridi de 307
Esal 241
Esel, weisser 229

F.

Fachenlehen 237
Faer 7
Fahrgasse 7
Falkenberg 95
Falkenstein 49
Fass, goldnes 38
   „ grosses 74
Fechenheim 193
Fettgässchen 195
Fettmilch 225
Fetzengässchen 195
Fischergasse, kleine . . 59. 63
Flammenschwert 79
Fochtliebenhof 237
Französ. Krone 240
Frauenhaus zu Limpurg . . 172
Freihöfe 159
Frencken 85

Register.

Friburg 190
Friedrichs-Congregation . . . 127
Frienberg 17. 189
Fröhlicher Mann 46
Fronhof 156
Fürstenberg 65
Fürsteneck 63

G.

Gänsgraben, zum kleinen . . 254
Gambecher 73
Garküchenplatz 63. 68
Garteneck 14
Gaul, hölzerner 39
Gaul, kleiner hölzerner . . . 174
Geisenhaus 180
Geistlicher Bogen 309
Gelnhäuserbrunnen 277
Gelnhäusergasse . . 226. 229. 271
Gelnhäuserplätzchen . . . 279
Gerau (klein) 16
Gerliebengotteshaus . . . 144
Gerste 44. 144
Gerstengässchen . . . 41. 168
Giseneck. 215
Glauberg 21
Glauburg 54
Glipperg 21
Glocke 34. 53. 267. 269
Glockengässchen 169
Goldgrube 162
Gotteshäuser . 144. 231. 281. 290
Gottwalts 286
Grabborn 105
Grabbornplätzchen . . 72. 77. 103
Grämserhöfchen 311
Graupengasse 232. 293
Graupenhöfchen 301
Greifenborn 245
Greis 275
Gross, Joh. 202
Guldentasche 28

H.

Hachenberg 39. 175
Hachenberggasse 37. 39. 142. 148. 171
Häring 237. 297
Hahn, rother 141. 153
Haienstein 277
Haldenberg 290
Hamburg, Stadt 231
Hammerstein 39
Handschuh 273
Hanenstein 277
Hasen, zum 253
Hasenbrunnen 245
Haseneck 215
Hasengasse 215. 251
Hattstein (gross) 60
Hattstein (klein) 34
Haus, neues 296
Hausnamen 5
Hegheim 276
Heilige Geistgässchen . . 249
Heiligengässchen 90
Heintzschuchsheim 273
Helfenberg 294
Helm (goldner) . . . 24. 226
Henneberg, kleiner 76
Herrgottsstube 19. 173
Hertzberg, gold. 87
Hinter den Predigern . . . 172
Hirschsprung (kleiner . . . 42
Hirtzberg 26
" kleiner 25
Hoffingergässchen 261
Hofstatt 76
Hohenstaedter 74
Hohensteg 30
Holländisch Eck 226
Holoch (Hogeloch) 191
Holzstube 173
Hornstadt 91
Hufschmiedgasse 9
Hundemetzlerhof 161

Register.

	Seite
Hundhof	121. 162
Hundsgasse	161
Hut, eiserner	304
Hutmacher	11
Hutmacherstub	180

J.

Jacobs-Kapelle	159
Jesuiten	204
Infallsgasse	261
Johanniterhof	79
Isal	230. 241
Iseneck	215
Juden	10
Judenbrückchen	121. 123. 161
Judeneck	69
Juden Hofstatt	53
Judenpforte	161

K.

Kachler	267
Kälbereck	62
Kaiser	296
Kameelthier	297
Kannen, zu der	281
Kannengiessergasse	69. 72
Kapitelhaus	307
Kapuzinerkirche	209
Kapuzinerkloster	201
Kartaus	119
„ alte	118
Karthäuserbrunnen	119
Karthäuserhof	116. 142
Katzenelenbogen	54
Kauwerzen	33
Kelsterbach	181
Kempfen, zum	281
Kempfenstein	282
Kemnate	261
Kerberhof	218
Kesselschmitz	86
Kindervater	87
Kircheneck	84
Kistner	11. 179

	Seite
Kleberg	89
Klein-Hachenburg	174
Kleineck	213
Kleingedanck	82
Knistider	89
König von England	29
Königsberg, Stadt	20
Kohle	267
Kommelbacher	296
Kompostell	141. 153
Kongenstein	281
Kopf, schwarzer	62
Korb (alter)	89
Kornpfeife	291
Kossenzieche	78
Koteneck	287
Kothe, zur	222
Kothengasse	259
Krachbein	28. 29
„ (klein)	39
Krauchenloch	294
Kreutz, heiliges	84
„ rothes	295
„ schwarzes	308
Krone	269
Kroneberg	70
Krugenhöfchen	296
Kümmelsack	240
„ kleiner	240

L.

Landau	19
Landbrunnen	101
Laterne	97
Laubach	12
Leidermann	186
Leitrechen	24
Lenungshöfchen	281
Leydermann	20
Liebfraustiftshäuser	307
Liessberg	40
Lilie	260
„ blaue	291

Register. 319

	Seite		Seite
Lilien, drei goldne	241	Münze (alte)	277
Lindau	76	Münzhof (alter, unter den Juden)	111
Lindenfels	16	Münzhofplan	288
Lindheim, Marcolfus de	226. 265	**N.**	
Lindheimergasse	224. 226. 265	Neideneck	71
Lindwurm	40. 217	Neuburg	241
Listiges Haus	290	Neuenhof, zum	221
Löwe, goldner	103	Neunergässchen	196
Löwenberg	222	Niedeck	70
Löwenbrunnen	182	Nonnengasse	17. 23. 148. 185
Löwenplätzchen	23. 37. 176	Nussbaum	36. 43
Löwensteiner Hof	51	**O.**	
Lowers Kinderhof	290	Ochs 51 (auch rother)	119
Lucerne	97	Ochsenkopf	149
Lump, Familie	72	Oelbrunnen	194
Lumpenborn	72. 101	Offenbach	276
Lumpenhaus	72	Olanzborn	18. 194
Lutzelburg	231	Ortenberg	69
M.		Ortwinsgasse	249
Magdeburg	47	Ortwinshaus	213
Mainzer Dom-Präsenzhaus	166	Osterich	284
Mainzerhof	153		
Maulbeerbaum	236	**P.**	
Maulbeerhof	235	Paulinerhof	276
Mayenreis	77	Petersgasse	252
Melen, zur	152	Pfaffhof	313
Mehlwage	68	Pfau	75
Mengotagasse	168	Pfeffermühle	275
Mengozen Gotteshaus	144	Pferdebecher	47
Meyenberg	46	Pferdszahn	33
„ (klein)	48	Pfingstbrunnen	299
Meyenreis	283	Pforthaus	310
Milde (alte)	92. 187	Pfuleck	274
„ (kleine)	91	Pilger-Hospital	155
Mittelbrunnen	279	Präsenzhaus	147. 148
Mönchhaus	151	Predigergasse	120. 171
Mond	47	„ kirche	129
„ goldener	306	„ kirchhof	135
„ halber	47	„ kloster	125
„ drei halbe	60	„ orden	127
Mosemanngasse	60	Propsteigericht	157
Mühle	91	Propsteihof	156

Register.

Q.

	Seite
Quast, goldne	76

R.

	Seite
Rabe	295
Rad (goldnes)	30
Rappen	20
Rappen, schwarzer	151
Rebe	295
Rebstockhof	12
Regenbogen	217
Reh	231
Reiffenberg	35
Reineckinshof	268
Rendel	235
Reusse	111
Reyer	231
Reyner	231
Rheyn	57
Riemenschneidern, unter den	59
Riese	53. 88
„ alter	88. 98
Rodenbach	94
Rose, rothe	19
Rosenberg	62
Rosenberg, Kloster	123
Rosenberger Einung	138
Roseneck (klein)	18. 39. 62
Rosengarten	274. 285
Rosenkranz	308
Rosenthal	149
Rospin	37
Ross, weisses	89
Rothe Badstube	190
Rothe Badstubenplätzchen	17. 121. 150. 188
Rothegasse	188
Rothenborn	194
Rothenschild, zum	75
Rudolfshof	289
Rudolfsplan	288
Rumarrer	111

S.

	Seite
Sachsenstein	166
Sängerei	310
Sandgasse	247
Sanduhr	181
Sattel	43
Schaldenberg	275
Schalmacher	39
Scharfeneck	213
Scharfengässchen	216. 260
Scharfensaal	264
Schaubenberg	218
Schaumburg	218
Scheerer	90
Scheibe	92
„ grosse	97
Scheide, weisse	297. 298
Schelmengässchen	185
Schelmenhof	123
Scheuer	20
„ hintere	150
Schide	21
Schiff (goldnes)	17
Schild, grünes	305
Schildeck	44. 199
Schilder	44
Schilderei	193
Schildergässchen	43. 167
Schlüchtern, zu der	277
Schlüchtershof	292
„ kleiner	291
Schlichtersplan	288
Schlüssel	79. 285
„ (unterer)	286
Schmiedburg	73
Schmiedgasse	9
Schnabel, rother	97
Schnepfenstein	299
Schnepstein	250
Schnurgasse	77. 84
Schönbornerhof	216
Scholasterie	310

Register.

	Seite
Scholasteriehöfchen	308
Schützengässchen	54. 106
Schurg, Ph.	184
Schweins-Mist, auf der	176
Schwert	77. 78. 269
Segen Jacobs	48
Seligenstadt	42. 295
Setzengässchen	12
Sminken, zur	294
Sonne	306
Spangenberg	223. 224. 264
Spengler, alter	76
Sperber	175
Stümpel	99
Steg	183
Stegborngasse	120
Stegbrunnen	152
Steinberg	239
Steingasse	229. 231. 281
Steinheim	60
Stern	94
„ goldner	94. 238
„ (kleiner)	123
„ weisser	188
Sternberg	239
Sterngässchen, weisses	187
Störchlein	268
Stoffelsgass	261
Stolpeneck	121
Stolzenberg	69

T.

Tasche (gold.)	28
Töngesbrunnen	247
Töngesgasse	98. 99. 197
Töngesgässchen	250
Töngeshof	201
Träppchen	174
Trier'scher Hof	291
Trier'sches Plätzchen	231. 232. 288

U.

Ulner	39
Unter den Kistnern	179

V.

	Seite
Verkehrte Welt	275
Vicariehäuser im Arnspurgerhof	113. 118
Vicarienhäuser in der Gelnhäus. Gasse	273
Vicariehäuser im Gerstengässchen	170
Vicariehäuser in d.Graupengasse	298
„ in der Predigerg.	147
„ in der Steingasse	282
„ in d. Töngesgasse	235. 242. 250. 259. 261. 263
„ in der Ziegelgasse	310
Vinzensplätzchen	215. 216. 255
Viole	298
Vogelgesang	305
Volmarshof	54. 108
Volrad	25
Volraden-Hof	23
Volradsgasse	185

W.

Wage, goldne	241
Wagemennengasse	179
Walrabe	23
Walradesgasse	185
Weidebusch	76
Weideneck	274
Weinberg	175
Weinrebe	244
Weisseburg	14
Weissenau	243
Weissgerber	107
Wiede	63
Wilde Frau	284
Wilder Mann	292
Willstadt	263
Winckelmaasgasse	163
Windeck	99. 224
Wineck	280
Windfang	100
Windfanggässchen	99. 100. 102

21

… Register.

	Seite		Seite
Winrich	70	**Z.**	
Wittwenstein	297	*Zange* (gold.)	37
Wölfchen	230. 274	„ (kleine goldne)	174
Wolf	50. 282	*Zaun*, hoher	296
Worms, Stadt	53	Zehntausend Märtyrer	305
Würzburgereck	84	*Zelle* (kleine)	89
Wydchenstein	297	Ziegelgasse	303
Y.		Zollhaus	58
Ysalde	148. 164	*Zwiebel*	268
Ysaldeugasse	163		

www.ingramcontent.com/pod-product-compliance
Lightning Source LLC
Chambersburg PA
CBHW030735230426
43667CB00007B/726